佛所王土

中古中国佛教地理研究

李智君　著

上海古籍出版社

图书在版编目(CIP)数据

佛所王土:中古中国佛教地理研究/李智君著.--上海:上海古籍出版社,2023.11(2024.6重印)
ISBN 978-7-5732-0700-5

Ⅰ.①佛… Ⅱ.①李… Ⅲ.①佛教-地理分布-研究-中国-中古 Ⅳ.①B949.2

中国国家版本馆CIP数据核字(2023)第186563号

佛所王土:中古中国佛教地理研究

李智君 著

上海古籍出版社 出版发行

(上海市闵行区号景路159弄1-5号A座5F 邮政编码201101)

(1)网址:www.guji.com.cn
(2)E-mail:guji1@guji.com.cn
(3)易文网网址:www.ewen.co

上海展强印刷有限公司印刷

开本710×1000 1/16 印张28 插页6 字数351,000
2023年11月第1版 2024年6月第2次印刷
ISBN 978-7-5732-0700-5
B·1322 定价:168.00元
如有质量问题,请与承印公司联系
电话:021-66366565

国家自然科学基金面上项目
"汉唐佛教对中国地理学思想及景观的影响研究"
（项目编号：41971170）
研究成果

目 录

导言 对神圣空间的向往 …………………………………… 1

第一章 佛所王土的地理性
　　——以中古西域求法高僧的空间认知为例 …………… 21
　一、佛教宇宙秩序的地理性 ……………………………… 24
　二、佛祖身体的地理性 …………………………………… 33
　三、佛教空间分布的地理性 ……………………………… 43
　四、余论：求法僧侣空间认知行为的特点 ……………… 71

第二章 汉梦通神
　　——梦在佛教早期东传中的媒介作用 ………………… 79
　一、沟通宗教与政治之梦 ………………………………… 81
　二、拓展神圣空间之梦 …………………………………… 91
　三、成就高僧觉悟之梦 …………………………………… 99
　四、结论 …………………………………………………… 107

第三章 从西域到中原
　　——鸠摩罗什入华之旅的空间行为分析 ……………… 111
　一、鸠摩罗什为何离开龟兹国 …………………………… 113

二、谁制约了罗什在后凉的作为 ………………………… 123
三、谁主导了后秦长安译场 …………………………… 135
四、结论 …………………………………………………… 144

第四章　从河西到平城
　　——汉晋河西地缘政治与汉译佛经中心转移 ……………… 151
一、引言 …………………………………………………… 151
二、以敦煌为中心的时代 ………………………………… 153
三、以姑臧为中心的时代 ………………………………… 159
四、地缘政治与河西译经中心的变迁 …………………… 168
五、小结 …………………………………………………… 172

第五章　从凉州到江南
　　——五凉禅法转移保存于东晋南朝说 ……………………… 175
一、引言 …………………………………………………… 175
二、河陇禅法的译介与修习 ……………………………… 177
三、东晋南北朝时期河陇禅法的外播 …………………… 192
四、促使河陇禅法南播的原因 …………………………… 207
五、小结 …………………………………………………… 215

第六章　天竺与中土：何为天地之中央
　　——唐代僧人运用佛教空间结构系统整合中土空间的方法 …… 217
一、引言 …………………………………………………… 217
二、僧侣运用佛教空间结构系统整合中土空间的方法 …… 223
三、"天地之中央"认同的个人因素与社会背景 ………… 238

四、结论 ·· 244

第七章　佛现与法灭
——中古僧侣对于阗国空间的生产 ···················· 247
一、引言 ·· 247
二、佛现于阗国的空间生产 ································ 249
三、于阗国法灭的空间生产 ································ 273
四、结论 ·· 282

第八章　中西僧侣建构中土清凉圣地的方法
——以初唐五台山文殊道场形成的空间分析为例 ···· 287
一、引言 ·· 287
二、宏观尺度：文殊介入五台山的佛典建构 ············ 292
三、中观尺度：圣地空间结构的神圣性建构 ············ 302
四、微观尺度：圣地空间地点的神圣性建构 ············ 309
五、结论 ·· 324

第九章　北魏佛教对洛阳都城景观的时空控制
——以景观高度演替和时间节律变化为例 ············ 327
一、引言 ·· 327
二、佛教对洛阳景观的时空控制 ·························· 331
三、佛教得以彻底控制洛阳都城景观的内在原因 ······ 350
四、结论 ·· 358

第十章　从认知东传到整合生产
——中古佛教中国化的神圣空间建构·················361
一、空间认知·················362
二、空间传播·················365
三、空间整合·················369
四、空间生产·················371

附录　溪流犹带读书声
——儒家圣地武夷山景观意象研究·················377
一、引言·················377
二、研究方法和材料·················379
三、武夷山景观意象的时空分析·················386
四、结论·················418

征引文献·················423

后　记·················441

导言　对神圣空间的向往

观夫自古神州之地，轻生殉法之宾，显法师则创辟荒途，奘法师乃中开王路。其间或西越紫塞而孤征，或南渡沧溟以单逝。莫不咸思圣迹，罄五体而归礼；具怀旋踵，报四恩以流望。然而胜途多难，宝处弥长，苗秀盈十而盖多，结实罕一而全少。实由茫茫象碛，长川吐赫日之光；浩浩鲸波，巨壑起滔天之浪。独步铁门之外，亘万岭而投身；孤漂铜柱之前，跨千江而遣命。或亡餐几日，辍饮数晨，可谓思虑销精神，忧劳排正色。致使去者数盈半百，留者仅有几人。设令得到西国者，以大唐无寺，飘寄栖然，为客遑遑，停托无所，遂使流离萍转，罕居一处。身既不安，道宁隆矣！①

——（唐）义净

一

宗教无处不在，尤其是前科学时代。人类已有的基本思维范畴，以及相应的科学大多源自宗教。但什么是宗教地理学，却鲜有理想的定义。并非宗教地理学者不够出色，而是所有研究宗教的学者，都面临着一个共同的难题：对于"宗教"一词，既无法给出大家一致认可的精确定义，也无法就其应包括哪些内容达成共识。这与宗教在

---

① 义净著，王邦维校注：《大唐西域求法高僧传校注》，北京：中华书局，1988年，第1页。

人类生活中所起的重要作用相比，很不相称。

定义"宗教"，必须准确地描述宗教本质。对此，过去有不少学者从不同角度做过尝试。英国人类学家爱德华·泰勒（Edward Burnett Tylor, 1832—1917）首先提出"万物有灵论"（animism）。该理论基于两个信条：其一，包括各种生物的灵魂，在肉体死亡或消灭之后还能继续存在。其二，各个灵魂，会加入到威力强大的诸神行列。"神灵被认为影响或控制着物质世界的现象和人今生和来世的生活，并且认为神灵和人是相通的，人的一举一动都可以引起神灵高兴或不悦；于是对它们存在的信仰就或早或晚自然地，甚至可以说必不可免地，导致对它们的实际崇拜或希望得到它们的怜悯。"换而言之，"万物有灵论既构成了蒙昧人的哲学基础，同样也构成了文明民族的哲学基础"。因此，泰勒说应当"简单地把神灵信仰判定为宗教的基本定义"①。

奥地利心理学家西格蒙德·弗洛伊德（Sigmund Freud, 1856—1939）则认为宗教产生的根源和本质，是人类无法处理自己及其文化所遭遇的威胁，于是将恋母情结导致的心理冲突（Oedipus complex）以及幼儿般弱小无助的情感矛盾，投射到更为广大的世界中，为宗教崇拜和道德禁忌的产生奠定了基础。弗洛伊德说：

> 这样，我们就很容易解释安慰性保证和严格的道德要求，是怎样与宇宙起源说相结合的。具有同样特点的人，即儿童把自己的存在归因于他的父亲（或更准确地说，无疑是作为父亲和母亲的综合体的父母机构），也保护和照管着处于软弱和不能自助状态中的儿童，因为儿童这时面临着潜伏在外部世界中的各种危险，父亲的保护使他感到安全。诚然，当儿童长大后，他知道

---

① 爱德华·泰勒著，连树声译：《原始文化》，桂林：广西师范大学出版社，2005年，第347—350页。

自己拥有了更大的力量。但同时他也加深了对生活中各种危险的认识，他正确地断定，从根本上说，他仍然象童年时期那样不能自助和自我保护；相对于这个世界来说，他依然是儿童。所以，甚至在现在，没有他在儿童期所享有过的保护，他就什么事情也办不了。然而他早已认识到，他的父亲能力极为有限，并不具备每一种杰出的特征。于是他便返回到他在童年时曾给予极高估价的记忆中的父亲形象，并把这种形象强化为神，使其成为某种当代的和现实的东西。这种记忆中的父亲形象的力量和对保护需要的执着性，一起支持他信仰上帝。①

虽然泰勒和弗洛伊德的宗教定义影响深远，但他们的定义只触及宗教个体及其情感因素，距宗教本质尚有一定距离，因此都受到了不少批评。针对弗洛伊德的心理起源说，英国人类学家埃文斯-普里查德（Edward Evan Evans-Pritchard, 1902—1973）批评道："情感状态，不论它是什么，如果真的有的话，都很难成为仪式与信仰的源头和对它们的解释。仪式乃是个体出生于其中的文化的一部分，它会像文化的其他部分一样从外部将自身强加于个体。它是社会的创造物，而不是个体的理性或情感，尽管它会使这两者得到满足。正是由于这一原因，涂尔干才告诉我们，对社会事实的心理学解释一律是错误的。"②

既然宗教的本质性定义无法令人满意，一些学者只好退而求其次，尝试从功能性角度定义宗教。美国人类学家克利福德·格尔茨（Clifford Geertz, 1926—2006）的定义，在这一领域最具影响力，他

---

① 西格蒙德·弗洛伊德著，苏晓离、刘福堂译：《精神分析引论新讲》，合肥：安徽文艺出版社，1987年，第196页。
② E. E. 埃文斯-普理查德著，孙尚扬译：《原始宗教理论》，北京：商务印书馆，2001年，第55页。

认为宗教是：

> 一种象征体系，其作用是在男人（和女人）中树立强有力的、普遍的、经久不衰的情绪和动机。实现这一用途的办法是提供人类生存总秩序的构想，并且给这些构想裹上一圈真实性的、不容置疑的光环，从而使上述情绪和动机显得格外真实。①

格尔茨的定义，界定了宗教对信众的心理作用和社会作用，却未能给出宗教与其他社会现象之间的本质区别。换句话说，他未告诉初学者在田野工作中怎样识别宗教。② 这正是宗教功能性定义的软肋。

可见，无论是实质性定义和功能性定义，都无法令人满意。人们不禁要问：问题究竟出在哪里？

原因是宗教不属于物质范畴，而属于人类意识范畴。换言之，宗教不是一件物品，而是充斥着种种价值取向的文化心理现象。"正是宗教这种高深莫测的本性，它所涉及的无法避免、不可言喻和超验的东西，既成为它可以辨认的特征，同时又是严格定义的主要障碍。"③

那么，又是什么原因，造成人类的宗教信仰始终笼罩在一团迷雾之中、高深莫测？

由地球上最为普通的原子，如碳、氢、氧、氮，以及少量的微量元素组成的人类身体，是如何产生自我意识的，即意识的生物学基础是什么？这是人类目前尚未解决的难题之一。《科学》杂志在庆祝创刊125周年之际，所公布的最具挑战性的科学难题中，此题赫然

---

① Clifford Geertz, *Religion as a cultural system*, London: Fontana Press, 1993, p.90.
② Robert A.Segal, "Clifford Geertz's Interpretive Approach to Religion," *Religion Compass*, Vol.6, No.2（December 2012）, pp.511—524.
③ 罗伯特·F.墨菲，王卓君译：《文化与社会人类学引论》，北京：商务印书馆，2009年，第211页。

在列。① 这一难题，体现在宗教学领域，即："宗教是社会的产物，仅仅是人类的一种发明或投射？还是有超出了物质的或科学家所能解释的'比天与地更多'的东西？宗教的动机和动力是对外在精神能量和启示的反应，还是骗人思维和荒谬意识的产物？"② 可以预见，在解决意识的生物学基础问题之前，学者是很难准确定义"宗教"的。

二

无法界定宗教的本质或神灵是否真正存在，并不影响学术界对宗教现象展开研究。埃文斯-普里查德说道：

> 作为人类学家，他并不关切宗教思想的真假。就我对这一问题的理解而言，他是不可能了解原始宗教或其他宗教的神灵是否真的存在。既然如此，他就不能考虑这样的问题。对他而言，信仰乃是社会学的事实，而不是神学的事实，他惟一关心的是诸信仰彼此之间的关系和信仰与其他社会事实之间的关系。他的问题是科学的问题，而不是形而上学或本体论的问题。他使用的方法是现在经常被称作现象学的方法——对诸如神、圣礼和祭祀等信仰和仪式进行比较研究，以确定它们的意义及其社会重要性。③

埃文斯-普里查德一方面采用范·德·莱乌（Gerardus van der

---

① Greg Miller, "What Is the Biological Basis of Consciousness?" *Science*, Vol.309（July 2005）, p.79.
② 菲奥娜·鲍伊（Fiona Bowie）著，金泽、何其敏译：《宗教人类学导论》，北京：中国人民大学出版社，2004年，第2页。
③ E.E.埃文斯-普理查德著，孙尚扬译：《原始宗教理论》，第20页。

Leeuw, 1890—1950）①倡导的宗教现象学方法，将宗教信仰中无法证真、也无法证伪的一面"悬搁"（$epoch\bar{e}$），即将宗教中不自明之物放在括号内，终止对其真伪判断。另一方面，则对客观存在的宗教现象，即人类的信仰和实践，展开系统研究。

早期欧洲宗教人类学家，将目光集中在犹太—基督教领域，其状况正如小说《弃儿汤姆·琼斯史》的主人公斯威克姆所言："宗教也不能因为世界上有各种不同的教派和异端，就变得复杂多样。我说的宗教，是指着基督教说的；不但是基督教，是指着新教说的；不但是指新教，是指英国国教说的。"②在人类学家爱德华·泰勒的《原始文化》、宗教史学家詹姆斯·乔治·弗雷泽（James George Frazer, 1854—1941）的《金枝》等用科学方法研究部落民族宗教著作的影响下，埃米尔·涂尔干（Émile Durkheim, 1858—1917）、拉德克里夫·布朗（Alfred Radcliffe-Brown, 1881—1955）、马林诺夫斯基（Bronislaw Kasper Malinowski, 1884—1942）、埃文斯-普里查德等人，对宗教进行的"科学民族志"式田野工作，尤其对非西方社会宗教的广泛调查、细致描述和深入分析，将虚无缥缈的宗教重新带回人间，并为比较宗教学发展奠定了基础，带来了灵感。

19世纪30—40年代，通过对非西方宗教的考察，学者渐渐认识到人类宗教信仰的复杂性和多样性，并"试图发现，他们在世界范围内所记录到的，极度丰富和迷乱的仪式、符咒、祈祷、献祭、圣歌、信仰和情感中，宗教经历的某种最小公分母"③。

"神圣"是学者为宗教找到的"最小公分母"之一。

涂尔干根据19、20世纪之交英国学者在澳大利亚的实地考察报

---

① G. van der Leeuw, *Religion in Essence and Manifestation*, trans. by J. E. Turner, Princeton, New Jersey: Princeton University Press, 1986.
② 亨利·菲尔丁著，张谷若译：《弃儿汤姆·琼斯史》，上海：上海译文出版社，1993年，第149—150页。
③ 罗伯特·墨菲著，王卓君译：《文化与社会人类学引论》，第213页。

告和美国学者对北美印第安人、爱斯基摩人（因纽特人）的考察资料，撰写了《宗教生活的基本形式》一书，在该书中，他将"神圣"与"凡俗"，视为"判断宗教信仰的首要标准"。

> 宗教现象的真实特征仍然是：它们经常将已知的和可知的整个宇宙一分为二，即无所不包、相互排斥的两大类别。神圣事物不仅受到了禁忌的保护，同时也被禁忌隔离开来；凡俗事物则是实施这些禁忌的对象，它们必须对神圣事物敬而远之。宗教信仰是各种表达，它们不仅表达了神圣事物的性质，也表达了神圣事物之间的关系以及神圣事物与凡俗事物之间的关系。①

德国基督教神学家、宗教史家、宗教现象学家鲁道夫·奥托（Rudolf Otto，1869—1937）在《论"神圣"》一书中，对"神圣"的内涵和外延重新加以梳理和界定。奥托说，"神圣"（the holy）是一个既包含神秘因素，又包含"道德"因素的复杂范畴，"神圣"就像一块以非理性的神秘感作纬线，以理性与伦理作经线织就的东西。为了彰显"神圣"观念在剔除伦理因素和理性因素后的宗教内涵，奥托创造了一个新词 numminus，即"神秘"。"神秘"意识兼有令人畏惧和神往两种性质：

> 一方面，受造物在它面前战战兢兢、胆怯万分、五体投地，但同时又总要情不自禁地转向它，甚至还要使之变成他自身的东西。对当事人来说，"神秘"不仅仅是某种令他惊愕的东西，而且也是进入他内心的某种东西；除了那种令人困惑与惊惶失

---

① 爱米尔·涂尔干著，渠东、汲喆译：《宗教生活的基本形式》，北京：商务印书馆，2011年，第50页。

措的东西外,他还感到某种使他如醉如痴(这种痴迷常常达到极度迷狂的程度)的东西。

"神圣"令人既敬畏又向往的二元性质,"便成了整个宗教史上最奇特又最值得注意的现象"①。

出生于罗马尼亚布加勒斯特的宗教史学家、宗教现象学家米尔恰·伊利亚德(Mircea Eliade,1907—1986),对奥托《论"神圣"》一书赞誉有加:"奥托以心理学细致入微的笔触描述了不同模态的神秘经验。他的术语——令人畏惧的神秘'敬畏'、'威严'、令人着迷的神秘等等,已经变成了我们的语言。在《论"神圣"》中,奥托近乎绝对地强调宗教经验的非理性特征。"②受其影响,伊利亚德也将"神圣"(the sacred)视为宗教不可化约的特质:

> 一个宗教现象只有在其自身的层面上去把握它,也就是说,只有把它当成某种宗教的东西,才有可能去认识它。企图通过生理学、心理学、社会学、经济学、语言学、艺术或是其他任何研究去把握它的本质都是大谬不然的。这样做只会丢失其中的独特性和不可化约的因素,也就是它的神圣性。③

那么,什么是神圣?伊利亚德认为:"神圣是世俗的反面……神圣和世俗是这个世界上的两种存在模式,是历史进程中被人类所接

---

① 鲁道夫·奥托著,成穷、周邦宪译:《论"神圣"》,成都:四川人民出版社,1995年,第36—37页。
② 米尔恰·伊利亚德著,晏可佳译:《探寻:宗教的历史和意义》,上海:上海书店出版社,2022年,第24页。
③ 米尔恰·伊利亚德著,晏可佳、姚蓓琴译:《神圣的存在:比较宗教的范型》,桂林:广西师范大学出版社,2008年,第1页。

受的两种存在状况。"① 神圣与世俗的关系是"神圣在某些世俗事物中显现自己"②。

三

伊利亚德还将"神圣"与"世俗"研究，拓展至宗教信仰的空间层面。"从根本的意义上说，神圣和世俗两种生存模式，依赖于人类在这个宇宙中已经占有的不同位置。"③ 因此，空间有"神圣空间"与"世俗空间"之分。

在伊利亚德看来，世俗空间是一个均质（homogeneous）空间："从世俗的经验来说，空间是均质的和中性的，它的不同部分之间没有本质的不同和突破。这种地理上的空间可以以任意的方向被分割、被划界，但是它们之间没有本质上的不同。所以，从它的内在的结构上得不出任何方向。"与之相反，神圣空间则是一个非均质（nonhomogeneity）空间："对于宗教徒而言，空间并不是均质的。宗教徒能够体验到空间的中断，并且能够走进这种中断之中。空间的某些部分与其他部分彼此间有着内在品质上的不同。"④ 伊利亚德以现代城市中的教堂为例，说明神圣空间、世俗空间及二者之间的关系：

> 对于一个宗教徒来说，教堂与它所处的街道分属于不同性质的空间。那通往教堂内部的门理所当然地代表着一种空间连

---

① 米尔恰·伊利亚德著，王建光译：《神圣与世俗》，北京：华夏出版社，2002年，第2—5页。
② 米尔恰·伊利亚德著，晏可佳、姚蓓琴译：《神圣的存在：比较宗教的范型》，第33页。
③ 米尔恰·伊利亚德著，王建光译：《神圣与世俗》，第5页。
④ 同上，第1—2页。

续性的中断（a solution of continuity），把此处空间一分为二的门槛也表示着世俗的和宗教的两种存在方式的距离。门槛就是界限，就是疆界，就是区别出了两个相对应的世界的分界线。与此同时，正是在这种让人捉摸不透的地方，两个世界得以沟通；也正是这个地方，是世俗世界得以过渡到神圣世界的通道。

如同"神圣在某些世俗事物中显现自己"一样，神圣空间也是由世俗空间通过神显（hierophanies）的辩证法转化来的。"耶和华神对摩西说：'不要近前来。当把你脚上的鞋脱下来，因为你所站之地是圣地。'于是，就有了神圣的空间，因此也就有了一个激动人心的、意义深远的空间。"① 可见，原本为世俗的空间，由于耶和华的出现和神谕，变成了一个神圣空间。大多数世俗空间转变为神圣空间，都是通过重复原初的神显仪式，将该地标志出来，切断其与周围世俗空间的联系，使其神圣化。因此，伊利亚德说："每一个神圣空间，都意味着一个显圣物对空间的切入。这种神圣的切入把一处土地从其周围的宇宙环境中分离出来，并使得他们有了品质上的不同。"② 当然，还有无数的去圣化过程将神圣空间重新转化为世俗空间。

在传统社会中，神圣空间与世俗空间，首先表现为人们熟悉的有序宇宙空间和陌生的无序混沌空间。"传统社会最显著的特点之一是空间的对立性，即人们所居住的领域内与未知的领域，以及环绕其周围的未确定的空间之间有着一种对立性。前者即是世界（确切地说即是我们的世界），就是宇宙。在其范围外的每一样东西都不再属于宇宙，而是属于'另一个世界'，一个异质的、混沌的空间，在这个世界中居满了鬼魂、恶魔和'另类人'（他们已经被视同为是恶魔和亡

---

① 米尔恰·伊利亚德著，王建光译：《神圣与世俗》，第1—5页。
② 同上，第4—5页。

灵）。"① 因此，伊利亚德说："在某种意义上，神圣建构了世界，设定了它的疆界，并确定了它的秩序……对一个地方的神圣化即是宇宙起源的再现。"②

神圣空间内部，围绕着"宇宙轴心"，形成"世界体系"（System of the world）：

> 一个圣地在空间的均质性中形成了一个突破；这种突破是以一种通道作为标志的，正是借此通道，从一个宇宙层面到另一个宇宙层面过渡才成为可能（从天国到尘世或从尘世到天国，从尘世到地下的世界）；与天国的联系通过某些宇宙的模式来表达，这一切都被视为宇宙之轴，即支柱，被视为梯子，被视为山、树、藤蔓等等；在这宇宙轴心周围环绕着世界（即我们的世界），因此宇宙的轴心是在我们宇宙的"中心"，即在"地球的肚脐"之处。它正坐落在"世界中心"。③

宇宙轴心，可以是神圣空间里的一座高山，如印度神话中的须弥山（Sumeru），伊朗神话中的荷拉布雷载山（Haraberezaiti），美索不达米亚神秘的"土地之山"（Mount of the Lands），巴勒斯坦神话中的盖里济姆山（Gerizem），还可以是一座城市，一幢圣殿，一个佛塔，一架梯子，一根石柱。

不仅神圣空间与世俗空间有异质性，神圣时间与世俗时间也是如此。"神圣的时间是诸神的模态，与'长生'不悖；世俗的时间是人类的模态，与'死亡'并行。献祭者由于重复了原型的献祭，在全部的庆典活动中，抛弃了有死亡的世俗时间，将自己引入长生的神圣时

---

① 米尔恰·伊利亚德著，王建光译：《神圣与世俗》，第6—7页。
② 同上，第7—9页。
③ 米尔恰·伊利亚德著，王建光译：《神圣与世俗》，第12页。

间。"① 每一个宗教节日和宗教仪式，都是对一个发生在神话中的过去、发生在"世界末端"的神圣时间的重演，是对世俗时间及其赓续的"悬搁"，因此，神圣时间是可逆的。

宗教徒为什么热衷于将世俗时空神圣化，并尽可能地靠近或创造一个神圣中心或神圣时刻呢？

> 因为宗教徒的生活离不开一个充满着神圣的环境，所以我们必须期望找到许许多多方法来圣化一个地方。正如我们所看到的，神圣是一种真正的实在，因此它也同时是一种力量，一种灵验，以及是生命和生命繁衍的源泉。事实上，宗教徒对生活在神圣中的渴望就等于是他们对在客观实在中安置其住所的渴望，就是对自己不被那持久的纯粹主观体验的相对性所困惑的渴望；就是对能居住于一个真实实在的世界，而不是居住于一种幻觉之中的渴望。②

对神圣空间的向往，是人类将世俗空间不断神圣化的内在动力。将世俗时间圣化为神圣时间的理由，与此类似。

> 人总在反抗历史，却也不遗余力地构建历史，尽管他一直声称自己也只是一段"历史"而已。只要人超越其历史的时间性，任由自己去体验那些原始意象，那么他便能成为一个完整的、万能的人。只要现代世俗人反抗历史，他便能重新找到原型的位置，甚至他的睡意、他的狂欢都承载着无限的精神意义，那是因为他在自己的存在中找到了宇宙的节奏——如日夜更替、四季变换。

---

① 米尔恰·伊利亚德著，晏可佳译：《永恒回归的神话》，上海：上海书店出版社，2022年，第27页。
② 米尔恰·伊利亚德著，王建光译：《神圣与世俗》，第6页。

于是他便可以对自己的命运和存在的意义有更全面的认识。①

人们之所以渴望回到神圣时间,是因为在此刻他在自己的存在中找到了宇宙的节奏。

伊利亚德将这种心理称为"对天堂的向往"(nostalgia for paradise),晏可佳先生将其翻译为"天堂的乡愁"。"对天堂的向往"是"一种想要不费吹灰之力地,一直处于世界的中心,处在实在之中的欲望"②。伊利亚德的这一学说,无疑是对奥托"神往"学说的拓展和深化。

"对天堂的向往"与段义孚(Yi-fu Tuan,1930—2022)先生定义的"恋地情结"(topophilia)有异曲同工之妙。段先生说:"人对环境的反应可以来自触觉,即触摸到风、水、土地时感受到的快乐。更为持久和难以表达的情感则是对某个地方的依恋,因为那个地方是他的家园和记忆储藏之地,也是生计的来源。"③借鉴段义孚先生的构词法,亦可将"对天堂的向往"翻译为"恋神情结"。此"神",既可指"神圣",亦可指"神圣空间"。"恋神情结"和"恋地情结",从不同角度道出了与人类处境相关的心理现象。美国心理学会的创始人威廉·詹姆斯(William James,1842—1910)论及宗教的特征时说:"有形世界是一个更具精神性之世界的一部分,并且有形由精神世界获得它的主要意义;与更高之精神世界的合一或建立和谐关系,是我们活着的真正目的。"④可见,信众对天堂的向往与宗教信仰的基本心理,同出一源。

---

① 米尔恰·伊利亚德著,沈珂译:《形象与象征》,南京:译林出版社,2022年,第31页。
② 同上,第55页。
③ 段义孚著,志丞、刘苏译:《恋地情结》,北京:商务印书馆,2018年,第136页。
④ 威廉·詹姆斯著,蔡怡佳、刘宏信译:《宗教经验之种种》,海口:海南出版社,2016年,第336页。

四

佛教也具有高深莫测的本性。汤用彤先生对此深有体会：

> 中国佛教史未易言也。佛法，亦宗教，亦哲学。宗教情绪，深存人心，往往以莫须有之史实为象征，发挥神妙之作用。故如仅凭陈迹之搜讨，而无同情之默应，必不能得其真。哲学精微，悟入实相，古哲慧发天真，慎思明辨，往往言约旨远，取譬虽近，而见道深弘。故如徒于文字考证上寻求，而乏心性之体会，则所获者其糟粕而已。且说者谓，研究佛史必先之以西域语文之训练，中印史地之旁通。近来国内外学者，经历年之努力，专题之讨论，发明颇多。然难关滞义，尚所在多有。故今欲综合全史，而有所陈述，必如盲人摸象，不得其全也。①

因此，借鉴宗教人类学家的做法，"悬搁"佛教高深莫测的一面，而从人性的角度阐释佛教，是现阶段比较理想的研究方法。

如同所有现象都在时间中存在而有其历史一样，它们也在空间中存在而有其地理。因此，地理学和历史学就成为人们了解世界的核心学科。佛教地理学，是从佛教信仰和实践的现象入手，探讨佛教信仰空间属性的一门科学。神圣空间和世俗空间，及其相互转化，无疑是佛教地理学最值得关注的现象之一。

佛教作为外来宗教，传入中国后，僧俗两界是如何建立神圣空间，即如何将中土转变为佛所王土的？建成的神圣空间，又是如何控制传统中国社会的空间秩序和人文景观的？正是本书探讨的几个核

---

① 汤用彤：《汉魏两晋南北朝佛教史》，北京：中华书局，2016年，第634页。

心议题。

　　神圣空间由世俗空间通过神显转化而来。但在中国建立佛教神圣空间，最棘手的问题是佛祖生前根本没来过中国，与佛祖相关的圣迹、圣物也一概全无。那么信众该如何应对？阅读中国佛教史传，不难发现，梦境竟然是神圣显现的地方，是人神交通的通道之一。通过梦，帝王们得到神的启示；通过梦，僧人得到佛祖和菩萨的引导；通过梦，众生看到了高僧入境的先兆和神异。在中国，佛祖缺位时，梦扮演着佛教早期传播的媒介角色，可谓"汉梦通神"。佛教中，梦之所以被赋予通神的特异功能，主要与梦的不可证真性和不可证伪性有关。尤其在神学占据众生主流思维范式的时代，梦的这一特性，正是宗教可资利用的部分。

　　找到信众与佛、菩萨沟通的渠道之后，神圣空间的建立便有了"神显"。作为佛教的次生地，中古中国佛教神圣空间的建立，大体经历了四个阶段。

　　第一阶段，主要是了解西域神圣空间的基本特征，即了解包括南亚、中亚和西域等佛教发达地区神显的常见方式、神圣空间的基本构成，以及神圣空间运作和维持的主要方法等。

　　佛教传播，主要凭借三种媒介完成，即佛教典籍、来华高僧、西域求法高僧。佛教典籍和来华高僧，无疑是中土僧俗掌握佛教发源地和发达地区神圣空间特征的主要信息来源。但对佛教神圣空间，中国人有自己独到的感知和表达方式。尤其是那些前往西域求法的高僧，他们在前往西域之前，已饱读佛教典籍和佛传故事，对来华高僧讲述的故事也耳熟能详，因此，当他们远诣西方，礼如来所行圣迹时，往往有独到的身心体验。在诸多西域求法高僧中，法显、玄奘和义净无疑是杰出代表。他们撰写的《法显传》《大唐西域记》《南海寄归内法传》《大唐西域求法高僧传》等，不仅弥补了中国正史对中亚、南亚以及东南亚记载之不足，也是当地极为珍贵的史料，甚至印度、巴基斯坦等国撰写中古史，大多是以上述著作所记为定位坐标的。本书正是以上述史料为基础，复原了求法高僧所感知的神圣空间，包括宇宙秩序、佛祖身体以及神圣空间，总结了西域求法高僧对神圣空间感知的基本特征。值得注意的是，玄奘以中国传统的方志学眼光打量西域，并以方志学体例著《大唐西域记》，突破已有"伽蓝记"和"求法传"的撰写模式，为西域留下了一部难得的信史。这正是中国求法僧人眼光独到之处。

第二阶段，是将域外佛教及其建构神圣空间的方式传播到中国。佛教在中国的早期传播主要依靠商人，此后才是专业传教人员——僧侣。那么，西域僧人为什么来华？首先想到的，乃是僧侣修行的宗教使命使然，其实不全是。以法显和玄奘笔下的印度为例，首先，他们有很强的"中国"与边地意识，中印度所在的"中国"，是佛祖诞生、觉悟和涅槃的圣地，印度域外的边地则是异族集中的"罪恶和死亡"[①]之地。法显所见印度对边地僧侣的轻视和排挤，足以说明他们非常看重佛教发达区，尤其是中印度。中土与此类似，绝大多数高僧都会不自觉地向佛教发达地区，尤其是向作为政治、经济和文化中心的首都集中。按道理他们都有向佛教欠发达地区传教的宗教使命。本书以鸠摩罗什为例，系统分析了其在西域龟兹国、河西吕光父子的后凉国、中原姚兴的后秦国之间迁居的空间决策行为，发现中原佞佛帝王为僧侣创造的优越环境，以及鸠摩罗什追求国师地位，竟然是他一路向东的内在动力。

鸠摩罗什的空间行为属于个人行为，那么，中土高僧群体的区域迁居，主要受什么因素影响呢？答案是政治因素。依托北凉崇佛环境发展起来的河西佛教，被北魏征服者连根拔起，迁移至平城，奠定了北魏佛教的基础。大同云冈石窟的艺术风格，正是河西流行的"凉

[①] 黄宝生译：《奥义书》，北京：商务印书馆，2017年，第22页。

州模式"。受北魏武帝拓跋焘灭佛的影响,河西本地以及被迁移至平城的河西僧人,又都南下江左,为东晋南朝的禅学发展奠定了基础。北魏对外灭国、对内灭佛,是僧人东去南下的政治推力,而南朝诸帝崇佛则是吸引僧人南下的政治引力。

无论从鸠摩罗什的个人行为,还是从河西僧人的群体来行为来看,统治者的好恶对佛教在中国最初的空间传播有重大影响。

第三阶段,是将中土国家、首都和圣地等不同尺度的地理空间,整合进以印度为中心的神圣空间。这是证明中国是佛所王土的重要工作之一。佛教宇宙和赡部洲秩序系统形成时期,印度人不知道大千世界里还有中国这个国家,因此这一神圣秩序系统中并没有中国的位置。为了证明中土是佛所王土的一部分,来华高僧和本土高僧一道,将中国纳入佛教神圣秩序系统之中。对比于阗与中原,不难发现,于阗是中土大乘佛教的中心,因此,于阗僧人在编纂佛教典籍时,直接将包括于阗在内的地名添加进佛经的正文里。东汉时期,康居国人康孟详将昆仑山等同于大雪山,只能在《佛说兴起行经》序言里做文章,尚不敢对佛经正文做手脚。直至唐代将五台山建构为文殊菩萨道场时,来华南印度三藏菩提流志才将中土的地名,直接添加进《佛说文殊师利法宝藏陀罗尼经》。

当然空间整合的方法不止借助佛经,舍利塔也是最常用的整合标志。舍利塔矗立之地,即佛法普照之区。北魏灵太后胡充华,为了证明自己也是佛祖授记的转轮圣王,在洛阳建造了"去地一千尺"的永宁寺塔。《续高僧传·玄奘传》载:"城东有迦腻王大塔……即世中所谓雀离浮图是也。元魏灵太后胡氏奉信情深,遣沙门道生等赍大幡,长七百余尺,往彼挂之,脚才及地,即斯塔也。"[1]雀离浮图(Cakri Stupa),意为轮王之塔,是佛祖授记迦腻色伽为转轮圣王的标

---

[1] 道宣著,郭绍林点校:《续高僧传》,北京:中华书局,2014年,第101页。

志。灵太后为了证明自己是转轮圣王,建塔之前还派人去犍陀罗亲自测量了雀离浮图。这不仅使永宁寺塔与雀离浮图联系紧密,还将首都洛阳纳入佛教神圣系统,成为北魏的神圣中心。

第四阶段,是生产中国本土的神圣空间。将国家、首都和圣地,纳入佛教神性秩序系统,是佛教初入中国时僧侣的空间建构工作。当佛教中国化以后,就不再需要以印度为中心进行空间黏附或空间整合了,而是以我为主的中国佛教空间生产。美国宗教社会学家彼得·贝格尔（Peter Ludwig Berger, 1929—2017）说:"宗教是人建立神圣世界的活动。"[1]即宗教是用神圣的方式对人类社会进行秩序化。所谓神圣空间的生产,是用宗教的神圣方式,将社会空间秩序化。

人们在将社会神圣化时,在不同空间采用不同的生产方式。位于塔里木盆地南缘、丝绸之路南道上的于阗,是西域诸多小邦国之一,也是西域文化转变的风向标。因此,区域文化演替速度快,是于阗文化的显著特征。佛教从传入兴盛,到衰落凋零,仅仅用了八九百年的时间。因此,佛现与法灭时,对空间的神圣化与去圣化,都有较为详尽的记载。这就让我们得以系统研究僧侣以国家为对象进行空间生产的方法和目的。由于缺乏信史,僧侣从创世、建国、建都等方面,对于阗国全方位加以神圣化。去圣化的过程与此相反。

与于阗缺乏历史文化记载但佛教发达不同,五台山核心区由于海拔高,气候寒凉,无论农耕文化,还是游牧文化,在此都无根基可言。这就为佛教将其塑造为雪山圣地——清凉山文殊菩萨道场,创造了条件。五台山无疑是中西僧侣在中国生产的第一个圣地,并在隋唐时期发展为国家的神圣中心。不仅如此,从元代开始,五台山还发展为兼有汉传佛教与藏传佛教的皇家佛教神圣中心。

北魏首都洛阳,则是儒教的神圣中心——天下之中。在洛阳建

---

[1] 彼得·贝格尔著,高师宁译,何光沪校:《神圣的帷幕:宗教学社会学理论之要素》,上海:上海人民出版社,1991年,第33页。

都的历代帝王,都有建高台与天对话的传统。因此,高高在上的灵台、陵云台等,不仅是儒家的神圣中心,还是中原帝王皇权至高无上的象征。北魏迁都洛阳,要么在灵台上建佛塔,要么修建远高于陵云台的永宁寺塔。其目的是要让佛塔凌驾于儒家神圣建筑之上,从而建立一个佛国的神圣首都。佛教在中原国家首都所进行的神圣空间的生产,本书将其称为佛教对洛阳都城景观的时空控制。值得注意的是,不论是于阗国地乳王、北魏灵太后,还是大唐武则天,都模仿迦腻色迦神圣化事迹,将自己塑造成一个拥有神圣性的菩萨皇帝或转轮圣王。既然皇帝和国王是菩萨皇帝或转轮圣王,那么他们所统领的国土,自然是佛所王土。

总之,在中国境内建构佛所王土,大体经历了空间感知、空间传播、空间整合和空间生产四个阶段。无论是从空间或时间上来看,这四个阶段并不是完全独立或泾渭分明,而是有交叉和重叠的。譬如求法僧对印度神圣空间的感知,从魏晋南北朝一直延续到隋唐,甚至宋代还有个别僧人前往印度。神圣性的建立也是如此,以至于有鲜明中土特色的禅宗,也要把初祖追溯至南天竺高僧菩提达摩。

佛教初传中国的汉晋时期,佛被视为"戎神"或"胡神"而遭受排挤。僧侣要想建造一个寺庙,尚且难上加难,遑论建设神圣空间和神圣中心。因此,在这个阶段,僧侣传教的首要任务是想方设法让帝王和权臣崇佛,从而争得在中国发展的空间。不得不说,早期入华高僧以国师的身份出入朝堂,为佛教在中国发展,争取了不少政治资本。同时,中土作为佛教的次生地,神显的先天不足,使得中西僧侣主动将中土整合进印度的神圣空间,证明中土是佛所王土。缺乏独立性的空间整合和政治依傍,是汉晋中土佛教的突出特征。

隋唐时期,佛教信众遍及中国朝野。有了独立强大的僧团做后盾，高僧不再依傍帝王。国家政教关系，在佛教独立后，成功地转型为"政教分离"。这一转型，使得传统中国社会不再是一个整体，而是由神圣和世俗构成的二元世界。中古中国佛教神圣空间的生产，正是在此背景下进行的。政教分离和空间生产，是隋唐中土佛教独立的标志。

禅宗出现，标志着中国佛教已步入生活化宗教阶段。宗教行为被认为等同于全部生活，人生的幸福建筑于实际的人间净土之上，拯救就在日常生活里。正如六祖慧能所云：

> 佛法在世间，不离世间觉。
> 离世觅菩提，恰如求兔角。①

因此，为了彼岸超然世界而弃绝此岸生活世界的做法，已不合时宜。

然而，"树头花落尽，满地白云香"，无论佛教信仰的形式如何变化，信众对神圣空间的向往，一如既往。

---

① 《六祖大师法宝坛经·般若》，《大正藏》第48册，第351页c。

第一章　佛所王土的地理性
——以中古西域求法高僧的空间认知为例

　　古代和近现代一样，神学和地理学常常是紧密相连的学问，因为两者在人类好奇的关键问题上相遇。若要探寻上帝的本质，我们必须思考人和地球的本质；而若着眼于地球，有关创造地球的神圣意图及地球上人类的角色等问题，就会不可避免地出现。①

——克拉伦斯·格拉肯

　　佛所王土是否有地理性？这是佛教地理研究首先要回答的问题。作为生物和社会的存在，人类须依赖自然和社会环境才能生存，因此，人类的行为皆有地理性，宗教信仰也不例外。宗教是一套信仰和礼仪体系，人类群体凭借这一体系寻求理解、解释和应对复杂、神秘的世界。人们视宗教为一张神圣的帷幕，在其庇护下生活，才能够解释疑虑、消除恐惧。② 作为历史最为久远、分布最为普遍、影响最为深远的人类现象之一，宗教与人类活动的联系极为紧密。正如马林诺夫斯基（Bronislaw Malinowski, 1884—1942）所言："不幸的是人类不仅被创造了身体，而且还被创造了灵魂，这个原罪，不停地萦

---

① 克拉伦斯·格拉肯著，梅小侃译：《罗得岛海岸的痕迹：从古代到十八世纪末西方思想中的自然与文化》，北京：商务印书馆，2017 年，第 33 页。
② 罗纳德·L. 约翰斯通（Ronald L. Johnsitone）著，袁亚愚、钟玉英译：《社会中的宗教：一种宗教社会学》（第八版），成都：四川人民出版社，2012 年，第 24 页。

绕在所有神话、宗教、神学和形而上学的反思当中。"①人类信仰时代（Age of Faith）持续的时间也远长于理性时代（Age of Reason）。

对地理学者而言，既然宗教是"人类社会关系的延伸"②，受时间和空间的制约，那么，探讨宗教与地理环境的相互关系、宗教的空间传播与分布以及地理景观的神圣化与认知等，是宗教地理学研究的核心问题。换而言之，宗教地理学关注的是一个科学问题，而不是一个神学问题。就此意义而言，宗教地理学，允许任何有宗教信仰或无宗教信仰的地理学者，没有偏见地考察人类宗教信仰与实践的地理性。

佛教与其他世界宗教一样，有其地理性。

佛教创立者释迦牟尼（Śākya-muni，意即释迦族出身的圣者），姓乔达摩（Gautama，或译为瞿昙，意即"最好的牛"），出家前名悉达多（Siddhārtha）。公元前463年诞生于北印度迦毗罗卫城蓝毗尼园（Lumbinī），即今尼泊尔南部提罗里克附近，拉布提河东北。出家后来到中印度恒河南岸的摩揭陀国，然后在此地修行，在35岁时在菩提伽耶（Buddhagayā）毕钵罗树下，悟得自苦解脱之道，即得到了佛陀的自觉。于波罗奈城鹿野苑（Migadāya）首先教化共修苦行的五位侍者，即初转法轮。公元前383年入灭于拘尸那迦（Kuśinagarī）娑罗双树间。

公元前5世纪，中印度正处于社会与思想的变革时期。雅利安人与达罗毗荼人的宗教相互激荡，使得当地的知识分子不再满足于朴素的自然崇拜。青春洋溢的年轻人，生活中产生了无法挽救的不安与倦怠，因而出现了逃避现实而追求彼岸真理的风潮，良家子竞相

---

① Malinowski, Bronislaw. 1923: The unity of anthropology. [Review of P. Hinneberg (ed.), *Die Kultur der Geganwart*.] *Nature*, p.314.
② Robin Horton. 1994: *Patterns of Thought in Africa and the West*. Cambridge: Cambiridge University Press, p.386.

出家。其次，中印度位于恒河的中游，当时处于雅利安人确立农耕定居生活的时代，中印度的稻米耕作技术先进，粮食丰富。加之热带地区食物极易腐败，因此剩余的熟食一般都会被施舍给附近森林里的漫游者，从而出现大量依乞食修行的沙门。① 释迦牟尼即其中之一员。释迦牟尼摈弃了奥义书"梵我一如"，即以自我为中心的立场，而是在因果律不断迁流的观念中，领悟到"五蕴无我"，即自我的非真实性，最终创造出了一个合乎情理的伦理体系，即人的目的并非是那种不可避免、充满痛苦的不断贪求，而是消除任何形式的欲爱，便能获得在此世间可以达到的最高快乐。这是一种摆脱对死后永恒幸福的虚妄追求而获得自由的思想。②

那么，佛教的地理性主要体现在哪些方面呢？

要回答这个问题，并非易事。所谓地理性，本质上是空间性，尤其是区域性。但问题是，选择哪个区域为例进行论证呢？首选之区当然是佛教的发源地印度。历史上的印度，是一个注重"清心释累之训，出离生死之教"的国度，如佛教、婆罗门、耆那教，都有其自由成长的肥沃土壤，因此，不同自然与人文环境，往往形成各具特色的宗教信仰区，是进行佛教地理研究的理想之地。但问题是，印度人对历史记载毫无兴趣，因此，发达的佛教在印度本土并没有详尽的历史记载，自然无从措手。退而求其次，选择中国会如何？同样有问题。虽然有著史传统，但中国是玄奘所言的"人主之地"，"君臣上下之礼，宪章文轨之仪，人主之地无以加也"，③ 是一个儒教占据主导地位的

---

① 平川彰著，庄昆木译：《印度佛教史》，北京：北京联合出版公司，2018年，第4—7页。
② 亚瑟·伯立戴尔·凯思（Arthur Berriedale Keith）著，宋立道、舒晓伟译：《印度和锡兰佛教哲学：从小乘佛教到大乘佛教》，上海：上海古籍出版社，2004年，第3页。
③ 玄奘、辩机著，季羡林等校注：《大唐西域记校注》卷一，北京：中华书局，2000年，第43页。

国家,对宗教有很强的控制作用,很难形成宗教与政治相结合的教区。因此,以往学者有关中国历史佛教地理研究,大多数基于统计数据进行佛教区划。这样划分的区域,虽有高僧、伽蓝、石刻等佛教要素密度大小之别,却鲜有宗教意义。幸运的是,前往西域求法的中国高僧,如法显、玄奘和义净等人,对沿途的佛教状况有比较详尽的记载,且都被完整地保留了下来。这在很大程度上弥补了中古印度佛教史料缺失之不足。因此,本文以中古中国求法高僧对中亚和南亚的空间认知为例,从宇宙秩序、佛祖身体和空间分布等三个不同空间尺度,举例说明佛所王土的地理性,以及中土僧侣对佛教地理空间认知的行为特点。

一、佛教宇宙秩序的地理性

宇宙秩序是关于世界本质与其作用机制,以及人与其他生物在此秩序中地位的理论或思想。宇宙秩序支配着自然与人的律动,而且会被人的恶行所破坏。苏美尔人的神学家假定宇宙中存在一种秩序,这种秩序由万神殿中那些有着人的形态、却又超越人类且永世不朽的生命体创造出来并一直加以维持,这些生命体依据规律统治着整个宇宙,而人类的眼睛看不见他们。① 古代印度人与此类似,认为"梵"是万物的本体。《歌者奥义书》载:"确实,梵是所有这一切,出生、解体和呼吸都出自它。"② 佛教继承了这一思想,《长阿含经》载:"我是梵王大梵天王,无造我者,我自然有,无所承受,于千世界最得自在,善诸义趣,富有丰饶,能造化万物,我即是一切众生

---

① Kramer, Samuel Noah. 1959: *History Begins at Sumer*. New York: Doubleday & Co., p.78.
② 《歌者奥义书》,载《奥义书》,黄宝生译,北京:商务印书馆,2012年,第158页。

父母。"① 佛之所王土也，号之娑婆世界（Sahā-lokadhātu）。娑婆意为忍土。"何因缘故名曰娑婆？是诸众生忍受三毒及诸烦恼，是故彼界名曰忍土。"② 娑婆世界，从上到下，由无色界、色界和欲界组成。三界的思想，脱胎于吠陀时代天界、空界、地界思想。在《梨俱吠陀》中，原人补卢沙（Purusa）通过自我牺牲，用肢解的身体创造世界："由脐生出了太空，由头出现了天；地由两足；（四）方由耳；这样造出了世界。"③

无色界，指超越物质之世界，厌离物质之色想而修四无色定者，死后所生之天界，位于色界的上方。"无色界虽无上下处所，而有四种生处差别：一空无边处，二识无边处，三无所有处，四非想非非想处。"无色界之有情均为男身，但不具男根。

色界，意为色所属之界，是有净妙之色质的器世界及其众生之总称，乃天人之住处，位于欲界上方。此界之众生虽离淫欲，不着秽恶之色法，然尚为清净微细之色法所系缚，故有别于其下之欲界及其上之无色界，而称色界。此界之天众无男女之别，其衣系自然而至，而以光明为食物及语言。《入阿毗达磨论》云："色界有十六处，谓初静虑有二处：一梵众天，二梵辅天；第二静虑有三天：一少光天、二无量光天、三极光净天；第三静虑有三天：一少净天、二无量净天、三遍净天；第四静虑有八天：一无云天、二福生天、三广果天、四无烦天、五无热天、六善现天、七善见天、八色究竟天。合十六处。大梵无想，无别处所，故非十八。"④

欲界，此界之有情因有食欲、淫欲、睡眠欲等，故称欲界，包括

---

① 《长阿含经》卷二二《世记经·世本缘品》，载大正新修大藏经刊行会编《大正藏》第 1 册，东京：大藏出版株式会社，1988 年，第 145 页 a。
② 《悲华经》卷五《诸菩萨本授记品》，《大正藏》第 3 册，第 199 页 c。
③ 2014: *The Rigveda: the earliest religious poetry.* trans. by Stephanie W. Jamison and Joel P. Brereton, Oxford University Press, p.1540.
④ 《入阿毗达磨论》卷下，《大正藏》第 28 册，第 985 页 a。

有情世间和器世间。有情世间,指五阴所成之一切众生;器世间,指十法界众生各据依报,所居十种不同处所。

器世间亦称器世界,以须弥山为中心,四周环绕着四大洲及九山八海,为一小世界。一千个小世界形成一个小千世界,一千个小千世界集成中千世界,一千个中千世界形成大千世界。"三千大千国土,为一佛之化摄也。今一日月所临四天下者,据三千大千世界之中,诸佛世尊,皆此垂化,现生现灭,导圣导凡。"①故三千大千世界又称一佛国(见图1-1)。以须弥山为中心的器世界秩序思想,源自《往世书》。②帝释天居住在"宇宙之轴"须弥山上。

围绕须弥山有四大洲,分别是东胜神洲、西牛贺洲、南赡部洲、北俱卢洲。四洲中,若论值佛闻法,南洲最上。故《大论》云:"南洲三事,尚胜诸天,况北洲乎!一能断淫,二识念力,三能精进。所以诸佛唯出南洲。"③佛教以大雪山和山顶的阿耨达池为中心,建构了南赡部洲地貌和水系的空间秩序。隋天竺沙门达摩笈多译《起世因本经·阎浮洲品》载:

> 诸比丘!过金胁山,有山名曰雪山,高五百由旬,广厚亦尔。其山微妙,四宝所成,金银琉璃及颇梨等。彼山四角,有四金峰挺出,各高二十由旬。于中复有众宝杂峰,高百由旬。彼山顶中,有阿耨达池,阿耨达多龙王在中居住。其池纵广五十由旬,其水凉冷,味甘轻美,清净不浊。④

阿耨达池是赡部洲主要水系的源头。"阿耨达池东有恒伽河,从

---

① 《大唐西域记校注》卷一,第35页。
② 毗耶娑天人著,徐达斯译:《薄伽梵往世书》,西安:陕西师范大学出版社,2017年,第162—163页。
③ 《翻译名义集》卷三《世界篇》,《大正藏》第54册,第1096页中。
④ 达摩笈多译:《起世因本经》卷一《阎浮洲品》,《大正藏》第25册,第367页下。

第一章 佛所王土的地理性

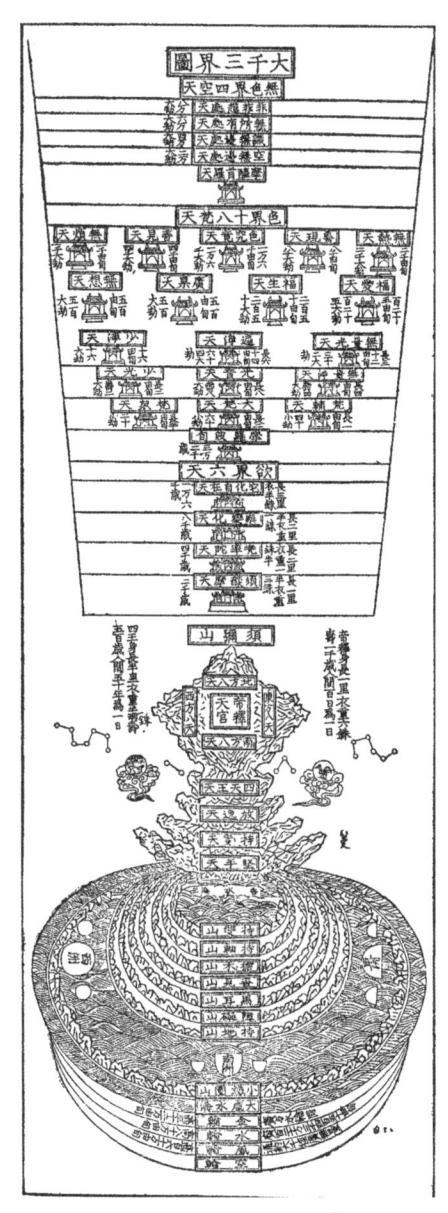

图 1-1 大千三界图 ①

---

① 《佛祖统纪》卷三一《世界名体志》，《大正藏》第 49 册，第 308 页。

牛口出，从五百河入于东海。阿耨达池南有新头河，从师子口出，从五百河入于南海。阿耨达池西有婆叉河，从马口出，从五百河入于西海。阿耨达池北有斯陀河，从象口中出，从五百河入于北海。"①恒伽河即恒河，新头河即印度河，婆叉河即阿姆河，斯陀河即锡尔河。随着僧侣进入西域，斯陀河又指今叶尔羌河和塔里木河。

  上古时期宇宙秩序思想，随着移民、商旅和传教士在旧大陆东西广泛传播，如古希腊、印度和中国宇宙秩序观，都有相互交流和融汇的印迹。约成书于公元前100年的《周髀算经》就记载了与古印度、古希腊相似的几何宇宙模型。②东汉以后，继承了印度上古宇宙秩序思想的佛教，在中国广泛传播。南北朝时期佞佛的梁武帝，更是尝试用佛教盖天说替代中国传统的浑天说。《隋书·天文志》载："逮梁武帝于长春殿讲义，别拟天体，全同《周髀》之文，盖立新意，以排浑天之论而已。"③陈寅恪先生论及梁武帝"别拟天体"时说："梁武帝之说，今虽不可尽见，但《开元占经》所引，独可窥其大概，今其文（《开元占经》壹天地名体"天体浑宗"条）云：'梁武帝云：四大海之外，有金刚山，一名铁围山，金刚山北又有黑山，日月循山而转，周回四面，一昼一夜，围绕环匝。'是明为天竺之说，而武帝欲持此以排浑天，则其说必有以胜于浑天，抑又可知也。隋志既言其全同盖天，即是新盖天说，然则新盖天说乃天竺所输入者。寇谦之、殷绍从成公兴、昙影、法穆等受周髀算术，即从佛教受天竺输入之新盖天说，此谦之所以用其旧法累年算七曜周髀不合，而有待于佛教徒新输入之天竺

---

① 《长阿含经》卷一八《世记经·阎浮提洲品》，《大正藏》第1册，第116页下。
② 江晓原：《〈周髀算经〉：中国古代唯一的公理化尝试》，《自然辩证法通讯》1996年第3期。《〈周髀算经〉盖天宇宙结构》，《自然科学史研究》1996年第3期。《〈周髀算经〉与古代域外天学》，《自然科学史研究》1997年第3期。
③ 《隋书》卷一九《天文志》，北京：中华书局，1973年，第507页。

天算之学以改进其家世之旧传者也。"① 不仅如此，梁武帝还依据佛教宇宙模型，建造了同泰寺。② 由此可见，在南北朝时，佛教宇宙秩序思想，已从佛门迈入帝王家。

佛教南赡部洲的秩序观，同样深刻地影响着中国的大地秩序观。在南赡部洲，大雪山（Himālaya）被视作天地相交之处，是世界的中心。在印度神话里大雪山是指喜马拉雅山，上古诗歌总集《梨俱吠陀》卷十第一二一篇云："神力庄严，现彼雪山，汪洋巨海，与彼流渊。"③

汉灵、献之间（168—220）康居国高僧康孟详将昆仑山看作大雪山。康孟详《佛说兴起行经序》云：

> 所谓昆仑山者，则阎浮利地之中心也。山皆宝石，周匝有五百窟，窟皆黄金，常五百罗汉居之。阿耨大泉，外周围山，山内平地，泉处其中，泉岸皆黄金，以四兽头，出水其口，各绕一匝已，还复其方，出投四海。象口所出者，则黄河是也。④

东汉桑钦《水经》开篇即言："昆仑墟在西北，去嵩高五万里，地之中也。"与康孟详的观点相似。郦道元注《水经》时，引西晋道安《西域志》云："阿耨达太山，其上有大渊水，宫殿楼观甚大

---

① 陈寅恪：《崔浩与寇谦之》，载氏著《金明馆丛稿初编》，北京：生活·读书·新知三联书店，2001年，第132页。陈寅恪先生所云"是明为天竺之说，而武帝欲持此以排浑天，则其说必有以胜于浑天"，并不准确，恰恰相反，浑天说比起盖天说更准确。参见中国天文学史整理研究小组编《中国天文学史》（北京：科学出版社，1981年，第164页）。
② 山田慶兒：《梁武帝的盖天说与世界庭园》，载《古代东亚哲学与科技》，沈阳：辽宁教育出版社，1996年，第169页。
③ 汤用彤：《印度哲学史略》，载氏著《汤用彤全集》第3卷，石家庄：河北人民出版社，2000年，第13页。
④ 《佛说兴起行经》，《大正藏》第4册，第163页c。

焉。山即昆仑山。"①

法显（342—423）则将葱岭，即今帕米尔高原视为大雪山。据《法显传》载："葱岭冬夏有雪，又有毒龙，若失其意，则吐毒风，雨雪，飞沙砾石。遇此难者，万无一全者。彼土人即名为雪山也。"②宋云与法显的观点相同，《宋云行记》载：

> 八月初入汉盘陀国界。西行六日，登葱岭山。复西行三日，至钵盂城。三日至不可依山。其处甚寒，冬夏积雪。山中有池，毒龙居之。昔有三百商人止宿池侧，值龙忿怒，泛杀商人。盘陀王闻之，舍位与子，向乌场国学婆罗门咒，四年之中，尽得其术。还复王位，就池咒龙。龙变为人，悔过向王。王即徙之葱岭山，去此池二千余里。今日国王十三世祖[也]。自此以西，山路欹侧，长坂千里，悬崖万仞，极天之阻，实在于斯。太行孟门，匹兹非险，崤关陇坂，方此则夷。自发葱岭，步步渐高，如此四日，乃得至岭。依约中下，实半天矣。汉盘陀国正在山顶。自葱岭已西，水皆西流，世人云是天地之中。人民决水以种，闻中国田待雨而种，笑曰："天何由可共期也？"城东有孟津河，东北流向沙勒。葱岭高峻，不生草木。是时八月已冷，北风驱雁，飞雪千里。③

玄奘（600—664）《大唐西域记》将帕米尔高原称为波谜罗川："波谜罗川中有大龙池，东西三百余里，南北五十余里，据大葱岭内，当赡部洲中，其地最高也……池西派一大流，西至达摩悉铁帝国东界，与缚刍河合而西流，故此已右，水皆西流。池东派一大流，东北

---

① 桑钦撰，郦道元注：《水经注》卷一《河水》，明嘉靖十三年刻本，第一页 a、第三页 b。
② 法显撰，章巽校注：《法显传校注》，北京：中华书局，2008 年，第 21 页。
③ 杨衒之撰，周祖谟校释：《洛阳伽蓝记校释》卷五《城北》，北京：中华书局，2013 年，第 170—176 页。

第一章 佛所王土的地理性

至伕沙国西界，与徙多河合而东流，故此已左，水皆东流。"① 无论是宋云所说的"天地之中"，还是玄奘所说"当赡部洲中，其地最高也"，还是此处四水分流，都是将葱岭比附为佛教的大雪山。不过，由于帕米尔高原是昆仑山、喀喇昆仑山、喜马拉雅山、兴都库什山和天山等山脉的交汇处，因此，中亚和东亚的僧侣，将这些山脉统统视作大雪山也就不奇怪了。如玄奘亦将兴都库什山称作大雪山："东南入大雪山，山谷高深，峰岩危险，风雪相继，盛夏合冻，积雪弥谷，蹊径难涉。山神鬼魅，暴纵妖祟。群盗横行，杀害为务。"②

随着佛教向北印度、中亚和东亚传播，大雪山的范围由喜马拉雅山脉逐渐扩展至兴都库什山、喀喇昆仑山、昆仑山、天山和祁连山等有终年积雪的高海拔山地。此后，华北第一高峰五台山以及山顶的热融湖塘，也被僧侣建构为中原的大雪山和阿耨达池，成为文殊菩萨的道场和中土的"宇宙之轴"，并不断地被异地再造，以至于小五台遍地开花，甚至传播到朝鲜半岛和日本。

古老的印度宇宙秩序观，还借助佛教建筑，传遍佛教信仰区。佛教最具象征性的建筑是保存佛骨舍利的佛塔，即窣堵波。在印度其形制和形式可能源于雅利安人的祭祀土丘。③ 窣堵波是佛祖涅槃后的栖身之所，因此被塑造成微观的宇宙模型。以桑奇大塔（The Great Stupa at Sanchi）为例（见图1-2），罗兰（B.Rowland）认为其建筑形制与美索不达米亚的塔庙（Ziggurat）类似，是一种宇宙建筑图式。佛塔基座上的半球形覆钵，象征天穹，笼罩着耸立于天地之间的须弥山。覆钵顶上的小方屋象征须弥山顶的忉利天。多重伞盖象征最高天，即梵天居住的天界。贯穿佛塔的中心柱及其延长部分——伞杆，

---

① 《大唐西域记校注》卷一二，第981—982页。
② 《大唐西域记校注》卷一，第128页。
③ 斯坦利·沃尔波特著，李建欣、张锦冬译：《印度史》，上海：东方出版中心，2015年，第61—62页。

则代表由地下水界伸向天界的宇宙之轴,是佛塔象征含义的核心。①其中,"多重伞盖被一些艺术史家视为东亚宝塔建筑原型,后来被那些早期亚洲历史上不知疲倦的文化信使,即佛教传法僧介绍到中国。"②从这个意义上讲,佛教的宇宙模型——佛塔,与佛骨舍利结合在一起,以繁简不同的建筑形制,出现在印度和中国的佛教社区中,并占据其制高点,是佛祖在场的标志。舍利塔的空间传播,佛祖涅槃之初中印度有八大塔;阿育王时期有四万八千塔,遍布印度各地;公元4世纪末,西域的于阗国"家家门前皆起小塔"③;6世纪初,北魏首都洛阳城已是"招提栉比,宝塔骈罗"④。舍利塔矗立之地亦即佛法所被之地,区域佛教仪式的中心。

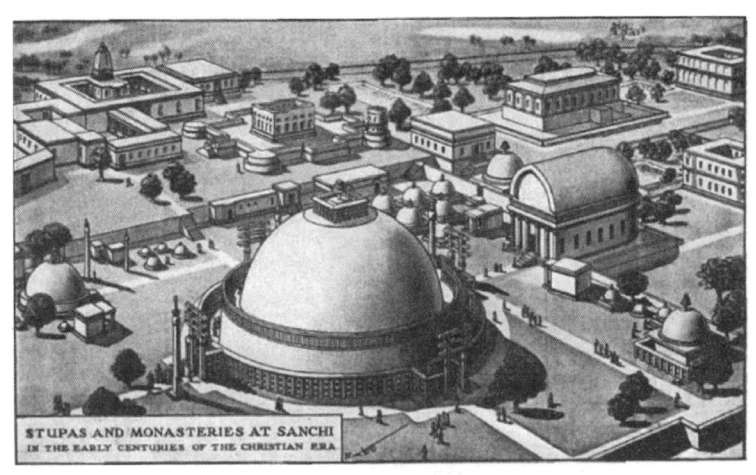

图 1-2　桑奇的窣堵波和伽蓝 ⑤

---

① B. Rowland. 1967: *The Art and Architecture of India: Buddhist, Hindu, Jain*, 3rd ed. Penguin Books, Baltimore, p.52.
② 斯坦利·沃尔波特著,李建欣、张锦冬译:《印度史》,第61页。
③ 《法显传校注》,第12页。
④ 杨衒之著,周祖谟校释:《洛阳伽蓝记校释》,第21页。
⑤ Percy Brown. 1959: *Indian Architecture (Buddhist and Hindu Periods)*, 4rd ed. Bombay: D.B. Taraporevala Sons & Co. Private Ltd, p.17.

第一章 佛所王土的地理性

想象的地理具有真实影响力。宇宙秩序是人们用来相互警示和相互制约的秩序体系,只有遵守秩序和仪式者,才是被社会接纳的良民。不同的宇宙秩序,不仅预示着人们在宇宙中所处的位置不同,也会导致人们对待自然和社会的态度有所差别,因为人类并不完全被动地体验这个世界,人类的行为是由人类的价值观和信仰体系决定的。正如拉帕博特(Rappaport)所言:"人类是通过信仰、知识和目的的帷幕来看自然的,并且是按照他们关于自然的意象——而不是自然的实际结构——来行动的。然而,人类的行动既作用于自然本身,自然本身也作用于人类,滋养或毁灭人类。"[1] 譬如,对于中土民众来说,一旦选择信仰佛教,就意味着他必须同时生活在神圣与世俗两个时空观体系之中。他们既要与这个世界上的地方和日常事务打交道,生活在世俗时空即中国传统时空观中,又要修行觉悟,生活在神圣时空即印度时空观中。因此,从这个意义上讲,佛教宇宙秩序是有地理性的。

二、佛祖身体的地理性

人类是意义的生产者。人类会有意识地给地理环境建构意义,包括位置、序列、分布等。与大多数氏族—部落宗教、民族—国家宗教不同,世界性的宗教如佛教、基督教和伊斯兰教,皆是"父母所生身"创建的。正如印顺所云:"佛法是与神教不同的,佛不是神,也不是神的儿子或使者,佛是以人身而实现正觉解脱的圣者。佛教不是神教那样的,以宗教为'神与人的关系',而是人类的彻悟,体现真理,而到达永恒的安乐、自在、清净。"[2] 因此,创始者本人的身体就

---

[1] Rappaport, Roy A. 1979: *Ecology, Meaning, and Religion.* Berkeley, CA: North Atlantic Books, p.97.
[2] 释印顺:《印度佛教思想史》,北京:中华书局,2010年,第12页。

成了最微观、最神圣的地理空间。尤其是大乘佛教兴起后，佛教从智慧学说转变为宗教。佛祖也从一位指导信徒精进自救并受人尊敬的凡人，变成一位救世主和神。关于身体，人类学家道格拉斯在《洁净与危险》一书说：

> 身体是一种模型，它可以表示任何具有界限的体系。人体的边界可以代表任何受到威胁或处于危险状态的边界。身体是一个复杂的结构，不同部位的功能以及彼此之间的关系为其他复杂结构提供了象征的来源。①

在五天竺，身体是灵魂和肉体的结合体，且二者是可以分离的。《薄伽梵歌》云："如性灵于此身兮，历童年、少、壮、老衰，如是而更得一身兮！智坚定者于斯不疑。"② 肉体就被看作生死轮回中某一阶段灵魂或性灵的有形容器。

佛教继承了五天竺有关身体的灵与肉思想。这里不妨以佛祖释迦牟尼身体为例，考察其身体的两个有机组成部分，即肉体和灵魂结合与分离过程，以及身体在其人生的不同阶段的变化与神圣特征。

释迦族生活的迦比罗卫城及周边地区，即今喜马拉雅山南麓尼泊尔南部，属于蒙古人种分布区，故印顺法师认为："释族非雅利安系，其为黄种无疑也。"③

从投胎到诞生，是灵魂与肉体结合时期。释迦牟尼身体获得神圣性，始于白象入胎。《修行本起经·菩萨降身品》载：

> 用四月八日，夫人沐浴，涂香着新衣毕，小如安身。梦见空

---

① 玛丽·道格拉斯著，黄剑波、柳博赟等译：《洁净与危险》，北京：商务印书馆，2020年，第168页。
② 徐梵澄译：《薄伽梵歌》，武汉：崇文书局，2017年，第37页。
③ 释印顺：《印度之佛教》，北京：中华书局，2011年，第9页。

中有乘白象，光明悉照天下，弹琴鼓乐，弦歌之声，散花烧香，来诣我上，忽然不现。……相师言："此梦者，是王福庆，圣神降胎，故有是梦。生子处家，当为转轮飞行皇帝。出家学道，当得作佛，度脱十方。"①

菩萨投胎于释迦族，是因其父母乃"甘蔗之苗裔，释迦无胜王，净财德纯备，故名曰净饭，群生乐瞻仰，犹如初生月。王如天帝释，夫人犹舍脂，执志安如地，心净若莲花，假譬名摩耶，其实无伦比。"②摩耶夫人前五百世为菩萨母。那么，为什么是白象入胎？竺法护译《普曜经·所现象品》云：

> 佛告比丘："于时菩萨为大天众，敷演经法，劝助开化咸令悦豫。问诸天子，以何形貌降神母胎？"或有言曰："儒童之形。"或有言曰："释梵之形。"……或曰："金翅鸟形。"彼有梵天名曰强威，本从仙道中来，没生天上，于无上正真之道而不退转，报诸天子言："吾察梵志典籍所载，叹说菩萨应降神母胎。"又问："以何形往？"答曰："象形第一。六牙白象头首微妙，威神巍巍，形象姝好，梵典所载其为然矣。缘是显示三十二相。所以者何？世有三兽：一兔，二马，三白象。兔之渡水趣自渡耳；马虽差猛，犹不知水之深浅也；白象之渡尽其源底。声闻缘觉其犹兔马，虽度生死不达法本；菩萨大乘譬若白象，解畅三界十二缘起，了之本无，救护一切，莫不蒙济。"如是比丘，于是菩萨处兜术天，普观天下，意欲降体白净王宫。③

---

① 《修行本起经》卷一《菩萨降身品》，《大正藏》第3册，第463页b。
② 《佛所行赞》卷一《生品》，《大正藏》第4册，第1页a。
③ 《普曜经》卷一《所现象品》，《大正藏》第3册，第488页b。

与菩萨永恒的性灵相比，肉体无疑是暂时的。因此，在《本生经》中，释迦牟尼前世除了为白象外，还有猕猴、孔雀、顶生王等，且每一个都有神异的传说。六牙白象因"舍身命故投猎者"①，具有"救护一切，莫不蒙济"的完美道德，故强威极力推荐六牙白象为菩萨在这个阶段的容器即"形住"。菩萨投胎，不仅改变了摩耶夫人的身体："母悉离忧患，不生幻伪心。"还改变了菩萨所处的环境：

> 尔时王宫先现八瑞：一者，草秽瓦石诸垢不净，悉为消除自然香洁，生众杂华香气苾芬。二者，其雪山边，兔雁鸳鸯鹰鹍赤，鹦鹉青雀哀鸾杂鸟，来诣王宫住宫殿上，轩窗门户屏障笼疏，各各畅音柔软妙雅。三者，白净王宫后园游观流泉众水，冬时始春皆生杂华，若干种宝奇雅妙好。四者，陂水浴池诸观屋宅，悉自然生青莲芙蓉，大如车轮其叶百千。五者，其苏水器及麻油器石蜜器食之无减。六者，其王宫里大鼓小鼓，箜篌琴瑟筝笛箫笳，不鼓自鸣演悲和音。七者，其王宫藏众宝奇珍，明珠七宝衣被璎珞，地中藏宝自然发出。八者，宫中光明普照内外蔽日月光。

性灵还在娘胎里时，就拥有了一个神圣的生活空间。而神圣空间，又彰显了世尊的神圣。

与普罗大众皆由生门诞生不同，释迦牟尼的诞生，充满了神异：

> 蓝毗尼胜园，流泉花果茂，寂静顺禅思，启王请游彼。王知其志愿，而生奇特想，敕内外眷属，具诣彼园林。尔时摩耶后，自知产时至，偃寝安胜床，百千婇女侍。时四月八日，清和气调适，斋戒修净德，菩萨右胁生，大悲救世间，不令母苦恼。

---

① 《大乘本生心第观经》卷一《序品》，《大正藏》第3册，第295页c。

出生时不走寻常路,是五天竺神话中固有的情节,如:"优留王股生,卑偷王手生,曼陀王顶生,伽叉王腋生。"① 释迦牟尼的身体之所以"不由于生门",既是传统,也是神圣即洁净的观念使然。"菩萨出母胎,毫无污迹,不受水污,不受液污,不受血污,不受任何污,洁净无垢。正如摩尼宝珠放在迦尸布上,珠不污布,布不污珠。原因在于两者皆纯洁。菩萨出母胎就是这样,毫无污迹,不受水污,不受液污,不受血污,不受任何污,纯洁无垢。"不仅如此,来到人间的菩萨,也不是直接接触凡俗:"菩萨出母胎,诸天神先接他,然后人接他。"然后由天水洗浴:"菩萨出母胎,空中涌两泉,一凉一温,浇灌菩萨和母亲。"

洁净且受众神护持的菩萨身体,从出生那一刻起,不仅超越了俗众生活的常规,还由菩萨现身说法,彰显了其身体的唯一性。"菩萨一生下,就用脚站立,朝北迈七步,头顶白华盖,举目四望,大声说道:'在这世上,唯我独尊;在这世上,唯我最优秀;在这世上,唯我最老。这是最后一生,不会再生。'"②

未出家时,太子对家庭生活已经心生不满,渴望置身于林野:"我想,在家生活是充满尘土的拥挤之路,出家生活空间广阔。住在家中,很难从事纯洁完美似贝螺的修行。我想,我能否剃去须发,穿上袈裟,离家出走,过出家人的生活。"③

四门出游时的太子,是名副其实的"高富帅":"楼阁堤塘树,窗牖衢巷间,侧身竞容目,瞪瞩观无厌。"④ 离开宫殿,舍弃圣王之位,出家求道,首先改变的是身体——剃发染衣。"尔时太子,从车匿边,索取摩尼杂饰庄严七宝把刀,自以右手执于彼刀,从鞘拔出,即以左

---

① 《佛所行赞》卷一《生品》,《大正藏》第4册,第1页a。
② 《中尼迦耶》Ⅲ.120—123。转引自郭良鋆:《佛陀与原始佛教思想》,北京:中国社会科学出版社,1997年,第28页。
③ 《中尼迦耶》Ⅰ.240。转引自郭良鋆:《佛陀与原始佛教思想》,第38页。
④ 《佛所行赞》卷一《厌患品》,《大正藏》第4册,第5页c。

手,揽捉绀青优钵罗色螺髻之发,右手自持利刀割取,以左手擎,掷置空中。时天帝释,以希有心,生大欢喜,捧太子髻不令堕地,以天妙衣承受接取。尔时诸天,以彼胜上天诸供具而供养之。"发型和服饰是遁入空门的标志:"尔时菩萨以剃头讫,身得袈裟染色衣着,形容改变,既严整讫,口发如是大弘誓言:'我今始名真出家也。'"①

初入佛门时,正值释迦牟尼青春期,"少年身光泽,无比丈夫形"②。林居禅定、苦行时,调息、止息、节食、断食,导致其身体脱相,濒临死亡边缘。郭良鋆据《中尼迦耶》归纳总结说:"他的身体消瘦,四肢变得像枯藤,臀部变得像牛蹄,脊柱突出像念珠,肋骨突出像椽子,眼珠深陷像深井,头皮皱缩像干果。他的肚皮和背脊相贴,摸肚皮能触到背脊,摸背脊也能触到肚皮。他大小便时,会扑面而倒。他用手按摩身体时,汗毛会连根脱落。他的皮肤失去光泽。人们看到他时,有些人说沙门乔答摩是黑色。有些人说沙门乔答摩是褐色。有些人说沙门乔答摩既不是黑色,也不是褐色,而是土黄色。"③释迦牟尼身体这种形象,作为僧侣禅定苦行后的标准形象,此后出现在各地寺庙的雕塑和壁画中。

成佛后,再回到迦毗罗卫城的释迦牟尼,其身体拥有的神圣性,显露无遗:"渐近遥见佛,光相倍昔容,处于大众中,犹如梵天王。"甚至为了消除父王对其选择遁入空门行为的质疑,当场展现了其身体的神异之处:"佛知父王心,犹存于子想,为开其心故,并哀一切众,神足升虚空,两手捧日月,游行于空中,种种作异变,或分身无量,还复合为一,或入水如地,或入地如水,石壁不碍身,左右出水火。"④

---

① 《佛本行集经》卷一八《剃发染衣品》,《大正藏》第3册,第737页c—738页a。
② 《佛所行赞》卷三《瓶沙王诣太子品》,《大正藏》第4册,第9页a。
③ 郭良鋆:《佛陀与原始佛教思想》,第45页。
④ 《佛所行赞》卷四《父子相见品》,《大正藏》第4册,第36页c—37页a。

第一章 佛所王土的地理性

世尊涅槃时,既是其灵魂与肉体分离的时刻,也是其身体转换为化身的时刻。

其一,佛祖的身体因其所传佛法和佛门弟子而得以长存。正如《长阿含经·游行经》所云:

> 尔时世尊,自四牒僧伽梨,偃右胁如师子王,累足而卧。时双树间所有鬼神笃信佛者,以非时花布散于地。尔时,世尊告阿难曰:"此双树神以非时华供养于我,此非供养如来。"阿难白言:"云何名为供养如来?"佛语阿难:"人能受法,能行法者,斯乃名曰供养如来。"①

"自今以后,我诸弟子展转行之,则是如来法身常在而不灭也!"②佛祖涅槃后,其所说经、律,是僧侣之师,诸弟子薪火相传,则如来法身因之常在而不灭。因此,佛法也称"言身"。换而言之,即使佛陀的身体在80岁时消灭,心也与永恒的真理合一。

其二,佛祖的身体转换为佛骨舍利等而长存。巴利文《长尼迦耶》第十六《大般涅槃经》云:

> 佛陀遗体火化后,皮肉筋髓荡然无存,只剩下舍利。末罗族把佛陀舍利安放在集会厅,以矛作栅栏,以弓作围墙。一连七天,用歌舞、音乐、花鬘和香料供奉佛陀舍利。
>
> 各地闻讯佛陀进入涅槃,派遣使者前来请求分得一份佛陀舍利,建塔供养。在婆罗门头那(Doṇa)主持下,舍利平均分作八份,摩揭陀的阿阇世王、吠舍离的离车族、迦毗罗卫的释迦族、阿罗迦波的跋离族、罗摩伽摩的拘利族、吠特岛的婆罗

---

① 《长阿含经》卷三《游行经》,《大正藏》第 1 册,第 21 页 a。
② 《佛垂般涅槃略说教诫经》,《大正藏》第 12 册,第 1112 页 b。

门、波婆的末罗族和拘尸那罗的末罗族,各得一份。头那本人留下舍利瓶。毕钵的孔雀族使者来晚了,只能取回骨灰。这样,各地共建起十座塔,其中八座是舍利塔,一座是瓶塔,一座是灰塔。①

至阿育王(前303—前232)时期,八份舍利又被取出,分成八万四千份,分贮于孔雀王朝境内的八万四千佛塔中。佛塔即窣堵波,是从印度古老的石冢发展而来的。舍利塔所在即佛之所在。除舍利外,尚有佛齿、顶骨、足迹、发爪等。

其三,佛祖的身体转换为象征物而得以长存。始建于公元前3世纪孔雀王朝的桑奇佛塔,以及此后建造的巴尔胡特、阿马拉瓦提佛教建筑,其佛传浮雕画中,尚遵循古代印度雕刻家不借助其人类形象,表现佛或菩萨在俗世生活的情景,②即不设象传统,因此必须用象征物取代,其中坐在莲花上的摩耶夫人代表佛祖诞生,道树和道树下的金刚座表示佛祖正觉;法轮、菩提树和鹿,象征初转法轮;藏有舍利的窣堵婆则象征涅槃。约公元1世纪贵霜王朝时期,受古埃及、希腊用真容保存灵魂信仰和雕塑艺术影响③,佛陀形象才出现在马图拉、犍陀罗等佛传浮雕中。佛像是佛陀被神化了的产物,填补了佛陀入灭之后沙门权威的空缺,让信众乐于接受佛教。从此,佛祖形象的浮雕、塑像、壁画等,就成为佛祖化身,接受信众礼拜。

与考古发掘所揭示的佛像形成不同,在印度流传着另一个版本佛像流通故事。拘萨罗国舍卫城祇园精舍有牛头旃檀佛像,据《法显

---

① 《长尼迦耶》Ⅱ、72—168。转引自郭良鋆:《佛陀与原始佛教思想》,北京:中国社会科学出版社,1997年,第110页。
② 阿·福歇(A. Foucher)著,王平先、魏文捷译:《佛教艺术的早期阶段》,兰州:甘肃人民出版社,2008年,第4页。
③ 《佛教艺术的早期阶段》,第83—107页。

传》载:"佛上忉利天为母说法九十日,波斯匿王思见佛,即刻牛头栴檀作佛像,置佛坐处。佛后还入精舍,像即避出迎佛。佛言:'还坐。吾般泥洹后,可为四部众作法式。'像即还坐。此像最是众像之始,后人所法者也。"① 类似的故事,还出现在憍赏弥国,《大唐西域记》载:

> 城内故宫中有大精舍,高六十余尺,有刻檀佛像,上悬石盖,邬陀衍那王之所作也。灵相间起,神光时照。诸国君王恃力欲举,虽多人众,莫能转移,遂图供养,具言得真,语其源迹,即此像也。初如来成正觉已,上升天宫,为母说法,三月不还。其王思慕,愿图形像。乃请尊者没特伽罗子以神通力接工人上天宫,亲观妙相,雕刻栴檀。如来自天宫还也,刻檀之像起迎世尊,世尊慰曰:"教化劳耶?开导末世,实此为冀!"②

去天宫观亲观妙相一事,未必是真,但自公元 1 世纪起,佛教仰仗佛像开导末世却是不争的事实。甚至栴檀雕像也如同佛祖本人一般,从印度飞向西域曷劳落迦城(楼兰城)。

> 战地东行三十余里,至媲摩城,有彫檀立佛像,高二丈余,甚多灵应,时烛光明。凡有疾病,随其痛处,金薄贴像,即时痊复。虚心请愿。多亦遂求。闻之土俗曰:此像,昔佛在世憍赏弥国邬陌衍那王所作也。佛去世后,自彼凌空至此国北曷劳落迦城中。③

---

① 《法显传校注》,第 61 页。
② 《大唐西域记校注》卷五,第 468—469 页。
③ 《大唐西域记校注》卷一二,第 1026 页。

因楼兰国人对其神而不贵,后又飞到媲摩城(今和田坎城)。旃檀雕像的出现,使原本没有圣迹的坎城有了圣迹,佛教在和田的传播也有了神主。

舍利、佛像、佛塔、佛经、足迹,都是佛祖的化身,从而使得各地信众在礼佛时,能感受到佛祖"在场"。佛言:"善男子,依法者,即是如来大般涅槃,一切佛法即是法性,是法性者即是如来,是故如来常住不变。"① 可谓佛身虽逝,佛法永存。

伴随着佛教的广泛传播,佛祖生前的不同时期的身体姿态、着衣习惯,也成了各地僧侣刻意模仿的模范。包括剃发染衣的职业形象,禅修时的结跏趺坐姿,绕腰络腋、横巾右袒的穿着方式,以及偃右胁累足而卧的睡姿等。甚至释迦牟尼在达优楼毘罗犀那镇修行的地点——"一片清净的树丛,一条清澈的河流,堤岸可爱,附近有供应食物的村落"②,都成了日后僧侣寺庙选址的理想蓝图。可见,佛教的传播空间,其实是佛祖释迦牟尼的身体及其化身在空间上的蔓延。

不仅如此,作为最微观的空间,佛祖及菩萨的身体,也是塑造更大神圣空间的核心。无论在寺庙、神龛、浮雕、佛画,甚至在博物馆的展厅里,信众都会一次次跟佛像相逢。他们俯视众生的眼神、永恒的微笑、梦幻的神情,如同佛祖自身一般,让其所在空间充满了神圣性,成为宇宙秩序的一部分,从而引起在场观众的共鸣和觉醒,产生超越佛像范畴的场效应。

佛教传入中土时,世尊早已入灭,因此,中土僧侣生不值佛,就成了无法弥补的遗憾。对于求法僧而言,蒙霜犯雪,备经危险,忘身求法,到达世尊曾生活之地,这种遗憾就会如同巨浪袭来,不能自已。

---

① 《大般涅槃经》卷六《如来性品》,《大正藏》第12册,第401页c。
② 《中尼迦耶》I.240。转引自郭良鋆:《佛陀与原始佛教思想》,第43页。

第一章　佛所王土的地理性

> 法显于新城中买香、华、油、灯，倩二旧比丘送法显上耆阇崛山。华、香供养，燃灯续明。慨然悲伤，收泪而言："佛昔于此住，说《首楞严》。法显生不值佛，但见遗迹处所而已。"即于石窟前诵《首楞严》。停止一宿，还向新城。①

两百多年后，玄奘见到世尊圣迹及佛像时的身心反应，与法显如出一辙。

> 法师至，礼菩提树及慈氏菩萨所作成道时像，至诚瞻仰讫，五体投地，悲哀懊恼，自伤叹言佛成道时，不知漂沦何趣。今于像季方乃至斯。缅惟业障一何深重，悲泪盈目。时逢众僧解夏，远近辐辏数千人，观者无不鸣噎。②

瞻礼圣迹，是中土求法僧与世尊距离最近的时刻。他们虽不能同处一个时代，令人遗憾，但能同处一个空间，已足以让他们深感欣慰，并将自己瞻礼圣迹的感受，"竹帛疏所经历"，"令贤者同其闻见"③，让每一个读者间接认知到佛祖存在的真实性与神圣性。

因此，佛祖身体作为接触外部环境的实体，其地理性表现在：身体是神圣空间形成的核心，也是探讨身体与地理环境、佛祖与信众互动关系的核心。

三、佛教空间分布的地理性

地理现象的空间分布是空间传播的结果。佛教的空间传播，

---

① 《法显传校注》，第96页。
② 慧立、彦悰著，孙毓棠、谢方点校：《大慈恩寺三藏法师传》卷三《起阿逾陀国终伊烂拏国》，北京：中华书局，2000年，第66页。
③ 《法显传校注》，第150页。

可以分为策源地、中转地和目的地。策源地无疑是印度，中转地则因传播目的地不同而不同。中土佛教的中转地主要是兴都库什山以北的中亚，以及南亚的斯里兰卡和东南亚等地。目的地自然是中国。

公元 4 世纪初至 8 世纪初，是佛教传入中土的鼎盛期，不仅有大量的西域僧人进入中土，亦有为数不少的中土求法僧人经中转地前往策源地（见图 1-3）。本文以这一时期求法僧人的代表作，即法显《法显传》、玄奘和辩机（619—649）《大唐西域记》为例，分析求法僧侣所认知的南亚和中亚佛教空间分布及其特征。

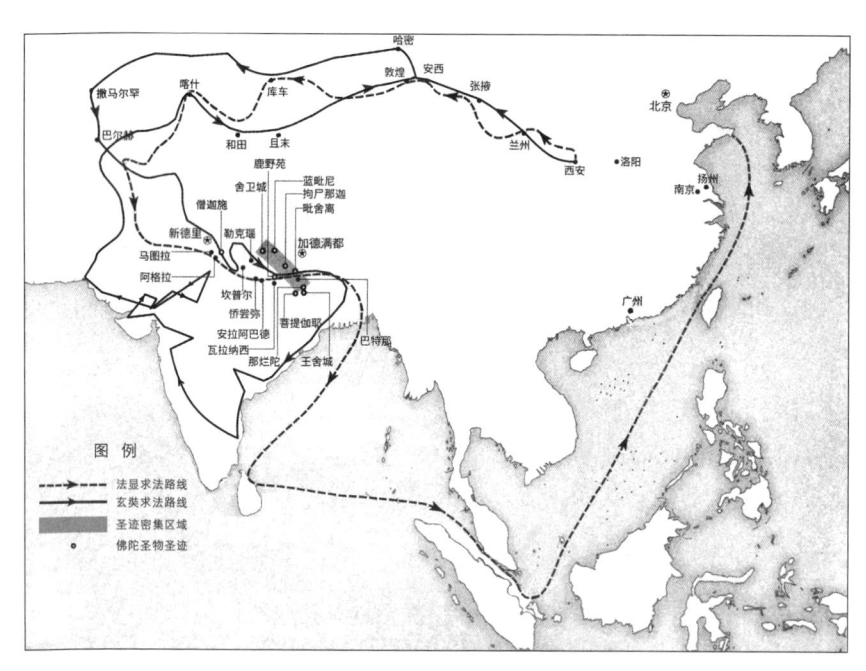

图 1-3　法显、玄奘求法路线图

（一）佛教传播策源地的区域差异

佛教传播的策源中心，无疑是释迦牟尼的身体。与佛祖肉体与灵魂密切相关的地理空间，是佛教的四大圣地。法显去时，用来标记四大圣地的四大塔还保存完好:"佛泥洹已来,四大塔处相承不绝。四大塔者:佛生处,得道处,转法轮处,般泥洹处。"每一个大塔所在地,又据佛传建立了许多佛塔、伽蓝和佛像。如世尊得道处菩提迦耶,法显看到的景观是:

> 菩萨前到贝多树下,敷吉祥草,东向而坐。时魔王遣三玉女从北来试,魔王自从南来试,菩萨以足指按地,魔兵退散,三女变老。自上苦行六年处,及此诸处,后人皆于中起塔立像,今皆在。佛成道已,七日观树受解脱乐处。佛于贝多树下东西经行七日处。诸天化作七宝台供养佛七日处。文鳞盲龙七日绕佛处。佛于尼拘律树下方石上东向坐,梵天来请佛处。四天王奉钵处。五百贾客授麨蜜处。度迦叶兄弟师徒千人处。此诸处亦起塔。佛得道处有三僧伽蓝,皆有僧住。众僧民户供给饶足,无所乏少。戒律严峻,威仪、坐起、入众之法,佛在世时圣众所行,以至于今。①

玄奘到达菩提迦耶时,菩提树周围已修了垣墙:"前正觉山西南行十四五里,至菩提树。周垣垒砖,崇峻险固。东西长,南北狭,周五百余步。奇树名花,连阴接影;细沙异草,弥漫缘被。正门东辟,对尼连禅河,南门接大花池,西扼险固,北门通大伽蓝。墉垣内地,圣迹相邻,或窣堵波,或复精舍,并赡部洲诸国君王、大臣、豪族钦承遗教,建以记焉。"其内窣堵波、佛像、精舍数量更多,也更高大精美。"菩提树垣内,四隅皆有大窣堵波。在昔如来受吉祥草已,趣菩提树,先历四隅,大地震动,至金刚座,方得安静。树垣之内,圣迹鳞次,羌难遍举。"②公元4—7世纪,印度佛教景观尽现衰相,只有圣

---

① 《法显传校注》,第103—104页。
② 《大唐西域记校注》卷八,第668—684页。

迹所在之地，还保持相对繁荣。

释迦牟尼去世之前，佛教仅流行于四大圣地所在的中印度，即恒河平原地区。因此，信众将中印度视为为南赡部洲最神圣之地——"中国"。法显以摩头罗国（今印度北方邦西部马土腊西南五里之马霍里）为界划分北印度与中印度，此地是印度河与恒河的风水岭，"从是以南，名为中国。中国寒暑调和，无霜、雪。人民殷乐，无户籍官法，唯耕王地者乃输地利，欲去便去，欲住便住"①。彼时的佛教还是典型的地方性僧伽。

阿育王在位期间，东征西讨，使孔雀王朝的版图空前扩大，其疆域北抵喜马拉雅山麓，南达科弗里河畔，东起阿萨姆，西北至兴都库什山（见图1-4）。因阿育王皈依佛教，匡护三宝，佛教从地方僧伽，转变为孔雀王朝的国家宗教，地域范围也从中印度一隅，传播至印度全境。因此，无论法显还是玄奘笔下的印度，其地域范围都与孔雀王朝最盛期的印度版图相似："若其封疆之域，可得而言。五印度之境，周九万余里。三垂大海，北背雪山。北广南狭，形如半月。画野区分，七十余国。时特暑热，地多泉湿。北乃山阜隐轸，丘陵舄卤；东则川野沃润，畴陇膏腴；南方草木荣茂；西方土地硗确。"②不仅佛教传播至五印度的时间早晚不同，各地的自然环境、宗教风俗、生产方式和社会经济也不同，加之受周边不同文化的影响，使五印度佛教空间分布有显著的区域差异。

1. 中印度佛教区，该区位于恒河流域，西部界限，玄奘是以恒河与印度河分水岭，即波理夜呾罗国（今印度拜拉特）为界，该界也是戒日帝国的西北部边界。东至布拉马普特拉河西岸的奔那伐弹那国（今孟加拉国拉杰沙希的博格拉一带），北至喜马拉雅山脉，南至温迪

---

① 《法显传校注》，第46页。
② 《大唐西域记校注》卷二，第164页。

亚山脉，即讷尔墨达河与恒河分水岭，与戒日帝国南部国界基本吻合（见图1-5）。

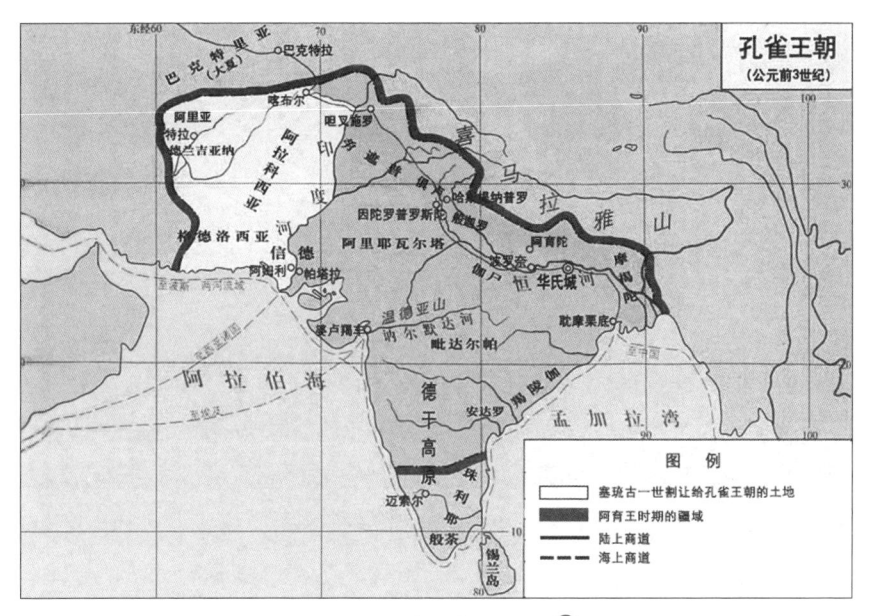

图1-4 孔雀王朝疆域图①

4—5世纪，中印度的自然和社会环境，是五印度中最理想的。《法显传》载：

> 从是以南，名为中国。中国寒暑调和，无霜、雪。人民殷乐，无户籍官法，唯耕王地者乃输地利，欲去便去，欲住便住。王治不用刑罔，有罪者但罚其钱，随事轻重，虽复谋为恶逆，不过截右手而已。王之侍卫、左右皆有供禄。举国人民悉不杀生，不饮酒，不食葱蒜，唯除旃荼罗。旃荼罗名为恶人，与人别居。若入城市则击木以自异，人则识而避之，不相唐突。国中不养

---

① 据张芝联、刘学荣主编《世界历史地图集》（北京：中国地图出版社，2002年，第21页）改绘。

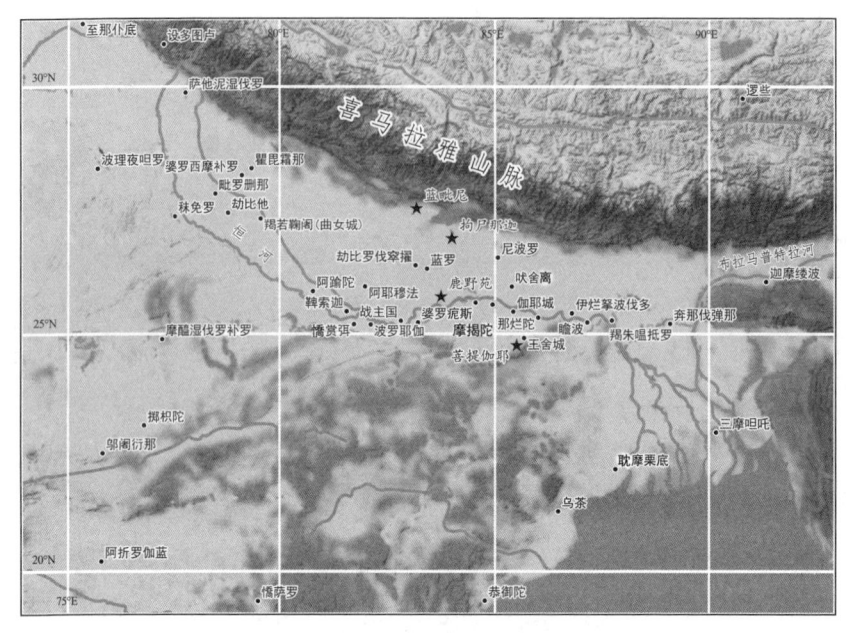

图 1-5　中印度和东印度佛教区

猪、鸡,不卖生口,市无屠、酤及估酒者,货易则用贝齿,唯旃荼罗、猎师卖肉耳。

优越的自然环境,发达的经济,宽松的社会环境,为佛教发展提供非常好的环境。

自佛般泥洹后,诸国王、长者、居士为众僧起精舍供养,供给田宅、园圃、民户、牛犊、铁券书录,后王王相传,无敢废者,至今不绝。众僧住止房舍、床褥、饮食、衣服,都无缺乏,处处皆尔。众僧常以作功德为业,及诵经、坐禅。客僧往到,旧僧迎逆,代檐衣钵,给洗足水,涂足油,与非时浆,须臾,息已,复问其腊数,次第得房舍、卧具,种种如法。众僧住处,作舍利弗塔、目连、阿难塔,并阿毗昙、律、经塔。安居后一月,诸希福之家劝化供养僧,作非时浆。众僧大会说法,说法已,供养舍利弗塔,种种香华,通夜然灯。使彼人作舍利弗本婆罗门时诣佛求出家。大目连、大迦叶亦如是。诸比丘尼多供养阿难塔,以阿难请世尊听女人出家故。诸沙弥多供养罗云。阿毗昙师者,供养阿毗昙。律师者,供养律。年年一供养,各自有日。摩诃衍人则供养般若波罗蜜、文殊师利、观世音等。众僧受岁竟,长者、居士、婆罗门等各持种种衣物、沙门所须,以布施僧,众僧亦自各各布施。佛泥洹已来,圣众所行威仪法则,相承不绝。①

得到阿育王、迦腻色伽王的相继护持,印度佛教发展至巅峰,此后便逐步走向衰落,因此,法显和玄奘所到之处,都能看到阿育王和迦腻色伽王时期建造的窣堵波、伽蓝残破圮毁,僧侣寡少或空无一人的场景。如佛祖释迦牟尼长期居住修行的圣地摩揭陀国首都王舍城,法显去时,王舍旧城"舍利弗、目连初见频鞞处,尼犍子作火坑、毒饭请佛处,阿阇世王酒饮黑象欲害佛处,城东北角曲中,耆旧于庵婆罗园中起精舍请佛及千二百五十弟子供养处,今故在。其城中空荒,无人住"②。玄奘去时,只能分辨出王舍城的外廓和内城:"崇山四周,以为外郭,西通峡径,北辟山门,东西长,南北狭,周一百五十余里。内城余趾周三十余里。羯尼迦树遍诸蹊径,花含殊馥,色烂黄金,暮春之月,林皆金色。"③之前法显见到的圣迹,皆不见踪迹,取而代之是一片暮春森林景观。如果说王舍旧城衰落,尚且可以说主要是由火灾和迁都造成的,那么,那揭罗曷国佛教景观的衰败,则无疑是佛教逐渐式微的结果。《法显传》载:"边有寺,寺中有七百余僧。"④《大

---

① 《法显传校注》,第46—47页。
② 同上,第96页。
③ 《大唐西域记校注》卷九,第718页。
④ 《法显传校注》,第39—40页。

唐西域记》则云："崇敬佛法，少信异道。伽蓝虽多，僧徒寡少，诸窣堵波荒芜圮坏。"①

从佛教发展历史和社会经济条件来看，中印度有两个中心，其一是摩揭陀国。在世尊在世时，摩揭陀国已是佛教的中心，世尊悟道成佛处菩提树垣、迦叶与九百九十大阿罗汉在如来涅槃后结集三藏的第一结集处等诸多圣迹，以及首都王舍城、王舍新城皆在摩揭陀国。法显称摩揭陀国："凡诸中国，唯此国城邑为大。民人富盛，竞行仁义。"②玄奘去时，戒日帝国的首都在曲女城，因此，摩揭陀国的城市人口大幅度减少，但仍然是佛教中心。

> 摩揭陀国，周五千余里。城少居人，邑多编户。地沃壤，滋稼穑，有异稻种，其粒粗大，香味殊越，光色特甚，彼俗谓之供大人米。土地垫湿，邑居高原。孟夏之后，仲秋之前，平居流水，可以泛舟。风俗淳质，气序温暑。崇重志学，尊敬佛法。伽蓝五十余所，僧徒万有余人，并多宗习大乘法教。天祠数十，异道实多。③

法显去时，佛学中心在摩诃衍僧伽蓝，"于阿育王塔边，造摩诃衍僧伽蓝，甚严丽。亦有小乘寺，都合六七百僧众。威仪庠序可观。四方高德沙门及学问人，欲求义理，皆诣此寺。婆罗门子师亦名文殊师利，国内大德沙门、诸大乘比丘，皆宗仰焉，亦住此僧伽蓝。"④玄奘来时，佛学中心，已转移至一切有部的中心——那烂陀寺。"印度伽蓝数乃千万，壮丽崇高，此为其极。僧徒主客常有万人，并学大乘兼十八部，爰至俗典《吠陀》等书，因明、声明、医方、术数亦具研

---

① 《大唐西域记校注》卷二，第220页。
②④ 《法显传校注》，第88页。
③ 《大唐西域记校注》卷八，第619页。

习。凡解经、论二十部者一千余人,三十部者五百余人,五十部者并法师十人。唯戒贤法师一切穷览,德秀年耆,为众宗匠。寺内讲座日百余所,学徒修习,无弃寸阴。"① 摩揭陀国的宗匠有马鸣、胜军、戒贤等。

其二是羯若鞠阇国,在法显到来时,该国"有二僧伽蓝,尽小乘学"②。玄奘至时,曲女城已成为戒日帝国的首都,"国大都城西临殑伽河,其长二十余里,广四五里。城隍坚峻,台阁相望,花林池沼,光鲜澄镜。异方奇货,多聚于此。居人丰乐,家室富饶。花果具繁,稼穑时播。气序和洽,风俗淳质。容貌妍雅,服饰鲜绮。笃学游艺,谈论清远。邪正二道,信者相半。伽蓝百余所,僧徒万余人,大小二乘,兼功习学"③。尽管戒日王组织的大法会,参加的人员有数十万众,但曲女城的崛起,主要是政治因素使然,并没有传统意义上的圣物圣迹,因此,一旦政治中心迁移,众僧则呈鸟兽散。羯若鞠阇无佛学积淀,自然少有宗匠。

中印度佛教信仰,从中心到边缘,有显著的衰减趋势。摩揭陀国、羯若鞠阇国同为戒日帝国的佛教中心,二者虽有差距,但民众还是以佛教信仰为主,至中印度边疆波理夜呾罗国,"周三千余里。国大都城周十四五里。宜谷稼,丰宿麦,有异稻,种六十日而收获焉。多牛羊,少华果。气序暑热,风俗刚猛。不尚学艺,信奉外道。王,吠奢种也,性勇烈,多武略。伽蓝八所,倾毁已甚,僧徒寡少,习学小乘。天祠十余所,异道千余人"④。占据主流的宗教信仰已不再是佛教。

2. 东印度佛教区,是指布拉马普特拉河以东地区,以及恒河口以南,马亨德拉山(Mahendra Giri)以北的东部沿海平原地区。《南海

---

① 《大唐大慈恩寺三藏法师传》卷三《起阿踰陀国经伊烂拏国》,第237页。
② 《法显传校注》,第58页。
③ 《大唐西域记校注》卷五,第423—424页。
④ 《大唐西域记校注》卷四,第376页。

寄归内法传》载："从那烂陀东行五百驿皆名东裔，乃至尽穷有大黑山，计当吐蕃南畔。"① 玄奘到达时，无论从寺庙还是僧徒人数来看，乌荼国都是东印度的佛教中心。"乌荼国，周七千余里。国大都城周二十余里。土地膏腴，谷稼茂盛。凡诸果实，颇大诸国，异草名花，难以称述。气序温暑，风俗犷烈。人貌魁梧，容色黧黵。言辞风调，异中印度。好学不倦，多信佛法，伽蓝百余所，僧徒万余人，并皆习学大乘法教。"② 与乌荼国相比，布拉马普特拉河以东，喜马拉雅山麓的迦摩缕波国，几乎不信仰佛教，大部分人信仰婆罗门教。其国"人形卑小，容貌黧黑，语言少异中印度。性甚犷暴，志存强学。宗事天神，不信佛法。故自佛兴以迄于今，尚未建立伽蓝，招集僧侣。其有净信之徒，但窃念而已。天祠数百，异道数万"③。恭御陀国与此类似，"崇敬外道，不信佛法"④。可见，与中印度比，东印度佛教信仰更趋衰落，如多摩梨帝国，法显在此居住二年，"其国有二十四僧伽蓝，尽有僧住，佛法亦兴"⑤。玄奘去时，"伽蓝十余所，僧众千余人"⑥。占据主流的信仰是婆罗门教。但与中印度以农业为主不同，东印度沿海多港口，处于"入海商人、远方旅客，往来中止之路也"⑦，商业发达，奇珍异宝多聚于此。

3. 南印度佛教区，指温迪亚山脉南的印度半岛南部地区（见图1-6）。南印度伽蓝有百余所、僧徒在万人以上有5国，分别是憍萨罗、达罗毗荼、恭建那补罗、摩腊婆。此数据高于中印度。这主要是因为，首先，南印度国面积普遍比中印度大，都在周五千至六千余里之

---

① 《南海寄归内法传校注》卷一，第12页。
② 《大唐西域记校注》卷一〇，第812页。
③ 同上，第794页。
④ 同上，第817页。
⑤ 《法显传校注》，第124页。
⑥ 《大唐西域记校注》卷一〇，第806页。
⑦ 同上，第815页。

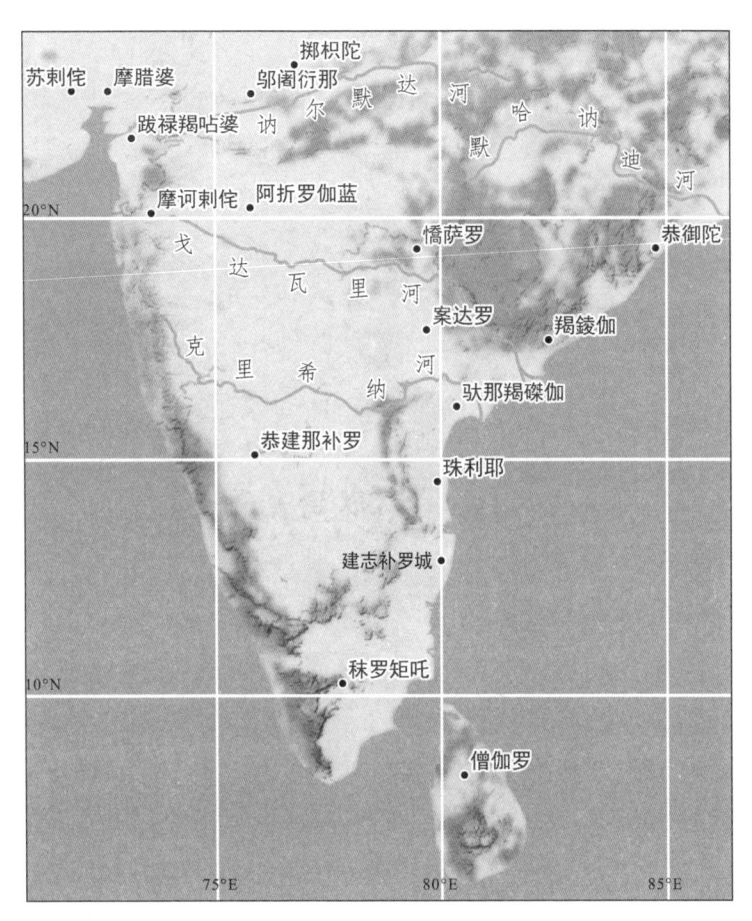

图 1-6　南印度佛教区

间。其次，这些国家普遍环境优越、资源丰富、经济发达。如憍萨罗国，处在哥达瓦里河北岸一级支流岸边，水运交通便利。虽然"山岭周境，林薮连接"，但海拔并不高，"土壤膏腴，地利滋盛。邑里相望，人户殷实。其形伟，其色黑。风俗刚猛，人性勇烈。邪正兼信，学艺高明。王，刹帝利也。崇敬佛法，仁慈深远。伽蓝百余所，僧徒减万人，并皆习学大乘法教。天祠七十余所，异道杂居"①。处在孟加拉湾

---

① 《大唐西域记校注》卷一〇，第 823 页。

沿海的达罗毗荼国,"土地沃壤,稼穑丰盛,多花果,出宝物。气序温暑,风俗勇烈。深笃信义,高尚博识,而语言文字,少异中印度。伽蓝百余所,僧徒万余人,皆遵学上座部法。天祠八十余所,多露形外道"①。曾是跋罗婆王朝的根据地,是印度东南沿海的佛教、艺术和文学的中心。首都建志补罗城是信众巡礼圣地之一,也是佛学中心之一,瑜伽行宗十大论师中的护法就诞生于此。重学方面与摩揭陀国齐名的摩腊婆国,发展条件同样优越。该国位于讷尔默达河岸边,"周六千余里。国大都城周三十余里,据莫醯河东南。土地膏腴,稼穑殷盛,草木荣茂,花果繁实,特宜宿麦,多食饼麨。人性善顺,大抵聪敏,言辞雅亮,学艺优深。五印度境,两国重学,西南摩腊婆国,东北摩揭陀国,贵德尚仁,明敏强学。而此国也,邪正杂信。伽蓝数百所,僧徒二万余人,习学小乘正量部法。天祠数百,异道实众,多是涂灰之侣也"②。

南印度佛教几近消失的两国,都是自然条件差,人口稀少,如珠利耶"土野空旷,薮泽荒芜。居户寡少,群盗公行。气序温暑,风俗奸宄。人性犷烈,崇信外道。伽蓝颓毁,粗有僧徒。天祠数十所,多露形外道也。"③ 秣罗矩吒"土田舄卤,地利不滋。海渚诸珍多聚此国。气序炎热,人多鳌黑。志性刚烈,邪正兼崇。不尚游艺,唯善逐利。伽蓝故基,实多余址,存者既少,僧徒亦寡。天祠数百,外道甚众,多露形之徒也"④。

另外,克里希纳河以南的印度半岛南端滨海地区,是"露形外道",即耆那教天衣派的集中分布区。

4. 西印度佛教区,该区包括肯帕德湾以北的河口三角洲以及印

---

① 《大唐西域记校注》卷一〇,第851页。
② 《大唐西域记校注》卷一一,第900页。
③ 《大唐西域记校注》卷一〇,第846—847页。
④ 同上,第857页。

度河平原区，分别以伐腊毗、狼揭罗和信度国为中心，形成三个亚区（见图 1-7）。

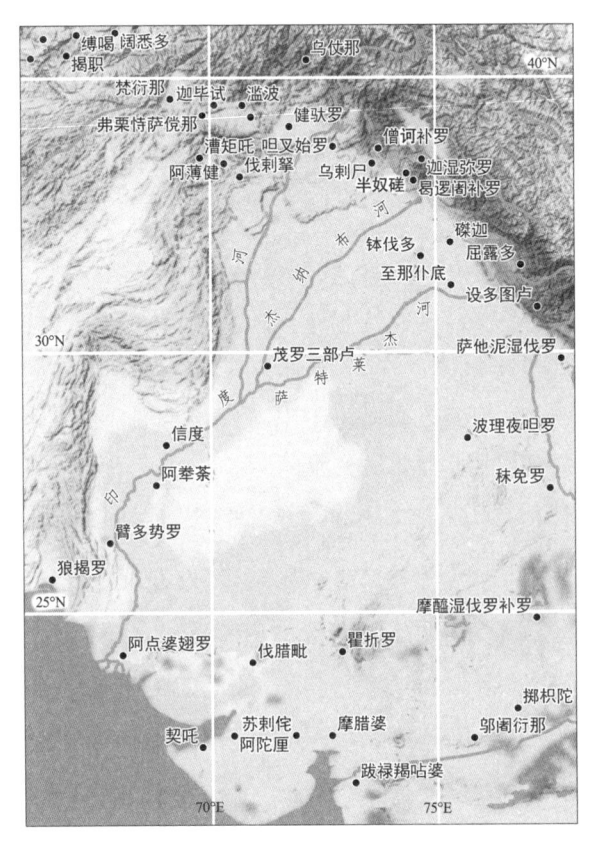

图 1-7　北印度和西印度佛教区

卡提阿亚半岛及其东部河口平原诸国，以伐腊毗为中心，形成一个滨海信仰亚区。伐腊毗国，"居人殷盛，家室富饶，积财百亿者，乃有百余室矣。远方奇货多聚其国。伽蓝百余所，僧徒六千余人，多学小乘正量部法。天祠数百，异道实多"①，是小乘佛教的学术中心。义净《南海寄归内法传》载："闲斯释已，方学缉缀书表、制造诗篇，致

---

① 《大唐西域记校注》卷一一，第 911 页。

想因明,虔诚《具舍》。寻《理门论》,比量善成,习《本生贯》,清才秀发。然后函丈传授,经三二年,多在那烂陀寺(中天也)或居跋腊毘国(西天也)。斯两处者,事等金马石渠、龙门阙里,英彦云聚,商榷是非。"①可见伐腊毘在小乘佛教中的地位,堪比大乘佛教的那烂陀寺。与伐腊毘国不同,苏剌侘国信仰大乘佛教。"居人殷盛,家产富饶。役属伐腊毘国。地土咸卤,花果稀少。寒暑虽均,风飘不静。土俗浇薄,人性轻躁,不好学艺,邪正兼信。伽蓝五十余所,僧徒三千余人,多学大乘上座部法。天祠百余所,异道杂居。国当西海之路,人皆资海之利,兴贩为业,贸迁有无。"距海岸较远的瞿折罗国,虽无海利可资,但同样富饶,"居人殷盛,家产富饶。多事外道,少信佛法。伽蓝一所,僧百余人,习学小乘教说一切有部。天祠数十,异道杂居"②。佛教在此地已不是主流信仰。

位于阿拉伯海北部,印度河口以西,巴基斯坦西南部的信仰亚区,以狼揭罗为中心,海洋贸易发达。西部与波斯接壤,深受波斯文化影响。如阿点婆翅罗国,即今卡拉奇,"僻在西境,临信度河,邻大海滨。屋宇庄严,多有珍宝。近无君长,统属信度国。地下湿,土斥卤,秽草荒茂,畴垄少垦,谷稼虽备,宿麦特丰。气序微寒,风飘劲烈。宜牛、羊、橐驼、骡畜之类。人性暴急,不好习学,语言微异中印度。其俗淳质,敬崇三宝。伽蓝八十余所,僧徒五千余人,多学小乘正量部法。天祠十所,多是涂灰外道之所居止。城中有大自在天祠,祠宇雕饰,天像灵鉴,涂灰外道游舍其中"。狼揭罗国更靠近波斯,受其影响更大,"土地沃润,稼穑滋盛。气序风俗,同阿点婆翅罗国。居人殷盛,多诸珍宝。临大海滨,入西女国之路也。无大君长,据川自立,不相承命,役属波剌斯国。文字大同印度,语言少异。邪

---

① 义净著,王邦维校注:《南海寄归内法传校注》卷四《西方学法》,北京:中华书局,1995年,第198页。
② 《大唐西域记校注》卷一一,第917—920页。

正兼信。伽蓝百余所,僧徒六千余人,大小二乘兼功习学。天祠数百所,涂灰外道,其徒极众。城中有大自在天祠,庄严壮丽,涂灰外道之所宗事"①。无论从伽蓝还是僧徒的数量来看,两国都属于西印度佛教大国,但显然涂灰外道更加兴盛。涂灰外道是古代印度外道之一,遍身涂灰,以苦行求升天,崇拜大自在天之一派。狼揭罗国也是涂灰外道的信仰中心。

信度国是印度河平原的佛教信仰中心,"宜谷稼,丰宿麦,出金、银、鍮石,宜牛、羊、橐驼、骡畜之属。橐驼卑小,唯有一峰。多出赤盐,色如赤石,白盐、黑盐及白石盐等,异域远方以之为药。人性刚烈而质直,数斗诤,多诽讟。学不好博,深信佛法。伽蓝数百所,僧徒万余人,并学小乘正量部法,大抵懈怠,性行弊秽。其有精勤贤善之徒,独处闲寂,远迹山林,夙夜匪懈,多证圣果。天祠三十余所,异道杂居"②。信度国南部,印度河岸边的两国,与信度国的自然环境相似,一同役属信度国,佛教信仰占据优势。其中臂多势罗国,"而风俗犷暴。语异中印度。不好艺学,然知淳信。伽蓝五十余所,僧徒三千余人,并学小乘正量部法。天祠二十余所,并涂灰外道也"。阿軬荼国,"气序风寒,人性犷烈,言辞朴质,不尚学业。然于三宝,守心淳信。伽蓝二十余所,僧徒二千余人,多学小乘正量部法。天祠五所,并涂灰外道也"③。无论伽蓝还是僧徒,其数量不可谓少,但涂灰外道,亦有相当规模,可见此两国也是西印度涂灰外道分布区。该区向北延伸到库腊姆河流域的伐剌拏国。今巴基斯坦西部和南部是印度涂灰外道集中分布地。

5. 北印度佛教区,位于兴都库什山脉、苏莱曼山脉以东,喜马拉雅山脉以西,喀喇昆仑山脉以南,印度河与其支流杰赫勒姆河、杰纳

---

① 《大唐西域记校注》卷一一,第935—937页。
② 同上,第928页。
③ 同上,第944—946页。

布河、拉维河、萨特莱杰河、比亚斯河的最南部交汇口以北的五河平原及其上游地带。7世纪上半叶，北印度佛教可以分为三个信仰亚区。

其一是犍陀罗为中心的佛教亚区，此区位于兴都库什山脉以东，印度河以西，喀喇昆仑山、喜马拉雅山以南，喀布尔河以北。人口主要集中在喀布尔河与支流斯瓦特河谷，两河交汇口附近的巴基斯坦白沙瓦，正是贵霜帝国首都犍陀罗，是公元1世纪至4世纪欧亚文化交流的中心。犍陀罗"自古以来，印度之境。作论诸师，则有那罗延天、无著菩萨、世亲菩萨、法救、如意、胁尊者等本生处也"①。不仅是佛学中心，也是艺术中心。此后便一蹶不振，时空两个方面都表现得特别明显。时间上，如犍陀罗，法显去时，"此国人多小乘学"②；到玄奘去时，"邑里空荒，居人稀少，宫城一隅有千余户。谷稼殷盛，花果繁茂，多甘蔗，出石蜜。气序温暑，略无霜雪。人性恇怯，好习典艺，多敬异道，少信正法"，信仰佛教的人都没几个，遑论大小乘。"僧伽蓝十余所，摧残荒废，芜漫萧条，诸窣堵波颇多颓圮。天祠百数，异道杂居。"③原本"皆小乘学"的乌仗那国，也"并学大乘，寂定为业。喜诵其文，未究深义，戒行清洁，特闲禁咒"。空间上，位于斯瓦特谷底的犍陀罗"芜漫萧条"，到山麓的乌仗那"旧有一千四百伽蓝，多已荒芜。昔僧徒一万八千，今渐减少"④。到大雪山间藏族居民为主的钵露罗国，"时唯寒烈，人性犷暴，薄于仁义，无闻礼节。形貌粗弊，衣服毛褐。文字大同印度，言语异于诸国。伽蓝数百所，僧徒数千人，学无专习，戒行多滥"⑤。犍陀罗佛教衰落状况，随海拔升高，呈递减趋势。喀布尔河下游，与犍陀罗的状况如出一辙，滥波国"伽蓝十余所，僧徒寡少，并多习学大乘法教。天祠数十，异道甚多"，那揭罗曷

---

①③《大唐西域记校注》卷二，第233页。
②《法显传校注》，第30—31页。
④《大唐西域记校注》卷三，第270页。
⑤ 同上，第299页。

第一章 佛所王土的地理性

国"崇敬佛法,少信异道。伽蓝虽多,僧徒寡少,诸窣堵波荒芜圮坏。天祠五所,异道百余人"①。

其二是迦湿弥罗为中心的信仰亚区,该区以克什米尔谷地的迦湿弥罗即今斯利那加为中心,包括印度河上游役属迦湿弥罗的五国。印度河支流杰赫勒姆河灌溉的克什米尔谷地,"四境负山。山极陗峻,虽有门径,而复隘狭,自古邻敌无能攻伐",不仅是形胜之国,而且物产丰富,"国大都城西临大河,南北十二三里,东西四五里。宜稼穑,多花果。出龙种马及郁金香、火珠、药草。气序寒劲,多雪少风。服毛褐,衣白氎。土俗轻僄,人性怯懦。国为龙护,遂雄邻境。容貌妍美,情性诡诈"。印度河流域,长相被玄奘称赏的,只有迦湿弥罗人。作为佛教第四次结集即迦湿弥罗结集的圣地,7世纪上半叶,其佛教信仰尚能维系,"好学多闻,邪正兼信。伽蓝百余所,僧徒五千余人"②。但役属各国,则零落荒残,位于印度平原的竺刹尸罗,"地称沃壤,稼穑殷盛,泉流多,花果茂。气序和畅,风俗轻勇"③。法显去时称竺刹尸罗,"复东行二日,至投身喂饿虎处。此二处亦起大塔,皆众宝校饰。诸国王、臣民,竞兴供养,散华燃灯,相继不绝"④。玄奘去时,虽崇敬三宝,但"伽蓝虽多,荒芜已甚,僧徒寡少,并学大乘"。海拔较高的曷逻阇补罗国,"极险固,多山阜。川原隘狭,地利不丰,土宜气序同半笯嗟国。风俗猛烈,人性骁勇。国无君长,役属迦湿弥罗国。伽蓝十所,僧徒寡少。天祠一所,外道甚多"。也许是佛教的衰落,让玄奘对印度河上游平原区的民众都没了好感:"自滥波国至于此土,形貌粗弊,情性犷暴,语言庸鄙,礼义轻薄,非印度之正境,乃边裔之曲俗。"⑤

---

① 《大唐西域记校注》卷二,第218—220页。
② 《大唐西域记校注》卷三,第321页。
③ 同上,第300页。
④ 《法显传校注》,第32页。
⑤ 《大唐西域记校注》卷三,第349页。

犍陀罗和迦湿弥罗是龙王信仰兴盛之地，尤其是斯瓦特河谷，从河口到上游，充满了龙王的各种故事。

其三是以磔迦国为中心的佛教亚区，该区位于五河平原南部，北至今巴基斯坦木尔坦，南至印度河与奇纳布河交汇口，西至印度河，东至印度河与恒河分水岭。恰好处于中印度与北印度两个佛教中心的过渡地带。因此，相对于犍陀罗和迦湿弥罗，该亚区历史积淀薄弱，7世纪又普遍衰落，但由北向南，又有所不同，如最北部的磔迦国"时候暑热，土多风飙。风俗暴恶，言辞鄙亵。衣服鲜白，所谓憍奢耶衣、朝霞衣等。少信佛法，多事天神。伽蓝十所，天祠数百"；中部的阇烂达罗国，"伽蓝五十余所，僧徒二千余人，大小二乘，专门习学。天祠三所，外道五百余人，并涂灰之侣也"；最南部的设多图卢国，"谷稼殷盛，果实繁茂。多金、银，出珠珍。服用鲜素，裳衣绮靡。气序暑热，风俗醇和，人性善顺，上下有序"，尽管"王城内外，伽蓝十所，庭宇荒凉，僧徒尠少"，但该国民众还是"敦信佛法，诚心质敬"①。可见，越靠近中印度，诸国佛教信仰状况就越好。涂灰外道在这里也不见踪迹。

总体而言，7世纪，因佉佛帝国及其政治中心不复存在，北印度是五印度中佛教最为衰落之地，目光所及，常常是"摧残荒废，芜漫萧条"②。其次，北印度僧侣，经斯瓦特河谷和印度河谷，翻越喀喇昆仑山，出红其拉甫山口，即可到达中国喀什，因此，贵霜帝国时期的佛教，对中国影响显著。如佛祖授记迦腻色伽在犍陀罗建国、末田底迦在迦湿弥罗建国故事，换个主角，便成了于阗国地乳王建国故事。不仅如此，授记还波及北魏帝王。《宋云行记》载：

> 复西南行六十里，至乾陀罗城。东南七里，有雀离浮图。推其本源，乃是如来在世之时，与弟子游化此土，指城东曰："我

---

① 《大唐西域记校注》卷四，第352—376页。
② 《大唐西域记校注》卷二，第233页。

第一章　佛所王土的地理性

入涅槃后二百年，有国王名迦尼色迦此处起浮图。"佛入涅槃后二百年，果有国王字迦尼色迦出游城东，见四童子累牛粪为塔，可高三尺，俄然即失。王怪此童子，即作塔笼之，粪塔渐高，挺出于外，去地四百尺，然后止。王更广塔基三百余步。从地构木，始得齐等。上有铁柱，高三百尺，金盘十三重，合去地七百尺。施功既讫，粪塔如初，在大塔南三百步。时有婆罗门不信是粪，以手探看，遂作一孔，年岁虽久，粪犹不烂，以香泥填孔，不可充满。今天宫笼盖之。雀离浮图自作以来，三经天火所烧，国王修之，还复如故。父老云：此浮图天火七烧，佛法当灭。塔内佛事，悉是金玉，千变万化，难得而称，旭日始开，则金盘晃朗，微风渐发，则宝铎和鸣。西域浮图，最为第一。①

在古印度传说中，谁能统治全印度，"金轮宝"即会出现，它无坚不摧，无敌不克，拥有"轮宝"的统治者便被称为转轮圣王（cakravartirājan）。雀离浮图（Cakri Stupa），意为轮王之塔，是迦腻色伽为转轮圣王的标志。北魏灵太后胡充华，为了证明自己也是佛祖授记的转轮圣王，在洛阳建造了"去地一千尺"的永宁寺塔。《续高僧传·玄奘传》述及玄奘在犍陀罗见闻时云："城东有迦腻王大塔……即世中所谓雀离浮图是也。元魏灵太后胡氏奉信情深，遣沙门道生等赍大幡长七百余尺往彼挂之，脚才及地，即斯塔也。"②可见灵太后是派人去犍陀罗测量过雀离浮图。永宁寺塔比雀离浮图还高三百尺，因此波斯沙门菩提达摩才会感叹："年一百五十岁，历涉诸国，靡不周遍，而此寺精丽，阎浮所无也。极佛境界，亦未有此！"③

---

① 杨衒之著，周祖谟校释：《洛阳伽蓝记校释》，第191—195页。
② 道宣著，郭绍林点校：《续高僧传》卷四《玄奘传》，北京：中华书局，2014年，第101页。
③ 《洛阳伽蓝记校释》，第11页。

在斯瓦特、喀布尔河谷流行的中原帝王质子故事，同样在于阗国流行。

> 昔迦腻色迦王之御宇也，声振邻国，威被殊俗，河西蕃维，畏威送质。迦腻色迦王既得质子，赏遇隆厚，三时易馆，四兵警卫。此国则冬所居也，故曰至那仆底（唐言汉封）。质子所居，因为国号。此境已往泊诸印度，土无梨、桃，质子所植，因谓桃曰至那你（唐言汉持来），梨曰至那罗阇弗呾逻（唐言汉王子）。故此国人深敬东土，更相指语："是我先王本国人也。"①

两边交流之频繁，以至于我们今天很难分得清二者谁借用了对方的叙事模式。至于罽宾高僧经西域，将大量佛经带入中原进行翻译，更是不绝如缕。

佛教教义的地域分异，发生在僧侣第二次结集即吠舍离结集时期，其中大众部被称为东派，信众大部分居住在吠舍离和华氏城；上座部被称为西派，信众大部分居住在俱闪弥和阿槃底。玄奘在总论印度佛教的教义和修行差异时云："如来理教，随类得解。去圣悠远，正法醇醨，任其见解之心，俱获闻知之悟。部执峰峙，诤论波涛，异学专门，殊途同致。十有八部，各擅锋锐。大小二乘，居止区别。其有宴默思惟，经行住立，定慧悠隔，喧静良殊，随其众居，各制科防。"② 义净《南海寄归内法传》亦云："诸部流派，生起不同，西国相承，大纲唯四。其间离分出没，部别名字，事非一致，如余所论，此不繁述。故五天之地及南海诸洲，皆云四种尼迦耶。然其所钦，处有多少。摩揭陀则四部通习，有部最盛。罗荼、信度则少兼三部，乃至正量尤多。北方皆全有部，时逢大众。南面则咸遵上座，余部少存。

---

① 《大唐西域记校注》卷四，第367页。
② 《大唐西域记校注》卷二，第193页。

东裔诸国,杂行四部。师子洲并皆上座,而大众斥焉。然南海诸洲有十余国,纯唯根本有部,正量时钦,近日以来,少兼余二,斯乃咸遵佛法,多是小乘,唯末罗游少有大乘耳。"①季羡林先生据《大唐西域记》总结说:"总起来看,上座部流行于南方和东方。大众部流行于北方和中部。说一切有部流行于北方、中部和西方。正量部流行于中部、南方、东方和西方,而以中部和西方为主。"②可见,在 7 世纪佛教部派的空间分布,具有大分散、小聚居、交错分布的特点。

(二)佛教中转地的区域差异

五印度西北部的中亚诸国和东南部的斯里兰卡、东南亚诸国,"非印度之境",是佛教经陆路和海陆传入中土的中转地。受语言和交通条件的影响,中转地佛教向中土传播的条件,总体上要好于策源地印度,但陆路和海路中转地的情况又有差异。

1. 中亚佛教区。该区北至天山北麓楚河上游,东至葱岭,西至波斯,东南至今阿富汗与巴基斯坦交界线兴都库什山脉与苏莱曼山脉,即玄奘所称"黑岭"(见图 1-8)。据阿育王岩石敕令,公元前 3 世纪,印度商人和工匠,向北翻越兴都库什山,向大城市巴克特里亚移民,将印度的佛教和婆罗门教传播至希腊—巴克特里亚王国,即大夏国。公元前 177 年取代希腊—巴克特里亚王国的塞种,公元前 100 年前后又被大月氏驱逐,进入印度。公元 1 世纪后半叶,安息人又越过兴都库什山控制了西北印度,建立了贵霜王朝。至此,生活在兴都库什山南北的塞种,在佛教信区已经生活了 200 多年,其民众普遍信仰印度宗教,乃大势所趋。但至 7 世纪,在玄奘眼中,中亚与五印度是仍然是两个几乎完全不同的地方。"黑岭已来,莫非胡俗。虽戎人同贯,而族类群分,画界封疆,大率土著,建城郭,务殖田畜,性重财

---

① 《南海寄归内法传校注》卷一,第 10—13 页。
② 季羡林:《玄奘与〈大唐西域记〉》,载《大唐西域记校注》,第 83 页。

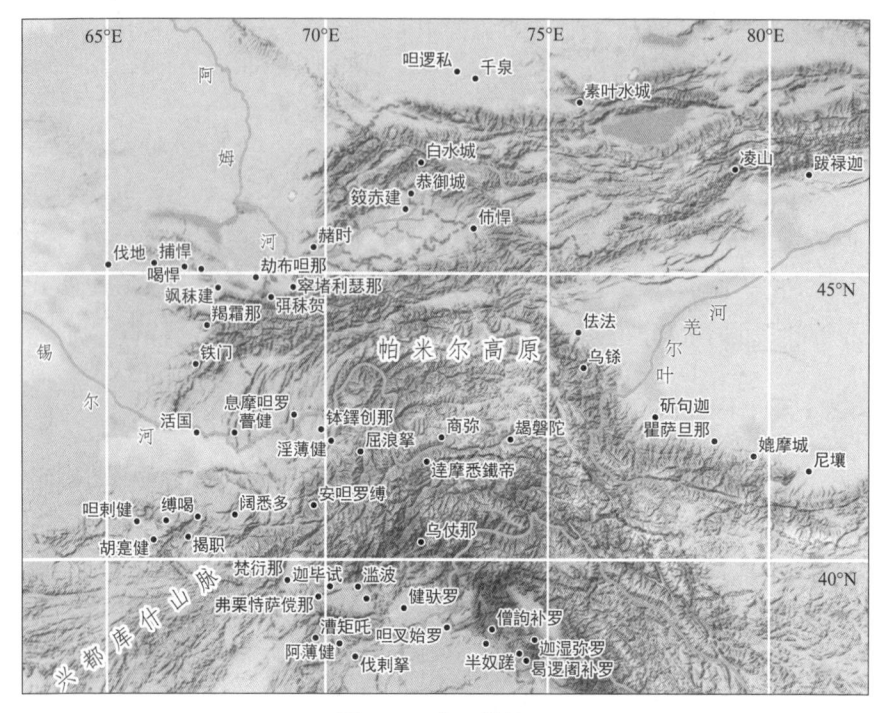

图 1-8 中亚佛教区

贿,俗轻仁义。嫁娶无礼,尊卑无次,妇言是用,男位居下。死则焚骸,丧期无数,剺面截耳,断发裂裳,屠杀群畜,祀祭幽魂。吉乃素服,凶则皂衣。"① 中亚佛教的信仰,以铁门和阿姆河为界,可以分为两个区域。

其一是铁门以北的窣利地区,即昭武九姓。公元 2—3 世纪,康孟详、康僧会、康僧铠、康法朗、康法畅和康僧渊等高僧,都来自阿姆河和锡尔河之间的窣利地区,但 7 世纪时,佛教已经退出这一地区,因此,玄奘到达时未见到任何寺庙和僧侣。"自素叶水城至羯霜那国,地名窣利,人亦谓焉。文字语言,即随称矣。字源简略,本二十余言,转而相生,其流浸广。粗有书记,竖读其文,递相传授,

---

① 《大唐西域记校注》卷一,第 45 页。

师资无替。服毡褐,衣皮氎,裳服褊急,齐发露顶,或总剪剃,缯彩络额。形容伟大,志性恇怯。风俗浇讹,多行诡诈,大抵贪求,父子计利,财多为贵,良贱无差。虽富巨万,服食粗弊,力田逐利者杂半矣。"① 位于泽拉夫尚河谷的飒秣建国,也称康国,即今撒马尔罕,富饶繁华,商业发达,是窣利地区的政治和文化中心,也未见有任何佛教的记载:"飒秣建国,周千六七百里,东西长,南北狭。国大都城周二十余里,极险固,多居人。异方宝货,多聚此国。土地沃壤,稼穑备植,林树蓊郁,花果滋茂。多出善马。机巧之技,特工诸国。气序和畅,风俗猛烈。凡诸胡国,此为其中。进止威仪,近远取则。其王豪勇,邻国承命。兵马强盛,多是赭羯。赭羯之人,其性勇烈,视死如归,战无前敌。"② 慧超论及窣利地区时也说:"又此六国惣事火祆,不识佛法。唯康国有一寺,有一僧,又不解敬也。"③

其二是铁门以南的睹货逻故地。铁门位于基萨尔山脉的西南端,穿过铁门,便进入兴都库什山南北的睹货逻故地。"出铁门,至睹货逻国故地,南北千余里,东西三千余里,东扼葱岭,西接波剌斯,南大雪山,北据铁门,缚刍大河中境西流。自数百年,王族绝嗣,酋豪力竞,各擅君长,依川据险,分为二十七国。虽画野区分,总役属突厥。气序既温,疾疫亦众。冬末春初,霖雨相继。故此境以南,滥波以北,其国风土,并多温疾。而诸僧徒以十二月十六日入安居,三月十五日解安居,斯乃据其多雨,亦是设教随时也。其俗则志性恇怯,容貌鄙陋,粗知信义,不甚欺诈。语言去就,稍异诸国。字源二十五言,转而相生,用之备物。书以横读,自左向右,文记渐多,逾广窣利。多衣氎,少服褐。货用金、银等钱,模样异于诸国。"④ 这一地区

---

① 《大唐西域记校注》卷一,第72页。
② 同上,第87—88页。
③ 慧超著,张毅笺释:《往五天竺国传笺释》,北京:中华书局,2006年,第118页。
④ 《大唐西域记校注》卷一,第100页。

可以分为两个佛教信仰中心：

其一是锡尔河谷的缚喝国。该国是大夏国（Bactria，即巴克特里亚）首都巴尔赫（Bactra）所在地。是佛教在兴都库什山脉以北最先传播的地区。贵霜帝国时，佛教信仰达到极盛，行小乘法。7世纪时，缚喝国"人皆谓之小王舍城也。其城虽固，居人甚少。土地所产，物类尤多。水陆诸花，难以备举。伽蓝百有余所，僧徒三千余人，并皆习学小乘法教"①。无论是伽蓝还是僧徒数量来看，缚喝国仍是大雪山以北的佛教中心。锡尔河以南，除缚喝国外，位于山区的揭职国佛教信仰也有一定的规模，"伽蓝十余所，僧徒三百余人，并学小乘教说一切有部"②。与之相对照，锡尔河以北诸国，佛教寺庙和僧徒稀少，一般都是伽蓝二三所，僧徒百余人。处在河谷中的呾蜜国，情况稍好一点："伽蓝十余所，僧徒千余人。诸窣堵波及佛尊像，多神异，有灵鉴。"③

其二是喀布尔河谷的迦毕试国。迦毕试是迦腻色伽时期贵霜帝国的夏都，其佛教之兴盛可想而知。7世纪时，"迦毕试国，周四千余里，北背雪山，三陲黑岭。国大都城周十余里。宜谷麦，多果木，出善马、郁金香。异方奇货，多聚此国。气序风寒，人性暴犷，言辞鄙亵，婚姻杂乱。文字大同睹货逻国，习俗语言，风教颇异。服用毛氍，衣兼皮褐。货用金钱、银钱及小铜钱，规矩模样，异于诸国。王，窣利种也，有智略，性勇烈，威慑邻境，统十余国。爱育百姓，敬崇三宝，岁造丈八尺银佛像，兼设无遮大会，周给贫婆，惠施鳏寡。伽蓝百余所，僧徒六千余人，并多习学大乘法教。窣堵波、僧伽蓝崇高弘敞，广博严净。天祠数十所，异道千余人，或露形，或涂灰，连络髑髅，以为冠鬘"④。虽然迦毕试文字大同睹货逻，似与犍陀罗之

---

① 《大唐西域记校注》卷一，第115页。
② 同上，第127页。
③ 同上，第103页。
④ 同上，第135—136页。

间的差异在加大,其实其很多信仰仍与犍陀罗保持了高度的一致性。如雪山龙神信仰,在斯瓦特河谷和喀布尔河谷都广泛存在。其次,迦毕试的"质子伽蓝",是中土质子夏居之地。"迦腻色迦王既得质子,特加礼命寒暑改馆,冬居印度诸国,夏还迦毕试国,春秋止健驮逻国。故质子三时住处,各建伽蓝,今此伽蓝,即夏居之所建也。故诸屋壁,图画质子,容貌服饰,颇同中夏。其后得还本国,心存故居,虽阻山川,不替供养。故今僧众,每至入安居、解安居,大兴法会,为诸质子祈福树善,相继不绝,以至于今。"① 不仅如此,法灭之前,于阗国僧侣在伽蓝中藏宝故事,亦在质子伽蓝上演:"伽蓝佛院东门南大神王像右足下,坎地藏宝,质子之所藏也。故其铭曰:'伽蓝朽坏,取以修治。'近有边王贪婪凶暴,闻此伽蓝多藏珍宝,驱逐僧徒,方事发掘。神王冠中鹦鹉鸟像,乃奋羽惊鸣,地为震动。王及军人,僻易僵仆,久而得起,谢咎以归。伽蓝北岭上有数石室,质子习定之处也。其中多藏杂宝,其侧有铭,药叉守卫。有欲开发取中宝者,此药叉神变现异形,或作师子,或作蟒蛇、猛兽、毒虫,殊形震怒,以故无人敢得攻发。"② 而且这些珍宝,都用于佛门救急,如于阗的珍宝在法灭时用作僧人迁徙的旅费。不仅如此,迦毕试、犍陀罗大小乘法的历时转变,也与西域同步。可见,中国佛教主要源自印度河上游,尤其是喀布尔河谷和斯瓦特河谷的犍陀罗,且二者相互影响。

2. 斯里兰卡佛教区。斯里兰卡,法显称师子国,玄奘称僧伽罗国。法显在师子国居住了两年,对其记载详尽可靠。师子国是旧大陆地中海—印度洋—太平洋航线的枢纽,"其国本在洲上,东西五十由延,南北三十由延。左右小洲乃有百数,其间相去或十里、二十里,或二百里,皆统属大洲",海洋贸易发达。"其国本无人民,正有鬼神及龙居之。诸国商人共市易,市易时鬼神不自现身,但出宝物,

---

① 《大唐西域记校注》卷一,第138—139页。
② 同上,第142页。

题其价直，商人则依价置直取物。因商人来、往、住故，诸国人闻其土乐，悉亦复来，于是遂成大国。"①

法显一路上见证了五印度许多阿育王和迦腻色伽王时代的佛塔坍塌、伽蓝荒废、僧徒寡少的景象，在师子国则不然。

> 城中又起佛齿精舍，皆七宝作。王净修梵行，城内人信敬之情亦笃。其国立治已来，无有饥荒丧乱。众僧库藏多有珍宝、无价摩尼，其王入僧库游观，见摩尼珠，即生贪心，欲夺取之。三日乃悟，即诣僧中，稽首悔前罪心。因白僧言，愿僧立制，自今以后，勿听王入其库看。比丘满四十腊，然后得入。其城中多居士、长者、萨薄商人。屋宇严丽，巷陌平整。四衢道头皆作说法堂。月八日、十四日、十五日，铺施高座，道俗四众皆集听法。其国人云，都可六万僧，悉有众食，王别于城内供五六千人众食，须者则持本钵往取，随器所容，皆满而还。②

7世纪，五印度佛教衰落斑斑可见，而斯里兰卡佛教仍是一派繁荣气象。

> 僧伽罗国先时唯宗淫祀。佛去世后第一百年，无忧王弟摩醯因陀罗舍离欲爱，志求圣果，得六神通，具八解脱，足步虚空，来游此国，弘宣正法，流布遗教。自兹已降，风俗淳信。伽蓝数百所，僧徒二万余人，遵行大乘上座部法。佛教至后二百余年，各擅专门，分成二部：一曰摩诃毗诃罗住部，斥大乘，习小教；二曰阿跋耶祇厘住部，学兼二乘，弘演三藏，僧徒乃戒行贞洁，

---

① 《法显传校注》，第125页。
② 同上，第130页。

定慧凝明，仪范可师，济济如也。①

师子国与中土的交往，比印度更为频繁。北印度毘荼国人见到法显时说："如何边地人，能知出家为道，远求佛法？"②与之不同，师子国僧人，已将西域于阗国列入佛钵流转的一站。③不仅如此，中土商品还出现在师子国。"法显去汉地积年，所与交接悉异域人，山川草木，举目无旧，又同行分披，或留或亡，顾影唯己，心常怀悲。忽于此玉像边见商人以晋地一白绢扇供养，不觉凄然，泪下满目。"④法显在长安，"慨律藏残缺"，"至天竺寻求戒律"⑤。在天竺之旅行将结束的师子国，才得到了他梦寐以求的五部律之一弥沙塞部，即五分律。"法显住此国二年，更求得弥沙塞律藏本，得《长阿含》《杂阿含》，复得一部《杂藏》。此悉汉土所无者。"⑥可谓如愿以偿，不虚此行。

尽管中亚诸国和斯里兰卡，是除五印度外最先接受佛教的地区，并在佛教对外传播方面，承担着中转地的重任，但在印度，仍视两地民众为未开化的边鄙人。"昔大雪山北睹货逻国有乐学沙门，二三同志礼诵余闲，每相谓曰：'妙理幽玄，非言谈所究；圣迹昭著，可足趾所寻。宜询莫逆，亲观圣迹。'于是二三交友，杖锡同游，既至印度，寓诸伽蓝，轻其边鄙，莫之见舍。外迫风露，内累口腹，颜色憔悴，形容枯槁。"⑦与睹货逻国相似，师子国僧侣有同样的遭遇："昔者，南海僧伽罗国，其王淳信佛法，发自天然。有族弟出家，想佛圣迹，远游印度，寓诸伽蓝，咸轻边鄙。于是返迹本国，王躬远迎。沙

---

① 《大唐西域记校注》卷一一，第878页。
② 《法显传校注》，第44页。
③ 同上，第137—138页。
④ 同上，第128页。
⑤ 同上，第2页。
⑥ 同上，第140页。
⑦ 《大唐西域记校注》卷七，第582—583页。

门悲哽，似若不能言。王曰：'将何所负，若此殷忧？'沙门曰：'凭恃国威，游方问道，羁旅异域，载罹寒暑，动遭凌辱，语见讥诮，负斯忧耻，讵得欢心？'"①

玄奘不仅对佛教策源地和中转地有深入细致的介绍，还概括介绍当时人们所掌握的世界风俗信仰地理。东晋西域沙门迦留陀伽于太元十七年译《佛说十二游经》载："阎浮提中有十六大国，八万四千城，有八国王、四天子。东有晋天子，人民炽盛；南有天竺国天子，土地多名象；西有大秦国天子，土地饶金、银、璧玉；西北有月支天子，土地多好马。八万四千城中，六千四百种人，万种音响，五十六万亿丘聚。"②这段文字无疑撰写于东晋，是当时西域僧人所认知的世界地理知识体系。玄奘借鉴《佛说十二游经》地理分区方法，结合自己的亲身经历，总结了赡部洲四方诸国的方俗殊风：

> 时无轮王应运，赡部洲地有四主焉。南象主则暑湿宜象，西宝主乃临海盈宝，北马主寒劲宜马，东人主和畅多人。故象主之国，躁烈笃学，特闲异术，服则横巾右袒，首则中髻四垂，族类邑居，室宇重阁。宝主之乡，无礼义，重财贿，短制左衽，断发长髭，有城郭之居，务殖货之利。马主之俗，天资犷暴，情忍杀戮，毳帐穹庐，鸟居逐牧。人主之地，风俗机慧，仁义昭明，冠带右衽，车服有序，安土重迁，务资有类。三主之俗，东方为上。其居室则东辟其户，旦日则东向以拜。人主之地，南面为尊。方俗殊风，斯其大概。

四方诸国中，东方的中国和南方的印度，无疑是玄奘最熟悉的，故玄奘对两国的精神与信仰又做了进一步的对比："至于君臣上下之

---

① 《大唐西域记校注》卷八，第695页。
② 《佛说十二游经》，《大正藏》第4册，第147页b。

礼，宪章文轨之仪，人主之地无以加也。清心释累之训，出离生死之教，象主之国其理优矣。"① 就人文地理而言，玄奘论述之精彩，堪与《汉书·地理志》朱赣所记风俗部分比肩。至此，一幅完整的中古世界风俗与信仰地图，便呈现在世人面前。这只是玄奘众多成就之一，彦悰感叹：法师"每慨古贤之得本行本，鱼鲁致乖；痛先匠之闻疑传疑，豕亥斯惑。窃惟音乐树下必存金石之响，五天竺内想具百篇之义。遂发愤忘食，履崄若夷，轻万死以涉葱、河，重一言而之奈苑。鹫山猨沼，仰胜迹以瞻奇；鹿野仙城，访遗编于蠹简。春秋寒暑一十七年，耳目见闻百三十国，扬我皇之盛烈，震彼后之权豪，偃异学之高镳，拔同师之巨帜。名王拜首，胜侣摩肩，万古风猷，一人而已"②。

要言之，4—8世纪，西域求法高僧所认知的佛教地理分布，呈现出典型的中心—边缘结构：在西域诸国中，五印度是佛教中心，东亚、中亚、东南亚诸国是边缘。在五印度，中印度是中心，其余地方是边缘。北印度曾一度是佛教副中心，但至8世纪已经衰落。南印度是仅次于北印度的佛教区，其北部与中印度相接，属于佛教发达地区。东印度和南印度，露形外道甚嚣尘上，西印度则涂灰外道占据主流。在西域诸邦国中，首都是中心，其余各地是边缘。在众多窣堵波、伽蓝中，拥有圣物圣迹者为中心，且有很强的持续性，其余都是边缘。由此可见，在一个信仰自由的社会里，佛教的地理分布不仅有显著的区域差异，每个信仰区分布着佛教的不同部派，还形成特殊的空间结构，具有显著的地理性。

四、余论：求法僧侣空间认知行为的特点

在认知层面，对空间结构、空间实体和空间相互关系进行描述，

---

① 《大唐西域记校注》卷一，第42—43页。
② 《大慈恩寺三藏法师传》卷首《序》，第2页。

是空间认知研究的主要内容，重点考察空间的内部化反映和重构。空间总是经过文化价值和个人信念的过滤筛选才被观察和解释的。文化价值观，尤其信仰观决定着人们解读空间、对待空间、与空间互动的方式。在"翘仰圣迹"这一目标支配下，求法僧侣对佛所王土的空间认知行为，表现出很强的宗教性，主要体现在以下几个方面：

其一，求法僧侣将其求法旅途神圣化。西域求法高僧，是中土僧侣跨国界西天巡礼圣迹的产物。唐代高僧义净对求法僧之不易，有切身体会："观夫自古神州之地，轻生殉法之宾，显法师则创辟荒途，奘法师乃中开王路。其间或西越紫塞而孤征，或南渡沧溟以单逝。莫不咸思圣迹，馨五体而归礼；俱怀旋踵，报四恩以流望。然而胜途多难，宝处弥长，苗秀盈十而盖多，结实罕一而全少。实由茫茫象碛，长川吐赫日之光；浩浩鲸波，巨壑起滔天之浪。独步铁门之外，亘万岭而投身；孤漂铜柱之前，跨千江而遗命。或亡餐几日，辍饮数晨，可谓思虑销精神，忧劳排正色。致使去者数盈半百，留者仅有几人。设令得到西国者，以大唐无寺，飘寄栖然，为客遑遑，停托无所，遂使流离萍转，罕居一处。身既不安，道宁隆矣！"①虽然他们是令人尊敬的群体，但本质上是佛学欠发达地区前往发达地区的"留学生"，是圣迹的瞻仰者，故义净常用"翘仰圣迹"来形容西域求法之旅。若旅途中遭遇困境时，能得到菩萨保佑，则证明此行更是一次"至诚通神"之旅。因此，无论是遭遇困境的求法僧本人，还是后来者，都会对此类事件大肆渲染。如法显在海上遭遇大风船漏，《法显传》载：

> 得好信风，东下二日，便值大风。船漏水入。商人欲趣小船，小船上人恐人来多，即斫䋄断，商人大怖，命在须臾，恐船水漏，即取粗财货掷着水中。法显亦以君墀及澡罐并余物弃掷海

---

① 义净著，王邦维校注：《大唐西域求法高僧传校注》卷上，北京：中华书局，2020年，第1页。

中，但恐商人掷去经像，唯一心念观世音及归命汉地众僧："我远行求法，愿威神归流，得到所止。"如是大风昼夜十三日，到一岛边。①

又如玄奘在沙漠中遭遇缺水困境时，也有类似的记载：

> 时行百余里，失道，觅野马泉不得。下水欲饮，袋重，失手覆之，千里之资一朝斯罄。又路盘回不知所趣，乃欲东归还第四烽。行十余里，自念我先发愿，若不至天竺终不东归一步，今何故来？宁可就西而死，岂归东而生！于是旋辔，专念观音，西北而进。是时四顾茫然，人鸟俱绝。夜则妖魑举火，烂若繁星，昼则惊风拥沙，散如时雨。虽遇如是，心无所惧，但苦水尽，渴不能前。是时四夜五日无一滴沾喉，口腹干燋，几将殒绝，不复能进，遂卧沙中默念观音，虽困不舍。启菩萨曰："玄奘此行不求财利，无冀名誉，但为无上正法来耳。仰惟菩萨慈念群生，以救苦为务。此为苦矣，宁不知耶？"如是告时，心心无辍。至第五夜半，忽有凉风触身，冷快如沐寒水。遂得目明，马亦能起。体既苏息，得少睡眠。即于睡中梦一大神长数丈，执戟麾曰："何不强行，而更卧也！"法师惊寤进发，行可十里，马忽异路，制之不回。经数里，忽见青草数亩，下马恣食。去草十步欲回转，又到一池，水甘澄镜澈，即而就饮，身命重全，人马俱得苏息。

事后玄奘感叹，"计此应非旧水草，固是菩萨慈悲为生，其志诚通神，皆此类也"②。不仅如此，法显对沙河的认知："沙河中多有恶鬼、热风，遇则皆死，无一全者。上无飞鸟，下无走兽。遍望极目，

---

① 《法显传校注》，第142页。
② 《大慈恩寺三藏法师传》卷一《起载诞于缑氏终西届于高昌》，第17页。

欲求度处，则莫知所拟，唯以死人枯骨为标识耳。"①以及对雪山的认知："葱岭冬夏有雪。又有毒龙，若失其意，则吐毒风，雨雪，飞沙砾石。遇此难者，万无一全者"②，成了求法僧侣漫漫求法征途中反复被提及的标配景观，也是一个僧侣百炼成钢、觉悟成道的必经之途。

其二，求法僧对宇宙秩序的关注程度，远不及佛教圣迹。无论是法显、宋云还是玄奘，都将雪山视作毒龙盘踞之地，并没有将其视为圣地。因此，他们翻越雪山时，只有高海拔山地寒冷缺氧、环境严酷的记载，并没有感知到雪山神圣之处，自然也没有举行任何宗教仪式。玄奘本人对宇宙秩序重视不够。《大唐西域记》对佛教宇宙秩序系统的叙述，很不完整。譬如大千世界从上至下，依次分布着地轮、金轮、水轮和风轮，玄奘只关注了地轮空间，显得残缺不全。从他的叙述中，读者是建立不起完整宇宙秩序结构的。又譬如阿耨达池的位置，《大唐西域记》载："其赡部洲之中地者，阿那婆答多池也（唐言无热恼。旧曰阿耨达池，讹也）。在香山之南，大雪山之北，周八百里矣。"③道安《西域志》、隋天竺沙门达摩笈多译《起世因本经·阎浮洲品》皆言阿耨达池在雪山顶上。敦煌壁画和文书记载，中土的大雪山五台山的阿耨达池，也是在中台顶上。佛教作为"父母所生身"创建的宗教，与神创宗教不同，佛教典籍对宇宙秩序的关注程度，远比佛祖及其化身要低。这也与佛教宇宙秩序系统是一个想象的产物，极为玄虚有关。在印度本土也只有大雪山、金刚座等少数几个地点是客观存在的，其余部分求法僧侣都无法亲身体会，就更谈不上认知了。

其三，佛祖的身体及其化身，是求法僧空间认知的核心。不妨以佛顶骨为例来说明。以犍陀罗和迦湿弥罗为中心的北印度，并不在

---

① 《法显传校注》，第6页。
② 同上，第21页。
③ 《大唐西域记校注》卷一，第39页。

佛祖生前的活动范围之内，然而在斯瓦特河谷和喀布尔河谷，却到处流传着佛祖飞来并在此生活的故事，和诸多与佛祖身体相关的圣物，这一切无疑是贵霜帝国在此建都的结果。北印度欣欣向荣的佛教，在嚈哒入侵之后急速衰落。然而，那揭罗曷国（今阿富汗贾拉拉巴德）醯罗城佛顶骨精舍，却呈现出另一种气象。

佛顶骨是什么时候到达那揭罗曷国的，不得而知，应该远早于5世纪，因为法显到达时，佛顶骨已是"诸国王亦恒遣使供养"的圣物。当然佛顶骨如此珍贵，自然也是非法之徒觊觎的对象，因此，安全防范措施极为严密。"城中有佛顶骨精舍，尽以金薄、七宝校饰。国王敬重顶骨，虑人抄夺，乃取国中豪姓八人，人持一印，印封守护。清晨，八人俱到，各视其印，然后开户……供养都讫，乃还顶骨于精舍。中有七宝解脱塔，或开或闭，高五尺许，以盛之。"对佛顶骨的礼拜仪式也极为隆重，"开户已，以香汁洗手，出佛顶骨，置精舍外高座上，以七宝圆楬楬下，琉璃钟覆上，皆珠玑校饰。骨黄白色，方圆四寸，其上隆起。每日出后，精舍人则登高楼，击大鼓，吹螺，敲铜钹。王闻已，则诣精舍，以华香供养。供养已，次第顶戴而去。从东门入，西门出。王朝朝如是供养、礼拜，然后听国政。居士、长者亦先供养，乃修家事。日日如是，初无懈倦。"每天，国王先礼拜佛顶骨，然后入朝听国政。百姓则先供养，后修家事。日日如是，以至于精舍门前都形成了卖华香的专业市场。①

至玄奘时代，北印度佛教更趋向衰落，"伽蓝虽多，僧徒寡少，诸窣堵波荒芜圮坏"②。然而对佛顶骨礼拜，却呈现出与之相反的发展态势。首先，佛顶骨多了一个新功能，"欲知善恶相者，香末和泥以印顶骨，随其福感，其文焕然"。其次在佛顶骨旁边，还多了四个圣物，"又有七宝小窣堵波，以贮如来髑髅骨。状若荷叶，色同顶骨，亦以

---

① 《法显传校注》，第38—39页。
② 《大唐西域记校注》卷一，第220页。

宝函缄络而置。又有七宝小窣堵波，有如来眼睛。睛大如柰，光明清澈，瞰映中外。又以宝函缄封而置。如来僧伽胝袈裟，细氎所作，其色黄赤，置宝函中，岁月既远，微有损坏。如来锡杖，白铁作镮，旃檀为笴，宝筒盛之"。也更加灵异，"近有国王闻此诸物并是如来昔亲服用，恃其威力，迫胁而归。既至本国，置所居宫，曾未浃辰，求之已失。爰更寻访，已还本处。斯五圣迹，多有灵异"。来此朝觐的信众人数更多，以至于收起了门票，"迦毕试王令五净行给侍香花。观礼之徒，相继不绝。诸净行等欲从虚寂以为财用，人之所重，权立科条，以止喧杂。其大略曰：'诸欲见如来顶骨者，税一金钱。若取印者，税五金钱。'自余节级，以次科条。科条虽重，观礼弥众"①。

因佛顶骨的存在，不仅使醯罗城成为北印度的佛教圣地，其影响还辐射到中土，《法苑珠林》载：由迦毕试"又此东南往古王寺，有佛顶骨一片，广二寸余，色黄白，发孔分明。至大唐龙朔元年春初，使人王玄策从西国将来，今现宫内供养"②。由此可见，既是在佛教极度衰落的北印度，醯罗城佛顶骨精舍不仅不受影响，甚至还呈现出一派繁荣气象。今天还能理出佛顶骨在北印度供奉和流传的状况，显然是因为求法僧持续高度关注的结果。

其四，求法僧常常将目光聚焦于神圣空间，而将世俗空间置于视野之外，具有显著的宗教倾向性。"翘望圣迹"属性，首先决定了求法僧空间认知的路线。中土求法僧的首选目的地是中印度，尤其是摩揭陀国。那烂陀寺是唐代求法僧主要留学之地，玄奘、义净都在该寺度过了漫长的求学生涯。北印度的犍陀罗和迦湿弥罗是求法的次目的地，在法显之前，葱岭东部的西域高僧，常常就近到达犍陀罗留学求法，如高僧鸠摩罗什就曾在这一地区留学。中原唐代高僧悟空也

---

① 《大唐西域记校注》卷二，第 228—229 页。
② 道世著，周叔迦、苏晋仁校注：《法苑珠林校注》卷二九《感通篇》，北京：中华书局，2003 年，第 891 页。

在犍陀罗和迦湿弥罗滞留很长时间。途经之地有中亚、斯里兰卡以及东印度。至于南印度和西印度，只有在印度生活多年的巡礼高僧才会留下足迹。

求法僧空间感认知的路线，决定了对佛教空间认知的区域差异。中印度无疑是必至之地，佛祖一代五十余年居止之处，如本生处、成道处、转法轮处、鹫峰山处、广严城处、从天下处、祇树园处、双树涅槃处，求法僧都有大量细致入微的描述和亲身体验，甚至连"恒河沙数""芥子须弥"等，也是妇孺皆知。与之相对照，僧侣对南印度和西印度的认知和记述，少之又少，天天念经的僧侣，也很难举出几处此地的名刹和圣迹，遑论普通信众和居士。以至于后人在校注《大唐西域记》时，南印度和西印度两地的一些国家和首都，具体在今印度什么地方，因缺乏史料，很难坐实。

求法僧将目光聚焦于圣迹，自然会将世俗空间置于视野之外。这种将这个世界割裂为神圣与世俗，只关注一端、无视另一端的观看方式，在《法显传》《宋云行记》等著作中，体现得尤为显著，如果将其命名为"西域伽蓝记"并不为过。

其五，以中国史学者的视角，观察记录西域的地理状况。不论是法显、宋云、玄奘还是义净，他们的求法记，无疑都是以中国人的视角打量西域的。尽管法显、宋云和义净的著作，主要关注佛教内容，但在重视历史的中国，这些著作都得以完整地保存下来，成为研究西域佛教的珍贵史料。更为难得是，玄奘是以中国史学家的视角，详细观察西域的神圣空间和世俗空间，并以传统中国方志体例，详细记录了西域社会的方方面面。玄奘《进西域记表》云：

> 窃以章彦之所践籍，空陈广袤，夸父之所凌厉，无述土风。班超侯而未远，张骞望而非博。今所记述，有异前闻。虽未极大千之疆，颇穷葱外之境，皆存实录，匪敢彫华。谨具编裁，称

> 为《大唐西域记》,凡一十二卷,缮写如别。望班之右笔,饰以左言,掩博物于晋臣,广九丘于皇代。但玄奘资识浅短,遗漏实多,兼拙于笔语,恐无足观览。①

可见,玄奘撰写《大唐西域记》,正像唐太宗要求的那样,是为了填补历史空白:"佛国遐远,灵迹法教,前史不能委详,师既亲睹,宜修一传,以示未闻。"②既然要填补历史空白,自然要按照修史体例观察和收集资料。如果将敦煌文书、藏文大藏经与《大唐西域记》有关于阗的史料进行比较,会发现玄奘在求法途中,不仅全方位深入实地考察,还收集了大量西域文献资料,且在撰写时"皆存实录,匪敢彫华",严格遵守中国"述而不作"的修史原则。这正是《大唐西域记》全面超越《法显传》《宋云行记》《南海寄归内法传》《大唐西域求法高僧传》等著作,成为研究中亚、南亚,乃至西亚中古历史与社会的《百科全书》。

---

① 《大慈恩寺三藏法师传》卷六《起十九年春正月入西京终二十二年夏六月谢御制经序并答》,第134—135页。
② 同上,第129页。

第二章　汉梦通神
——梦在佛教早期东传中的媒介作用

作为一种跨政治、种族和语言传播的世界性宗教，佛教拥有众多的僧俗信众，丰富的圣典，成熟的宗教理论，完善的宗教组织等。因此，其信仰体系具有高度的自洽性。但面对纷繁复杂的大千世界，佛教信仰体系并非天衣无缝。对僧侣来说，有不能自圆其说的内在理论冲突，有无法克服的俗世困境，有难以摆脱的生死桎梏，有无法得道的苦修之旅，诸如此类的问题时刻困扰着他们。当佛教跨文化传播时，遇到的问题会更多。譬如佛教作为外来宗教，其初传东土，首先遇到的是佛教在中国政治上是否合法的问题。其次，佛教立足的神圣空间——佛寺，能否在中土占地修建或占地多少的问题。其三，高僧如何觉悟得道的问题，包括释典理解、语言学习、生死解脱等。诸如此类的问题，或大或小，一旦处理不好，都会影响佛教在东土的顺利传播。

僧侣在应对上述诸问题时，求神无疑是最便捷的方法，但问题是神与人阴阳两隔，想要得到神启谈何容易。阅读佛教典籍，不难发现，梦竟然是神圣显现的地方，是人神交通的管道之一。通过梦，帝王们得到神的启示；通过梦，僧人得到佛祖和菩萨的引导；通过梦，众生看到了高僧入境的先兆和神异。那么，在佛教中，梦为何会有如此强大的媒介作用呢？

这与佛祖释迦牟尼是伴随着母亲的梦来到这个世界的传说不无关系。"用四月八日，夫人沐浴，涂香着新衣毕，小如安身。梦见空中有乘白象，光明悉照天下，弹琴鼓乐，弦歌之声，散花烧香，来诣我上,忽然不现。"相师认为:"此梦者,是王福庆,圣神降胎,故有是梦。生子处家,当为转轮飞行皇帝。出家学道,当得作佛,度脱十方。"① 摩耶夫人梦中"圣神降胎"的传说,宣示了人们通过做梦与神交通,在佛教中具有先天的合法性。

当然,与神相通的梦,并非谁想做就能做的,而是有一套内在的运行机制。在佛教中,"神者可以感涉",众生感涉神的渠道之一,即"机象通于寝梦",但前提是要"天启其诚"②。这样的梦理论,其实是信仰时代,人们对梦的基本认识。即梦是一种实在的知觉,其可靠性与清醒时一样。梦是人与精灵、灵魂和神等交往,确定个人与其守护神的关系,甚至是发现它的手段,梦能昭示未来。③

佛教史料中的梦,大多集中在高僧传记中,尤其是南朝梁会稽嘉祥寺沙门慧皎所著《高僧传》,采集了从汉明帝永平十年(67)至梁天监十八年(519),凡453年间许多僧人之梦、帝王之梦和信众之梦,是佛教文化史研究难得的珍贵资料。"传记就是历史。中国的廿四部正史,全部是纪传体体裁,大致由本纪、列传、标、志四类不同形式的文字组成。……所以我们不妨说历史主要是由传记组成的。"④ 高僧传记同样是佛教史研究的基石。佛教在中土传播,会遇到大小不等的困难,尤其是那些人力无法克服的现实困境,以及那些想让俗众信服而通常无法实现的神圣显灵故事,只好通过梦境诉诸神灵,以期得到神谕帮助。事实上,梦是佛、僧、俗之间交通的最佳媒介之一。质言之,大凡通过梦境诉诸神灵的问题,也是佛教传播中最为棘手的问题之一。因此,系统地整理分析这些梦境,是研究佛教跨文化传播

---

① 《修行本起经》卷二《菩萨降身品第二》,《大正藏》第3册,第463页c。
② 慧皎著,汤用彤校注:《高僧传》卷六《慧远传》,北京:中华书局,1992年,第214—215页。
③ 列维-布留尔著,丁由译:《原始思维》,北京:商务印书馆,1981年,第48页。
④ 周振鹤:《来华基督教传教士传记丛书序言》,载《狄考文传》,桂林:广西师范大学出版社,2009年,第1页。

史的一个很好的切入点。

关于释典中梦境的研究,以往学者的关注点主要集中在两个方面,一是在研究梦与中国文化关系时,通论性地介绍佛教的占梦与梦说;①二是从佛教文学方面着手,重点探讨佛教典籍中有关梦境文学的审美特点和创作手法。②而从佛教传播的文化史角度研究释典中的梦,目前还未见学者涉及。故本文在分析慧皎《高僧传》有关梦境史料的基础上,讨论佛教东传中遇到了哪些具体的问题和文化冲突,高僧又是怎样依靠梦境最终克服这些问题的,神异的梦境故事又是如何增加佛教的神圣性的。

一、沟通宗教与政治之梦

宗教与政治之间如何沟通与相处,向来是一个颇为棘手的问题。作为外来宗教的佛教,初入中土,能否取得政治上的合法性,很大程度上决定着佛教在中土的去留。佛教在流播中土之初,梦起到了重要的桥梁作用,让"戎神"与"皇权"相容。"汉梦通神",即"永明求法",尤其如此。《牟子理惑论》载:

> 昔孝明皇帝梦见神人,身有日光,飞在殿前,欣然悦之。明日,博问群臣:"此为何神?"有通人傅毅曰:"臣闻天竺有得道者,号之曰佛,飞行虚空,身有日光,殆将其神也。"于是上寤,遣使者张骞、羽林郎中秦景、博士弟子王遵等十二人,于大月支写佛经四十二章,藏在兰台石室第十四间。时于洛阳城西雍门

---

① 刘文英、曹田玉:《梦与中国文化》,北京:人民出版社,2003年,第450—479页。
② 夏广兴:《佛教与魏晋南北朝梦文学》,《贵州文史丛刊》2001年第1期,第32—36页。耿朝晖:《〈高僧传〉梦的梳理与文学解析》,《青海社会科学》2010年第4期,第111—115页。

> 外起佛寺，于其壁画千乘万骑，绕塔三匝，又于南宫清凉台，及开阳城门上作佛像。①

此次西行求法，张骞、秦景取得《四十二章经》，故《四十二章经序》也载有此事。②与上述两种记载不同，《高僧传·摄摩腾传》记载蔡愔、秦景等西行，还为汉地邀请到了第一位西域高僧摄摩腾："愔等于彼遇见摩腾，乃要还汉地。腾誓志弘通，不惮疲苦，冒涉流沙至乎雒邑。明帝甚加赏接，于城西门外立精舍以处之，汉地有沙门之始也。但大法初传，未有归信，故蕴其深解，无所宣述，后少时卒于雒阳。有记云，腾译《四十二章经》一卷，初缄在兰台石室第十四间中。腾所住处，今雒阳城西雍门外白马寺是也。"③"汉梦通神"的传说，亦被后人收录在《后汉书·西域传》中。正史虽然强调"汉梦通神"为"世传"，但其收入此事，多少有点官方史书认同佛教的象征意味。

在不同版本的传说中，做梦者"显宗孝明皇帝"刘庄的身份，最值得注意。不仅梦通金人是帝王，"汉地有沙门之始也"，亦是明帝甚加赏接摄摩腾，于城西门外立精舍以处之。《后汉书·西域传》则进一步强化了帝王们在佛教东入汉境时的助推作用："楚王英始信其术，中国因此颇有奉其道者。后桓帝好神，数祀浮图、老子，百姓稍有奉者，后遂转盛。"④

在《高僧传》中，第一次涉及"汉梦通神"故事的人物，是"已制

---

① 《弘明集》卷一《牟子理惑论》，北京：中华书局，2013年，第46页。汤用彤先生认为，《牟子理惑论》记载的汉明故事，"实本于《四十二章经序》"（载氏著《汉魏两晋南北朝佛教史》，北京：中华书局，2016年，第15页）。
② 僧祐：《出三藏集记》卷六《四十二章经序》，北京：中华书局，1995年，第242页。
③ 《高僧传》卷一《摄摩腾传》，第1页。
④ 《后汉书》卷八八《西域传》，北京：中华书局，1964年，第2922页。

江左"的孙权。"时吴地初染大法,风化未全,僧会欲使道振江左,兴立图寺,乃杖锡东游,以吴赤乌十年初达建邺,营立茅茨,设像行道。时吴国以初见沙门,睹形未及其道,疑为矫异。有司奏曰:'有胡人入境,自称沙门,容服非恒,事应检察。'权曰:'昔汉明帝梦神,号称为佛,彼之所事,岂非其遗风耶?'"在孙权的知识系统中,所谓佛,就是汉明帝梦见的"神"。足见"汉梦通神",即帝王崇信释氏影响之大。对入境胡人康僧会的身份和能力如何,孙权颇为慎重。"即召会诘问,有何灵验。会曰:'如来迁迹,忽逾千载,遗骨舍利,神曜无方,昔阿育王起塔,乃八万四千。夫塔寺之兴,以表遗化也。'权以为夸诞。乃谓会曰:'若能得舍利,当为造塔,如其虚妄,国有常刑。'"舍利与塔,是千载之后,神曜无方的圣物与标志。康僧会通过21天的礼请,最终获得了"舍利",让"权大叹服"。其连带效应是:"由是江左大法遂兴。"①佛教借助帝王之力,即政治权力,迅速进入东吴。正如慧皎所论:

> 夫神化所接,远近斯届,一声一光,辄震他土;一台一盖,动覆恒国。振丹之与迦维,虽路绝葱河,里逾数万,若以圣之神力,譬犹武步之间,而令闻见限隔,岂非时也。及其缘运将感,名教潜洽,或称为浮图之主,或号为西域大神。故汉明帝诏楚王英云:"王诵黄老之微言,尚浮图之仁祀。"及通梦金人,遣使西域,乃有摄摩腾、竺法兰怀道来化。协策孤征,艰苦必达,傍峻壁而临深,蹑飞絙而渡险。遗身为物,处难能夷,传法宣经,初化东土,后学而闻,盖其力也。②

---

① 《高僧传》卷一《康僧会传》,第15页。
② 《高僧传》卷三《论曰》,第141页。

虽然孙权事件本身问题多多，①但慧皎通过这一梦境故事，强化了这样一个意象，即作为一个域外神圣与汉地世俗的沟通事件——"汉梦通神"其实是最高政治领袖为佛教传入中土颁发了一张政治通行证。孙权之所以会提及"汉梦通神"，显然是因为有前朝故事在前，自己的行为也就不存在政治风险了。

十六国时，佛教已大行其道，后赵、前秦、后秦和北凉等国的帝王们，无不崇信释氏。高僧大德地位之高，已在"一人之下，万人之上"。如后赵羯族政权中的佛图澄，石勒称"大和上"为"国之神人"。石虎下诏云："和上国之大宝，荣爵不加，高禄不受，荣禄匪及，何以旌德？从此已往，宜衣以绫锦，乘以雕辇。朝会之日，和上升殿，常侍以下，悉助举舆。太子诸公，扶翼而上。主者唱大和上至，众坐皆起，以彰其尊。"当然，石勒、石虎如此奉佛供僧，其政治目的大于其信仰目的。佛图澄在后赵政权中的角色，首先是国师，其次才是宗教领袖。其实，神圣与世俗之间，无论是从政治角度而言还是从经济角度而言，双方的地位必须达到一种动态平衡，互惠互利才比较合适，否则，无论是东风压倒西风，还是西风压倒东风，都无法维持长久。在中国历史上尤其如此。由于石虎对佛图澄礼遇有加，造成的影响是"澄道化既行，民多奉佛，皆营造寺庙，相竞出家，真伪混淆，多生愆过"。面对这样的问题，石虎不得不出面解决，问中书著作郎王度："佛号世尊，国家所奉。里间小人无爵秩者，为应得事佛与不？又沙门皆应高洁贞正，行能精进，然后可为道士。今沙门甚众，或有奸宄避役，多非其人，可料简详议。"王度奏曰："夫王者郊祀天地，祭奉百神，载在祀典，礼有尝飨。佛出西域，外国之神，功不施民，非天子诸华所应祠奉。往汉明感梦，初传其道。唯听西域人得立寺都邑，以奉其神，其汉人皆不得出家。魏承汉制，亦修前轨。今大赵受

---

① 汤用彤：《汉魏两晋南北朝佛教史》，第89页。

命,率由旧章,华戎制异,人神流别。外不同内,飨祭殊礼。荒夏服祀,不宜杂错。国家可断赵人悉不听诣寺烧香礼拜,以遵典礼。其百辟卿士,下逮众隶,例皆禁之。其有犯者,与淫祀同罪。其赵人为沙门者,还从四民之服。"显然,在王度看来,"佛出西域,外国之神,功不施民,非天子诸华所应祠奉"。这样一来,就与"汉梦通神"的象征意义相左。如何调和此二者之间的矛盾?王度的办法是缩小"汉梦通神"这张通行证的使用范围,即"往汉明感梦,初传其道。唯听西域人得立寺都邑,以奉其神,其汉人皆不得出家"。尽管石虎亦借口"朕生自边壤,忝当期运,君临诸夏。至于飨祀,应兼从本俗。佛是戎神,正所应奉"①搪塞了过去。但对"戎神"的质疑,却从未停歇。

永嘉乱局,至公元439年鲜卑拓跋氏部落灭北凉、统一北方后,才告一段落。然而从漠北迁入长城内的拓跋氏部落,此时仍未完成游牧文化向农耕文化的过渡和转型。故朝野各派之间的政治斗争,还夹杂着佛、道宗教之争。梦在化解这场政治、宗教危机中亦未缺席。《高僧传·玄高传》载:

> 时魏虏拓跋焘僭据平城,军侵凉境,焘舅阳平王杜超,请高同还伪都。既达平城,大流禅化。伪太子拓跋晃,事高为师。晃一时被谗,为父所疑,乃告高曰:"空罗枉苦,何由得脱?"高令作金光明斋,七日恳忏。焘乃梦见其祖及父,皆执剑烈威,问:"汝何故信谗言,枉疑太子?"焘惊觉,大集群臣,告以所梦。诸臣咸言,太子无过,实如皇灵降诘。焘于太子无复疑焉,盖高诚感之力也。焘因下书曰:"朕承祖宗重光之绪,思阐洪基,恢隆万代。武功虽昭,而文教未畅,非所以崇太平之治也。今者域内安逸,百姓富昌,宜定制度,为万世之法。夫阴阳有往复,四时

---

① 《高僧传》卷九《佛图澄传》,第352页。

有代序。授子任贤,安全相付,所以休息疲劳,式固长久,古今不易之令典也。朕诸功臣,勤劳日久。当致仕归第,雍容高爵,颐神养寿,论道陈谟而已。不须复亲有司苦剧之职。其令皇太子副理万机,总统百揆,更举良贤,以备列职。择人授任,而黜陟之。故孔子曰,后生可畏。焉知来者之不如今。"于是朝士庶民皆称臣于太子,上书如表,以白纸为别。

在《高僧传》中,尽管有很多高僧神异非常,但很少有高僧能代替神,直接托梦于人。玄高则不然,他有能力通过梦境参与政治。那么他有什么能力,又是怎么实现的呢?通过拓跋焘的梦,可窥其一斑。

北魏太子拓跋晃"一时被谗,为父所疑",乃是"空罗枉苦",即遭受不白之冤。这样的冤案,在常人家庭中,顶多是一时家庭不和,过一段时间会重归于好,毕竟血浓于水,父子亲情,依然如故。然而在朝廷,这样的冤案,不仅会断送太子的政治生涯,还很有可能致太子于非命。从太子昭雪后,拓跋焘"令皇太子副理万机,总统百揆,更举良贤,以备列职。择人授任,而黜陟之",以及"朝士庶民皆称臣于太子,上书如表,以白纸为别"等举措来看,父子之争,实乃皇位之争,而非个人嫌隙。

既然是"空罗枉苦",且波及国家安危,作为正义的代表——神,无论是佛祖、菩萨还是祖宗,自然都有伸张正义的责任。那么,神又是如何得知人间冤情的?"高令作金光明斋,七日恳忏。"玄高让太子通过斋戒与诚恳的忏悔,把冤情告诉了拓跋焘的"祖及父",即家族神。而家族神沉冤昭雪的方法,便是通过梦境,把事实真相告诉权倾天下的当今皇帝拓跋焘。拓跋焘做了这样的梦,并非立即自我主张,还太子以清白,而是"大集群臣,告以所梦",让诸臣为自己解梦:"诸臣咸言,太子无过,实如皇灵降诘。"这一解梦方式,与"汉梦通神"的解梦形式颇为相似,可见,梦境要与现实取得联系,解梦是一个必不可少的环节,帝王之梦,尤其如此。

按说这样一个太子冤情,通过斋戒忏悔,感动祖宗神,托梦于皇帝,还太子以清白的过程,玄高的作用只是告诉太子要斋戒忏悔而已,看不出有其他作为,但《高僧传》却意味深长地说:"焘于太子无复疑焉,盖高诚感之力也。"那么究竟什么是"诚感之力"呢?这一点从竞争对手所告"私状"中能略知一二:"时崔皓、寇天师先得宠于焘,恐晃纂承之日夺其威柄,乃潜云:'太子前事,实有谋心。但结高公道术,故令先帝降梦。如此物论,事迹稍形,若不诛除,必为巨害。'"很显然,在崔浩和寇天师眼里,"诚感之力",即"神力",也就是道家所称的"道术"。其实,这已不是玄高第一次用"神力"了,早在麦积山,"时西海有樊僧印,亦从高受学。志狭量褊,得少为足,便谓已得罗汉,顿尽禅门。高乃密以神力,令印于定中,备见十方无极世界,诸佛所说法门不同。印于一夏寻其所见,永不能尽,方知定水无底,大生愧惧"。如果说"神力"在佛家眼中是得道高僧的神格之力,那么"道术"则不然,他既然能降梦于拓跋焘,就有能力操控皇权,因此,在反对派看来,"若不诛除,必为巨害"。

焘遂纳之,勃然大怒,即敕收高。高先时尝密语弟子云:"佛法应衰,吾与崇公首当其祸乎?"于时闻者莫不慨然。时有凉州沙门释慧崇,是伪魏尚书韩万德之门师。既德次于高,亦被疑阻。至伪太平五年九月,高与崇公具被幽絷。其月十五日就祸,卒于平城之东隅,春秋四十有三。是岁宋元嘉二十一年也。当尔之夕,门人莫知。是夜三更,忽见光绕高先所住处塔三匝,还入禅窟中。因闻光中有声云:"吾已逝矣。"诸弟子方知已化,哀号痛绝。既而迎尸于城南旷野,沐浴迁殡。兼营理崇公,别在异处。一都道俗，无不嗟骇。①

这是《高僧传》中最惨烈的一场梦，也是宗教与政治最激烈的一场交锋。玄高的权力欲望过强，早在麦积山时就有人称他"蓄聚徒众，将为国灾"。当被聘至北魏平城时，凭借其强大的政治资源，大流禅化，并很快成了太子拓跋晃的老师，代北大族集团的宗教领袖。

强大的代北大族集团，是拓跋焘立国的基础，然而，当北魏统一北方后，仅仅依靠部族，无法应对以农耕汉族为主体的北方社会的复杂局面，倚傍有政治经验的中原士大夫乃势所必然。因此在拓跋焘的朝堂中形成了以崔浩为首的中原世族集团，以及以太子拓跋晃为首的代北大族集团，即改革派与保守派。游走于朝野上下的权臣们以及他们的宗教领袖，不得不在二者之间选边站队。佛教领袖玄高选择了太子晃，用托梦的方式，化解了当今皇帝与未来皇帝之间的权力之争，保住了未来皇帝拓跋晃继承大统的资格乃至性命。然而这样的行为，无疑损害了改革派的利益，比如司徒崔浩和道教领袖寇谦之等。因此，在与他们的第二个回合交战中，玄高最终败下阵来，身首异处，祸及诸多弟子与慧崇，也成了日后太武帝毁灭大法的原因之一。②随后，太子晃假借"国史之狱"，彻底铲除崔浩的政治力量，使崔浩和他的家族以及他的支持者遭受杀戮。③

要灭佛，最致命的打击是宣告其政治上不合法。拓跋焘的灭佛诏书，正是本着这样的思路，罗织佛门的种种"罪恶"：

> 昔后汉荒君，信惑邪伪，妄假睡梦，事胡妖鬼，以乱天常，

---

① 《高僧传》卷一一《玄高传》，第410—412页。
② 刘淑芬：《从民族史角度看太武灭佛》，载氏著《中古的佛教与社会》，上海：上海古籍出版社，2008年，第3—45页。
③ 逯耀东：《崔浩世族政治的理想》，载氏著《从平城到洛阳：拓跋魏文化转变的历程》，北京：中华书局，2006年，第95页。

自古九州之中无此也。夸诞大言，不本人情。叔季之世暗君乱主，莫不眩焉。由是政教不行，礼义大坏，鬼道炽盛，视王者之法，蔑如也。自此以来，代经乱祸，天罚亟行，生民死尽，五服之内，鞠为丘墟，千里萧条，不见人迹，皆由于此。朕承天绪，属当穷运之弊，欲除伪定真，复羲农之治。其一切荡除胡神，灭其踪迹，庶无谢于风氏矣。自今以后，敢有事胡神及造形像泥人、铜人者，门诛。虽言胡神，问今胡人，共云无有。皆是前世汉人无赖子弟刘元真、吕伯强之徒，接乞胡之诞言，用老庄之虚假，附而益之，皆非真实。至使王法废而不行，盖大奸之魁也。有非常之人，然后能行非常之事。非朕孰能去此历代之伪物！有司宣告征镇诸军、刺史，诸有佛图形像及胡经，尽皆击破焚烧，沙门无少长悉坑之。①

"昔后汉荒君，信惑邪伪，妄假睡梦，事胡妖鬼，以乱天常，自古九州之中无此也。"意在摧毁"汉梦通神"的神圣性，从而根本上否定佛教在中土传播的政治合法性。

由于"汉梦通神"，开启了佛教东传的政治之门，故在高僧眼里，除拓跋焘外，大多数帝王乃是"兆民所凭，又三宝所寄"②。因此，高僧通过梦来参与政治，看作是另一种修行，故高僧玄高的行为并非个案。北地人高僧慧义，即通过梦，为宋武帝刘裕找到了证明其乃"汉家苗裔，当受天命"的符瑞。③值得注意的是，刘裕之所以会托高僧慧义去寻找符瑞，其实是有原因的："帝尝行至下邳，遇一沙门，沙门曰：'江表寻当丧乱，拯之必君也。'帝患手创积年，沙门出怀中黄散一裹与帝曰：'此创难治，非此药不能瘳也。'倏忽不见沙门所在。以

---

① 《魏书》卷一一四《释老志》，北京：中华书局，1974年，第3034—3035页。
② 《高僧传》卷一二《慧益传》，第266页。
③ 《高僧传》卷七《慧义传》，第266页。

散傅创即愈。余散帝宝录之，后征伐屡被伤，通中者数矣，以散傅之，无不立愈。"① 可见，在刘裕登上帝位之前，沙门早就预言他是皇帝了。因此当他得知有符瑞在嵩高山时，便对慧义说："非常之瑞，亦须非常之人，然后致之。若非法师自行，恐无以获也。"足见其对高僧的信任是发自内心的。因此当慧义通过梦找到符瑞，回到京师时，"宋武加接尤重，迄乎践祚，礼遇弥深"②。在高僧看来，"夫王者，德化洽于宇内，则四灵表瑞。政弊道消，则彗孛见于上。恒象着见，休咎随行。斯乃古今之常征，天人之明诫"③，故高僧如果能通过梦为皇帝找到奉天承运的符瑞，就能稳固政权。而皇帝利用其拥有的最高政治权力，自然对沙门加接尤重，礼遇弥深。

高僧与皇帝之间的"瑞梦"，并非任何皇帝都可以相通，皇权与宗教之间的冲突屡见不鲜。以礼仪之争为例，慧远（334—416）就称："袈裟非朝宗之服，钵盂非廊庙之器，沙门尘外之人，不应致敬王者。"因此，"自远卜居庐阜三十余年，影不出山，迹不入俗"。④ 受其影响，弟子僧远也与主张沙门敬王者的国主保持距离，无论是刘宋还是萧齐的帝王都无法接近他："远蔬食五十余年，涧饮二十余载。游心法苑，缅想人外，高步山门，萧然物表。以齐永明二年正月，卒于定林上寺，春秋七十有一。"僧远圆寂后，齐武帝萧赜（440—493）致书于沙门法献曰："承远上无常，弟子夜中已自知之。远上此去，甚得好处。诸佳非一，不复增悲也。一二迟见法师，方可叙瑞梦耳。今正为作功德，所须可具疏来也。"⑤ 尽管萧赜对僧远执佛门弟子之礼，言语之间似乎也心灵相通，但僧远生前根本没给萧赜叙"瑞梦"的机会。

---

① 《宋书》卷二七《符瑞》，北京：中华书局，1974年，第784页。
② 《高僧传》卷一二《慧益传》，第266页。
③ 《高僧传》卷九《佛图澄传》，第346页。
④ 《高僧传》卷六《慧远传》，第220—221页。
⑤ 《高僧传》卷八《僧远传》，第319页。

值得注意的是，不仅大法传至中土，是以梦为媒介与帝王沟通，在西域各国也不例外。①

通过上述梳理，很容易得出这样的结论：即国家无论大小，僧侣如果能借助梦境，让一国之君佞佛，便可以轻松地跨过政治门槛，大法即可运流其国，俗众便可自由信仰。这也是慧皎撰写《高僧传》想要达到的目的。汤用彤先生论及汉明之梦的真伪时说："永平八年，楚王英已为沙门设盛馔，则其奉佛应更早，或竟在光武之世。明帝为太子时，英独归附太子，甚相亲爱。英于光武世如已与释氏游，明帝或已知之。则感梦始问，应是谰言。"②其实，当我们把与帝王有关的所有梦境故事罗列起来进行分析，不难发现《高僧传》有一个借助梦境的不可实证性，塑造帝王皈依佛门，弘扬大法，并从中获益的叙事传统。因此，这样的"谰言"在神学时代，其实是作者的高明之举。所以，与其说是政治帮了佛教的忙，还不如说是佛教自己帮了自己。许多在正史里不见踪迹的灵异之梦，却在高僧传记中，以常人不易察觉的手段，嵌入重大政治事件现场，自证佛法无边。这样的梦境故事，在某一个政治现场出现，本身或许是"谰言"，佛教僧团也没有从中获得政治力量的外护，但却为其日后发展积累了难得的政治资本。这是"汉梦通神"为何被后世僧侣塑造为佛教入华象征性事件的内在原因。

二、拓展神圣空间之梦

如果说沟通政治之梦，让佛教传入中土取得了政治合法性，那么如何在秩序业已建立的俗世凡间，获得一方神圣空间，建寺礼佛，则

---

① 《高僧传》卷三《求那跋摩传》，第106页。《高僧传》卷三《昙摩密多传》，第121页。
② 汤用彤：《汉魏两晋南北朝佛教史》，第16页。

是事关佛教在中土有无立足之地的大事。因为佛是"戎神",所以僧人首先不仅要与众生争夺空间,把世俗空间转化为神圣空间,还要与本土宗教争夺空间。其次,宗教建筑的建设,跟普通民居一样,要选地择基,置办物料,同时还要铸佛塑像,故跟大自然作不懈的斗争也必不可少。再者,僧侣们费了九牛二虎之力建成的寺庙,如果没有神灵显现,自然无法获得信众的热捧,也就难以为继。诸多的困难,远超出了僧人的能力范围,那么,求神就在所难免,神人交通之梦自然会适时而来。

对禅修僧人来说,人迹罕至的深山,是最佳修习之处,也是山高林密,猛兽出没之地。同时,一山不容二虎,山神与戎神如何相处,也是问题之一。帛僧光就遇到了这样的困境:

> 晋永和初,游于江东,投刹之石城山。山民咸云:此中旧有猛兽之灾,及山神纵暴,人踪久绝。光了无惧色,雇人开剪,负杖而前。行入数里,忽大风雨,群虎号鸣。光于山南见一石室,仍止其中,安禅合掌,以为栖神之处。至明旦雨息,乃入村乞食,夕复还中。经三日,乃梦见山神,或作虎形,或作蛇身,竞来怖光,光一皆不恐。经三日,又梦见山神,自言移往章安县寒石山住,推室以相奉。尔后薪采通流,道俗宗事。乐禅来学者,起茅茨于室侧,渐成寺舍,因名隐岳。①

草创之初,自然环境恶劣,山神便作为自然神的代言人,与高僧通过梦来争夺空间。最终因帛僧光的勇敢与坚持,感动山神,把石城山"推室以相奉",完成了石城山神权的"转让",隐岳寺也得以奠基,并因此具有了神异的光环。究其本质而言,恐怕是在佛教信仰的蛮

---

① 《高僧传》卷一一《帛僧光传》,第402页。

荒地带，要建立一个神圣空间，只能在猛兽出没、山神纵暴、人踪久绝之地开创。

高僧与大自然争夺空间，恐怕是难度最低的，与道教争夺空间则不然，可谓同行是冤家。高僧法度，"黄龙人，少出家。游学北土，备综众经，而专以苦节成务。宋末游于京师，高士齐郡明僧绍，抗迹人外，隐居琅琊之摄山。挹度清徽，待以师友之敬。及亡，舍所居山为栖霞精舍，请度居之。先有道士欲以寺地为馆，住者辄死，及后为寺，犹多恐动。自度居之，群妖皆息"。显然，栖霞精舍在佛道之间，几易其手，最终还是被高僧法度占据。"先有道士欲以寺地为馆，住者辄死"，慧皎抑"道"扬"释"的意图极为明显。那么法度凭什么最终拥有了栖霞精舍？

> 住经岁许，忽闻人马鼓角之声，俄见一人持名纸通度曰靳尚。度前之，尚形甚都雅，羽卫亦严，致敬已，乃言："弟子王有此山七百余年，神道有法，物不得干。前诸栖托，或非真正，故死病继之，亦其命也。法师道德所归，谨舍以奉给，并愿受五戒，永结来缘。"度曰："人神道殊，无容相屈。且檀越血食世祀，此最五戒所禁。"尚曰："若备门徒，辄先去杀。"于是辞去。明旦，度见一人送钱一万，香烛刀子，疏云："弟子靳尚奉供。"至月十五日，度为设会，尚又来，同众礼拜，行道受戒而去。摄山庙巫梦神告曰："吾已受戒于度法师，祠祀勿得杀戮。"由是庙用荐止菜脯而已。度尝动散寝于地，见尚从外而来，以手摩头足而去。顷之复来，持一琉璃瓯，瓯中如水以奉度，味甘而冷，度所苦即间，其征感若此。①

---

① 《高僧传》卷八《法度传》，第331页。

靳尚（？—前311年），战国时期楚臣，在世时，是个嫉贤妒能，善于谗言的小人。① 然而，在栖霞精舍，曾经让"住者辄死"的恶鬼靳尚，在高僧面前，不仅奉给法度精舍，并辄先去杀，愿受五戒，最终靳尚通过梦告诉庙巫，"吾已受戒于度法师，祠祀勿得杀戮"，可谓"放下屠刀，立地成佛"。法度因"道德所归"，在佛道相争中，不仅取得胜利，还使"群妖皆息"。在此不难看出，虽然"人神道殊"，梦却可以使他们互通往来。

一个地方，一旦成为佛门净土，满山之神即皈依佛门，再有高僧到来，不仅不会要胁驱赶，还要恭候迎接。譬如僧柔，"精勤戒品，委曲禅慧。方等众经，大小诸部，皆彻鉴玄源，洞尽宗要。年过弱冠，便登讲席。一代名宾，并投身北面。后东游禹穴，值慧基法师招停城傍，一夏讲论。后入剡白山灵鹫寺。未至之夜，沙门僧绪梦见神人，朱旗素甲，满山而出。绪问其故，答云：'法师当入，故出奉迎。'明旦待人，果是柔至。既而扫饰山门，有终焉之志。敷经遵学，有士如林。"② 通过梦，《高僧传》也向世人展现了高僧人神共仰的道德境界。

与佛教和道教争夺空间事件相比，佛教与地方显贵争夺神圣空间事件发生的概率更高。因为他们不仅拥有众多的田产，而且大多数区位优越。高僧慧受建设安乐寺，便是在京师建康寸土寸金的地方，依靠梦中神的指引，逐步完成的。慧受"尝行过王坦之园，夜辄梦于园中立寺，如此数过。受欲就王乞立一间屋处，未敢发言，且向守园客松期说之。期云：'王家之园，恐非所图也。'受曰：'若令诚感，何忧不得。'即诣王陈之，王大喜，即以许焉。初立一小屋，每夕复梦见一青龙从南方来，化为刹柱。受将沙弥试至新亭江寻觅，乃见一长木随流来下。受曰：'必是吾所见者也。'于是雇人牵上，竖立为刹，架以一层。道俗竞集，咸叹神异。坦之即舍园为寺，以受本乡为

---

① 《史记》卷八四《屈原列传》，北京：中华书局，1959年，第2481—2484页。
② 《高僧传》卷八《僧柔传》，第322页。

名,号曰安乐寺。东有丹阳尹王雅宅,西有东燕太守刘斗宅,南有豫章太守范宁宅,并施以成寺。后有沙门道靖、道敬等,更加修饰,于今崇丽焉"①。类似的梦不止这一例。梁天监六年,始丰令吴郡陆咸,罢邑还国,夜宿剡溪,值风雨晦冥,陆咸危惧假寐,忽梦见三道人来告云:"君识信坚正,自然安隐。有建安殿下感患未廖,若能治剡县僧护所造石像得成就者,必获平豫。冥理非虚,宜相开发也。"可是陆咸竟然把此事给忘了,不得不劳神再跑一趟提醒他,才得以让建安王得知此事。建安王派专人,抽舍金贝,建成佛寺。可见神之所以不厌其烦地托梦于陆咸,最终目的还是希望建安王能出钱出力,修建佛寺。②

与石窟寺相比,地面寺庙基本上以木结构建筑为主,木料无疑是最主要的建筑材料,因此,伐木是备料中最易遇到的困难。此中既有山高路陡的交通问题,也有山林的归属问题。在一个普遍信仰佛教的社会,这些似乎都不是非常棘手的事,但在信仰尚未普及,木材大料匮乏之时,则另当别论。

西晋长沙太守滕舍,于江陵舍宅为寺,即长沙寺。高僧昙翼被邀为主持,"遂杖锡南征,缔构寺宇",此后昙翼还"丹诚祈请,遂感舍利"。因此,伐木扩建庙宇,乃势所必然。

> 后入巴陵君山伐木,《山海经》所谓洞庭山也。山上有穴,通吴之苞山。山既灵异,人甚惮之,翼率人入山,路值白蛇数十,卧遮行辙。翼退还所住,遥请山灵为其礼忏。乃谓神曰:"吾造寺伐材,幸愿共为功德。"夜即梦见神人告翼曰:"法师既为三宝须用,特相随喜,但莫令余人妄有所伐。"明日更往,路甚清夷,于是伐木,沿流而下,其中伐人,不免私窃。还至寺上,

---

① 《高僧传》卷一三《慧受传》,第 481—482 页。
② 《高僧传》卷一三《僧护传》,第 491 页。

翼材已毕。余人所私之者，悉为官所取。其诚感如此。①

其实君山作为洞庭湖的湖心山，有大木可伐，足见其生态良好，白蛇当道是岛屿环境中，蛇的天敌较少的正常自然现象。只是在传统文化中，蛇尤其是白蛇，被人们赋予灵性，故昙翼"遥请山灵为其礼忏"，最终通过梦境，得到神灵的"特相随喜"，才达成所愿。值得注意的是，从神叮嘱"但莫令余人妄有所伐"，到后来"其中伐人，不免私窃"，不难看出，当地佛教信仰并未普及，木材大料亦颇为匮乏。

寺庙里最显著的宗教建筑当然是佛像了，至于敬佛像与佛之间的关系，正如慧皎所言："故知道借人弘，神由物感，岂曰虚哉！是以祭神如神在，则神道交矣；敬佛像如佛身，则法身应矣。"②既然"敬佛像如佛身"，那么每一尊佛像的铸造和雕塑过程，其"威灵"自然不可或缺。《高僧传·慧远传》载：

> 又昔浔阳陶侃经镇广州，有渔人于海中见神光，每夕艳发，经旬弥盛。怪以白侃，侃往详视，乃是阿育王像，即接归，以送武昌寒溪寺。寺主僧珍尝往夏口，夜梦寺遭火，而此像屋独有龙神围绕。珍觉驰还寺，寺既焚尽，唯像屋存焉。侃后移镇，以像有威灵，遣使迎接，数十人举之至水，及上船，船又覆没，使者惧而反之，竟不能获。侃幼出雄武，素薄信情，故荆楚之间，为之谣曰："陶惟剑雄，像以神标。云翔泥宿，邈何遥遥。可以诚致，难以力招。"及远创寺既成，祈心奉请，乃飘然自轻。往还无梗。方知远之神感，证在风谣矣。于是率众行道，昏晓不绝，释迦余化，于斯复兴。既而谨律息心之士，绝尘清信之宾，并不期

---

① 《高僧传》卷五《昙翼传》，第198—199页。
② 《高僧传》卷一三《论曰》，第496页。

而至，望风遥集。①

寺主僧珍的梦，强化了阿育王像的神异。又通过陶侃之"力招"与慧远之"诚致"的对比，强化僧人修行存在着"云翔泥宿"般的境界差异。类似的神异现象也见于《慧达传》：

> 又昔晋咸和中，丹阳尹高悝，于张侯桥浦里，掘得一金像，无有光趺，而制作甚工。前有梵书云是育王第四女所造。悝载像还至长干巷口，牛不复行，非人力所御，乃任牛所之，径趣长干寺。尔后年许，有临海渔人张系世，于海口得铜莲华趺，浮在水上，即取送县。县表上上台，敕使安像足下，契然相应。后有西域五僧诣悝云，昔于天竺得阿育王像，至邺遭乱，藏置河边。王路既通，寻觅失所。近得梦云，像已出江东，为高悝所得，故远涉山海，欲一见礼拜耳。悝即引至长干，五人见像，歔欷涕泣，像即放光，照于堂内。五人云，本有圆光，今在远处，亦寻当至。晋咸安元年，交州合浦县采珠人董宗之，于海底得一佛光。刺史表上，晋简文帝敕施此像。孔穴悬同，光色一重。凡四十余年，东西祥感，光趺方具。②

以上两尊与梦有关的阿育王金像，无论是遭遇船难沉海的，还是藏置河边沉河的，都是铸成之像在梦中威灵显现的事件。而对于想要新铸金像的高僧来说，需要威灵在梦中显现的，就不止此一端。如常见的鎏金铜像，金、铜和锡等，哪一样都不能少。其实，金、铜都属于稀缺资源，故梦中之神务必引导僧人找到这些贵金属。远公弟子释法安便是通过这种途径找到铜的。法安"欲作画像，须铜青，困

---

① 《高僧传》卷六《慧远传》，第 213—214 页。
② 《高僧传》卷一三《慧达传》，第 478 页。

不能得，夜梦见一人，迂其床前云：'此下有铜钟。'觉即掘之，果得二口，因以青成像。后以铜助远公铸佛，余一，武昌太守熊无患借视，遂留之。"① 在西晋末年，即便能找到铜，但因铜是铸造货币的金属，严禁私人冶炼，因此，如何越过法律这一关，是高僧铸造铜像需解决的首要问题。京师瓦官寺释僧洪，少而修身整洁。"后率化有缘，造丈六金像，熔铸始毕，未及开模。时晋末铜禁甚严，犯者必死。宋武于时为相国，洪坐罪系于相府，唯诵《观世音经》，一心归命佛像。夜梦所铸像来，手摩洪头，问怖不，洪言自念必死，像曰无忧。见像胸方尺许，铜色燋沸。会当行刑，府参军监杀，而牛奔车壤，因更克日。续有令从彭城来云，未杀僧洪者可原，遂获免。还开模，见像胸前果有燋沸。洪后以苦行卒矣。"② 神最终还是通过梦，让僧洪的死罪得以幸免。

作为寺庙，主要供奉哪位主神，也是一个不大不小的问题。吴国钱塘高僧慧基，元徽中，"始行过浙水，复动疾而还，乃于会稽龟山立宝林精舍。手叠砖石，躬自指麾，架悬乘险，制极山状。初立三层，匠人小拙，后天震毁坏，更加修饰，遂穷其丽美。基尝梦见普贤，因请为和上。及寺成之后，造普贤并六牙白象之形，即于宝林设三七斋忏，士庶鳞集，献奉相仍"③。通过梦境，慧基选择普贤菩萨作为龟山立宝林精舍的主神。

圣地的建立，是需要神圣不断地显现来塑造的。当佛教跨文化传播时，这样的塑造可谓难上加难，因为"如来迁迹，忽逾千载"。补救的方法是，因阿育王在众夜叉的帮助下，一天之内在赡部洲建立了八万四千座塔，并把佛舍利分送各处供奉，代替佛祖亲临该处，从而达到大法无远弗届的效果。但佛骨舍利必定数量有限，滥用或乱请，

---

① 《高僧传》卷六《法安传》，第235—236页。
② 《高僧传》卷一三《僧洪传》，第484页。
③ 《高僧传》卷八《慧基传》，第324页。

只会适得其反。那么又如何在异域塑造佛教寺庙的神圣性呢？神圣在梦境中显现，无疑是一个可以运用的方法。通过上文的梳理，不难看出，接连不断的神启，正是通过梦境，改变了周围空间的利用类型，即把原本为世俗的领域，转变为一个神圣的领域。神圣在梦中显现的前提是僧人必须用心虔诚礼佛，可谓："法身无像，因感故形，感见有参差，故形应有殊别。若乃心路苍茫，则真仪隔化，情志懔切，则木石开心。"[1]神圣空间的不断产生和扩大，则是佛教传播空间扩大的最显著标志之一。

值得注意的是，拓展神圣空间之梦，时间上主要集中在南朝初期，空间上主要在东晋、南朝境内。因此，上述与建设寺庙有关的高僧之梦，未必每个都是真实的，但却折射出东晋南朝早期佛教发展滞后于北朝这个事实。其后，由于东晋、南朝始终没有用政治力量控制佛教的爆发式传播，因此，到南朝晚期，广大信众不仅不会偷窃建筑寺庙的木料，而且还会"竭财以赴僧，破产以趋佛"[2]，很快超越了北朝。在这样的背景下，起初因无力建寺而产生的许多灵验之梦，也就随之式微。

三、成就高僧觉悟之梦

既然"道借人弘，理由教显。而弘教释教，莫尚高僧"，那么，在弘扬佛法的道路上，芸芸众生，怎样修行，才能成为得道高僧呢？这是绝大多数清修一生的僧侣所面临的最棘手的问题。

在高僧悟道成佛的道路上，大多数人都是少年聪悟出群，只有极个别的僧人"生而不凡"。其一是西域高僧昙谛："母黄氏昼寝，梦见一僧呼黄为母，寄一麈尾，并铁镂书镇二枚，眠觉见两物具存，因而

---

[1] 《高僧传》卷一三《兴福·论曰》，第496页。
[2] 《梁书》卷四八《范缜传》，北京：中华书局，1973年，第670页。

怀孕生谛。"① 其二是本土高僧玄高："母以伪秦弘始三年，梦见梵僧散华满室，觉便怀胎，至四年二月八日生男。"② 两位高僧，一西一中，但其母亲所做之梦，却异常相似，都是梦见僧人而怀孕。从梦中情景来看，昙谛前世即为僧人，玄高亦是梵僧散花的结果。日后二人为高僧，可谓"根红苗正"。

  对于大多数高僧来说，没有生而不凡的光环可戴，又要感戒，那么后天的努力必不可少，而梦在修行最困难的时刻，会适时地出现，让僧人得以与神沟通，指点迷津，并最终悟道。譬如，昙摩耶舍，"少而好学，年十四为弗若多罗所知。长而气干高爽，雅有神慧。该览经律，明悟出群。陶思八禅，游心七觉。时人方之浮头婆驮。孤行山泽，不避豺虎，独处思念，动移宵日"。按说这样出众的才智和勤奋的求学态度，得果是很容易的事，其实不然。昙摩耶舍"尝于树下每自克责：年将三十，尚未得果，何其懈哉！于是累日不寝不食，专精苦到，以悔先罪。乃梦见博叉天王语之曰：'沙门当观方弘化，旷济为怀，何守小节独善而已。道假众缘，复须时熟，非分强求，死而无证。'觉自思惟，欲游方授道，既而蹈历名邦，履践郡国"。③ 梦中得到神示修行方法的，还有高僧昙斌。昙斌"始住江陵新寺，听经，论学，禅道，覃思深至，而情未尽达。夜梦神人谓斌曰：'汝所疑义，游方自决。'于是振锡挟衣，殊邦问道。初下京师，仍往吴郡。值僧业讲《十诵》，飡听少时，悟解深入。后还都从静林法师，咨受《涅槃》。又就吴兴小山法珍，研访《泥洹》《胜鬘》。晚从南林法业，受《华严》《杂心》。既遍历众师，备闻异释，乃潜思积时，以穷其妙。融冶百家，陶贯诸部。于是还止樊邓，开筵讲说，四远名宾，负袠皆至"。④

---

① 《高僧传》卷七《昙谛传》，第278—279页。
② 《高僧传》卷一一《玄高传》，第409页。
③ 《高僧传》卷一《昙摩耶舍传》，第41—42页。
④ 《高僧传》卷七《昙斌传》，第290页。

另外,当有人感戒时,梦会把这样的好消息传播给与其相关人士。据《高僧传·昙无谶传》载:

> 初谶在姑臧,有张掖沙门道进,欲从谶受菩萨戒。谶云:"且悔过。"乃竭诚七日七夜,至第八日,诣谶求受,谶忽大怒,进更思惟,但是我业障未消耳。乃勤力三年,且禅且忏,进即于定中,见释迦文佛与诸大士授己戒法,其夕同止十余人,皆感梦如进所见。进欲诣谶说之,未及至数十步,谶惊起唱言:"善哉,善哉,已感戒矣,吾当更为汝作证。"次第于佛像前为说戒相。时沙门道朗,振誉关西,当进感戒之夕,朗亦通梦。乃自卑戒腊,求为法弟,于是从进受者千有余人。传授此法,迄至于今,皆谶之余则。有别记云,《菩萨地持经》应是伊波勒菩萨传来此土,后果是谶所传译,疑谶或非凡也。①

在道进感戒事件中,无论是与道进同止十余人的梦,还是道朗的梦,其实与昙无谶的先知先觉的作用颇为一致,"善哉,善哉,已感戒矣,吾当更为汝作证。"

当然,在梦境中悟道、受戒的不止僧人,还有"山神"。昙邕,关中人。"京师道场僧鉴挹其德解,请还扬州。邕以远年高,遂不果行。然远神足高扰者其类不少,恐后不相推谢,因以小缘讬摈邕出,邕奉命出山,容无怨忤,乃于山之西南营立茅宇,与弟子昙果澄思禅门。尝于一时,果梦见山神求受五戒,果曰:'家师在此,可往谘受。'后少时,邕见一人,着单衣帽,风姿端雅,从者二十许人,请受五戒。邕以果先梦,知是山神,乃为说法授戒。神䞋以外国匕箸,礼拜辞别,倏忽不见。至远临亡之日,奔赴号踊,痛深天属。后往荆州,卒

---

① 《高僧传》卷二《昙无谶传》,第79页。

于竹林寺。"① 昙邕通过梦境，用外来神度化了本地神，而且是衷心皈依，因此在昙邕的师傅慧远临亡之日，山神"奔赴号踊，痛深天属"。至此，通过梦境，佛教的教化已遍及中土僧侣、神灵、皇帝和俗众。

僧人的感戒，除去师授外，便是读释典了。但佛教经籍原典是以梵文和巴厘文为主撰写的，因此，无论是域外僧人还是中土僧人，想要弘道，就必须过语言关。在没有外语教育机构可资利用的情况下，这种语言障碍尤其突出。正如僧祐所言："原夫经出西域，运流东方，提挈万里，翻转胡汉。国音各殊，故文有同异；前后重来，故题有新旧。而后之学者，鲜克研核，遂乃书写继踵，而不知经出之岁，诵说比肩，而莫测传法之人。授受之道，亦已阙矣。夫一时圣集，犹五事证经，况千载交译，宁可昧其人世哉！"②

先看中天竺高僧求那跋陀罗的经历："谯王欲请讲《华严》等经，而跋陀自忖未善宋言，有怀愧叹。即旦夕礼忏，请观世音，乞求冥应。遂梦有人白服持剑，擎一人首来至其前，曰：'何故忧耶？'跋陀具以事对，答曰：'无所多忧。'即以剑易首，更安新头。语令回转，曰：'得无痛耶？'答曰：'不痛。'豁然便觉，心神悦怿。旦起，道义皆备领宋言，于是就讲。"③ 头移植手术，就目前的科技水准来看，也只有梦中的神能做到。对于不懂外语的中土僧人来说，翻译或者注解要达到信、达、雅的境界，困难重重，譬如道安。"安常注诸经，恐不合理，乃誓曰：'若所说不堪远理，愿见瑞相。'乃梦见胡道人，头白眉毛长，语安云：'君所注经，殊合道理。我不得入泥洹，住在西域，当相助弘通，可时时设食。'后《十诵律》至，远公乃知和上所梦宾头卢也。于是立座饭之，处处成则。安既德为物宗，学兼三藏，所制《僧尼轨范》《佛法宪章》，条为三例：一曰行香定座上讲经上讲之法；

---

① 《高僧传》卷六《昙邕传》，第237页。
② 僧祐：《出三藏记集》卷一《出三藏记集续》，第2页。
③ 《高僧传》卷三《求那跋陀罗传》，第131—132页。

二曰常日六时行道饮食唱时法;三曰布萨差使悔过等法。天下寺舍,遂则而从之。"①在现实生活中助道安弘通释典的,非西域高僧所不能为。而在梦中,道安则把这样重任交给了头白眉毛长的宾头卢。道安是幸运的,得到宾头卢的"相助",所注之经,殊合道理。而高僧慧严则不然:

> 《大涅槃经》初至宋土,文言致善,而品数疏简,初学难以措怀。严乃共慧观、谢灵运等依《泥洹》本加之品目。文有过质,颇亦治改,始有数本流行。严乃梦见一人,形状极伟,厉声谓严曰:"《涅槃》尊经,何以轻加斟酌。"严觉已惕然,乃更集僧,欲收前本。时识者咸云:"此盖欲诫厉后人耳,若必不应者,何容即时方梦。"严以为然。顷之又梦神人告曰:"君以弘经之力,必当见佛也。"②

同是一经,先后异出,新旧舛驳,卷数参差。且读者不同,理解不同,论争亦复不少。如何平息各家之说,慧严只好请梦中神圣来化解,可谓高妙。此梦,一方面是劝导众僧要尊经,要严肃认真地对待经典的翻译和注解,不可"轻加斟酌";另一方面,"弘经"是功德无量的事,致力于此的僧人,"必当见佛也"。

出家人比丘在举行宗教仪式时,在佛菩萨前歌诵、供养、止断和赞叹的转读与梵呗之声,对听众来说,其利有五:"身体不疲,不忘所忆,心不懈倦,音声不坏,诸天欢喜。"然而转读与梵呗的创作,并非易事。"自大教东流,乃译文者众,而传声盖寡。良由梵音重复,汉语单奇。若用梵音以咏汉语,则声繁而偈迫;若用汉曲以咏梵文,则

---

① 《高僧传》卷五《道安传》,第183页。
② 《高僧传》卷七《慧严传》,第262—263页。

韵短而辞长。是故金言有译,梵响无授。"①有难度,高僧自然要在梦中求助于神。如支昙籥,"特禀妙声,善于转读。尝梦天神授其声法,觉因裁制新声。梵响清靡,四飞却转。反折还喉迭哢。虽复东阿先变,康会后造,始终循环,未有如籥之妙。后进传写,莫匪其法。所制六言梵呗,传响于今"②。作为月支人,支昙籥既有音乐天赋,又有机会在西域掌握最经典的梵呗,其所传唱的转读与梵呗,自然是中土僧人所未曾预闻的"新声"。因此,"后进传写,莫匪其法"。所谓"尝梦天神授其声法",只是增加了昙籥所制转读与梵呗的合法性与神圣性而已。

转读与梵呗,随同佛教一同进入中土,本土僧人自然要在继承的基础上不断创新。僧辩制作一契新梵呗的场面,颇为壮观。"尝在新亭刘绍宅斋,辩初夜读经,始得一契,忽有群鹤下集阶前,及辩度卷,一时飞去,由是声振天下,远近知名。后来学者,莫不宗事。"由于僧辩善声,因此,被齐文宣王召去,为其感梦之声记曲:"永明七年二月十九日,司徒竟陵文宣王梦于佛前咏《维摩》一契。同声发而觉,即起至佛堂中,还如梦中法,更咏《古维摩》一契,便觉韵声流好,著工恒日。明旦即集京师善声沙门龙光普智、新安道兴、多宝慧忍、天保超胜及僧辩等,集第作声。辩传《古维摩》一契、《瑞应》七言偈一契,最是命家之作。后人时有传者,并讹漏失其大体。"③

文宣感梦,与支昙籥"尝梦天神授其声法"如出一辙。所不同的是,因文宣感梦,在建康掀起了一个梵呗学习和创作的高潮。《高僧传·慧忍传》载:"齐文宣感梦之后,集诸经师。乃共忍斟酌旧声,诠品新异。制《瑞应》四十二契,忍所得最长妙。于是令慧满、僧业、僧尚、超朗、僧期、超猷、慧旭、法律、昙慧、僧胤、慧象、法慈等四十余

---

① 《高僧传》卷一三《经师·论曰》,第507页。
② 《高僧传》卷一三《支昙籥传》,第498页。
③ 《高僧传》卷一三《慧忍传》,第505页。

人,皆就忍受学。遂传法于今。忍以隆昌元年卒,年四十余。"①

以上所述,无论是译经、注经还是谱曲,都是僧人一生修行的重要课业,有人因为工作出色,"必当见佛也",有人则不然。但有一点却是相同的,那就是每个僧人都要面对往生之门。在人生旅途中,只有死才能把阴阳两界如此紧密地联系起来,因此,在往生之门前,盖棺论定之时,梦就显得尤为活跃。在《高僧传》中,关于亡身的梦,大体可分为两类:

其一,在梦境中,高僧被佛接引到极乐世界。如高僧慧虔,"涉将五载,忽然得病,寝疾少时,自知必尽,乃属想安养,祈诚观世音。山阴比寺有净严尼,宿德有戒行,夜梦见观世音从西郭门入。清晖妙状,光映日月,幢幡华盖,皆以七宝庄严。见便作礼,问曰:'不审大士今何所之?'答云:'往嘉祥寺迎虔公。'因尔无常。当时疾虽绵笃,而神色平平,有如恒日。侍者咸闻异香,久之乃歇。虔既自审必终,又睹瑞相。道俗闻见,咸生叹羡焉。"②僧诠亡身经历与慧虔类似。"诠后暂游临安县,投董功曹家,功曹者清信弟子也。诠投止少时,便遇疾甚笃,而常见所造之像,来在西壁,又见诸天童子皆来待病。弟子法朗,梦见一台,数人捧之,问何所去,答云:'迎诠法师。'明旦果卒。"③虽然死亡对任何人来说都是一件恐怖的事情,但对僧人来说,一生苦修,能往生于极乐世界,大多数都能保持"神色平平,有如恒日"的状态,如果能在梦中得到神的接引,则不止是神色平平了。如僧济忽感笃疾,"至五更中,济以烛授同学,令于僧中行之,于是暂卧,因梦见自秉一烛,乘虚而行,睹无量寿佛,接置于掌,遍至十方,不觉欻然而觉,具为侍疾者说之,且悲且慰,自省四大了无疾苦。至于明夕,忽索履起立,目逆虚空,如有所见。须臾还

---

① 《高僧传》卷一三《慧忍传》,第505页。
② 《高僧传》卷五《慧虔传》,第209页。
③ 《高僧传》卷七《僧诠传》,第273页。

卧，颜色更悦，因谓傍人云：'吾其去矣。'于是转身右胁，言气俱尽，春秋四十有五矣"①。修行已让高僧达到"四大了无疾苦"的境界，而梦让临终的高僧看见了往生之路的光明，因此，面对死亡反而"颜色更悦"。

其二，高僧通过舍身，完成超越，并通过梦来证实其终得善果，如慧益，其"精勤苦行"的目的就是为了"烧身"，尽管上至帝王，下至贫民都曾劝阻过，他却"誓志无改"。与上述往生的高僧不同，慧益生前并没有梦见菩萨接引他，只有在自焚时，宋孝武帝"闻空中箛管，异香芬苾"，才证明其修得正果。故事讲到这里，慧益的结局可以算是圆满了。但慧皎还要设计出一个梦来："帝尽日方还宫，夜梦见益振锡而至，更嘱以佛法。"②此梦在证明慧益修成正果的同时，也证明宋孝武帝的统治得到了神的关怀。可见《高僧传》在教化僧众的同时，也教化了帝王门，即善待释教，必有回报。

佛学为外来之学，释典既深且广，漫无涯际。一个小沙弥要修成得道高僧，幼而神悟，蔬食精苦，学兼内外，洞晓群经，是必备的条件，此何其难矣。而这只是觉悟的必要条件而非充要条件，因此，漫漫苦修路上总需要神为之引导。梦就成了高僧修行之途上与神交流的最佳通道之一。

与参与政治事件的高僧不同，绝大多数高僧都无法借助在政治上的呼风唤雨，让自己青史留名。所以，他们所做的梦，无论是拓展神圣空间之梦，还是成就其觉悟之梦，大多数都无法用教外文献来严格地证明其真假。另外，时至今日，人们也无法完全证明某个人是否做梦以及其梦中故事的真假。以上两点，都为后人判断相关梦的真假带来很大困难。也许今人可以基于无神论或科学主义，对上述梦境的真伪做出判断。在无神论者看来，神都不存在，与神有关的梦，

---

① 《高僧传》卷六《僧济传》，第234—235页。
② 《高僧传》卷一二《慧益传》，第453页。

无一例外是假的。但在信仰时代,用这样的方法去分析佛教史料中的梦境故事,无疑会遮蔽其中包含的丰富文化内涵。其实,包括慧皎在内的僧传作者,不排除传主本人,正是利用梦的不可证真性和不可证伪性,在神学占据众生主流思维范式的时代,赋予梦超时空的特异功能,抬高传主神异的同时,显扬感应,奖掖流通。这一点与佛教人士媒介鬼神志怪书传播佛教如出一辙:"佛教徒中本有不少聪明的文人,他们很深切地了解鬼神志怪书在普通社会的势力,而且也明白,这种势力的造成,全在乎完全能适合一般民众的心理。他们把佛教中最肤浅的因果思想及灵验的事,用志怪书的故事体裁发挥出来。这样六朝的鬼神志怪书就被佛教徒利用了。"[1]

四、结 论

在文化史学者看来,"梦的内容涉及梦者的心理压力、焦虑和冲突。在不同的文化中,典型的或反复出现的心理压力、焦虑和冲突是不同的"[2]。生活在汉晋时期的僧侣,面临的心理压力、焦虑和冲突又是什么呢?

虽然早在"汉梦通神"之前,有理由相信佛教已在来华的胡商中传播。但直至魏晋南北朝,佛教仍然无法在中土自立门户,成为独立的教会系统,正如汤用彤先生所言:"汉代看佛学不过是九十六种道术之一;佛教在当时所以能够流行,正因为他的性质近于道术。到了魏晋,佛学则倚傍着玄学传播流行。虽则他给玄学不少的影响,可是它在当时能够存在是靠着玄学,他只不过是玄学的附庸。汉朝的皇帝因信道术而信佛教,桓帝便是如此。晋及南朝人因欣赏玄学才信

---

[1] 郭箴一:《中国小说史》,上海:上海书店,1984 年,第 104 页。
[2] 彼得·伯克(Peter Burke)著,丰华琴、刘艳译:《文化史的风景》,北京:北京大学出版社,2013 年,第 30 页。

仰佛教。"① 因此佛教对皇帝、士大夫的依靠，至关重要，没有他们的外护，佛教根本无法在中土立足。故无论是一国之君，还是朝野士大夫，无疑都是沙门积极争取的对象。与伯夷、孔子和秦始皇等已知有佛的荒唐传说不同，永平求法，被公认为是佛教入中国之始。这里的公认，恐怕主要是指政府层面承认佛教为正规的宗教，并不意味着此前民间没有佛教流传。所以"汉梦通神"才被僧人塑造成佛教入华后国家政治认同的标志性事件。后世帝王们想与高僧续"瑞梦"，便把"汉梦通神"当作为先朝故实，为我所用。一旦皇权与佛教之间关系龃龉，要么认为汉明帝只是允许佛教在胡人之间传播，要么认为"后汉荒君，信惑邪伪，妄假睡梦，事胡妖鬼，以乱天常"，全盘否定。

佛教取得了在中土传播的政治合法性之后，并不意味着佛教神圣空间的扩展，就顺风顺水了。事实是，无论是佛寺的选址、建筑基地的划拨，建筑材料的获取，还是佛像的铸造，都要经历一个从无到有，从世俗空间到神圣空间的质变过程。这其中遇到的每一种困难，僧人都可以通过梦境诉诸佛和菩萨，并得到神的启示。更为重要的是，作为异域传入的宗教，通常由于神圣不断的显现，使世俗空间转变为神圣空间的宗教模式，根本无法在中土实现，转而用梦中神灵不断显现的方式来替代。

与个别"生而不凡"的高僧领袖相比，绝大多数僧人都要通过不断的修行，实现由俗到僧，由小沙弥到得道高僧的转变，即修得正果。这期间的修行困难和压力几乎无日无之。因此，无论是释典的译注，梵呗的创作，还是最具象征意义的圆寂，梦都是他们与神交通的最佳场所。最值得注意的是高僧的圆寂之梦，因为解决生死问题，是汉传佛教的三大任务之一，故高僧如果能往生极乐世界，梦想成真，无疑对僧俗两界都有重大影响。有相当一部分信徒，正是因为异常恐惧死

---

① 汤用彤：《隋唐佛学之特点》，载氏著《往日杂稿 康复札记》，北京：生活·读书·新知三联书店，2011年，第9页。

亡,解不开此生要向哪里去的终极问题,才选择了皈依佛门。

佛教中,梦之所以被赋予了特殊的媒介功能,主要与梦的不可证真性和不可证伪性有关。尤其在神学占据众生主流思维范式的时代,梦的这一特性,正是宗教可资利用的部分。当然,慧皎撰写《高僧传》,绝不是就事论事,而是有一个彰显佛教神圣的高尚理念:"原夫至道冲漠,假蹄筌而后彰;玄致幽凝,借师保以成用。是由圣迹迭兴,贤能异托。辩忠烈孝慈,以定君敬之道;明《诗》《书》《礼》《乐》,以成风俗之训。"作者借儒家经典与"君敬之道""风俗之训"之间的关系,阐明了僧传与弘扬佛法之间的关系。具体到大法与梦境之间的互动关系,则是佛教塑造了神异的梦,而梦又为佛教的神圣提供了证明,如此循环往复,推动了佛教在中土的普及进程。

当然,上述诸多通梦的故事,都与大法初播东土,信众不广,教会体系不够成熟有关。一旦佛教的组织,自成一个体系,佛教则不必借力帝王,便能继续流行;佛教寺庙的修建,不需要僧人深入山林,便可以宝刹林立;释典译注接近完成时,语言障碍早已跨越。那么,此类梦便在高僧传记的神异故事中渐渐减少。可见,大部分梦境故事,其实都是僧人推动佛教跨文化传播时的杰作,与神无关。正可谓:"每一门宗教里都有真理,但它是来自人而不是神的真理。"[1]

---

[1] Firth, Raymond T. *Religion: A Humanist Approach*, New York: Basic Books, 1995, p.215.

第三章　从西域到中原
——鸠摩罗什入华之旅的空间行为分析

僧侣无疑是佛教空间传播的主力。僧侣为什么要云游四方？在古代印度，云游四方是神职人员应遵守的戒律。"为了避免僧侣卷入任何私人或地方性的关系与依恋，古典的耆那教教规要求僧侣有义务一地又一地不停地云游各处。"耆那教僧侣如此，佛教托钵僧亦如此。"游走四方、无家无业的戒律，自然而然地给教团带来一股强有力的传道力量。"① 此外，公元前3世纪中叶，阿育王向印度各地和其他国家派遣宗教使团传播佛教。"阿育王将其传教的胜利比作对其他君主的军事征服。"② 因此，僧侣也被视为孔雀帝国征服周边国家的军事力量。

西汉以降，有为数不少的西域僧侣陆续迁居华夏。那么，他们究竟是为了义务传教，还是为了征服中国，抑或是另有他因？这一问题，看似是僧侣个人或群体迁居的空间行为问题，其实是关系到佛教能否在中国持续传播的问题。

动荡的十六国时期，是佛教在中土获得巨大发展的时代，也是西域高僧入华的高峰期。正如陈寅恪先生所言："尝论支那佛教史，要以鸠摩罗什之时为最盛时代。"③ 鸠摩罗什是印度人，他与父亲鸠摩

---

① 韦伯著，康乐、简惠美译：《印度的宗教：印度教与佛教》，桂林：广西师范大学出版社，2010年，第266页。
② D. P. 辛加尔著，庄万友等译：《印度与世界文明》，北京：商务印书馆，2019年，第121页。
③ 陈寅恪：《大乘义章书后》，载《金明馆丛稿二编》，北京：生活·读书·新知三联书店，2001年，第181页。

罗炎接力完成了入华之旅。鸠摩罗炎翻越兴都库什山和帕米尔高原，从印度云游至龟兹国；鸠摩罗什则东渡沙河，从龟兹进入华夏。在龟兹国，父鸠摩罗炎高居龟兹国师，母耆婆也贵为龟兹国公主，鸠摩罗什为何还要离开龟兹国？中途滞留在河西走廊时，鸠摩罗什本质上也是后凉吕光父子的"国师"，为什么又要离开后凉，东入后秦国？原本在后凉以道术见长的鸠摩罗什，到了长安，为什么又转而从事译经？

除上述问题外，作为入华高僧的代表，鸠摩罗什还具有更为重要的研究样本价值。

其一，无论是佛学造诣还是国际影响力，无人匹敌。一方面，罗什对中国佛教发展有重大影响，正如僧肇《什法师诔文》所云：使"法鼓重震于阎浮，梵轮再转于天北。"①亦如僧叡所云："扇龙树之遗风，震慧响于此世。"②时至今日，鸠摩罗什在长安译场翻译的释典，仍是坊间最流行的版本。另一方面，"硕学钩深，神鉴奥远"③的鸠摩罗什，离开龟兹时已是"道流西域，名被东川"④的名僧，因此他的每一次迁居，对迁出国与迁入国之间的关系影响甚巨。

其二，与罗什建立关系的国主或皇室成员之多，涉及地域之广，当时无人能出其右。出生于龟兹的罗什，游学于罽宾、沙勒国、莎车、温宿等西域诸国，与龟兹国王、罽宾王从弟盘头达多、罽宾国王、沙勒国王、莎车王子耶利苏摩等有过交往。在河西走廊，罗什作为谋士与后凉国主吕光相处十七年；在中原与前秦皇帝苻坚，相互欣赏，惺惺相惜；而在后秦，其被国主姚兴待以国师之礼。频繁迁居和广泛交游，无疑有助于我们对其进行详尽的空间行为分析。

---

① 道宣：《广弘明集》卷二三《僧行篇第五之初》，《大正藏》第52册，第264页b。
② 僧祐：《出三藏记集》卷八《大品经序》，苏晋仁、萧鍊子点校，北京：中华书局，1991年，第292页。
③ 《高僧传》卷三，第141页。
④ 《高僧传》卷二《鸠摩罗什传》，第49页。

其三,从研究史料来看,现存鸠摩罗什传记的三个版本,无论是僧祐《出三藏记集·鸠摩罗什传》①、慧皎《高僧传·鸠摩罗什传》,还是节录自前二者的《晋书·鸠摩罗什传》②,与其他来华西域僧侣的传记相比,罗什传记无疑是其中最为详尽的。此外,三个版本传记内容的出入,亦有助于复原事件的本来面目,便于深入探讨罗什的迁出决策、迁居地选择、生存之道、择业动因等。

有关鸠摩罗什的研究,可谓汗牛充栋,其中以陈寅恪③、汤用彤④、吕澂⑤、陈世良⑥、陆扬⑦等人的研究成果最为突出,但运用行为主义方法,系统讨论鸠摩罗什入华空间行为的成果,尚不多见。众所周知,西域僧侣入华,本质上是其对地理空间认知之后,依据判断和评价,做出选择与决策,并迁居新地生活的空间行为,是佛教地理学对僧侣空间行为进行研究的核心议题,故此议题有深入讨论的必要。本文以鸠摩罗什在龟兹、后凉、后秦三国之间迁居的空间行为为例,重点讨论两个问题,一是分析并找出影响鸠摩罗什迁居行为的核心因素;二是阐明鸠摩罗什在不同国家的职业行为及主导因素。

一、鸠摩罗什为何离开龟兹国

罗什在西域,是其成长与转益多师的修习阶段,并与诸国君主和

---

① 《出三藏记集》卷一四《鸠摩罗什传》,第530—535页。
② 《晋书》卷九五《鸠摩罗什传》,北京:中华书局,1974年,第2499—2502页。
③ 陈寅恪:《读书札记三集》,北京:生活·读书·新知三联书店,2001年,第28—74页。
④ 汤用彤:《汉魏两晋南北朝佛教史》,北京:中华书局,2016年。
⑤ 吕澂:《中国佛学源流略论》,台北:大千出版社,2003年。
⑥ 陈世良:《鸠摩罗什年表考略》,《新疆社会科学研究》1982年第11期,第1—31页。
⑦ 陆扬:《解读〈鸠摩罗什传〉:兼谈中国中古早期的佛教文化与史学》,《中国学术》第23辑,北京:商务印书馆,2006年,第30—90页。

显宦建立了各种关系。与龟兹国王之间的亲疏关系，在其母亲耆婆的主导下，几经波折，但母子二人最终还是弃之而去，内中的原因，远不是为了赴东土弘法这一理由所能涵盖的。

鸠摩罗什，齐言童寿，天竺人。在种姓等级森严的印度，罗什家族属于婆罗门，是地位最高的，握有宗教权。据《大乘大义章》引《苻书》云："什是天竺大婆罗门鸠摩罗炎之子也，其母须陀洹人。"①罗什祖辈与天竺权贵联系紧密，"家世国相。什祖父达多，倜傥不群，名重于国。父鸠摩炎，聪明有懿节，将嗣相位，乃辞避出家，东度葱岭。"②对于"家世国相""名重于国""将嗣相位"一类的说法，虽然多少能看出罗什家族与天竺皇家密切关系，但不可全信。因为伪造显赫身世、弃世遗荣的经历，是来华高僧自我名高的习惯手法。

鸠摩罗炎出国的原因，祐录说他"将嗣相位，乃辞避出家"③。吉藏《百论疏序》则言："罗什父本天竺人，为彼国相。国破远投龟兹。"④鸠摩罗炎果真为天竺国相，则国破远投龟兹的可能性最大。但从"龟兹王闻其弃荣，甚敬慕之，自出郊迎，请为国师"来看，祐录和《高僧传》的逻辑都建立在"将嗣相位，乃辞避出家"这一前提上，否则一个国破远投而来的难民，何谈弃荣？如果《百论疏序》记载的是事实，则罗什的祖父和父亲只是声名显赫的政治人物，看不出其信仰佛教，反之，则鸠摩罗炎是出家人。龟兹王白纯请鸠摩罗炎为国师，证明其身份为僧侣。

通常一个僧人被国主聘请为国师，对佛教有深入了解的国主来说，看重的是僧人的佛学造诣，反之，则更看重僧人的道术。那么龟兹王属于哪一种？《晋书·西戎传·龟兹国》载："龟兹国西去洛阳

---

① 《鸠摩罗什法师大义》卷上，《大正藏》第45册，第122页b。
② 《高僧传》卷二《鸠摩罗什传》，第45页。
③ 《出三藏记集》卷一四《鸠摩罗什传》，第530页。
④ 《百论疏》卷上《百论疏序》，《大正藏》第42册，第235页b。

八千二百八十里,俗有城郭,其城三重,中有佛塔庙千所。"①又《比丘尼戒本所出本末序》载:

> 拘夷国寺甚多,修饰至丽。王宫雕镂,立佛形像,与寺无异。有寺名达慕蓝(百七十僧),北山寺名致隶蓝(六十僧),剑慕王新蓝(五十僧),温宿王蓝(七十僧)。右四寺佛图舌弥所统。寺僧皆三月一易屋床座,或易蓝者,未满五腊,一宿不得无依止。王新僧伽蓝(九十僧。有年少沙门,字鸠摩罗,乃才大高,明大乘学,与舌弥是师徒,而舌弥阿含学者也)。阿丽蓝(百八十比丘尼),输若干蓝(五十比丘尼),阿丽跋蓝(三十尼道),右三寺比丘尼统,依舌弥受法戒。比丘尼,外国法不得独立也。此三寺尼,多是葱岭以东王侯妇女,为道远集斯寺,用法自整,大有检制。亦三月一易房,或易寺。出行,非大尼三人不行。多持五百戒,亦无师一宿者辄弹之。②

以龟兹国佛寺数量之多,僧尼人数之众,戒律之谨严,很难想象龟兹王是不信仰或不懂佛教的,因此,鸠摩罗炎应该是以其佛学造诣而被龟兹王请为国师的。

被龟兹王聘为国师,只是鸠摩罗炎与皇家建立的第一重关系。第二重关系是:"王有妹,年始二十,识悟明敏,过目则能,一闻则诵。且体有赤黡,法生智子,诸国娉之,并不肯行。及见摩炎,心欲当之,乃逼以妻焉,既而怀什。"③在慧皎的版本里,是耆婆主动追求并强迫鸠摩罗炎与她成亲的,而在僧祐的版本里,耆婆"及见炎,心

---

① 《晋书》卷九七《西戎传·龟兹国》,第2543页。
② 《出三藏记集》卷一一《比丘尼戒本所出本末序》,第410—411页。
③ 《高僧传》卷二《鸠摩罗什传》,第45页。

欲当之。王闻大喜，逼炎为妻，遂生什"①。虽然耆婆还是主动的，但强迫者，由耆婆变为龟兹王。陆扬认为慧皎的文本，是有意塑造耆婆的主动性②。其实，从情理上讲，僧祐的版本可信度更大，因为拥有至高无上权力的龟兹国王，最有可能逼迫国师。耆婆虽贵为王妹，即便在西域，也没有强势到逼迫国师非她不娶的境地。鸠摩罗炎与耆婆成婚，意味着鸠摩罗炎与龟兹皇家的亲密关系达到了顶峰，即集国师与驸马于一身。

在罗什出生之后，耆婆是罗什与龟兹皇室之间关系的主导者。首先是耆婆出家。

> 及什生之后，还忘前言。顷之，什母乐欲出家，夫未之许，遂更产一男，名弗沙提婆。后因出城游观，见冢间枯骨异处纵横，于是深惟苦本，定誓出家，若不落发，不咽饮食。至六日夜，气力绵乏，疑不达旦，夫乃惧而许焉。以未剃发故，犹不尝进。即敕人除发，乃下饮食。次旦受戒，仍乐禅法，专精匪懈，学得初果。③

耆婆出家意味着与鸠摩罗炎的婚姻解体。那么耆婆为何还要出家？原因不外乎以下两点：其一，耆婆虔诚的佛教信仰使然。身处佛教发达的龟兹，丈夫鸠摩罗炎又是僧人，且西域王族贵女亦有不少人为信众。怀孕期间发生在耆婆身上的灵异事件，以及她经常在雀梨大寺听法，都为耆婆出家起了助推作用。"什在胎时，其母自觉神悟超解，有倍常日。闻雀梨大寺名德既多，又有得道之僧，即与王族贵

---

① 《出三藏记集》卷一四《鸠摩罗什传》，第530页。
② 陆扬：《解读〈鸠摩罗什传〉：兼谈中国中古早期的佛教文化与史学》，《中国学术》第23辑，北京：商务印书馆，2006年，第30—90页。
③ 《高僧传》卷二《鸠摩罗什传》，第45—46页。

女,德行诸尼,弥日设供,请斋听法。什母忽自通天竺语,难问之辞,必穷渊致,众咸叹之。有罗汉达摩瞿沙曰:此必怀智子,为说舍利弗在胎之证。"① 鸠摩罗炎从天竺来,在家自然会说天竺话。耆婆又常在雀梨大寺听法,也有助于她提高天竺语,所以学会天竺语应属正常现象,并无神异之处。其二,耆婆为了出家,对鸠摩罗炎以绝食相逼,很难让人不对其婚姻美满程度产生怀疑。这也间接证明,当初逼迫鸠摩罗炎成家的,不应是耆婆而是龟兹国王。耆婆出家后,鸠摩罗炎也从罗什的生活中消失。

罗什九岁时,耆婆第一次带他离开龟兹国,理由是"时龟兹国人,以其母王妹,利养甚多,乃携什避之"②。摆脱上层社会固有的优越环境,让孩子在一个平常社会成长,看似合情合理,没有破绽。但随后发生的事,让人不得不对其离开龟兹的原因产生怀疑。

> 什年九岁,随母渡辛头河,至罽宾,遇名德法师盘头达多,即罽宾王之从弟也。渊粹有大量,才明博识,独步当时,三藏九部,莫不该练。从旦至中,手写千偈,从中至暮,亦诵千偈。名播诸国,远近师之。什至,即崇以师礼,从受《杂藏》《中》、长二《含》,凡四百万言。达多每称什神俊,遂声彻于王,王即请入宫,集外道论师,共相攻难。言气始交,外道轻其年幼,言颇不逊。什乘隙而挫之,外道折伏,愧惋无言。王益敬异,日给鹅腊一双,粳米面各三斗,酥六升。此外国之上供也。所住寺僧乃差大僧五人,沙弥十人,营视扫洒,有若弟子,其见尊崇如此。③

作为说一切有部中心的罽宾,即犍陀罗,无疑是耆婆为罗什选择

---

① 《高僧传》卷二《鸠摩罗什传》,第45页。
②③ 同上,第46页。

的最理想的留学之地。罗什在罽宾的神俊表现，以及被国王的敬异，证明耆婆离开龟兹是一个正确的选择。

"至年十二，其母携还龟兹。诸国皆聘以重爵，什并不顾。"经过三年的修习，羽翼丰满的罗什回到了龟兹。当周围诸国纷纷对罗什母子抛出橄榄枝时，龟兹国王却没有任何表示。母子俩不得已又一次离开了龟兹，在沙勒国游学一年。

> 沙勒国有三藏沙门名喜见，谓其王曰："此沙弥不可轻，王宜请令初开法门。凡有二益：一国内沙门耻其不逮，必见勉强；二龟兹王必谓什出我国，而彼尊之是尊我也，必来交好。"王许焉，即设大会，请什升座，说《转法轮经》，龟兹王果遣重使酬其亲好。①

可见，罗什母子去沙勒国，固然是为了进一步修习，但围魏救赵的手法昭然若揭。在神学时代，高僧的出现，必然会受到周边国家僧俗乃至国王的拥戴和崇敬，但喜见的说法："龟兹王必谓什出我国，而彼尊之，是尊我也，必来交好。"显然是有漏洞的。如果龟兹还是耆婆的哥哥执政，岂能不知罗什是他外甥？只有一个原因说得通，即在位的龟兹国王，早已不是耆婆的哥哥了。

那么此时在位的龟兹国王究竟是谁？在罗什前后，目前所知姓名的龟兹王有三人，分别为白山、龙会和白纯。《晋书·西戎传·焉耆国》载：

> 武帝太康中，其王龙安遣子入侍。安夫人狯胡之女，妊身十二月，剖胁生子，曰会，立之为世子。会少而勇杰，安病笃，谓会曰："我尝为龟兹王白山所辱，不忘于心。汝能雪之，乃吾

---

① 《高僧传》卷二《鸠摩罗什传》，第47页。

子也。"及会立，袭灭白山，遂据其国，遣子熙归本国为王。会有胆气筹略，遂霸西胡，葱岭以东莫不率服。然恃勇轻率，尝出宿于外，为龟兹国人罗云所杀。

《晋书·西戎传·龟兹国》载：

> 武帝太康中，其王遣子入侍。惠怀末，以中国乱，遣使贡方物于张重华。苻坚时，坚遣其将吕光率众七万伐之，其王白纯距境不降，光进军讨平之。①

太康六年（285）十月，"龟兹、焉耆国遣子入侍"②，此与龙安遣子入侍同属一事。可见此时焉耆国王龙安尚在人世，龟兹王仍为白山。此后不久，龙会袭灭白山，自立为王。但龙会在位时间应该不会太久，即被龟兹国人罗云刺杀。

太宁三年（325）前凉张茂卒，张骏即位。东晋咸和二年（327），张峻击败戊己校尉赵贞。"初，戊己校尉赵贞不附于骏，至是，骏击擒之，以其地为高昌郡。"③《初学记》注引《地舆志》云："晋咸和二年，置高昌郡，立田地县。"④325—327年之间，张骏派杨宣统一西域。《晋书·张轨传附孙骏传》载：

> 自轨据凉州，属天下之乱，所在征伐，军无宁岁。至骏，境内渐平。又使其将杨宣率众越流沙，伐龟兹、鄯善，于是西域并降。鄯善王元孟献女，号曰美人，立宾遐观以处之。焉耆前部、于寘王

---

① 《晋书》卷九七《西戎传》，第2542—2543页。
② 《晋书》卷三《武帝纪》，第76页。
③ 《晋书》卷八六《张轨传附孙骏传》，第2238页。
④ 徐坚等：《初学记》卷八《州郡部·陇右道》，北京：中华书局，1962年，第181页。

并遣使贡方物。得玉玺于河,其文曰:"执万国,建无极"。①

又《晋书·西戎传·焉耆国》载:

> 其后张骏遣沙州刺史杨宣率众疆理西域,宣以部将张植为前锋,所向风靡。军次其国,熙距战于贲崙城,为植所败。植进屯铁门,未至十余里,熙又率众先要之于遮留谷。植将至,或曰:"汉祖畏于柏人,岑彭死于彭亡,今谷名遮留,殆将有伏?"植单骑尝之,果有伏发。植驰击败之,进据尉犁,熙率群下四万人肉袒降于宣。②

龙熙肉袒投降杨宣,当在 326 年前后,那时候龙会已不在人世,否则不会坐视不管。从龙会被刺的 326 年至吕光讨平龟兹的 383 年,前后至少有 57 年的时间,在权力更迭频繁的西域,白纯一人长期在龟兹国执政的可能性极小。故龙会的继任者必另有其人,想必是耆婆的哥哥。353 年,罗什九岁时,即耆婆第一次离开龟兹的时间,很有可能是他哥哥任龟兹王的下限。

此后,母子二人在莎车和温宿国拜师学艺的同时,继续为自己造势。"时温宿有一道士,神辩英秀,振名诸国,手击王鼓,而自誓言:'论胜我者,斩首谢之。'什既至,以二义相检,即迷闷自失,稽首归依,于是声满葱左,誉宣河外。"罗什盛名响彻西域,为母子再次回归龟兹创造了条件。"龟兹王躬往温宿,迎什还国,广说诸经,四远宗仰,莫之能抗。……至年二十,受戒于王宫,从卑摩罗叉学《十诵律》。"按说经过多次往返,被龟兹王亲自请了回来的罗什,虽然距其父鸠摩罗炎显赫的"国师"地位,尚有差距,但其人生理想应该算

---

① 《晋书》卷八六《张轨传附孙骏传》,第 2237 页。
② 《晋书》卷九七《西戎传·焉耆国》,第 2542—2543 页。

第三章 从西域到中原

是基本实现了。但此时耆婆却对龟兹王白纯撂下一句狠话:"汝国寻衰,吾其去矣。"① 又一次离开了龟兹,去了天竺。从此以后,耆婆主导的母子俩与西域国家的关系,便告结束。

那么,耆婆为什么这样说呢?如果龟兹王白纯是她哥哥,"汝国"之说,显然是不合适的。再者,如果是亲哥哥的国家出了大问题,即便耆婆母子作为出家人,也应该鼎力相助才是,万万没有弃之不顾的理由。再次证明,龟兹王白纯不是耆婆的亲哥哥。

那么,龟兹国到底发生了什么事,让昔日的皇亲耆婆看出了大厦将倾的迹象?恐怕是龟兹国王白纯与其弟白震之间的权力之争,已经白热化。

> 什既道流西域,名被东川。时符坚僭号关中,有外国前部王及龟兹王弟并来朝坚,坚引见,二王说坚云:"西域多产珍奇,请兵往定,以求内附。"②

前部即车师③,龟兹王弟,汤用彤猜测是白震④。然而白震是否来过长安,祐录无载,真相如何,需要进一步论证。太元七年(382),据《晋书·符坚传》载:

> 车师前部王弥窴、鄯善王休密驮朝于坚,坚赐以朝服,引见西堂。……窴等请曰:"大宛诸国虽通贡献,然诚节未纯,请乞依汉置都护故事。若王师出关,请为乡导。"⑤

---

① 《高僧传》卷二《鸠摩罗什传》,第47—48页。
② 同上,第49页。
③ 《北史》卷九七《西域传》,北京:中华书局,1974年,第3211页。
④ 《汉魏两晋南北朝佛教史》,第204页。
⑤ 《晋书》卷一一四《符坚传》,第2911页。

弥寘、休密驮之所以朝于苻坚，是苻坚平定前凉张氏政权后，"坚以梁熙为持节、西中郎将、凉州刺史，领护西羌校尉，镇姑臧"。梁熙与西域各国通好，使原本朝献前凉的西域各国，转而朝献于前秦。"先是，梁熙遣使西域，称扬坚之威德，并以缯彩赐诸国王，于是朝献者十有余国。大宛献天马千里驹，皆汗血、朱鬣、五色、凤膺、麟身，及诸珍异五百余种。"太元四年，"鄯善王、车师前部王来朝，大宛献汗血马，肃慎贡楛矢，天竺献火浣布，康居、于阗及海东诸国，凡六十有二王，皆遣使贡其方物"。因此，太元七年，已经是鄯善王和车师前部王第二次来长安了。虽然两次来长安朝献的西域国家及使节名单中，都没提及龟兹国，更没提及龟兹王弟白震。但这不等于白震没有来，因为《晋书》具名的都是国王级别的，其余各国使节皆以"使"概括，白震应该属使节之一。从吕光破龟兹，"杀纯获什"①，"立纯弟震为主"②，间接证明了这一点。可见白震很有可能是借刀杀人，乘机夺权的。耆婆或许是看到了白纯执政的危机，才撂下狠话，自己去了天竺。临走之前还给儿子指明了未来的道路："什母临去谓什曰：'方等深教，应大阐真丹，传之东土，唯尔之力。但于自身无利，其可如何？'什曰：'大士之道，利彼忘躯。若必使大化流传，能洗悟矇俗，虽复身当炉镬，苦而无恨。'"③

　　依傍国主，并以国师身份参与国家政治决策，是高僧据以弘法并名满天下的终南捷径。西域诸小国，相互侵渔不息，战事不断，虽然"龟兹王为造金师子座，以大秦锦褥铺之，令什升而说法……西域诸国，咸伏什神俊，每年讲说，诸王皆长跪座侧，令什践而登焉，其见重如此"④，但白纯并未请罗什为国师，因此，对罗什来说，国运将危

---

① 《出三藏记集》卷一四《鸠摩罗什传》，第532页。
② 《高僧传》卷二《鸠摩罗什传》，第50页。
③ 同上，第48—49页。
④ 同上，第48页。

的龟兹王已失去了依傍的价值,中原大国才是罗什人生的下一个目的地。

二、谁制约了罗什在后凉的作为

前秦世祖宣昭皇帝苻坚(357—385年在位)崇信三宝、求贤若渴的消息,经游方僧传至西域,吸引了为数不少的西域僧人来长安弘法。如僧伽提婆、昙摩难提、僧伽跋澄等与道安、法和,在长安译出众经百余万言。罗什赴东土弘法,既是母子二人的意愿,也是前秦大弘法化的引力使然。

> 什既道流西域,名被东川。时苻坚僭号关中……至苻坚建元十三年岁次丁丑正月,太史奏云:"有星见于外国分野,当有大德智人,入辅中国。"坚曰:"朕闻西域有鸠摩罗什,襄阳有沙门释道安,将非此耶?"即遣使求之。……十八年九月,坚遣骁骑将军吕光、陵江将军姜飞,将前部王及车师王等,率兵七万,西伐龟兹及乌耆诸国。临发,坚饯光于建章宫,谓光曰:"夫帝王应天而治,以予爱苍生为本,岂贪其他而伐之乎,正以怀道之人故也。朕闻西国有鸠摩罗什,深解法相,善闲阴阳,为后学之宗,朕甚思之。贤哲者,国之大宝。若克龟兹,即驰驿送什。"①

招请甚至抢夺道术高明的高僧,是十六国少数民族国家君主的普遍策略。那么,略阳氐族人苻坚,在计划抢夺罗什之前,是否有请高僧做朝中谋士的先例呢?答案是肯定的。

建元七年(371),苻坚引群臣会议,曰:"吾统承大业垂二十载,

---

① 《高僧传》卷二《鸠摩罗什传》,第49—50页。

芟夷逋秽,四方略定,惟东南一隅未宾王化。吾每思天下不一,未尝不临食辍餔,今欲起天下兵以讨之。略计兵杖精卒,可有九十七万,吾将躬先启行,薄伐南裔,于诸卿意何如?"群臣的提议中,反对的声音占据主流,苻坚不纳,转而寻求道安的支持,因此还引发了君臣之间的礼仪之争。

  游于东苑,命沙门道安同辇。权翼谏曰:"臣闻天子之法驾,侍中陪乘,清道而行,进止有度。三代末主,或亏大伦,适一时之情,书恶来世。故班姬辞辇,垂美无穷。道安毁形贱士,不宜参秽神舆。"坚作色曰:"安公道冥至境,德为时尊,朕举天下之重,未足以易之。非公与辇之荣,此乃朕之显也。"命翼扶安升辇,顾谓安曰:"朕将与公南游吴越,整六师而巡狩,谒虞陵于疑岭,瞻禹穴于会稽,泛长江,临沧海,不亦乐乎!"安曰:"陛下应天御世,居中土而制四维,逍遥顺时,以适圣躬,动则鸣銮清道,止则神栖无为,端拱而化,与尧舜比隆,何为劳身于驰骑,口倦于经略,栉风沐雨,蒙尘野次乎?且东南区区,地下气疠,虞舜游而不返,大禹适而弗归,何足以上劳神驾,下困苍生。《诗》云:'惠此中国,以绥四方。'苟文德足以怀远,可不烦寸兵而坐宾百越。"坚曰:"非为地不广、人不足也,但思混一六合,以济苍生。天生蒸庶,树之君者,所以除烦去乱,安得惮劳!朕既大运所钟,将简天心以行天罚。高辛有熊泉之役,唐尧有丹水之师,此皆着之前典,昭之后王。诚如公言,帝王无省方之文乎?且朕此行也,以义举耳,使流度衣冠之胄,还其墟坟,复其桑梓,止为济难铨才,不欲穷兵极武。"安曰:"若銮驾必欲亲动,犹不愿远涉江淮,可暂幸洛阳,明授胜略,驰纸檄于丹杨,开其改迷之路。如其不庭,伐之可也。"坚不纳。先是,群臣以坚信重道安,谓安曰:"主上欲有事于东南,公何不为苍生致一言也!"故安因此而谏。①

道安的行为，开了本土高僧享皇家舆辇之荣，参政议政的先河。苻坚虽然没有采纳道安的建议，但其对高僧的信重，可见一斑。故临战叮嘱部下："朕闻西国有鸠摩罗什，深解法相，善闲阴阳，为后学之宗，朕甚思之。贤哲者，国之大宝。若克龟兹，即驰驿送什。"完全有可能出自苻坚之口。

那么，苻坚是从哪里得知龟兹国有高僧鸠摩罗什这一消息的？《高僧传·道安传》载："安先闻罗什在西国，思共讲析，每劝坚取之。什亦远闻安风，谓是东方圣人，恒遥而礼之。"②作为苻坚身边的谋士，道安的举荐，无异是苻坚兴兵抢夺罗什的信息来源。而道安的消息应该来自与他一起译经的西域僧人。苻坚有兴兵抢夺高僧的先例："时苻坚素闻安名，每云：'襄阳有释道安，是神器，方欲致之，以辅朕躬。'后遣苻丕南攻襄阳，安与朱序俱获于坚，坚谓仆射权翼曰：'朕以十万之师取襄阳，唯得一人半。'翼曰：'谁耶？'坚曰：'安公一人，习凿齿半人也。'既至，住长安五重寺，僧众数千，大弘法化。"③苻坚既然可以用兵取得道安，自然也会用兵取得罗什，故技重施而已。另外，僧祐和慧皎也乐于传播这些使僧侣名高的抢夺故事。

不过，僧祐和慧皎也有知识储备不足的时候，譬如，关于分野的说法。"至苻坚建元十三年岁次丁丑正月，太史奏云：'有星见于外国分野，当有大德智人，入辅中国。'坚曰：'朕闻西域有鸠摩罗什，襄阳有沙门释道安，将非此耶？'即遣使求之。"分野说的本质，主要是将星空区域与中国各地区，包括自然区域和行政区一一对照，并相互联系的空间关系理论，即天上的每一个星空区域，无不是对应着中国

---

① 《晋书》卷一一四《苻坚载记》，第2913—2914页。
② 《高僧传》卷五《道安传》，第184页。
③ 同上，第181页。

大地上的一个地域。既然"普天之下，莫非王土"，天上的星空，也就没有外国的星空，遑论外国分野。① 再说，一个西域高僧即将来朝，是否适用于中国本土形成的分野理论，尚在两可之间。事实证明，苻坚压根就没等到罗什来到长安，便被姚苌缢死于新平佛寺中，可见这种子虚乌有的祥瑞完全是靠不住的。

值得注意的是，作为前秦的缔造者，无论从主观动机，还是信息来源上，苻坚都具备出兵抢夺罗什的条件，但这并不意味着，苻坚出兵西域只是为了抢夺罗什。"坚既平山东，士马强盛，遂有图西域之志，乃授光使持节、都督西讨诸军事……总兵七万，铁骑五千，以讨西域。"② 苻坚对佛学所知甚少，抢夺高僧，只是为了其法驾中多一位懂道术的谋士而已。因此，混一六合、开拓西域疆土，才是苻坚出兵的主要目的；抢夺罗什，只是顺带而为。但在僧传中，却将其本末倒置。

罗什看出了龟兹国的衰相，也看到了中原的活力，因此，抱着"虽复身当炉镬，苦而无恨"的坚决态度，东向弘法。但罗什没有看到"既不弘道"③，又"欺我人神"④的后凉吕氏父子，其为人处世的粗蛮。因此，不得不凭借道术，依傍吕光父子，在河西度过了"无所宣化"的十七年。

罗什具体是在哪里习得道数的，有不同说法。祐录说是在龟兹国："及还龟兹，名盖诸国。……由是不预烧香之次，遂博览《四韦陀》、五明诸论，外道经书，阴阳星算，莫不究晓。妙达吉凶，言若符契。"⑤《高僧传》则言在沙勒国。不仅如此，《高僧传》记载的莎车王子须耶利苏摩为罗什说《阿耨达经》事，以及罗什与温宿国道士论辩

---

① 李智君：《分野说的虚实之辩》，《中国历史地理论丛》2004年第4期。
② 《晋书》卷一二二《吕光载记》，第3054页。
③ 《高僧传》卷二《鸠摩罗什传》，第51页。
④ 《晋书》卷一二二《吕光载记》，第3072页。
⑤ 《出三藏记集》卷一四《鸠摩罗什传》，第531页。

事，祐录皆不载。究其原因，祐录虽比《高僧传》先出，因其体例所限，传记文本较后者更为简略，因此有可能忽略了部分细节，而慧皎则无此限制，记事也就更为详尽准确；如《高僧传·佛陀耶舍传》记载佛陀耶舍在沙勒国时，"罗什后至，复从舍受学，甚相尊敬"①。足以证明罗什是去过沙勒国的，否则在西域与佛陀耶舍便无交集。当然不能排除另一种可能，即慧皎有意添加一些故事，让罗什"声满葱左，誉宣河外"。

罗什第一次将自己所学的"阴阳星算"之术，在实践中加以运用，是在龟兹国。

> 光军未至，什谓龟兹王白纯曰："国运衰矣，当有劲敌。日下人从东方来，宜恭承之，勿抗其锋。"纯不从而战，光遂破龟兹，杀纯，立纯弟震为主。②

吕光"杀纯"，是罗什预言应验的证据，但《晋书·吕光载记》却言：吕光"战于城西，大败之，斩万余级，帛纯收其珍宝而走，王侯降者三十余国"③。可见吕光未必杀了白纯，龟兹国也只是换了一任国主而已。因此，罗什预言的准确性，值得怀疑。被吕光抓获后，罗什将预测国运这一技能，运用在吕光身上。

> 什谓光曰："此凶亡之地，不宜淹留。推运揆数，应速言归，中路必有福地可居。"光从之，至凉州，闻苻坚已为姚苌所害，光三军缟素，大临城南，于是窃号关外，称年太安。④

---

① 《高僧传》卷二《佛陀耶舍传》，第66页。
② 《高僧传》卷二《鸠摩罗什传》，第50页。
③ 《晋书》卷一二二《吕光载记》，第3055页。
④ 《高僧传》卷二《鸠摩罗什传》，第50页。

吕光"率将军姜飞、彭晃、杜进、康盛等总兵七万,铁骑五千,以讨西域"。虽然苻坚一向认为吕光"忠孝方正",但率领如此多的人马出征,苻坚还是不放心。拥兵自重,甚至割据一方,是十六国将领的习惯做法,吕光也不例外。因此,临行前,坚太子宏执光手曰:"君器相非常,必有大福,宜深保爱。"警告之意,不言自明。按常规,战争胜利了,吕光的作战任务即告完成,下一步的行动,只能等待苻坚的最新指示。"坚闻光平西域,以为使持节、散骑常侍、都督玉门已西诸军事,安西将军、西域校尉,道绝不通。"苻坚是让吕光长期驻守西域的,但命令因道绝并没有送达前线。此时,吕光只能自己做出决断,要么原地待命,要么东归。"光既平龟兹,有留焉之志。时始获鸠摩罗什,罗什劝其东还。"罗什之所以规劝吕光东归,原因不外乎以下两点:其一,苻坚优待道安的消息,想必早已经游方僧传至罗什的耳中,故罗什人在曹营心在汉,去意已决。其二,吕光对僧人态度粗蛮,比白纯还远不如,罗什如果留在龟兹,也就意味着要与吕光长期共处,不仅东土弘法的意愿泡汤,自己此后的日子也将更加难过。而此时吕光的心思则处在两可之间,只好听听大家的意见了,"光于是大飨文武,博议进止。众咸请还,光从之"。远征西域的中原将士,除吕光外,恐怕没有一个不想回家的。

吕光向东行至高昌,而不是凉州,"闻苻坚丧败,长安危逼,谋欲停师"①,但随后听从了杜进的建议,击败凉州刺史梁熙,进居姑臧,并最终自立为王。可见,罗什所谓"中路必有福地可居"之说,应该是事后之言,不可尽信。反倒是杜进的建议,在当时来看,无疑是正确的。从地缘政治环境看,吕光在民族众多,邦国林立,且相互侵伐不休的凶亡之地西域立国,与在以汉族为主,形胜便利的河西立国,孰优孰劣,不言自明。

---

① 《晋书》卷一二二《吕光载记》,第3054—3056页。

第三章 从西域到中原

罗什同样将"国运将衰"的预言,用在吕纂身上。对于一身三头猪和黑龙出东厢井的象征意义,吕纂和罗什的看法截然相反,前者以为是"美瑞",后者则认为是"灾眚",故罗什对吕纂说:"潜龙屡出,豕犬见妖,将有下人谋上之祸,宜增修德政,以答天戒。"① 其实黑龙之瑞,源自吕光当政时。

> 至是,光左臂内脉起成字,文曰"巨霸"。营外夜有一黑物,大如断堤,摇动有头角,目光若电,及明而云雾四周,遂不复见。旦视其处,南北五里,东西三十余步,鳞甲隐地之所,昭然犹在。光笑曰:"黑龙也。"俄而云起西北,暴雨灭其迹。杜进言于光曰:"龙者神兽,人君利见之象。《易》曰:'见龙在田,德施普也。'斯诚明将军道合灵和,德符幽显。愿将军勉之,以成大庆。"光有喜色。②

吕纂为了消除刺杀吕绍造成的心理阴影和社会舆论压力,只好用黑龙献瑞,来证明自己继承大统,乃是顺天承运之举。至于吕纂是否接受罗什的建议,《晋书》载:"纂纳之。"而僧传则云:"纂不纳。"其实,吕纂接受罗什的建议,然后我行我素,置之不理,更符合吕纂的性格。如吕纂游田无度,荒诞酒色,其太常杨颖谏其兢兢夕惕,经略四方,纂曰:"朕之罪也。不有贞亮之士,谁匡邪僻之君!"然昏虐自任,终不能改。③ 吕纂"少便弓马,好鹰犬。苻坚时入太学,不好读书,唯以交结公侯声乐为务"④。吕光死后,"纂违先帝之命,杀害太子,荒耽酒猎,昵近小人,轻害忠良,以百姓为草芥"⑤。对他这样

---

① ③ 《晋书》卷一二二《吕纂载记》,第3067页。
② 《晋书》卷一二二《吕光载记》,第3055页。
④ 同上,第3064页。
⑤ 同上,第3068页。

的恶劣行径，罗什早看在眼里。作为僧人，他能做的，只能是把传统意义上的"美瑞"，强说成"灾眚"，并奉劝吕纂"宜增修德政，以答天戒"。因此当吕超刺死吕纂时，将军魏益多对其行为深表赞同："番禾太守超以骨肉之亲，惧社稷颠覆，已除之矣。上以安宗庙，下为太子报仇。凡我士庶，同兹休庆。"①可见，吕纂国运短祚，恐怕是大多数人都能预料得到，甚至是期望早日看到的结果。所谓"必有下人谋上之变""胡奴将斫人头"之类的预言，只是罗什换了一种说法而已。

那么，吕光究竟信不信佛教呢？与龟兹王白纯相比较，以及他对待罗什的态度来看，"光固非敬奉佛徒者"②，其实未必如此。《宋云行记》载："从鄯善西行一千六百四十里，至左末城……城中图佛与菩萨，乃无胡貌，访古老云，是吕光伐胡时所作。"③吕光率军"又进攻龟兹城，夜梦金象飞越城外。光曰：'此谓佛神去之，胡必亡矣'"④。可见，他多少还是信的。只是吕光乃"不乐读书，唯好鹰马"的行伍之人，对佛教知之未深罢了，否则，他怎么会三番五次的向一个和尚咨询国事呢？

罗什在吕光身上，频频使用道术，立传者其实是有很深的用意。交往之初，吕光对罗什的羞辱，可谓极尽能事。以鸠摩罗炎与耆婆成婚之事羞辱罗什，强迫其破戒；运用小伎俩让其遭受皮肉之苦。对此，"什常怀忍辱，曾无异色，光惭愧而止"，此可谓身教。

> 光还中路，置军于山下，将士已休，什曰："不可在此，必见狼狈，宜徙军陇上。"光不纳。至夜果大雨，洪潦暴起，水深数丈，死者数千，光始密而异之。⑤

---

① 《晋书》卷一二二《吕纂载记》，第3068页。
② 汤用彤：《汉魏两晋南北朝佛教史》，第205页。
③ 杨衒之著，周祖谟校释：《洛阳伽蓝记校释》，第165页。
④ 《晋书》卷一二二《吕光载记》，第3055页。
⑤ 《高僧传》卷二《鸠摩罗什传》，第50页。

第三章 从西域到中原

龟兹与姑臧之间，属于内陆干旱地区，降水稀少，山前多荒漠戈壁，给人以错觉，以为随便哪里安营扎寨，也不用担心洪水泛滥。其实不然，此地一年内为数不多的几次降雨，常常以暴雨形式出现，加之山区基岩裸露，植被稀少，一遇暴雨，便会山洪暴发。西北干旱区分布广泛、规模宏大的山前洪积扇，正是山洪频发的结果。与从中原内地初来乍到的吕光相比，长期生活于此的罗什，无疑对区域地貌特征和气象气候更为熟稔，所以他的建议，实在算不了什么高见。但在吕光那里，却取得了"光始敬异之"①或"光始密而异之"的效果。至于处在巴丹吉林沙漠和腾格里沙漠之间的姑臧，不要说冬天刮大风，即便是刮沙尘暴，也是稀松平常之事，否则沙漠从哪里来？好在罗什的这次预言无关紧要，"不祥之风，当有奸叛，然不劳自定也"。

> 至光龙飞二年，张掖临松卢水胡沮渠男成及从弟蒙逊反，推建康太守段业为主，光遣庶子秦州刺史太原公纂率众五万讨之。时论谓业等乌合，纂有威声，势必全克。光以访什，什曰："观察此行，未见其利。"既而纂败绩于合梨。俄又郭黁作乱，纂委大军轻还，复为黁所败，仅以身免。②

龙飞二年（397），即吕光去世的前一年。吕光的老病昏庸，为朝野所共知。身在朝中的官员，甚至为了自保而起兵叛乱，譬如郭黁。"光散骑常侍、太常郭黁明天文，善占候，谓王详曰：'于天文，凉之分野将有大兵。主上老病，太子冲暗，纂等凶武，一旦不讳，必有难作。以吾二人久居内要，常有不善之言，恐祸及人，深宜虑之。'"而沮渠男成及从弟蒙逊叛乱，完全是因为吕光昏庸，听信谗言，乱杀无辜，而引发的复仇之战。"光荒耄信谗，杀尚书沮渠罗仇、三河太守沮

---
① 《出三藏记集》卷一四《鸠摩罗什传》，第532页。
② 《高僧传》卷二《鸠摩罗什传》，第50—51页。

渠麹粥。罗仇弟子蒙逊叛光，杀中田护军马邃，攻陷临松郡，屯兵金山，大为百姓之患。蒙逊从兄男成先为将军，守晋昌，闻蒙逊起兵，逃奔赀虏，扇动诸夷，众至数千，进攻福禄、建安。"①这样的战争，其胜负成败，不仅罗什能预测得到，郭䃺也能看出来。值得注意的是吕光此时对罗什态度的转变："光以访什"，即登门拜访。暗示了吕光对罗什，乃至对佛教的态度，由不敬到稽首，发生了根本性的转变。

要言之，道术是罗什通过言传身教，逐渐感化吕光的手段，可谓金针度人。对罗什而言，道术是原计划投奔的国主苻坚死后，其临时依傍吕光父子的工具。对于一个佛学功底深厚的高僧来说，道术算不上是正门功夫，对此罗什也有清醒的认识："神通变化是为游引物，于我非真，故名戏也。"②至于罗什给吕光中书监张资预测病情，不过是两个外国道士，在吕光朝中争风吃醋罢了。说罗什故弄玄虚，搅黄了罗叉的一笔生意，当不为过。

那么究竟该如何评价罗什在河西十七年的作为呢？"停凉积年，吕光父子既不弘道，故蕴其深解，无所宣化。"③祐录的评价，是对比罗什在龟兹和关中的作为后得出的。在龟兹，罗什学业精进，在关中，罗什译事盛业久大，而在河西，无论是修行还是弘法，乍一看，似乎真的一无所得，其实不然。

以罗什在后凉赖以维持生计的道术而论，首先，无论是西域僧人还是本土僧人，道术无疑是僧人弘法时应该掌握的基本技能之一，故罗什才会修习"阴阳星算，莫不必尽"，且达到了"妙达吉凶，言若符契"的境界。魏晋南北朝，佛教僧团尚未独立，许多高僧正是凭借道术，以谋士的身份参与朝政，并赢得帝王信任和尊崇，甚至使一国之主皈依佛门。其次，罗什通过道术教化吕光，使其态度有了很大的转

---

① 《晋书》卷一二二《吕光载记》，第3061—3062页。
② 《注维摩诘经》卷五《文殊师利问疾品》，《大正藏》第38册，第371页a。
③ 《高僧传》卷二《鸠摩罗什传》，第51页。

变。虽然吕氏父子并未聘请罗什为国师,但罗什长期任其朝中谋士,则是不争的事实。决不能以罗什与吕光初次见面,受其凌辱,来概括他在河西的所有境遇。况且,从他日后的生活来看,罗什结婚恐怕很难说是吕光逼迫的。① "及姚苌僭有关中,亦挹其高名,虚心要请,诸吕以什智计多解,恐为姚谋,不许东入。"② 显然,作为"智计多解"的谋士,罗什是被吕光父子看重的人物,否则哪里还用担心其被姚苌抢走?

以罗什在佛学方面最杰出的贡献——佛典翻译而论,其在河西的经历,并非毫无收获。西汉以后,西域应该始终有通汉语的居民,但至罗什生活的时代,数量应该很少,多以家庭语言形式存在,无法形成一定规模的社区语言。故罗什通晓汉语,应该是十七年河西生活中习得的。通汉语对于罗什和中土佛教而言,其重要性不仅体现在传译方面,还体现在译后的讲释方面。慧观《法华宗要序》云:

> 有外国法师鸠摩罗什,……更出斯经,与众详究,什自手执胡经,口译秦语,曲从方言,而趣不乖本,即文之益,亦已过半。虽复霄云披翳,阳景俱晖,未足喻也。什犹谓语现而理沉,事近而旨远,又释言表之隐,以应探赜之求。③

正因为如此,罗什不仅留下了大量翻译精美的汉语释典,还培养了一批深知佛理的翻译人才。其次,河西佛教研习气氛浓厚,西晋

---

① 《晋书》卷九五《鸠摩罗什传》载:"尝讲经于草堂寺,兴及朝臣、大德沙门千有余人肃容观听,罗什忽下高坐,谓兴曰:'有二小儿登吾肩,欲鄣须妇人。'兴乃召宫女进之,一交而生二子焉。兴尝谓罗什:'大师聪明超悟,天下莫二,何可使法种少嗣。'遂以伎女十人,逼令受之。尔后不住僧坊,别立解舍,诸僧多效之。什乃聚针盈钵,引诸僧谓之曰:'若能见效食此者,乃可畜室耳。'因举匕进针,与常食不别,诸僧愧服乃止。"(第2501—2502页)
② 《高僧传》卷二《鸠摩罗什传》,第51页。
③ 《出三藏记集》卷八《法华宗要序》,第306页。

时竺法护即在敦煌译经，前凉亦有佛典在姑臧翻译问世。《开元释教录·总括群经录》载："前凉张氏，都姑臧。从张轨永宁元年辛酉至天锡咸安六年丙子，凡经八主七十六年。外国优婆塞一人译经，四部合六卷。"①尽管吕光并不重视译经，但河西民间佛教信仰，应该在前凉的基础上继续普及和发展，否则便无法解释，五凉时期，河西本土何以出产了为数众多的高僧，以及翻译了大量的佛典。在这样的环境中，罗什弘法，虽然没有得到吕氏父子的鼎力支持，但也不至于使其与民间宗教活动隔绝。譬如，罗什与僧肇的交往，正是从河西开始的。"后罗什至姑臧，肇自远从之，什嗟赏无极"②。罗什不仅与中原僧人有交往，还遣信邀请其在沙勒国的师傅佛陀耶舍到河西弘法，③足见罗什在河西生活的境遇还不算差，否则怎么好意思邀请师傅来呢？据此可知，罗什日常宗教活动也是不受制约的。故陈世良推测，罗什是在河西"了解了内地佛教的传布状况和前代翻经的优劣处，为以后成为大翻译家打下了基础"④。假如罗什此时从事私家著述，也未尝不可。罗什晚年回顾自己一生的佛学造诣时，不无遗憾地说："吾若着笔作大乘《阿毗昙》，非迦旃延子比也。今在秦地，深识者寡，折翮于此，将何所论。"⑤迦旃延子，释迦牟尼的十大弟子之一，以能分别诸经，善说法相，有"议论第一"之称。鸠摩罗什在著述方面，未尝所愿，固然与秦地佛学氛围无法与天竺相比有关，但也与他在河西十七年未勤于著述不无关系。

要言之，依傍于吕光父子的罗什，只是满足了吕氏对道术的需求，他本人则未若其父，被当政者聘为"国师"。而追逐国师职衔，恐怕是罗什离开龟兹，东奔前秦的原因之一。未被聘为国师，罗什也就

---

① 《开元释教录》卷四《总括群经录》，《大藏经》，第 55 册，第 519 页 a。
② 《高僧传》卷六《僧肇传》，第 249 页。
③ 《高僧传》卷二《佛陀耶舍传》，第 66 页。
④ 陈世良：《鸠摩罗什年表考略》，《新疆社会科学研究》1982 年第 1 期。
⑤ 《高僧传》卷二《鸠摩罗什传》，第 53 页。

无法以自己为中心，建立具有国家影响力的僧团队伍，自然也就没法按照自己的意愿弘扬佛法。这才是问题的本质所在。其实，离开西域，苻坚又去世，鸠摩罗什只能留在河西。

三、谁主导了后秦长安译场

经过关中三任皇帝的"力招"，罗什终于在后秦弘始三年（401）末抵达长安，姚兴即待以国师之礼，时年五十八岁。易言之，罗什在行将耳顺之年，终于达到了一个僧人在俗世国家政治权力阶层中，能够到达的最高职位——国师。

"贤哲者，国之大宝。"苻坚似乎给予高僧很高的评价，但从苻坚向道安咨询南征一事来看，他更看重的是道术，而非精深的佛学造诣："襄阳有释道安，是神器，方欲致之，以辅朕躬。"①对罗什的评价与道安类似："朕闻西国有鸠摩罗什，深解法相，善闲阴阳，为后学之宗，朕甚思之。"②魏晋南北朝，名高僧为"道士"，可见将高僧看做善闲阴阳方术的道士，即异国仙人，是一种普遍的社会现象。因此，苻坚此言的重点应该是"善闲阴阳"而非"深解法相"。也就是说，即便罗什直接从龟兹来到苻秦的长安，其主要职守恐怕首先是一名前秦不列朝的谋士，其次才是译经事业，估计比在后凉吕氏朝中好不了多少。

同为一方霸主，姚兴很重视文教，这一点与吕光完全不同。姚兴在太子任上，"与其中书舍人梁喜、洗马范勖等讲论经籍，不以兵难废业，时人咸化之。"③登基后，"天水姜龛、东平淳于岐、冯翊郭高等皆耆儒硕德，经明行修，各门徒数百，教授长安，诸生自远而至者万

---

① 《高僧传》卷五《道安传》，第181页。
② 《高僧传》卷二《鸠摩罗什传》，第50页。
③ 《晋书》卷一一七《姚兴载记》，第2975页。

数千人。兴每于听政之暇，引肜等于东堂，讲论道艺，错综名理。凉州胡辩，苻坚之末，东徙洛阳，讲授弟子千有余人，关中后进多赴之请业。兴敕关尉曰：'诸生咨访道艺，修己厉身，往来出入，勿拘常限。'于是学者咸劝，儒风盛焉"①。《晋书》论曰："子略克摧劲敌，苟成先构，虚襟访道，侧席求贤，敦友弟以睦其亲，明赏罚以临其下，英髦尽节，爪牙毕命。"②因此，与罗什相见之初，"兴待以国师之礼，甚见优宠。晤言相对，则淹留终日，研微造尽，则穷年忘倦。"③应该是两人交往的真实写照。因为一个不读书人，是无法与高僧深入交流的，更遑论切磋技艺。

"大士之道，利彼忘躯。若必使大化流传，能洗悟矇俗，虽复身当炉镬，苦而无恨。"④虽然罗什有这样的豪言壮语，但具体怎样让方等深教，传之东土，罗什并没有预备好工作蓝图。佛教在东土传播的最大障碍是语言不通，即以梵文、巴利文以及中亚诸文传播的佛教，无法在中土汉语区传播。所以传译就成了佛教在东土传播的重中之重。

> 自大法东被，始于汉明，涉历魏、晋，经论渐多，而支、竺所出，多滞文格义。兴少达崇三宝，锐志讲集。什既至止，仍请入西明阁及逍遥园，译出众经。⑤

姚兴是否"少达崇三宝，锐志讲集"，可置之不论，但罗什"译出众经"肯定是应姚兴及族人之请，而非他自己原有的计划。因为在龟兹，即便有佛教传译的问题，也不是传译为汉语的问题，罗什自然不

---

① 《晋书》卷一一七《姚兴载记》，第2979页。
② 《晋书》卷一一九《姚泓载记》，第3018页。
③ 《高僧传》卷二《鸠摩罗什传》，第52页。
④ 同上，第48—49页。
⑤ 同上，第52页。

会把传译作为弘法的首要任务。

罗什的译场主要设置在逍遥园内。在罗什入关之前，逍遥园即有祥瑞显现。"兴弘始三年三月，有树连理，生于广庭，逍遥园葱变为茝，以为美瑞，谓智人应入。至五月，兴遣陇西公硕德西伐吕隆，隆军大破。至九月，隆上表归降，方得迎什入关，以其年十二月二十日至于长安。"① 罗什卒于大寺后，也是在逍遥园依外国法以火焚尸的。

逍遥园的确切所在，《水经注·渭水》载："渭水又东与沄水枝津合。水上承沄水，东北流径邓艾祠南，又东分为二水，一水东入逍遥园注藕池。池中有台观，莲荷被浦，秀实可玩。其一水北流注于渭。"② 又《大品经序》载："以弘始五年，岁在癸卯，四月二十三日，于京城之北逍遥园中出此经。"③ 可见，逍遥园位于长安与渭河之间，即渭河支流沄水附近，内有藕池。从佛陀耶舍方至长安，"兴自出候问，别立新省于逍遥园中"④ 来看，西明阁很有可能是在逍遥园内，是供罗什专用的府邸。

既然逍遥园不在长安城内，那么，姚兴安排自己最欣赏的高僧入住，该园又有何特殊之处？有一个现象，即后秦时，大凡入逍遥园辅助罗什译经的高僧，都是经姚兴本人批准的，如道融，"兴引见叹重，敕入逍遥园，参正详译"⑤。又如昙影，"兴敕住逍遥园，助什译经，初出《成实论》"⑥。僧肇、僧叡亦是奉姚兴之命"入逍遥园，助详定经论"⑦。说明逍遥园乃姚兴亲自管理的皇家译场。当罗什在此开设译场之后，秦王姚兴参与其中，经常出入于此，那么，逍遥园在后秦坛

---

① 《高僧传》卷二《鸠摩罗什传》，第51—52页。
② 郦道元著，陈桥驿校证：《水经注校证》卷一九《渭水》，北京：中华书局，2007年，第453页。
③ 《出三藏记集》卷八《大品经序》，第292页。
④ 《高僧传》卷二《佛陀耶舍传》，第67页。
⑤ 《高僧传》卷六《道融传》，第241页。
⑥ 《高僧传》卷六《昙影传》，第243页。
⑦ 《高僧传》卷六《僧肇传》，第249页。

场之地位,必然更趋尊崇。

罗什在翻译过程中,姚兴是如何参与的?"什持梵本,兴执旧经,以相雠校,其新文异旧者,义皆圆通,众心惬伏,莫不欣赞。"① 姚兴虽然有一定的佛学基础,但显然不通梵语。所以在罗什主持翻译时,他执旧经进行校对。具体细节,《出三藏记集·大品经序》所述甚详:

> 以弘始五年,岁在癸卯,四月二十三日,于京城之北逍遥园中出此经。法师手执胡本,口宣秦言,两释异音,交辩文旨。秦王躬揽旧经,验其得失。咨其通途,坦其宗致。与诸宿旧义业沙门释慧恭、僧䂮、僧迁、宝度、慧精、法钦、道流、僧叡、道恢、道标、道恒、道悰等五百余人,详其义旨,审其文中,然后书之。以其年十二月十五日出尽。②

姚兴的工作,既要"验其得失",还要"咨其通途,坦其宗致",使新译"义皆圆通"。汤用彤说:"姚兴能讲论经籍,于佛法亦通摩诃衍、阿毘昙义。"③ 如此学养,对一个在位帝王而言,实属难得。

在网罗翻译人才方面,罗什与姚兴可谓勠力同心。以《十诵律》为例,他们二人先后请得三位西域高僧,一同接力才最终完成翻译工作。后秦初期,中土律学状况,正如慧远所云:"佛教之兴,先行上国,自分流以来,四百余年,至于沙门德式,所阙尤多。"④ 罽宾人弗若多罗,"少出家,以戒节见称,备通三藏,而专精《十诵律》部,为外国师宗,时人咸谓已阶圣果。以伪秦弘始中,振锡入关。秦上姚兴待以上宾之礼。罗什亦挹其戒范,厚相宗敬。先是

---

① 《高僧传》卷二《鸠摩罗什传》,第52页。
② 《出三藏记集》卷八《大品经序》,第292—293页。
③ 汤用彤:《汉魏两晋南北朝佛教史》,第292页。
④ 《高僧传》卷二《昙摩流支传》,第62页。

经法虽传,律藏未阐,闻多罗既善斯部,咸共思慕。以伪秦弘始六年十月十七日集义学僧数百余人,于长安中寺,延请多罗诵出《十诵》梵本,罗什译为晋文,三分获二。多罗构疾,庵然弃世"①。不得已,姚兴又敦请昙摩流支,"乃与什共译《十诵》都毕。研详考核,条制审定,而什犹恨文烦未善。既而什化,不获删治"②。最终的定本,是由罗什师傅卑摩罗叉完成的。卑摩罗叉,罽宾人,"先在龟兹,弘阐律藏,四方学者,竞往师之,鸠摩罗什时亦预焉。及龟兹陷没,乃避地焉。顷之,闻什在长安大弘经藏,又欲使毘尼胜品,复洽东国,于是仗锡流沙,冒险东入。以伪秦弘始八年达自关中,什以师礼敬待,叉亦以远遇欣然。及罗什弃世,叉乃出游关左,逗于寿春,止石涧寺,律众云聚,盛阐毘尼。罗什所译《十诵》本,五十八卷,最后一诵,谓明受戒法,及诸成善法事,逐其义要,名为《善诵》。又后赍往石涧,开为六十一卷,最后一诵,改为《毘尼诵》,故犹二名存焉"③。

在罗什到来之后,在长安聚集一批西域高僧,如罽宾人昙摩耶舍,少而好学,年十四为弗若多罗所知,"以晋隆安中,初达广州,住白沙寺,耶舍善诵《毘婆沙律》,人咸号为大毘婆沙,时年已八十五,徒众八十五人。时有清信女张普明,咨受佛法,耶舍为说《佛生缘起》,并为译出《差摩经》一卷。至义熙中,来入长安。时姚兴僭号,甚崇佛法,耶舍既至,深加礼异。会有天竺沙门昙摩掘多,来入关中,同气相求,宛然若旧。因共耶舍译《舍利弗阿毘昙》,以伪秦弘始九年初书梵书文,至十六年翻译方竟。凡二十二卷,伪太子姚泓亲管理味,沙门道标为之作序"④。虽然昙摩耶舍并没有跟随罗什译经,但

---

① 《高僧传》卷二《弗若多罗传》,第60—61页。
② 《高僧传》卷二《昙摩流支传》,第62页。
③ 《高僧传》卷二《卑摩罗叉传》,第63—64页。
④ 《高僧传》卷一《昙摩耶舍传》,第42页。

因为是罗什老师佛若多罗赏识之人,自然与罗什有了关系。

罗什与佛陀耶舍的师徒关系建立在沙勒国,后应罗什之邀东适姑臧。

> 什闻其至姑臧,劝姚兴迎之,兴未纳。顷之,兴命什译出经藏,什曰:"夫弘宣法教,宜令文义圆通,贫道虽诵其文,未善其理,唯佛陀耶舍深达幽致,今在姑臧,愿下诏征之,一言三详,然后着笔,使微言不坠,取信千载也。"兴从之,即遣使招迎,厚加赠遗,悉不受。①

虽然佛陀耶舍贵为罗什的师傅,但当罗什给姚兴举荐佛陀耶舍时,姚兴一开始并没有立即招请。罗什便以译事缺人相逼,姚兴只好遣使招迎,厚加赠遗,而此时佛陀耶舍转攻为守,拿姚兴逼罗什娶妾媵之事,对姚兴提要求,"明旨既降,便应载驰,檀越待士既厚,脱如罗什见处,则未敢闻命"②。姚兴只好重信敦喻,耶舍方至长安。

到了长安的佛陀耶舍,便显现出自己的才能,"于时罗什出《十住经》,一月余日,疑难犹豫,尚未操笔。耶舍既至,共相征决,辞理方定,道俗三千余人,皆叹其当要。"③但姚兴对他的怀疑并没有因此而消除。"耶舍先诵《昙无德律》,伪司隶校尉姚爽请令出之,兴疑其遗谬,乃请耶舍,令诵羌籍药方可五万言经。二日,乃执文覆之,不误一字,众服其强记。即以弘始十二年译出《四分律》,凡四十四卷。"④

至此,不难发现,跟罗什共事的西域高僧,不是罗什的老师,便是老师赏识之人,因此,在长安,以国师罗什为中心,形成了一个西域僧侣小团体。对此,姚兴当然心知肚明,所以姚兴对迎请佛陀耶舍

---

① ④ 《高僧传》卷二《佛陀耶舍传》,第 66—67 页。
② ③ 同上,第 67 页。

时的被动和日后流露出来的不信任态度，不能说与此无关。好在，最终佛陀耶舍以其过硬的能力化解了罗什与姚兴招揽人才观点不一致之处。但当姚兴面对罗什与佛陀跋陀罗之间的派系之争时，情况就没那么简单了。

佛驮跋陀罗（觉贤），迦维罗卫人，少以禅律驰名。觉贤舍众辞师，裹粮东适，是秦沙门智严苦至邀请的结果，与罗什无关。觉贤来华的路线颇为怪异，既然过了葱岭，又缘何绕道交趾，坐船至青州东莱郡登陆。

> 闻鸠摩罗什在长安，即往从之，什大欣悦，共论法相，振发玄微，多所悟益。因谓什曰："君所释，不出人意，而致高名，何耶？"什曰："吾年老故尔，何必能称美谈。"什每有疑义，必共咨决。①

论翻译，罗什广出妙典，但论著述，当时他与慧远的书信问答集《大乘大义章》尚未整理，可谓乏善可陈。所以无论是觉贤之问，还是罗什之答，应该都是实话。虽然觉贤的话听来不怎么顺耳，讨论问题还能正常进行。但在一些重大问题上认识相左，如对禅法认识上的"浅深殊风"，则恐怕是两人无法回避的矛盾。对"极微"的看法，二人也是大相径庭：

> 时秦太子泓，欲闻贤说法，乃要命群僧，集论东宫。罗什与贤数番往复，什问曰："法云何空。"答曰："众微成色，色无自性，故虽色常空。"又问："既以极微破色空，复云何破微。"答曰："群师或破析一微，我意谓不尔。"又问："微是常耶。"答曰："以一微故众微空，以众微故一微空。"时宝云译出此语，不

---

① 《高僧传》卷二《佛驮跋陀罗传》，第70—71页。

  解其意，道俗咸谓贤之所计，微尘是常。余日长安学僧复请更释，贤曰："夫法不自生，缘会故生。缘一微故有众微，微无自性，则为空矣。宁可言不破一微，常而不空乎。"此是问答之大意也。①

  汤用彤先生指出："觉贤与关中众僧之冲突，慧远谓其'过由门人'，实则其原因在于与罗什宗派上之不相合。……盖贤学于罽宾，其学属于沙婆部。罗什虽亦学于罽宾，精一切有学，但其学问则在居沙勒以后，已弃小就大。……贤之谈空必与什公之意不同。而其主有极微，以致引起误会，谓微尘是常。而什言大乘空义说无极微，则似贤之学不言毕竟空寂，如什师也。"②

  姚兴与觉贤无派系之争，因此很想将觉贤留在长安，但觉贤去意已决。"姚兴闻去怅恨，乃谓道恒曰：'佛贤沙门，协道来游，欲宣遗教，缄言未吐，良用深慨，岂可以一言之咎，令万夫无导。'因敕令追之。贤报使曰：'诚知恩旨，无预闻命。'于是率侣宵征，南指庐岳。"③姚兴专志佛法，盛修人事，于此可见一斑。

  在秦主姚兴和国师罗什的共同经营下，长安佛教盛业久大，异典胜僧，自远而至。然而，从觉贤出走事件中，姚兴认识到，闻风而至者，其染法有深浅，得法有浓淡，故浇伪之徒，因而诡猾，严重者引发不同派系之争。究其原因，乃是国家对数量众多的僧侣及其僧团，缺乏有效的制度监管所致。因此，建章立制，被姚兴提上了议事日程。

  自童寿入关，远僧复集，僧尼既多，或有愆漏，兴曰："凡未

---

① 《高僧传》卷二《佛驮跋陀罗传》，第71页。
② 汤用彤：《汉魏两晋南北朝佛教史》，第307—309页。
③ 《高僧传》卷二《佛驮跋陀罗传》，第72页。

学僧,未阶苦忍,安得无过。过而不翱,过遂多矣,宜立僧主,以清大望。"因下书曰:"大法东迁,于今为盛,僧尼已多,应须纲领,宣授远规,以济颓绪。僧䂮法师,学优早年,德芳暮齿,可为国内僧主。僧迁法师,禅慧兼修,即为悦众。法钦、慧斌共掌僧录。"给车舆吏力。䂮资侍中秩,传诏羊车各二人,迁等并有厚给。共事纯俭,允惬时望,五众肃清,六时无怠。至弘始七年,敕加亲信伏身白从各三十人。僧正之兴,䂮之始也。①

姚兴通过建立僧官制度,把佛教置于世俗国家政治权力的监管之下,最大程度上减少了二者之间的权力之争,使中土佛教僧团的发展,有章可循。走出了佛教初入中土时,高僧"不依国主,则法事难立"②的困局,奠定了佛教在东方传播的政治基础。

中土的梵典翻译,自道安之后,从私家事业,转变为政府行为。国主姚兴与国师罗什的"神契",让北中国的翻译达到极盛。慧皎论及姚兴的贡献时说:"是时姚兴窃号,跨有皇畿,崇爱三宝,城堑遗法。使夫慕道来仪,遐迩烟萃,三藏法门,有缘必睹,自像运东迁,在兹为盛。"③需要特别注意的是,其一,姚兴在位时曾下书禁百姓淫祀,④可见其虽崇爱三宝,但非一迷信之徒。其二,在后秦长安云集的高士贤人中,不仅有释家的得道高僧,还有儒家的耆儒硕德,"兴每于听政之暇,引凭等于东堂,讲论道艺,错综名理"⑤。可见,姚兴应该是把佛教看作国家文教事业的一部分,而非独以此为重。其三,"兴以佛道冲邃,其行为善,信为出苦之良津,御世之洪则"⑥,虽然

---

① 《高僧传》卷六《僧䂮传》,第240页。
② 《高僧传》卷五《道安传》,第178页。
③ 《高僧传》卷三《僧伽婆罗传》,第142页。
④ 《晋书》卷一一七《姚兴载记》,第2978页。
⑤ 同上,第2979页。
⑥ 《高僧传》卷二《鸠摩罗什传》,第52页。

认识到佛教有助于其施政，并鼎力支持译经，但姚兴始终以世俗国家利益为重，因此，才会规劝道恒、道标罢道还俗，为世俗国家服务。在姚兴看来，置身于世俗，并致力于救济一切众生，才是大乘的菩萨道：

> 卿等乐道体闲，服膺法门，皎然之操，义诚在可嘉。但朕临四海，治必须才，方欲招肥遁于山林，搜沉滞于屠肆。况卿等周旋笃旧，朕所知尽，各抱干时之能，而潜独善之地。此岂朕求贤之至情，卿等兼弘深趣耶？昔人有言："国有骥而不乘，方惶惶而更索。"是之谓也。今敕尚书令显，便夺卿等二乘之福心，由卿清名之容室，赞时益世，岂不大哉？①

通过对姚兴与罗什在长安通力合作弘法历程的详细考察，不难发现，中土佛教的兴盛，来华僧人固然功不可没，但本土政治家亦在其中起到了保驾护航，甚至领导的作用。没有他们对宗教的深刻体悟和国家制度创新，域外高僧便很难在中土创出一片新天地。

四、结　论

十六国时期，是佛教融入儒教中国最为关键的时期。作为最具影响力的佛教领袖，鸠摩罗什入华迁居的目的始终是明确的，即在赢得佛门领袖地位的同时，还不遗余力地追求僧侣世俗权力的最高位置——国师。为了达到此目的，他既可以抛弃祖国龟兹，也可以在河西和中原，根据国主的需求，从事不同的佛门事业。这样的结论，看似对这位出色的高僧有不敬之处，但却是历史事实。可见，清净如佛

---

① 《弘明集》卷一一《道恒道标二法师答伪秦主姚略劝罢道书并姚主书》，《大正藏》第52册，第73页c。

门,利益最大化,仍是僧侣迁居的重要原因之一。

在西域,作为龟兹王外甥的罗什,与诸多国王或王室成员之间关系密切。罽宾国王从弟盘头达多为其从受《杂藏》《中阿含》《长阿含》的师傅;罽宾国王亦对罗什颇为尊崇,给予上供;沙勒国王为罗什专设大会,请其升座讲《转法论经》;莎车王子耶利苏摩为罗什《阿耨达经》的师傅。转益多师的罗什,在其学有所成之年,希望龟兹王白纯,能像先帝重用其父那样重用自己。然而,白纯虽为其造金狮子座,令什升而说法,但并未请他为国师。换句话说,龟兹王对罗什的使用,只是让他做个佛门领袖,并未让他参与国家政治事务。加之龟兹国内皇权之争,空前激烈,而鸠摩罗什显然不是得势一派的亲信,因此,罗什最终选择离开,即"冒涉流沙,远奔神国"。其实,"学而优则仕",即僧人通过修习,最终成为能够参与国家政治事务的"政治比丘",是从西域到中原,佛教中普遍存在的现象。因此,在慧皎的笔下,高僧被国主或显宦所崇敬之事,是僧传中不可或缺的荣誉记录。

对十六国时代的中原汉人而言,僧侣便是道士,即"异国仙人"。无论在西域、河西,还是中原,道术无疑是高僧迈入世俗朝堂的敲门砖。如果说佛图澄是凭借道术,受到石勒与石虎的尊崇,并成功使后赵诸君成为护持佛教的后盾。那么,罗什在河西后凉国中,施展了与佛图澄类似的道术,但他收获的,只是吕氏父子对其稽首而已,并未给河西佛教发展赢得后凉政府的鼎力护持。因此,后凉佛教事业,与前凉和北凉相比,乏善可陈。对罗什所使用的道术,以下几点值得注意:其一,罗什运用道术,是对区域自然环境、国内乃至国际政治、军事形势研判后,给吕氏父子提出的合理化建议,并非什么神异之术。其二,罗什本人运用道术,只是其非常时期赖以谋生的手段,他本人对道术在佛教中的作用和价值,并不认同。其三,道术是原始信仰中最常见的伎俩,其中杂糅了西域与中国本土信仰的成分。道术在注重义理的正规宗教中，存在的价值很小。因此僧人运用道术，在时间上存在时序性，即在佛教尚未普及的时代，僧人会广泛运用道术，赢得人心，使其皈依佛门，具有立竿见影的效果。一旦佛教普及，这种伎俩便失去了存在的价值，尤其在仕宦群体中。在空间上存在区域性，并因人而异。"澄知勒不达深理，正可以道术为征。"①对佛教知之甚少的后赵诸君和后凉诸君，佛僧的道术可以大行其道，并对其教而化之；而对佛教修养深厚的龟兹王白纯和后秦国主姚兴而言，道术算不上是佛教的正派功夫，故罗什的这门技艺，便无用武之地。

如果说"佛澄适赵，二石灭暴，灵塔放光，苻坚损虐"，是"神道设教"的功劳，那么，罗什"能表发挥翰，克明经奥，大乘微言，于斯炳焕"②，无疑是姚兴"崇爱三宝，城堑遗法"，运用国家权力，护持佛教的结果。

首先，虽然姚兴对罗什待以国师之礼，但对他的职守，却限定在佛教领域，甚至译经这一项事业上。这不是孤立事件，而是姚兴的一贯作风，如姚兴即便看出了高僧道恒、道标具有经国之量，也不让他们以僧人身份参与政务，而是希望他们还俗。其次，虽然罗什，"硕学钩深，神鉴奥远，历游中土，备悉方言"，但不可否认的是，罗什翻译佛典是应姚兴及朝野显宦之请。这当然与彼时佛教僧团尚未独立，要大规模地翻译佛典，非国家力量支持，不能为之有关。但罗什对姚主的依傍状态，一如后凉，只是换了一个角色而已。由此可见，十六国时期，高僧对国主依附的全方位性。其三，"时有生、融、影、叡、严、观、恒、肇，皆领悟言前，词润珠玉，执笔承旨，任在伊人，故长安所译，郁为称首"③。长安译场中的高僧，虽不乏追随罗什，闻道而至者，但不可否认，包括罗什在内的大多数人，是姚兴招请来的。人

---

① 《高僧传》卷九《佛图澄传》，第346页。
② 僧祐：《出三藏记集》卷一《胡汉译经文字音义同异记》，第14页。
③ 《高僧传》卷三《僧伽婆罗传》，第142页。

谓姚子略"虚襟访道,侧席求贤",可谓名副其实。从翻译佛经的质量看,虽然鸠摩罗什号称"转能汉言",但并不能华梵兼通。正如《出三藏记集·大智释论序》所云:"法师于秦语大格,唯译一往,方言殊好,犹隔而未通。苟言不相喻,则情无由比。不比之情,则不可以托悟怀于文表;不喻之言,亦何得委殊涂于一致。理固然矣。"① 因此,长安译场所出佛经,其质量之所能达到所谓"人天交接,两得相见"②的境界,也得益于姚兴招请来的众多汉地高僧。其四,除吕光"哪壶不开提哪壶"的羞辱外,龟兹王和姚兴逼迫鸠摩罗炎、鸠摩罗什成亲,其实有对父子二人才能肯定和褒奖的成分,否则龟兹王怎么会愿意把妹妹嫁给一个和尚,姚兴更是直言:"大师聪明超悟,天下莫二,若一旦后世,何可使法种无嗣。"③ 其五,姚兴从觉贤被摈以及僧尼伪滥等事件,认识到日渐壮大的佛教僧团,如果缺乏国家制度监管,不仅影响国家的政教关系,还会影响佛教自身的发展。因此,姚兴建立僧官制度,某种程度上说,是这位"叡哲钦明"的国主,对佛教的一种护持,当然也是罗什远奔神国的贡献之一。事实证明,在儒家伦理不可撼动的时代,僧官制度是中国政教和平相处,所能选择的最好制度。由此可见,在佛经的汉译和制度创新方面,中原佞佛帝王的领导作用,远大于高僧。进而言之,中原国主才是佛教汉化的主导者,鸠摩罗什在长安的译场如此,降至大唐,玄奘在长安的译场亦如此。

把同时代南方佛教领袖庐山慧远,与北方佛教领袖长安罗什加以比较,不难发现,二人与国主交往方面,有着明显的差别。"自远卜居庐阜三十余年,影不出山,迹不入俗"④,因此很少与俗世国主往来,坚守佛教僧团的独立性,"袈裟非朝宗之服,钵盂非廊庙之器,沙

---

① 僧祐:《出三藏记集》卷一〇《大智释论序》,第387页。
② 《高僧传》卷六《僧叡传》,第245页。
③ 《高僧传》卷二《鸠摩罗什传》,第53页。
④ 《高僧传》卷六《慧远传》,第221页。

门尘外之人,不应致敬王者。"① 受其影响,慧远的弟子,也与主张沙门敬王者的国主保持距离,"绝迹人事,讲道终日"②。而罗什则不然,从其父鸠摩罗炎到他本人,都有被国主聘为国师的经历,并积极参与国家事务,甚至翻译佛典,都是罗什在完成姚兴的政治任务。受其影响,罗什的弟子,大多与国主保持良好的关系。如慧严参与刘宋武帝刘裕北伐长安之战,"及文帝在位,情好尤密,每见弘赞问佛法"③。大明中,道温被宋孝武帝刘骏,敕为都邑僧主。④ 僧导更是率弟子数百人为刘裕之子义真护驾。与孝武帝关系密切,谓帝曰:"护法弘道,莫先帝王。陛下若能运四等心,矜危劝善,则此沙石瓦砾,便为自在天宫。"⑤

当然,这样的行为和目的,并不能掩盖鸠摩罗什对华夏佛教发展做出的贡献。正如梁启超所云:"罗什以前,我佛教界殆绝无所谓派别观念,自罗什至而大小乘界限分明矣。"⑥ 辛加尔亦云:"鸠摩罗什远不只是杰出的翻译家,因为他也是具有天赋的有创见的思想家。他赋予中国佛教以哲学基础,并且在中国形成牢固的佛教文学传统。他用汉字写了几部有创见的著作,包括以佚失的梵文资料为基础的《马鸣传》。根据传说,他被认为是中观(Madhyamika)教义的第一个阐述者,他的著作开创了佛教中国的新时代。从那时以后,中观派成了东亚佛教思想中居支配地位的流派。通过自己对龙树的空性教义的宣传,鸠摩罗什可以废除根据老子和庄子解释佛教的一般习俗。由于他给亚洲理性史留下的痕迹,他可以被认为是所有时代最伟大

---

① 《高僧传》卷六《慧远传》,第 220 页。
② 《高僧传》卷六《道祖传》,第 238 页。
③ 《高僧传》卷七《慧严传》,第 261 页。
④ 《高僧传》卷七《道温传》,第 288 页。
⑤ 《高僧传》卷七《僧导传》,第 282 页。
⑥ 梁启超:《佛教教理在中国之发展》,载《近现代著名学者佛学论集·梁启超集》,北京:中国社会科学出版社,1995 年,第 82 页。

的印度人中的一个。但是，如巴格奇指出的那样，他不只是印度人，因为他象征'中亚和印度之间的文化合作精神，象征那些国家的佛教学者为在中国传播印度文化所作的共同努力'。"①虽然辛加尔的论述有夸大的成分，且鸠摩罗什已是来华的第二代人，不算是印度人，但中观和空性论对中国佛教的巨大影响却是不争的事实。

十六国时代，高僧像候鸟一样，在不同国主的屋檐下飞来飞去，虽然得到了执政者的护持，却因此失去了佛教的独立性。另外，作为人类心灵救赎者的神职人员，许多高僧在战争到来之时，并没有选择在战区为民众进行心灵疏导，反而率先逃离，以求自保。他们热衷于交接显宦、脱离基层社会之不足，于此刻显露无遗。因此，"旧时王谢堂前燕，飞入寻常百姓家"，僧伽才能从依傍国主的时代，走向独立发展的时代。

---

① 《印度与世界文明》，第418页。

第四章　从河西到平城
——汉晋河西地缘政治与汉译佛经中心转移

一、引　言

宗教信仰地域差异的产生，主要是由于神圣空间的不均质性造成的。正如米尔恰·伊利亚德所言："对于宗教徒而言，空间并不是均质(homogeneous)的。宗教徒能够体验到空间的中断，并且能够走进这种中断之中。空间的某些部分与其他部分彼此间有着内在品质上的不同。……与此相反，相对于世俗的经验者来说，空间是均质的和中性的，它的不同部分之间没有本质的不同。"空间的不均质性，不仅体现在不同宗教对于同一地域的宗教体验不同，还体现在同一宗教对不同空间的宗教体验不同上。如"一座现代城市中的教堂，对于一个宗教徒来说，教堂与它所处的街道分属于不同性质的空间。那通往教堂内部的门理所当然地代表着一种空间连续性的中断(a solution of continuity)，把此处空间一分为二的门槛，也表示着世俗的和宗教，两种存在方式的距离。门槛就是界线，就是疆界，就是区别出了两个相对应的世界的分界线"[①]。

正是空间的不均质性，才为宗教地理学的深入研究提供了理论基础。河西及其西部的西域，在佛教东传过程中的作用显然不同于其他地方。它不仅是早期佛教传入的区域，也是中土高僧西取真经时身心接受考验的区域。如法显经过河西与西域时的感受："发自

[①] 米尔恰·伊利亚德(Mircea Eliade):《神圣与世俗》，王建光译，北京：华夏出版社，2002年，第1—4页。

长安，西渡流沙，上无飞鸟，下无走兽，四顾茫茫，莫测所之。唯视日以准东西，望人骨以标行路耳，屡有热风恶鬼，遇之必死，显任缘委命，直过险难。有顷，至葱岭，岭冬夏积雪，有恶龙吐毒，风雨沙砾，山路艰危，壁立千仞。"① 从河西内部来看，空间的不均质性亦相当明显。如敦煌成为佛教艺术的宝库，除与其所处的地理位置、地质条件、边塞的地缘环境等有关外，还与佛教僧侣最初对此地的特殊宗教体验有关。请看三危山最初成为神圣之地的过程：

> 莫高窟者，厥初秦建元二年，有沙门乐僔，戒行清虚，执心恬静，尝仗（杖）锡林野，行止此山，忽见金光，状有千佛，遂架空凿险，造窟一龛。次有法良禅师，从东届此，又于僔师窟侧，更即营建，伽蓝之起，滥觞于二僧。②

正是乐僔这次非同寻常的宗教体验，使三危山从诸多山崖中独立出来，成为一个神圣空间。不仅三危山是这样，河西的任何一个石窟和佛教寺庙，都有一个佛祖显灵的传说。这样就使河西大地分化成两个性质截然不同的空间——神圣空间和世俗空间。

空间的不均质性，同样体现在汉译佛经中心的空间分布方面。"佛教为外来之学，其托命在翻译，自然之数也。自晚汉迄中唐，凡七百年间，庚续盛弘斯业。宋元以降，则补苴而已。"③ 河西作为佛教东传的中心，首先体现在发达的译经活动上。在这里，大量的古中亚语言、梵语佛教经典被译为汉文经典，传向东方。早期佛经的翻译，随着时间的推移，既有翻译语言的变化，

---

① 慧皎：《高僧传》卷三《法显传》，北京：中华书局，1982年，第87—88页。
② 张维：《陇右金石录》卷二《周柱国李君修佛龛碑》，甘肃省文献征集委员会校印，1943年，第10页。
③ 梁启超：《佛学研究十八篇》，上海：上海古籍出版社，2001年，第201页。

也有着翻译地点的变化。关于语言的变化，正如季羡林先生所论，"初期的译经者差不多都是从中亚一带来华的高僧，后来也逐渐有了从印度直接来的。到印度去留学的中国和尚最初是没有的。最早译过来的佛经不是直接根据梵文或巴利文，而是经过中亚和新疆一带今天已经不存在的许多古代语言转译过来的，比如焉耆语（吐火罗语 A）和龟兹语（吐火罗语 B）等等都是。"① 从译经活动的空间变化来说，河西从东汉末年开始译经，到形成敦煌译经中心，再到姑臧译经中心，最后至北魏太平五年（439）河西译经活动被终结，被迫迁往平城。在这一过程中，既彰显了佛法东播的历史必然，也展现了地缘政治环境变迁对佛教传播空间格局的左右。

二、以敦煌为中心的时代

佛教传入中国后，无论是义学还是译经都形成了不同的地域中心。东汉末年就已形成南北两个义学活动中心，北方是洛阳，南方为建业。与义学分布态势不同的是，佛教的传译通道，主要是经西域进入河西走廊传入内地，所以敦煌率先成为佛教东传的译经中心。

译经大约与佛教传入中国同步。《三国志·魏书》卷三十裴松之注引《魏略·西戎传》是现存关于佛教东传的最早记载："昔汉哀帝元寿元年博士弟子景卢受大月氏王使尹存口授浮屠经，曰复立者其人也。"② 即大月氏国的使者伊存把佛经口授给博士弟子景卢。据此可知，大月氏国在前汉哀帝时代已有佛教传播，早期佛教传入中国是以口授方式译经的。

追溯汉译佛经的历史，真正意义上的汉译佛经活动，开始于东汉

---

① 季羡林：《季羡林学术自选集》，合肥：安徽教育出版社，1999 年，第 44 页。
② 《三国志》卷三〇《魏书·评曰》，北京：中华书局，1982 年，第 859 页。

末年，其代表人物是传播小乘思想的安世高和传译大乘思想的支娄迦谶。

"在中国佛教史上，翻译经典最早，又确有史实可证，并在当时发生很大影响的，以东汉的安清为第一人。"① 安清，字世高，安息国王正后之太子，他将王位让给叔父，立志修道，"既而游方弘化，遍历诸国，以汉桓之初，始到中夏。才悟机敏，一闻能达，至止未久，即通习华言。于是宣译众经，改胡为汉，出《安般守意》《阴持入》《大》《小》《十二门》及《百六十品》。初外国三藏众护撰述经要为二十七章，高乃剖析护所集七章，译为汉文，即《道地经》是也。其先后所出经论，凡三十九部"②。围绕安世高所译经典，形成了"禅数学"。

和安世高同时期来到洛阳的高僧支娄迦谶，出生于大月氏国，"汉灵帝时游于雒阳，光和、中平之间（178—189），传译梵文，出《般若道行》《般舟》《首楞严》等三经，又有《阿阇世王》《宝积》等十余部经，岁久无录"③。以支娄迦谶所译经典为核心，后发展成为"般若学"。

上述二人从安息国和大月氏国经西域来中原，凉州自然是他们必经之地。从安世高"至止未久，即通习华言"的情况来看，他应该在西域和河西滞留过相当长的时间。

西晋时，从佛教翻译的范围来看，戒行逐渐被重视起来，习禅者转多，加上原有的般若学和从禅数学中分化出来的毗昙学，基本上完成了佛教戒、定、慧三学的轮廓，佛教典籍的传译，大抵上不出这个范围。

西晋河西的佛典翻译中心无疑是在"国当乾位，地列艮墟，水

---

① 巨赞：《安世高所译经的研究》，《现代佛教学术丛刊》1978年第38期，第31—44页。署名毓之。又载黄夏年主编《近现代著名学者佛学文集·巨赞集》，北京：中国社会科学出版社，1995年，第329页。
② 《高僧传》卷一《安清传》，第4—5页。
③ 《高僧传》卷一《支楼迦谶传》，第10页。

第四章 从河西到平城

有悬泉之神,山有鸣沙之异,川无蛇虺,泽无兕虎,华戎交会一都会也"①的敦煌,而经营这一中心的高僧无疑是竺法护,以及他所领导的译经集团。《历代三宝记·译经·西晋》载:

> 惠帝永宁之初,政道亏颓群雄岳峙。赵王创基构逆篡立于朝,张轨继迹弗臣擅收凉土。内外糜沸仍渐乱阶,刘渊所以平阳,李雄因兹井络。怀帝蒙尘咸谷,愍帝播越长安。既道籍时兴而两都板荡。法由人显,属二主栖遑,万姓崩离归信靡讬,百官失守释种无依,时有沙门竺法护及疆梁娄至等亡身利物誓志弘宣,匪惮苦辛阐法为务,护于晋世出经最多。②

竺法护(Dharmarakṣa,竺昙摩罗刹),"其先月支人,本性支氏,世居敦煌"。八岁出家,拜外国沙门竺高座为师,以竺为姓,悉心钻研经典。"是时晋武(265—290)之世,寺庙图像,虽崇京邑,而《方等》深经,蕴在葱外。护乃慨然发愤,志弘大道。遂随师至西域,游历诸国,外国异言三十六种,书亦如之,护皆遍学,贯纵训诂,音义字体,无不备识。虽大赍梵经,还归中夏。自敦煌至长安,沿路传译,写为晋文。所获《贤劫》《正法华》《光赞》等一百六十五部。孜孜所务,唯以弘通为业。终身写译,劳不告勌。经法所以广流中华者,护之力也"。③

关于竺法护所译佛典的数量,各家统计略有出入,据梁僧祐《出三藏记集》著录为159部,309卷。隋费长房《历代三宝记》著录为210部,394卷。唐智昇《开元释教录》厘定为175部,354卷。竺法护译经的历程参见表4-1。

---

① 《后汉书》志第二三《郡国志五》注引《耆旧记》,北京:中华书局,1964年,第3521页。
② 《历代三宝记》卷六《译经·西晋》,《大正藏》第49册,第61页a—b。
③ 《高僧传》卷一《竺法护》,第23页。

表 4-1　竺法护译经年表

年代	译经经过	资料来源
266 年	《须真天子经》，太始二年十一月八日于长安青门内白马寺中，天竺菩萨昙摩罗察口授出之。时传言者安文惠、帛元信，手授者聂承远、张玄伯、孙休达。十二月三十日未时讫	梁僧祐《出三藏记集》卷七《须真天子经记》
269 年	泰始五年七月二十五日，竺法护出《大般泥洹经》二卷	《历代三宝纪》卷三
270 年	泰始六年九月护又出《宝藏经》二卷，《光德太子经》一卷，《赖吒和罗所问光德太子经》一卷	《历代三宝纪》卷三
272 年	护又出《新道行经》十卷	《历代三宝纪》卷三
274 年	十年护又出《无尽意经》四卷	《历代三宝纪》卷三
284 年	《修行道地经》，晋武帝太康五年，罽宾文士竺侯征若性纯厚，乐道归尊，好学不倦，真为上儒也。赍此经本，来至敦煌。是时月支菩萨沙门法护，德素智博，所览若渊，志化末进，海人以真，究天竺语，又畅晋言，于此相值，共演之。其笔受者，菩萨弟子沙门法乘、月氏法宝、贤者李应、荣承、索乌子、剡迟时，通武支晋宝三十馀人，咸共劝助，以太康五年二月二十三日始讫。正书写者，荣携业侯无英也。其经上下二十七品，分为六卷，向六万言。于是众贤，各各布置。十月十四日，法护于敦煌龟兹副使羌子侯，得此梵书《不退转法轮经》，口敷晋言，授沙门法乘使流布	《全晋文》释氏一○《释藏终》梁僧祐《出三藏记集》卷七《阿维越致遮经记》
286 年	晋武帝太康七年三月十日在长安说出《持心经》梵文授聂承远	梁僧祐《出三藏记集》卷八《持心经后记》
	八月十日，护手持胡经，口宣出《正法华经》二十七品，授优婆塞聂承远，张仕明、张仲政共笔受。竺德成、竺文盛、严威伯、续文承、赵叔初、张文龙、陈长玄等共劝助欢喜。九月二日讫。天竺沙门竺力、龟兹居士帛元信共参校	梁僧祐《出三藏记集》卷八《正法华经记》
	是年于阗沙门祇多罗携《般若》胡本来。护公以十一月二十五日出之，聂承远笔受	梁僧祐《出三藏记集》卷七《合放光光赞略解序》

续　表

年代	译经经过	资料来源
289年	晋武帝太康十年四月八日，护于洛阳白马寺出《文殊师利净律经》，聂道真笔受。劝助刘元谋、傅公信、侯彦长等	梁僧祐《出三藏记集》卷七《文殊师利净律经记》
289年	十二月二日又在白马寺出《魔逆经》。笔受者聂道真，乃承远之子。写者折显元	梁僧祐《出三藏记集》卷七《魔逆经记》
290年	晋武帝永熙元年八月二十八日，比丘康那律于洛阳写《正法华品》竟，时与清戒界节优婆塞张季博、董景玄、刘长武、长文等，手执经本，至白马寺与法护口校古训，讲出深义。以九月大斋十四日于东牛寺中施檀大会，讲诵此经。竟日尽夜，无不咸欢，重已校定	梁僧祐《出三藏记集》卷八《正法华经后记》
291年	晋惠帝元康元年四月九日，护手执胡经，口出《合首楞严经》，聂承远笔受	梁僧祐《出三藏记集》卷七《合首楞严经记》
291年	七月七日，护执胡本出如来《大哀经》，授承远、道真。八月二十三日讫，护亲自覆校	梁僧祐《出三藏记集》卷九《如来大哀经记》
294年	晋惠帝元康四年十二月二十五日，竺法护于酒泉出《圣法印经》，弟子竺法首笔受	梁僧祐《出三藏记集》卷七《圣法印经记》
297年	晋惠帝元康七年十一月二十一日，在长安市西寺中出《渐备经》	梁僧祐《出三藏记集》卷九《渐备经十住梵名并书叙》
300年	晋惠帝永康元年七月二十一日，护从罽宾沙门得《贤劫经》，手执口宣，时竺法友从洛阳寄来，笔受者赵文龙	梁僧祐《出三藏记集》卷七《贤劫经记》
308年	晋怀帝永嘉二年太岁在戊辰五月。本斋护在天水寺手执《普曜经》胡本，口译为晋言，沙门康殊、帛法炬笔受	梁僧祐《出三藏记集》卷七《普耀经记》

从中可以看出，从泰始二年（266）至永嘉二年（308）的四十年间，竺法护不断从事译经活动，辗转于长安、洛阳和敦煌之间，因"护世居敦煌，而化道周给，时人咸谓敦煌菩萨也"。

竺法护佛典翻译集团的影响可以从两方面看出。首先是竺法护所译佛典对后世佛学发展的影响。太康七年（286）译出的《正法华经》十卷使印度大乘佛教的重要经典首次传到中国，因此产生了一批因研究《法华经》而成"正果"的高僧，如竺道潜、于法开、竺法崇、竺法义、竺道壹等。《法华经》之《光世英菩萨普门品》的译出，无疑加速了观音信仰的普及。而《光赞般若经》，对老庄学流行的西晋思想界带来很大影响。其次，竺法护的人品亦被时人所称赏，《高僧传》载：

> 护以晋武之末，隐居深山，山有清涧，恒取澡漱。后有采薪者，秽其水侧，俄顷而燥。护乃徘徊叹曰："人之无德，遂使清泉辍流，水若永竭，真无以自给，正当移去耳。"言讫而泉涌满涧，其幽诚所感如此。故支遁为之像赞云："护公澄寂，道德渊美，微吟穷谷，枯泉漱水。邈矣护公，天挺弘懿，濯足流沙，领拔玄致。"①

竺法护精通多种语言，"护公专精，兼习华与戎，译文传经，不愆于旧"②，译经硕果累累，译经数量居西晋诸多译经者之首，其助手聂承远、道真父子、竺法首、谏士伦、孙伯虎、虞世雅、帛元信、帛法炬、安文惠、法度、法友、赵文龙，孙修达等，"皆共承护旨，执笔详校。安公云：'护公所出，若审得此公手目，纲领必正，凡所译经，虽不辩妙婉显，而宏达欣畅，特善无生，依慧不文，朴则近本。'其见称若此"。所以东晋名士孙绰著《道贤论》，以天竺七位僧人与"竹林七贤"相比匹，以护比山巨源，论曰："护公德居物宗，巨源位登论道。

---

① 《高僧传》卷一《竺法护传》，第23—24页。
② 《出三藏记集》卷一《胡汉译经同异记》，第14页。

二公风德高远,足为流辈矣!"① 而以竺法乘比王濬冲。敦煌竺法乘,"幼而神悟超绝,悬鉴过人,依竺法护为沙弥,清真有志气,护甚嘉焉。……乘后西到敦煌,立寺延学,忘身为道,诲而不倦。使夫豺狼革心,戎狄知礼,大化西行,乘之力也。"后终于所住。孙绰道贤论以乘比王濬冲,"论云:'法乘、安丰少有机悟之鉴,虽道俗殊操,阡陌可以相准。'高士季颙为之赞传。乘同学竺法行、竺法存,并山栖履操,知名当世矣"②。他们出色的译经工作,使敦煌成为了河西佛经翻译的重镇。

三、以姑臧为中心的时代

自东汉至西晋,以敦煌为中心的佛教翻译时期,是中国佛教翻译的第一期。从西晋八王之乱、永嘉丧乱开始,至隋统一中国,是中国佛经翻译的第二期③。在这一时期,河西佛教的翻译中心,逐渐从敦煌转移至姑臧,形成了以姑臧为中心的时代。

姑臧为河西之根本,秦陇之襟要,不仅扼守河西走廊东西向交通干线的西口,还是谷水(今石羊河)以及下游的都野泽等水源地的防御中心,也是东西交通与物资贸易中心,向来是兵家必争之地。武威郡初置的时间,《汉书·武帝本纪》载在元狩二年(前121),《汉书·地理志》说在大初四年。周振鹤先生认为武威郡始置于宣帝地节二至三年(前68—67),在此之前,只是张掖郡的武威县。④ 汉代武威郡的治所在今甘肃民勤县东北,东汉时武威郡移治姑臧,所以姑臧又称武威。曹魏时期,凉州刺史移驻姑臧,故武威又称凉州。经

---

① 《高僧传》卷一《竺法护传》,第24页。
② 《高僧传》卷四《竺法乘传》,第155页。
③ 梁启超:《佛学研究十八篇》,上海:上海古籍出版社,2001年,第216页。
④ 周振鹤:《西汉河西四郡设置年代考》,《西北史地》1985年第1期。

过西汉对河西的大力经营，至两汉之际，"时天下扰乱，唯河西独安，而姑臧称为富邑，通货羌胡，市日四合，每居县者，不盈数月辄致丰积"①。至十六国时期，前凉、后凉、南凉、北凉都建都姑臧。其时姑臧之繁华，如北魏温子升《凉州乐歌》所诵："远游武威郡，遥望姑臧城。车马相交错，歌吹日纵横。"②所以姑臧取代敦煌而成为新的佛经翻译中心，已是大势所趋。

西晋愍帝建兴二年（314），张寔于凉州建立前凉。关于前凉的译经状况，《开元释教录·总括群经录》载：

> 前凉张氏，都姑臧。从张轨永宁元年辛酉至天锡咸安六年丙子，凡经八主七十六年。外国优婆塞一人译经，四部合六卷。③

又《出三藏记集·首楞严经后记》载：

> 咸和三年，岁在癸酉④，凉州刺史张天锡，在州出此《首楞严经》，于时有月支优婆塞支施仑手执胡本。支博综众经，于方等三昧特善，其志业大乘学也。出《首楞严》《须赖》《上金光首》《如幻三昧》，时在凉州，州内正厅堂湛露轩下集。时译者龟兹王世子帛延善晋胡音。延博解群籍，内外兼综。受者常侍西海赵潚，会水令马亦，内侍来恭政。此三人皆是俊德，有心道德。时在坐沙门释慧常、释进行。凉州自属辞。辞旨如本，不加文饰，饰近俗，质近道，文质兼唯圣有之耳。⑤

---

① 《后汉书》卷三一《孔奋传》，北京：中华书局，1964年，第1098页。
② 逯钦立：《先秦汉魏晋南北朝诗》，北京：中华书局，1983年，第2221页。
③ 《开元释教录》（收入《大正新修大藏经》第55卷）卷四《总括群经录》，第519页a。
④ 这次凉州译经的时间记载有误，咸和三年即公元328年，这一年是戊子年。张天锡任凉州刺史时的癸酉年是晋武帝元康元年，即公元373年。
⑤ 《出三藏记集》卷七《首楞严经后记》，第271页。

第四章 从河西到平城

从上述记载来看,姑臧的译经已经达到"辞旨如本,不加文饰,饰近俗,质近道,文质兼唯圣有之耳"的境界。

在此之后,河西政权更替,但译经活动则坚持不辍,佛教信仰也日渐普遍。其中一个非常重要的原因乃是这些高僧个个都非常"神异",能预知祸福,禳治百病,常在割据政权中担任"国师"角色。如后赵政权所重用的佛图澄,"西域人也,本姓帛氏",他在汉学方面的造诣也很是了得,"少出家,清真务学,诵经数百万言,善解文义。虽未读此土儒史,而与诸学士论辩疑滞,皆暗若符契,无能屈者"。更为突出的是"善诵神咒,能役使鬼物,以麻油杂胭脂涂掌,千里外事,皆彻见掌中,如对面焉,亦能令洁斋者见。又听铃音以言事,无不效验"。所以石勒得到佛图澄的感觉是:"天赐也!"当政者对高僧"由此信服","于是中州胡、晋略皆奉佛"[①],自然是水到渠成。由于河西佛教的繁盛,这些高僧大德往往成为统治者急于猎取的人才。如取代石赵政权的苻秦,割据期间,为了得到鸠摩罗什,不惜兵戈相向。《高僧传·鸠摩罗什传》载:

> 什既道流西域,名被东川。时符坚僭号关中,有外国前部王及龟兹王弟并来朝坚,坚引见,二王说坚云,西域多产珍奇,请兵往定,以求内附。至符坚建元十三年岁次丁丑正月,太史奏云:"有星见于外国分野,当有大德智人,入辅中国。"坚曰:"朕闻西域有鸠摩罗什,襄阳有沙门释道安,将非此耶。"即遣使求之。至十七年二月,鄯善王、前部王等,又说坚请兵西伐。十八年九月,坚遣骁骑将军吕光、陵江将军姜飞,将前部王及车师王等,率兵七万,西伐龟兹及乌耆诸国。临发,坚饯光于建章宫,谓光曰:"夫帝王应天而治,以子爱苍生为本,岂贪其地而伐之

---

① 《高僧传》卷九《竺佛图澄传》,第345—346页。

乎，正以怀道之人故也。朕闻西国有鸠摩罗什，深解法相，善闲阴阳，为后学之宗，朕甚思之。贤哲者，国之大宝，若克龟兹，即驰驿送什。"

可惜苻坚没等"贤者"到来，便身首异处。而拥有鸠摩罗什的后凉吕氏，对佛教并不怎么感兴趣，所以罗什这个划时代的人物在凉州并没有什么作为，《高僧传·鸠摩罗什传》称："什停凉积年，吕光父子既不弘道，故蕴其深解，无所宣化，苻坚已亡，竟不相见。"① 后鸠摩罗什入居长安，加入姚秦政权，才开始了佛教史上具有里程碑意义的译经活动，据《出三藏记集》载，鸠摩罗什共翻译佛经35部，294卷。从东汉末年以来，大小译家三十余人，译出大小乘典籍四五百部，在二百五十多年中，一直是佛教在内地传播和研究的主要依据，至此，基本上已由罗什的新译品所取代，从而进入了佛教发展的新阶段。可惜罗什在凉州生活长达十六七年，却并没有多少机会译经，只有授徒的记录，如罗什到达敦煌时，僧"肇自远从之，什嗟赏无极"②。僧肇后来成为罗什在长安逍遥园译经的得力助手。

姑臧佛经翻译事业，虽然得到西凉李暠等的推波助澜，但高峰直至北凉统治河西时才真正到来，《开元释教录·总括群经录》载："北凉沮渠氏，初都张掖，后徙姑臧。自蒙逊永安元年辛丑，至茂虔承和七年己卯，凡经二主三十九年。缁素九人所出经律论等，并新旧集失译诸经，总八十二部，合三百一十一卷。"③（参见表4-2、4-3）。

北凉译经的领军人物无疑是高僧昙无谶。《魏书·释老志》载：

先是，沮渠蒙逊在凉州，亦好佛法。有罽宾沙门昙摩谶，习

---

① 《高僧传》卷二《鸠摩罗什传》，第49—51页。
② 《高僧传》卷六《僧肇传》，第249页。
③ 《开元释教录》卷四《总括群经录》，第519页b。

诸经论。于姑臧,与沙门智嵩等,译《涅槃》诸经十余部。又晓术数、禁咒,历言他国安危,多所中验。蒙逊每以国事谘之。神䴥中,帝命蒙逊送谶诣京师,惜而不遣。既而,惧魏威责,遂使人杀谶。谶死之日,谓门徒曰:"今时将有客来,可早食以待之。"食讫而走使至。时人谓之知命。①

昙无谶(385—433),又称昙摩谶,中天竺人。幼年丧父。起初师从达摩耶舍,"十岁,同学数人读咒,聪敏出群,诵经日得万余言。初学小乘,兼览五明诸论,讲说精辟,莫能酬抗。后遇白头禅师,共谶论议,习也既异,交诤十旬。"昙无谶译经成果的取得,得益于沮渠蒙逊对佛教的大力倡导。《高僧传·昙无谶传》载:

> 河西王沮渠蒙逊僭据凉土,自称为王,闻谶名,呼与相见,接待甚厚。蒙逊素奉大法,志在弘通,欲请出经本,谶以未参土言,又无传译,恐言舛于理,不许即翻。于是学语三年,方译写《初分》十卷。时沙门慧嵩、道朗,独步河西,值其宣出经藏,深相推重,转易梵文,嵩公笔受。道俗数百人,疑难纵横,谶临机释滞,清辩若流。兼富于文藻,辞制华密,嵩、朗等更请广出诸经,次译《大集》《大云》《悲华》《地持》《优婆塞戒》《金光明》《海龙王》《菩萨戒本》等,六十余万言。谶以《涅槃经》本,品数未足,还外国究寻,值其母亡,遂留岁余。后于于阗,更得经本《中分》,复还姑臧译之。后又遣使于阗,寻得《后分》,于是续译为三十三卷。以伪玄始三年初就翻译,至玄始十年十月二十三日三袠方竟,即宋武永初二年也。谶云:"此经梵本,三万五千偈,于此方减百万言,今所出者余偈。"②

---

① 《魏书》卷一一四《释老志》,北京:中华书局,1974年,第3032页。
② 《高僧传》卷二《昙无谶传》,第77—78页。

表 4-2　北凉西去求法僧人表

僧　名	出　处
沮渠京声	《出三藏记集》卷一四《沮渠安阳侯传》
道普	《高僧传》卷二《昙无谶传》
道泰	《出三藏记集》卷二《新集撰出经律论录》、《高僧传》卷三《浮陀跋摩传》
僧表、法盛	《名僧传》卷二六（据日释宗性《名僧传抄》）
惠榄	《名僧传》卷二〇
法惠	《名僧传》卷二五
昙觉、威德等八人	《出三藏记集》卷九《贤愚经记》

表 4-3　北凉译经僧人表

僧　名	出　处	译　经
昙无谶	《出三藏记集》卷一四《昙无谶助传》、《历代三宝记》卷九	《菩萨戒优婆塞戒坛文》等24部151卷。
浮陀跋摩、道泰	《高僧传》卷三《浮陀跋摩传》	《阿毘昙毘婆沙》60卷
僧伽陀	《历代三宝记》卷九	《慧上菩萨问大善权经》2卷
道龚	《历代三宝记》卷九	《悲华经》10卷、《宝梁经》2卷
法众	《出三藏记集》卷二《新集撰出经律论录》	《方等檀持陀罗尼经》4卷
昙觉、威德	《出三藏记集》卷二《新集撰出经律论录》	《贤愚经》13卷
智猛、昙纂	《出三藏记集》卷一五《智猛法师传》、《历代三宝记》卷九	《般泥洹经》20卷、《摩诃僧祇律》1部
法盛	《开元释教录》卷四	《菩萨投身饿虎起塔因缘经》1卷
慧嵩、道朗	《历代三宝记》卷九	《阿毘昙毘婆沙》60卷
沮渠京声	《出三藏记集》卷一四《沮渠安阳侯传》	《禅法要解》2卷
沮渠安阳侯	《出三藏记集》卷二《新集撰出经律论录》	《观弥勒菩萨生兜率天经》1卷、《观世音观经》1卷

综上所述，我们可以看出以昙无谶为首的译经集团译经的一些特点：其一，虽然昙无谶是译经的领导者，但译经活动首先满足的沮渠蒙逊的个人崇佛需求。其二，昙无谶本人就地学习汉语达三年之久，足见准备工作做得相当充分。其三，姑臧译经是一个人数庞大的译经团体。且不说其中的高僧，单就"道俗"来说就"多达数百人"，这样庞大的队伍，没有皇家的供养，是万万不能的。其四，为使所译经充分满足沮渠蒙逊的喜好，译经集团充分利用河西距离西域较为近便的位置优势，不时从西域寻觅梵文足本以供译经之用。慧嵩、道朗等高僧又是"独步河西"。故所译经典自然"富于文藻，辞制华密"。

关于姑臧昙无谶译经集团所译经典的佛学价值，杜继文先生以《大方等大集经》、《菩萨戒本》和《大般涅槃经》为例作了分析。"现存《大方等大集经》60卷，前30卷属昙无谶译。其显著特点，是强化鬼神系统和禁术咒语，把万物有灵和多神主义引进佛教，这在相当程度上反映了西域各国的土著信仰，也反映了汉地的有关十二生肖、二十八宿等传统的神话和迷信。"而《菩萨戒本》，"一反小乘戒律动辄百条的严苛琐细，而用'四波罗夷'法统摄之"。《大般涅槃经》"系统地阐发了困惑当时佛教义学界的佛性论问题。《泥洹经》承认了'佛性'的存在，使佛学从般若学的怀疑论中解放出来，但它否认'一禅提'可以成佛，仍然是一付枷锁；《大般涅槃经》把这一副枷锁也解除了，认为不但众生皆有佛性，且人人必定成佛。这一说法，一下子风靡全国。《涅槃》在南北朝的流行程度，堪比《般若》经类之在两晋，几乎没有一个知识僧侣不加讲习研究的"①。

在凉州译经的还有浮陀跋摩，他译出的《阿毘昙婆沙》，为100卷，现存60卷，是前期"有部"的宏论巨著，后经唐玄奘重译为《大毘婆沙论》，200卷。关于他们译经的状况，《高僧传·浮陀跋摩

---

① 杜继文：《中国佛教与中国文化》，北京：宗教文化出版社，2003年，第283—284页。

传》云:"浮陀跋摩,此云觉铠,西域人也。……宋元嘉之中达于西凉。先有沙门道泰,志用强果,少游葱右,遍历诸国。得《毘婆沙》梵本十有万偈,还至姑臧,侧席虚衿,企待明匠,闻跋摩游心此论,请为翻译。时蒙逊已死,子茂虔袭位,以虔承和五年岁次丁丑四月八日,即宋元嘉十四年于凉州城内闲豫宫中,请跋摩译焉。泰即笔受,沙门慧嵩、道朗与义学僧三百余人,考证文义,再周方讫,凡一百卷,沙门道挺为之作序。"① 同时活动于姑臧的还有一位高僧姑臧人智嵩,《魏书·释老志》载:"智嵩亦爽悟,笃志经籍。后乃以新出经论,于凉土教授。辩论幽旨,著《涅槃义记》。戒行峻整,门人齐肃。"

不幸的是,以上几位高僧,也是姑臧译经事业终结的见证人。《魏书·世祖纪》载:太延五年(439)"九月丙戌,牧犍兄子万年率麾下来降。是日,牧犍与左右文武五千人面缚军门,帝解其缚,待以藩臣之礼。收其城内户口二十余万,仓库珍宝不可称计。……冬十月辛酉,车驾东还,徙凉州民三万余家于京师"。如果按每户五口计算,估计至少有15万人从凉州被迁往平城。这次大规模的移民活动,给河西佛教的打击是致命的:

> 凉州自张轨后,世信佛教。敦煌地接西域,道俗交得其旧式,村坞相属,多有塔寺。太延中,凉州平,徙其国人于京邑,沙门佛事俱东,象教弥增矣。寻沙门众多,诏罢年五十已下者。②

《高僧传·浮陀跋摩传》载:"有顷,魏虏托跋焘,西伐姑臧,凉土崩乱,经书什物,皆被焚荡。"③ 又《续高僧传·僧朗传》载:

---

①③ 《高僧传》卷三《浮陀跋摩传》,第97页。
② 《魏书》卷一一四《释老志》,第3032页。

第四章　从河西到平城

  魏虏攻凉，城民素少，乃逼斥道人，用充军旅，队别兼之。及辒辌所拟，举城同陷，收登城僧三千人至军，将见魏主所。谓曰："道人当坐禅行道，乃复作贼，深当显戮，明日斩之。"至期，食时，赤气数丈贯日直度。天师寇谦之为帝所信，奏曰："上天降异正为道人实非本心，愿不须杀。"帝弟赤竖王，亦同谦请，乃下敕止之，犹虏掠散配役徒。①

  可见，能徒走的高僧和佛典统统东迁，沙门年龄五十以下的统统还俗。且灾难到来时，这里聚集的许多高僧，大多东奔西走。智嵩"知凉州将有兵役，与门徒数人，欲往胡地。道路饥馑，绝粮积日，弟子求得禽兽肉，请嵩强食。嵩以戒自誓，遂饿死于酒泉之西山。弟子积薪焚其尸，骸骨灰烬，唯舌独全，色状不变。时人以为诵说功报"②。浮陀跋摩与智嵩的命运相差不远，"跋摩避乱西反，不知所终"③。"为人博识涉猎书史，……斯那天才聪朗，诵半亿偈经明了禅法，故西方诸国号为人中狮子"④，译有《禅法要解》的沮渠京声，慌乱中南逃。上述作战被俘的三千僧人中，就有凉州高僧僧朗。在其他人都被"虏掠散配役徒"时，"唯朗等数僧别付帐下。及魏军东还，朗与同学中路共叛。……七日达于仇池，又至梁汉出于荆州，不测其终"⑤。

  至此，河西地区的译经活动不复存在。至于凉州僧人在平城的影响，如在石窟开凿方面，河西僧人的东迁，给北魏带去"凉州模式"等⑥，则是后话。

---

① 《续高僧传》卷二五《僧朗传》，《大正藏》第50册，第646页c。
② 《魏书》卷一一四《释老志》，第3032页。
③ 《高僧传》卷三《浮陀跋摩传》，第97页。
④ 《历代三宝记》卷九《禅法要解经后记》，第84页。
⑤ 《续高僧传》卷二五《僧朗传》，《大正藏》第50册，第646页c—647页a。
⑥ 宿白：《凉州石窟遗迹和凉州模式》，《考古学报》1986年第4期。

四、地缘政治与河西译经中心的变迁

从上述西晋至五凉时期河西译经中心的变迁,我们不难看出河西佛教发展与河西边塞地缘政治之间的微妙关系。

其一,"华戎交会一都会""地接西域"开启敦煌译经中心时代。在敦煌译经中心时代,主要是因为敦煌"地接西域",所以得风气之先,率先成为佛经的翻译中心。如前文所述,不仅西域人才很容易到达这一东西交流的都会,中原内地的汉文化也经过汉代移民屯垦,在此地得以落地生根。敦煌区域文化的多样性,使其成为不同文化融会的一个大熔炉。

单就翻译来说,首先要解决的是语言问题。译者"或善胡义而不了汉旨,或明汉文而不晓胡意。虽有偏解,终隔圆通"①。如初入法门的维祇难,"时吴士共请出经。难既未善国语,乃共其伴律炎译为汉文。炎亦未善汉言,颇有不尽。志存义本,辞近朴质"②。故《宋高僧传·唐京师满月传》论曰:"翻也者,如翻锦绮,背面俱花,但其花有左右不同耳。由是翻译二名行焉。初则梵客华僧,听言揣意,方圆共凿,金石难和。椀配世间,摆名三昧,咫尺千里,觌面难通。次则彼晓汉谈,我知梵说,十得八九,时有差违,至若怒目看世尊、彼岸度无极矣。"③

在这种情况下,"华戎交会一都会"的敦煌则占尽先机。《晋书·李玄盛传》云:"此郡世笃忠厚,人物敦雅,天下全盛时,海内犹称之,况复今日,实是名邦。"④首先,敦煌佛教无疑是华界中最为昌

---

① 《出三藏记集》卷一《胡汉译经文字音义同异记》,第14页。
② 《高僧传》卷一《维祇难传》,第22页。
③ 《宋高僧传》卷三《满月传》,北京:中华书局,第52—53页。
④ 《晋书》卷八七《李玄盛传》,北京:中华书局,1974年,第2262页。

盛的地域，吸引了众多善男信女，故本地出产的高僧数量在东汉末年至西晋时期是全国最多的。其次昌盛的佛教吸引了东、西方的高僧在这一地域聚集。"敦煌地接西域，道俗交得其旧式，村坞相属，多有塔寺"，正是敦煌佛教兴盛的写照。这就为佛经翻译双语人才的培养提供了便利。所以大凡在敦煌成长起来的高僧，大多数具有双语能力，为自己顺畅的译经提供了便利。如竺佛念，世居凉州，精熟中国文化，"讽习众经，粗涉外典，其《苍雅》训诂，尤所明达"，并且因其"少好游方，备观风俗，家世西河，洞晓方语，华戎音义，莫不兼解，……在苻姚二代为译人之宗"①。而那些长期在这里东奔西走的游牧民族更是与汉人的广泛接触中，成为佛教传译的中间力量。如月氏人，他们不仅熟悉汉人的价值观念和生活方式，而且也有相当数量的月氏人生活在河西地区，②他们在接纳同是月氏人的传教时，在族属上就有亲近感，便利自然更多。

其二，伴随佛教的普及，河西译经中心朝着区域政治、经济、文化中心转移，开启了姑臧中心时代。至五凉时期，河西佛教翻译中心从河西走廊最西部的敦煌转移至最东部的姑臧。究其原因，首先是佛教信仰至东晋时代已逐渐普及，对佛教的限制已不如以前那么森严。所以译经中心向东转移是佛教地域传播的大势所趋。其次，凉州自张轨后，世信佛教。五凉时期河西民族政权演替速度之快，在历史上并不多见，时人形容当时的情况是："当今运钟时季，僭逆凭陵，有土者莫不跨峙一隅，有民者莫不荣其私号，不遵众星拱极之道，不慕细流归海之义。"③ 在这样频繁的变动之中，对宗教信仰的需求更加强烈。所以在这里盘踞的五凉等割据政权不仅以佛教为国教，还

---

① 《高僧传》卷一《竺佛念传》，第40页。
② 林梅村：《贵霜大月氏流域中国考》，《西域文明》，北京：东方出版社，1995年，第33—67页。
③ 《魏书》卷九九《沮渠蒙逊传》，第2205页。

大力资助译经团队，奉高僧大德为国师，国家大事小灾，无不咨询高僧。这就无形中加速了佛教在这一地区的传播。而作为割据政权的政治、经济和文化中心的姑臧自然就成为佛事最为繁荣的地区之一。高僧昙摩蜜多的经历就很具代表性。昙摩蜜多在到达龟兹时"王自出郊迎，延请入宫，遂从禀戒，尽四事之礼"，但却依然离开了龟兹，"君臣固留，莫之能止。遂度流沙，进到敦煌，于闲旷之地，建立精舍。植柰千株，开园百亩，房阁池沼，极为严净"。按说舍弃了龟兹国王的厚待，又辗转得到敦煌这样一块清静之地，对于静心修养的僧人来说已非常惬意了，但他最终还是去了姑臧。"顷之，复适凉州，仍于公府旧事，更葺堂宇，学徒济济，禅业甚盛。"① 由此可见，姑臧才是五凉时期高僧一心向往的神圣之地。高僧们如此向往姑臧，恐怕与姑臧僧人主要修行"大乘"佛学有关。《出三藏记集·泥洹记》载：

《智猛传》云："毘耶离国有大小乘学不同。帝利城次华氏邑有婆罗门，氏族甚多。其禀性敏悟，归心大乘。博览众典，无不通达。家有银塔，纵广八尺，高三丈，四龛，银像高三尺余。多有大乘经，种种供养。婆罗门问猛言：'从何来？'答言：'秦地来。'又问：'秦地有大乘学否？'即答：'皆大乘学。'其乃惊愕雅叹云：'希有！将非菩萨往化耶？'智猛即就其家得《泥洹》胡本，还于凉州，出得二十卷。"②

又卷十四《昙无谶传》载："龟兹国多小乘学不信涅槃。遂至姑臧止于传舍。"可见大乘佛教在河西以及秦地的流行，也吸引了不少大乘学的传经和译经僧人。

其三，佛教传译依赖敦煌、姑臧两地独特地缘政治强势发展，加

---

① 《高僧传》卷三《昙摩蜜多传》，第121页。
② 《出三藏记集》卷八《泥洹记》，第316—317页。

速了河西佛学整体进步。东来西去的高僧，无不沿着丝绸古道行进，而姑臧和敦煌不仅是他们往来物资的补给基地，也是僧人们成为高僧大德时"镀金"和寻求合作的场所。如浮陀跋摩"还至姑臧，侧席虚衿，企待明匠"就是一例。敦煌译经的典雅纯正，也成为高僧们学习的经典。《出三藏记集·贤愚经记》载：

> 河西沙门释昙学、威德等凡有八僧，结志游方，远寻经典。于于阗大寺遇般遮于瑟之会。般遮于瑟者，汉言五年一切大众集也。三藏诸学，各弘法宝，说经讲律依业而教。学等八僧随缘分听，于是竞习胡音，析以汉义，精思通译，各书所闻，还至高昌，乃集为一部。既而逾越流沙，赍到凉州。于时沙门释慧朗，河西宗匠，道业渊博，总持方等。……元嘉二十二年，岁在乙酉，始集此经。京师天安寺沙门释弘宗者，戒力坚净，志业纯白。此经初至，随师河西，时为沙弥，年始十四，亲预斯集，躬睹其事。①

"随师河西"足见河西译经的地位。更为重要的是，高僧大德南来北往、东奔西走，把东西两侧佛教的最新发展成果带到了河西，这无疑加速了河西佛学的进步，使得河西在这一时段始终处于佛学发展的前沿。

其四，对区域政治集团的极度依赖，导致河西译经集团成长为极有地位的地域性僧伽（Saṃgha），即王室佛教（Court Buddhism）僧团，并最终随着所依赖的区域割据势力一同消亡。在北魏平定凉州后，当地豪族被迫大量迁出，高僧被虏掠散配役徒，沙门被迫还俗，河西译经集团和地域中心就这样被彻底解体了。降至隋唐，河西所

---

① 《出三藏记集》卷九《贤愚经记》，第351页。

出的高僧也几近于无。这其中最主要的原因便是政治对宗教的重大影响。敦煌译经中心的形成，得益于其处于中央集权国家边缘地带的宽松政治环境，姑臧译经中心的崛起缘于其为区域政治中心，而河西译经的最终衰落则归因于佛教赖以立足的政治集团的消失。值得注意的是，河西地域僧团虽然暂时消失了，但其所凝聚成的地域僧团文化，却在一些散走的僧众中潜滋暗长，不绝如缕。北凉卢水胡人政权、卢水胡僧团与北魏政权之间的斗争，卢水胡人盖吴的反叛等因素，最终导致北魏太武帝灭佛，① 可称为政治与宗教之间博弈的"蝴蝶效应"。这一博弈怪圈，也是任何宗教都无法走出的死胡同。

五、小　结

东界黄河，西阻弱水，南跨青海，北据居延，悬隔数千里，通西域，界羌狄，张全秦之臂掖的河西走廊，其汉晋地域学术发展的背景诚如陈寅恪所论：

> 河陇一隅所以经历东汉末、西晋、北朝长久之乱世而能保存汉代中原之学术者，不外前文所言家世与地域之二点，易言之，即公立学校之沦废，学术之中心移于家族，太学博士之传授变为家人父子之世业，所谓南北朝之家学者是也。又学术之传授既移于家族，则京邑与学术之关系不似前此之重要。当中原扰乱京洛丘墟之时，苟边隅之地尚能维持和平秩序，则家族之学术亦得借以遗传不坠。刘石纷乱之时，中原之地悉为战区，独河西一隅自前凉张氏以后尚称治安，故其本土世家之学术即可以保存，外来避乱之儒英亦得就之传授，历时既久，其学术文化遂渐具地

---

① 刘淑芬：《中古的佛教与社会》，上海：上海古籍出版社，2008年，第3—45页。

域性质,此河陇边隅之地所以与北朝及隋唐文化学术之全体有如是之密切关系也。①

汉晋河西汉译佛经中心的转移,从另一个角度证明了陈寅恪的论断。以敦煌为译经中心的时代,正是远离中原政治中心的河西家族势力的形成期;以姑臧为译经中心的时代,是河西家族势力脱离中原政治权力控制,独立发展的巅峰期;河西译经中心的解体,则是河西士族学术群体因北魏平定凉州而解体之一部分。可见,河西汉晋佛教与地缘政治的关系是:地缘政治控制着士族在区域社会的发展空间,士族势力的涨落则左右着区域佛教的兴衰。反过来,佛教僧团则利用其为家族佛教与王室佛教的影响力,与区域政治势力相颉颃。因此,汉晋河西文化的繁荣,不仅有本土士族与"外来避乱之儒英"的贡献,外来传教之"僧人"亦功不可没。

---

① 陈寅恪:《隋唐制度渊源略论稿》,北京:生活·读书·新知三联书店,2001年,第22—23页。

第五章　从凉州到江南
——五凉禅法转移保存于东晋南朝说

一、引　言

五凉时期的河陇，为北中国的文化中心。有关这一中心对北中国学术典章制度转移保存方面的作用，陈寅恪先生曾指出："秦凉诸州西北一隅之地，其文化上续汉、魏、西晋之学风，下开（北）魏、（北）齐、隋、唐之制度，承前启后，继绝扶衰，五百年间延绵一脉，然后始知北朝文化系统之中，其由江左发展变迁输入者之外，尚别有汉、魏、西晋之河西遗传。"① 北朝文化系统中之所以"有汉、魏、西晋之河西遗传"，是因为北魏平定凉州后把大量河西士族迁往平城后造成的。北魏太延五年（439），魏军破姑臧，沮渠牧犍降，北凉亡。《魏书·世祖纪》载："（太延五年）九月丙戌，牧犍兄子万年率麾下来降。是日，牧犍与左右文武五千人面缚军门，帝解其缚，待以藩臣之礼。收其城内户口二十余万，仓库珍宝不可称计。……冬十月辛酉，车驾东还，徙凉州民三万馀家于京师。"如果按每户五口计算，估计至少有15万人从凉州被迁往平城。② 在这支庞大的移民队伍中，声名卓著的河西士人赫然在列。他们是敦煌索敞、张

---

① 陈寅恪：《隋唐制度渊源略论稿》，北京：生活·读书·新知三联书店，2001年，第46—47页。
② 但《太平御览》卷一二四《偏霸部》八所引《十六国春秋·北凉录》则说被强迫迁移的沮渠牧犍的宗室、士民为十万户："九月，面缚出降，魏释其缚。徙虏及宗室、士民十万户于平城。"这个庞大的移民队伍中，还有在河西的粟特商人，《北史》卷九七《西域传》粟特国条记："其国商人先多诣凉土贩货，及魏克姑臧，悉见掠。文成初，粟特王遣使请赎之，诏听焉。"

湛、阚驷，武威阴兴、段承根，金城赵柔、宗钦，流寓到河西的广平程骏、程弘、河内常爽。如果把这一事件前后主动归附或被迫迁徙，以及此前即已入魏的河陇士人和流寓河西且早在河陇政权中任职的士人统计在内，河陇迁往平城的士人家族约有15家之多。他们分别是敦煌刘氏、索氏、张氏、阚氏、宋氏，武威阴氏、段氏、王氏，金城赵氏、宗氏，陇西李氏，晋昌唐氏，流寓到河西的广平程氏，河内常氏，清河崔氏。

然而无论这次移民是多么的彻底，也不可能把河西学术人群一网打尽，全部迁移至平城。因为在冷兵器时代，战争从酝酿到爆发，再到结束，要经历一个较长的时间过程，这期间必然有一些消息灵通人士四散奔逃。即便是那些没有来得及逃走的人，在凉州到达平城的漫长迁移旅途中，也完全有可能中途脱逃，到了平城后再行逃走的也大有人在。况且这次徙民，主要是以铲除盘踞在河陇的士族为主要目的，普通百姓自然不在北魏军人竭力搜捕之列。而恰恰是那些隐身于民间的有识之士，在日后的四方漂泊中把河陇文化带向四方。

那么这些从北魏铁骑手下逃出来的河陇人士，能去什么地方呢？西域是一个能去的地方，但必定是化外之地；板荡的中原能去，但无异于从泥坑跳到火坑，改变不了其生存窘境；唯一能去的就只有南朝了。然而流寓南朝的河陇士人的情况，见于史乘者少又少，以至于这个论题长期处于无人问津的状态。值得庆幸的是，五凉时期的河陇，高僧辈出，即便那些当时知名的高僧被迁往平城，而留在当地、虽不知名但却学养丰厚的年轻后生，亦能在日后南下江左的过程中，把这一文化现象清晰地展现出来。本文正是通过对禅修僧人流徙的研究，来揭示魏晋以降河陇文化的外播。研究表明，河陇文化既有转移保存于北魏的情况，也有转移保存于南朝的事实。

二、河陇禅法的译介与修习

魏晋南北朝时期,河陇是全国佛教发达地区之一,由河陇出产众多高僧就可见其一斑(参见表5-1)。河陇佛学在两个方面最有建树,一是凉土译经,二是凉州禅法。其实,译经与禅法之间是二而一的关系,正是因为译经高僧的译介,才使禅法得以在河陇广泛流播和修习。

表5-1 《高僧传》所载河陇僧人表

十科	卷	正 传	生卒年	出生地	时代	驻锡地	
译经	一	竺昙摩罗刹（竺法护）		敦煌	晋	长安	
		竺佛念	384—422	凉州	晋	长安	
	二	昙无谶		中天竺	晋	河西	
	三	浮陀跋摩		西域	宋	河西	
		智严		凉州	宋	京师	枳圆寺
		宝云	375—449	凉州	宋		六合山
义解	四	竺法乘		未详	晋	敦煌	
		于道邃		敦煌	晋	敦煌	
	五	慧虔		朝那	晋	山阴	嘉祥寺
	七	慧义	371—444	北地	宋	京师	祇洹寺
		道温		朝那	宋	京师	中兴寺
		僧镜		陇西	宋	京师	下定林寺
		道猛	410—475	凉州	宋	京师	兴皇寺
	八	弘充		凉州	齐	京师	湘宫寺
		法瑗	408—489	陇西	齐	京师	灵根寺
		玄畅	415—484	金城	齐	蜀齐后山	
		僧远	413—483	朝那	齐	京师	上定林寺
		僧慧	407—486	朝那	齐	荆州	竹林寺

续　表

十科	卷	正　传	生卒年	出生地	时代	驻锡地	
神异	九	单道开		敦煌	晋		罗浮山
	十	保志	407—514	金城	梁	京师	
		昙霍			晋	西平	
习禅	十一	竺僧显		北地	晋	江左	
		竺昙猷		敦煌	晋	扬州始丰	赤城山
		贤护	?—401	凉州	晋	广汉	阎兴寺
		法成		凉州	宋	广汉	
		玄绍		陇西	晋	秦州	堂术山
		慧觉		酒泉	宋	京师	中兴寺
		道法	?—474	敦煌	宋	成都	
明律	十一	僧隐		陇西	宋	江陵	
		法颖	413—480	敦煌	齐	京师	多宝寺
亡身	十二	法进		张掖	宋	高昌	
		法光	446—487	陇西	齐	陇西	记城寺
		超辩	346—492	敦煌	齐	京师	上定林寺
		僧侯	395—484	凉州	齐	京师	后冈

　　禅法有小乘、大乘之分。东汉时期，安息国王正后之太子安世高，"讽持禅经，略尽其妙"①，译大小《安般守意经》和《道地经》等，"盛说禅业"②，把小乘禅法带入中土。《安般守意经》之"安般"，意为呼吸中的入息与出息，即小乘禅法中颇为流行的数息观。《道地经》为僧伽罗刹（秦言众护）所作。"僧伽罗刹者，须赖国人也。佛去世后七百年生此国。出家学道，游教诸邦，至揵陀越土，甄陀罽贰王师

---

① 《出三藏记集》卷一三《安世高传》，第508页。
② 《高僧传》卷一《安清传》，第8页。

焉。高明绝世,多所述作,此土《修行经》《大地道经》,其所集也。"①《道地经》以"道地"喻止观。道安《道地经序》云:"夫道地者,应真之玄堂,升仙之奥室也。……夫绝爱原、灭荣冀、息驰骋,莫先于止;了痴惑、达九道、见身幻,莫首于观。"②

"经法所以广流中华者,护之力也。"③晋武帝太康五年(284),竺法护于敦煌译出小乘禅籍《修行道地经》七卷。④《修行道地经》梵文音译为"榆迦遮复弥经","榆迦"即"瑜伽",是一种以禅观思悟佛教义理的修行方法,即"但以三昧禅数为务,解空归无众想为宗"。值得注意的《修行道地经》虽为小乘佛经,但经文中不仅后三品带有大乘色彩,对"三界皆空"的强调也具有大乘佛教的意味。⑤

大乘禅法的译介,主要以鸠摩罗什(344—413)的译经为主。鸠摩罗什起初修小乘佛学,后师从"专以大乘为化"的须耶利苏摩,"于是研核大小,往复移时。什方知理有所归,遂专务方等。乃叹曰:'吾昔学小乘,如人不识金,以鍮石为妙。'因广求义要,受诵《中》《百》二《论》,及《十二门》等"⑥。鸠摩罗什所译禅籍以《坐禅三昧经》影响最大。《坐禅三昧经》又称《禅经》,僧叡《关中出禅经序》云:

> 鸠摩罗法师以辛丑之年十二月二十日,自姑臧至长安。予即以其月二十六日从受禅法。既蒙启授,乃知学有成准,法有成修。《首楞严经》云:"人在山中学道,无师道终不成。"是其事

---

① 《出三藏记集》卷一〇《僧伽罗刹集经后记》,第373页。
② 《出三藏记集》卷一〇《道地经序》,第366—367页。
③ 《高僧传》卷一《竺法护传》,第23页。
④ 《出三藏记集》卷二《修行经》,第32页。
⑤ 杨曾文:《唐五代禅宗史》,北京:中国社会科学出版社,1995年,第17页。
⑥ 《高僧传》卷二《鸠摩罗什传》,第47页。

也。寻蒙抄撰众家禅要，得此三卷，初四十三偈。是鸠摩罗罗陀法师所造，后二十偈，是马鸣菩萨之所造也。其中五门，是婆须蜜、僧伽罗叉、沤波崛、僧伽斯那、勒比丘、马鸣、罗陀禅要之中，抄集之所出也。六觉中偈，是马鸣菩萨修习之以释六觉也。初观淫、恚、痴相及其三门，皆僧伽罗叉之所撰也。息门六事，诸论师说也。菩萨习禅法中，后更依《持世经》，益《十二因缘》一卷，《要解》二卷，别时撰出。①

可见，《坐禅三昧经》是杂糅多家的禅法，整理编译而成。经文系统地介绍了小乘佛教止息邪心的五种观法，即"五门禅"："若多淫欲人，不净法门治；若多瞋恚人，慈心法门治；若多愚痴人，思惟观因缘法门治；若多思觉人，念息法门治；若多等分人，念佛法门治。"②

以上诸位高僧对早期禅法著作的译介，为五凉时期的河陇成为禅法传播和修习的最发达地区奠定了基础。从地域上来看，五凉时期河陇禅法有两个中心，一是河西的姑臧，主要是西国高僧和河西本土高僧在这里弘法。二是陇右天水的麦积山，主要是关中来的高僧在这里弘法。

在姑臧传播禅法的高僧有昙无谶和沮渠京声。昙无谶在弘扬禅法方面的重要性，首先体现在译经方面。《高僧传·昙无谶传》载：

十岁，同学数人读咒，聪敏出群，诵经日得万余言。初学小乘，兼览五明诸论，讲说精辩，莫能酬抗。后遇白头禅师，共谶论议，习业既异，交诤十旬。谶虽攻难锋起，而禅师终不肯屈，谶伏其精理，乃谓禅师曰："颇有经典，可得见不。"禅师即授以

---

① 《出三藏记集》卷九《关中出禅经序》，第342页。
② 《坐禅三昧经》，载《大正藏》第15册，第271页c。

树皮《涅槃经》本。谶寻读惊悟，方自惭恨。以为坎井之识，久迷大方，于是集众悔过，遂专大乘。至年二十，诵大小乘经二百余万言。

白头阐师授予昙无谶的树皮《涅槃经》，即《大般涅槃经》，是昙无谶为河西王沮渠蒙逊所译十一部佛经之一，也是昙无谶所译佛经中影响最大的一部。"谶以《涅槃经》本，品数未足，还外国究寻，值其母亡，遂留岁余。后于于阗，更得经本《中分》，复还姑臧译之。后又遣使于阗，寻得《后分》，于是续译为三十三卷。以伪玄始三年（414）初就翻译。至玄始十年（421）十月二十三日三袠方竟，即宋武永初二年也。谶云：'此经梵本，本三万五千偈，于此方减百万言，今所出者止一万余偈。'"①《大般涅槃经》倡导如来常住、涅槃常乐我净、众生悉有佛性乃至阐提成佛等佛教义理。故凉州释道朗《大涅槃经序》云："大般涅槃者，盖是法身之玄堂，正觉之实称，众经之渊镜，万流之宗极。……是以斯经解章，叙常乐我净为宗义之林。开究玄致为涅槃之源。用能阐秘藏于未闻、启灵管以通照。拯四重之痼疽，拔无间之疣赘。阐秘藏则群识之情畅，审妙义之在己。启灵管则悟玄光之潜映，神珠之在体。"②

昙无谶在弘扬禅法的同时，还在河西带出一批禅法弟子：

初谶在姑臧，有张掖沙门道进，欲从谶受菩萨戒，谶云："且悔过。"乃竭诚七日七夜，至第八日，诣谶求受，谶忽大怒，进更思惟，但是我业障未消耳。乃勤力三年。且禅且忏，进即于定中，见释迦文佛与诸大士授己戒法，其夕同止十余人，皆感梦如进所见。进欲诣谶说之，未及至数十步，谶惊起唱言："善哉，善

---

① 《高僧传》卷二《昙无谶传》，第76—78页。
② 《出三藏记集》卷八《大涅槃经序》，第313页。

哉，已感戒矣，吾当更为汝作证。"次第于佛像前为说戒相。时沙门道朗，振誉关西，当进感戒之夕，朗亦通梦。乃自卑戒腊，求为法弟，于是从进受者千有余人，传授此法，迄至于今，皆谶之余则。有别记云，《菩萨地持经》应是伊波勒菩萨传来此土，后果是谶所传译，疑谶或非凡也。

其弟子中最知名的是河西高僧道朗和沮渠京声。《昙无谶传》载："蒙逊有从弟沮渠安阳侯者，为人强志疏通，涉猎书记。因谶入河西，弘阐佛法，安阳乃阅意内典，奉持五禁，所读众经，即能讽诵，常以为务学多闻，大士之盛业。少时求法度流沙，至于阗，于瞿摩帝大寺遇天竺法师佛驮斯那，谘问道义。斯那本学大乘，天才秀发，诵半亿偈，明了禅法，故西方诸国号为人中师子。安阳从受《禅秘要治病经》，因其梵本，口诵通利。既而东归，向邑于高昌得《观世音》、《弥勒》二《观经》各一卷。及还河西，即译出《禅要》，转为晋文。"①

翻译《治禅病秘要法》地点，史料记载有所差异。上文称在河西译出，《治禅病秘要法·后序》则云："以孝建二年九月八日，于竹园精舍，书出此经，至其月二十五日讫。"《治禅病秘要法》主要阐述僧人因禅定而引发的各种身心病魔的治疗方法，因此经文一开始就提出了这样的问题："因五种事发狂者，一者因乱声，二者因恶名，三者因利养，四者因外风，五者因内风。此五种病，当云何治，唯愿天尊，为我解说。"经中针对上述五个问题，一一分析原因，提出治疗方法，如对乱声致狂的分析与治疗：

> 因外恶声，触内心根，四百四脉，持心急故，一时动乱，风

---

① 《高僧传》卷二《昙无谶传》，第76—80页。

力强故,最初发狂,心脉动转,五风入咽,先作恶口。应当教是行者,服食酥蜜及阿梨勒,系心一处,先想作一颇梨色镜,自观己身在彼镜中作诸狂事,见此事已,复当更观,而作是言。汝于明镜,自见汝身作狂痴事,父母宗亲皆见汝作不祥之事,我今教汝离狂痴法。汝当忆知先教除声。除声法者,举舌向腭,想二摩尼珠在两耳根中,如意珠端,犹如乳滴,滴滴之中,流出醍醐,润于耳根,使不受声。设有大声,如膏油润终不动摇,此想成已。次想一九重金刚盖,从如意珠王出,覆行者身。下有金刚华,行者坐上,有金刚山,四面周匝绕彼行者。其间密致静绝外声,一一山中,有七佛坐,为于行者,说四念处。尔时寂然不闻外声,随于佛教,此名除乱法门,去恶声想,告舍利弗,汝等行者宜当修习,慎莫忘失(是名治乱倒心法)。①

由《治禅病秘要法》的译介和流播,可见僧人中因禅定而走火入魔者已不是个别现象,亦可见禅修在河西之流行。

河陇禅法的流播,浮驮跋陀禅师起了非常重要的助推作用。浮驮跋陀,即浮驮跋多罗(Buddhabhadra),又译作觉贤。浮驮跋陀能够东行中土,与凉州僧人智严的真诚邀请不无关系。关于智严的身世以及他请得浮驮跋陀东归的情况,《高僧传·智严传》载:

> 释智严,西凉州人,弱冠出家,便以精勤著名。纳衣宴坐,蔬食永岁,每以本域丘墟,志欲博事名师,广求经诰。遂周流西国,进到罽宾,入摩天陀罗精舍,从佛驮先比丘谘受禅法。渐深三年,功逾十载。佛驮先见其禅思有绪,特深器异。彼诸道俗闻而叹曰:"秦地乃有求道沙门矣!"始不轻秦类,敬接

---

① 《治禅病秘要法》,载《大正藏》第15册,第333页a—b。

远人。

> 时有佛驮跋陀罗比丘,亦是彼国禅匠,严乃要请东归,欲传法中土,跋陀嘉其恳至,遂共东行。①

智严"精勤"和"禅思有绪",为他请得浮驮跋陀东归打开了一扇大门。由"'秦地乃有求道沙门矣!'始不轻秦类,敬接远人",可以看出,尽管佛法流布中土已有些时日,但与西国相比,还是有不小差距,因此浮驮跋陀禅师的到来就显得尤为重要。

虽然"逾沙越险,达自关中"不久的跋陀,"横为秦僧所摈",但还是给凉州带出一批禅法弟子。如弟子宝云,凉州人。"少出家,精勤有学行,志韵刚洁,不偶于世,故少以方直纯素为名,而求法恳恻,亡身殉道,志欲躬睹灵迹,广寻经要。遂以晋隆安之初,远适西域。与法显、智严先后相随。涉履流沙,登逾雪岭。勤苦艰危,不以为难。遂历于阗、天竺诸国,备睹灵异。乃经罗刹之野,闻天鼓之音,释迦影迹多所瞻礼。云在外域,遍学梵书,天竺诸国音字诂训,悉皆备解。后还长安,随禅师佛驮跋陀业禅进道。"②

其实,受佛驮跋陀禅师影响最大的还是麦积山玄高僧团。玄高,俗名魏灵育,姚秦弘始四年(402)生,冯翊万年(今陕西省万年县)人。《高僧传·玄高传》载:

> 至年十五,已为山僧说法。受戒已后,专精禅律。闻关中有佛驮跋陀禅师在石羊寺弘法,高往师之。旬日之中,妙通禅法。跋陀叹曰:"善哉!佛子乃能深悟如此。"于是卑颜推逊,

---

① 《高僧传》卷三《智严传》,第98—99页。
② 《高僧传》卷三《宝云传》,第102—103页。

不受师礼。①

玄高是否师承浮驮跋陀，疑点颇多，汤用彤说："佛驮跋陀在弘始十三年已经离长安南下，其时玄高只十岁。而佛驮跋陀亦未闻住石羊寺，则此所谓浮驮跋陀者，不悉指何人。若系觉贤，则《高僧传》谓高于弘始四年生，必有误也。"②还有一种可能是，因佛驮跋陀"在长安，大弘禅业，四方乐靖者，并闻风而至"③，后生之玄高只是受了佛驮跋陀禅法的影响，或者是佛驮跋陀的再传弟子，因此就有了所谓的"师承"的关系。其实从佛驮跋陀"卑颜推逊，不受师礼"，已经点明了他们之间并没有举办过具有象征意义的拜师礼，所以算不上是师生关系。但无论哪种情况，玄高受过佛驮跋陀禅法的影响是可以肯定的。退一步讲，即便玄高在关中时受佛驮跋陀的影响有限，那么日后驻锡麦积山则一定会使其禅法精进。据《高僧传·玄高传》载：

> 高乃杖策西秦，隐居麦积山。山学百余人，崇其义训，禀其禅道。时有长安沙门释昙弘，秦地高僧，隐在此山，与高相会，以同业友善。时乞佛炽磐跨有陇西，西接凉土。有外国禅师昙无毗来入其国，领徒立众，训以禅道。然三昧正受，既深且妙，陇右之僧禀承盖寡。高乃欲以己率众，即从毗受法。旬日之中，毗乃反启其志。时河南有二僧，虽形为沙门，而权侔伪相。恣情乖律，颇忌学僧，昙无毗既西返舍夷。二僧乃向河南王世子曼谏构玄高，云蓄聚徒众，将为国灾。曼信谏便欲加害，其父不许。乃摈高往河北林阳堂山。山古老相传，云是群仙所宅。

---

① 《高僧传》卷一一《玄高传》，第409页。
② 汤用彤：《汉魏两晋南北朝佛教史》，北京：中华书局，2016年，第353页。
③ 《高僧传》卷二《佛驮跋陀罗传》，第71页。

可见，麦积山的条件对玄高的习禅弘法颇为有利：其一，在玄高到来之前，已经有长安沙门昙弘隐居于此，估计早已经把长安禅法传至麦积山；其二，"有外国禅师昙无毗来入其国，领徒立众，训以禅道"，玄高"以己率众，即从毗受法。旬日之中，毗乃反启其志"；其三，玄高曾进游北凉禅学中心姑臧，"沮渠蒙逊深相敬事，集会英宾，发高胜解"，多方交流，有助于麦积山禅学的提高；其四，乞佛炽盘跨有陇西时，麦积山无疑是其国家宗教中心，各方面的条件一定不会差的。诸多因缘际会，大大提升了麦积山的禅学境界，使其成为陇右禅法修习的中心。玄高还在麦积山带出了一批禅法弟子：

> 高徒众三百，往居山舍。神情自若，禅慧弥新，忠诚冥感，多有灵异。磬既不击而鸣，香亦自然有气。应真仙士，往往来游。猛兽驯伏，蝗毒除害。高学徒之中，游刃六门者，百有余人。有玄绍者，秦州陇西人。学究诸禅，神力自在。手指出水，供高洗漱，其水香净，倍异于常。每得非世华香，以献三宝。灵异如绍者，又十一人。绍后入堂术山蝉蜕而逝。①

玄高在麦积山弘扬禅法时，规模宏大，弟子众多，甚至对"河南王"西秦乞伏炽磐的皇权都构成一定的威胁。其中如玄绍这样"学究诸禅，神力自在"的弟子多达十一人。

《魏书·释老志》载："凉州自张轨后，世信佛教。敦煌地接西域，道俗交得其旧式，村坞相属，多有塔寺。"② 河陇禅法的流行，不仅体现在禅籍的译介和修禅僧人众多，还体现在河陇的开窟造像和石刻等方面（参见表5-2、5-3）。

---

① 《高僧传》卷一一《玄高传》，第409—410页。
② 《魏书》卷一一四《释老志》，北京：中华书局，1974年，第3032页。

表 5-2　河陇北凉石窟特征比较表

窟名	属地	始建年代	北凉石窟编号	特征比较		
				窟形	造像	壁画
天梯山	武威	北凉	1、4、18	支提式中心塔柱	未发现完整的泥塑和石刻造像，从石塔看，多三世佛	飞天、天王像和菩萨，其衣着、形象、神韵、动式、晕染方法，与古印度佛教艺术颇多相似之处
莫高窟	敦煌	前秦建元二年（366）	268、272、275	268为毗诃罗式 272、275为殿堂式	泥塑交脚弥勒菩萨、交脚弥勒佛	人物造型及艺术风格主要受西域佛教艺术风格的影响
麦积山	天水	后秦	51、57、74、78、90、165	平拱式敞口大龛	三世佛或一佛二菩萨	从165窟残存的六身伎乐的面型、衣着、画法及其神韵来看，最初受西域佛教艺术影响甚深，后期受中原影响较深
炳灵寺	永靖	西秦建弘元年（420）	169	不规则椭圆形天然洞穴	泥塑无量寿佛、观世音和大势至菩萨	人物的绘制方法、印度式人物和汉式人物并存的现象，与天梯山一致，但炳灵寺壁画受中原风格影响要大一些

表 5-3　北凉石塔统计表

出土地	名称	年代	纪年
酒泉	田弘塔	承玄二年（429）	
	马德惠塔	承阳二年（426）	
	白双且塔	缘禾（延和）三年（434）	"凉故大沮渠缘禾三年岁次甲戌七月上旬"
	残塔		

续 表

出土地	名称	年代	纪年
酒泉	高善穆塔	承玄元年(428)	"承玄元年岁在戊辰四月十四日辛亥丙中"
	程段儿塔		
敦煌	王真坚塔		
	岷州庙塔		
	沙山石塔		
	□吉德塔	玄始十六年(426)	"……丙寅道人□吉德一心供养"
	索阿俊塔	缘禾(延和)四年(435)	保存于美国富兰克林艺术馆。"凉皇大沮渠缘禾四年岁在(乙)亥三月二十九日"
吐鲁番	宁庆塔	442—460	保存于德国柏林国家博物馆印度艺术馆
	吐鲁番小塔		
武威	武威石塔		

河陇五凉时期的石窟，无论从窟形、造像还是壁画，正如人们在敦煌、天梯山、炳灵寺和麦积山石窟中所看到的，几乎是同时受到犍陀罗晚期艺术和中国传统艺术的影响。这种掺和着古希腊、罗马、帕提亚、波斯、印度以及中国艺术的石窟，是一种有别于其他地区的中国石窟艺术，宿白先生称其为"凉州模式"：

1. 有设置大像的佛殿窟，较多的是方形或长方形平面的塔庙窟。塔庙窟内的中心塔柱，每层上宽下窄，有的方形塔庙窟还设有前室，如酒泉文殊山前山千佛洞之例。

2. 主要佛像有释迦、交脚菩萨装的弥勒。其次有佛装弥勒、思惟菩萨和酒泉文殊山前千佛洞出现的成组的十方佛。以上诸像，除成组的十方佛为立像外，皆是坐像。

3. 窟壁主要画千佛。酒泉文殊山前山千佛洞千佛中现说法图，壁下部出现了供养人行列。

4. 边释花纹有连续式的化生忍冬。

5. 佛和菩萨的面相浑圆，眼多细长型，深眉高鼻，身躯健壮。菩萨、飞天姿态多样，造型生动。飞天体态较大。①

以北凉等蕞尔小国，耗费大量的人力物力来翻译佛经，已属不易，为何还要耗费巨资开凿石窟呢？

首先从信仰的最基本层面来看，译经、开窟都是功德无量的事，信徒们自然热衷于此。况且河陇佛门重禅法，多禅僧，习禅者也喜欢清静之地，水边崖际开凿窟室更是禅行观影之佳处。所以，佛教石窟之兴多与禅僧有关。②如敦煌北凉石窟中的268、272窟，"规模较小，其作用与功能，更多的应为禅僧们修行习禅和观佛静坐而用。"③

其二，相对于其他宗教建筑，石窟不宜毁坏也是信徒们乐意开窟的原因之一。如《集神州三宝感通录》载：

> 凉州石崖塑瑞像者，昔沮渠蒙逊以晋安帝隆安元年，据有凉土三十余载，陇西五凉，斯最久盛。专崇福业，以国城寺塔终非云固，古来帝宫终逢煨烬，若依立之，效尤斯及。又用金宝终被毁盗。乃顾眄山宇可以终天，于州南百里，连崖绵亘，东西不测，就而研窟，安设尊仪，或石或塑，千变万化。有礼敬者惊眩心目。④

---

① 宿白：《中国石窟寺研究》，北京：文物出版社，1996年，第14—15页。
② 刘慧达：《北魏石窟与禅》，《考古学报》1978年第3期。
③ 董玉祥：《梵宫艺苑：甘肃石窟寺》，兰州：甘肃教育出版社，1999年，第62页。
④ 道宣：《集神州三宝感通录》卷二《北凉河南王南崖素像缘》，载《大正藏》第52册，第417页c—418页a。

事实证明他们的考虑是正确的。就稳定性而言,地面寺庙是无法与石窟寺相比的。石窟寺一经开凿,就会屹立在山崖上,接受缓慢的自然风化侵蚀,除非遇到非常严重的地质灾害和人为破坏。与之相比,地面寺院的稳定性则要差一些,这一方面是因为地面寺院建在人口密集的城镇之中,因人类活动而导致的兴废,无疑要比远离喧嚣的石窟频繁得多;另一方面,地面寺院多为木构建筑,很容易遭受地震、火灾等灾害的毁坏。因此,数量应该比石窟更多的河陇地面寺院,可考的数量却非常少,相反石窟大多都留存至今,也证明了上述事实。

值得注意的是,开窟既是虔诚的宗教行为,也是一个消耗巨大的经济行为,所以规模宏大的石窟,大多依托河西豪族和割据政权的大力资助才能开光面世。例如《集神州三宝感通录》载:

> 北凉河西王蒙逊,为母造丈六石像在于山寺,素所敬重。以宋元嘉六年,遣世子兴国攻枹罕大败,兴国遂死于佛(伏)氏,逊恚恨,以事佛无灵,下令毁塔寺,斥逐道人。逊后行至杨述山,诸僧候于路侧,望见发怒,立斩数人。尔时,将士入寺礼拜,此像涕泪横流,惊还说之,逊闻往视,至寺门,举体战悸,如有把持之者,因唤左右,扶翼而进,见像泪下若泉,即稽首礼谢,深自咎责。登设大会,倍更精到,招集诸僧还复本业焉。①

结合前揭文,不难发现天梯山石窟是"好佛法"的北凉沮渠蒙逊,动用国家财力所开的大型石窟,这些石窟往往集家族与国家信仰场所于一体。同时受社会经济的制约,包括五凉石窟在内的众多河陇石窟,还形成了如下空间分布规律。

---

① 道宣:《集神州三宝感通录》卷二《北凉沮渠丈六石像现相缘》,载《大正藏》第52册,第418页a。

第五章 从凉州到江南

其一，以中心城市为佛教服务对象，以中心石窟为宗教中心，以小型石窟为补充，形成了围绕荒漠绿洲、河谷盆地、黄土塬为分布区域的地域石窟群。

石窟大多都是官方开凿的，作为区域政治中心的城市既是石窟寺院中僧徒们服务的地域中心，又是他们香火钱的主要来源，所以石窟寺往往与区域中心城市相伴而生。因此石窟与中心城市之距离基本上保持在50公里的范围内。这样的距离能够保证焚香礼佛之人在一日之内能够往返的需求。当然因地质条件的差异有的地方稍有突破。石窟群内往往是一个中心库，周边散布着一些小型的石窟。这一分布格局即可以看作是皇家与家族开窟能力的差异，也满足了不同区域、不同级别的礼佛需求。更为主要的是供养腹地经济的承载力必定有限，都建成大型石窟显然超出其所能供养的能力。所以那些大型石窟都要依托一个经济条件较为优越的腹地，如荒漠绿洲、河谷盆地、黄土台原等等。从地质条件来看，在岩石的硬度和细腻程度无法满足开窟造像的需求时，壁画和塑像就成为表达虔诚的手段。因此岩石性质较差的河西石窟，以泥塑和壁画为主，陇右则也石刻为主。

其二，分布于玉门关与子午岭之间的河陇石窟，就如同行道树一般分布于丝绸之路的两侧，并通过丝绸之路连为一个整体。

河陇地区处于长安与西域之间，是丝路西域以东线路的主要分布区。河陇境内的丝绸之路，可分为河西和陇右两段，其中河西丝路由于受走廊地貌的限制，路线相对单一，一条主干线便可把武威、张掖、酒泉、敦煌的石窟群连接起来。而陇右的丝路，既要翻越陇山，又要横渡黄河，所以路线相对要复杂一些。陇右丝路有两个主要方向：一个方向是穿越六盘山，渡黄河至河西。在这条路线两侧分布的石窟是陇南石窟群和陇中石窟群，青海西宁北禅寺石窟也在这条线上。另一个方向是沿泾水北上在六盘山以北穿越黄河至武威，这条线连接的是陇东石窟群。同时,判读地图,我们不难发现河陇绝大多数石窟与丝绸古道之间的距离基本上在50公里之内。这样的距离既方便于周边香客的上香,也便于往来僧人的住宿。所以这些石窟就如同丝绸古道上的驿站一般,迎送过往人群。

现存的十四座北凉石塔,从内容上看,"每塔的塔体大都浮雕或线刻有八龛像,有的为二层或三层龛像。在诸塔造像中,佛像均呈禅定相或说法相,面相祥和。服饰有通肩、右袒、双领下垂和右袒偏衫四式。菩萨大都为交脚坐式,有的为立式或跏趺坐式,武威塔和白氏塔各有一半跏趺思惟菩萨。仅白氏塔的半砌思惟像位于第七身,其余菩萨像均位于第八身。有说法相、禅定相,有的右手施无畏印。均为上袒下裙,头束发髻或戴冠,饰项圈、披帛。北凉石塔塔肩造像的基本形式是七佛一菩萨。"[1]这些内容丰富的石塔,是施主施舍给寺院供僧侣观象和护禅的。由此可见,北凉石塔与北凉石窟一样,都是河陇禅法广泛流布和末世论盛行的产物。

三、东晋南北朝时期河陇禅法的外播

河陇地处边塞,是一个移民频率极高的区域。永嘉丧乱(307—313)之前,河西和关中同为佛教发达区,因此,如月支高僧竺法护以及在河西本土成长起来的众多高僧,主要往来于河西与长安之间,译经弘法,南下江左的人数少之又少。

永嘉之乱至公元439年之间,河陇移民迁入与迁出有明显的地域差异。西部,远离中原乱世的河西是移民迁入区。《资治通鉴》载:"永嘉之乱,中州之人士避地河西,张氏礼而用之。子孙相承,衣冠

---

[1] 殷光明:《北凉石塔述论》,《敦煌学辑刊》1998年第1期,第87—103页。

不坠,故凉州号为多士。"①除了一些中原士人和僧人进入河西外,河西还是西国胡僧汇聚的一个区域,如西域高僧佛图澄,天竺高僧鸠摩罗什,罽宾沙门昙无谶等,都是这个时候来到河西的。可谓"鸿风既扇,大化斯融。自尔西域名僧往往而至,或传度经法,或教授禅道,或以异迹化人,或以神力救物"。本土桑门也是"含章秀起,群英间出,迭有其人"②。东部,由于一些士人无法接受异族统治的事实,抱着"我宁为国家鬼,不为羌贼臣"的心态归于江东,③结果使地近关中的陇右以及宁夏平原,成为移民迁出区。移民中的名门望族有北地灵州的傅氏和安定朝那的皇甫氏等。

北魏平定凉州之后,是河陇移民星散的一个时期。尤其是高僧,他们西入西域,东迁平城,南下江左。由于西入西域的禅僧主要以来华的西域高僧的回归为主,如浮陀跋摩"避乱西返,不知所终",因此本文从东、东南两个方向探讨河陇禅法的外播。

(一)东播魏都平城

《魏书·世祖纪》载:"(太延五年)九月丙戌,牧犍兄子万年率麾下来降。是日,牧犍与左右文武五千人面缚军门,帝解其缚,待以藩臣之礼。收其城内户口二十余万,仓库珍宝不可称计。……冬十月辛酉,车驾东还,徙凉州民三万余家于京师。"④在这次近15万~20万人的大移民队伍中,河西僧人因参与了凉州城的保卫战,因此也在被迁移人口之列。《续高僧传·僧朗传》载:

> 魏虏攻凉,城民素少,乃逼斥道人,用充军旅,队别兼之。

---

① 《资治通鉴》卷一二三《宋纪五》,宋纪元嘉十六年十二月,北京:中华书局,1956年,第3877页。
② 《高僧传》卷一四《高僧传序录》,第523页。
③ 《晋书》卷八九《辛恭靖传》,北京:中华书局,1974年,第2321页。
④ 《魏书》卷四《世祖纪》,第90页。

及辒辌拟，举城同陷。收登城僧三千人至军，将魏主所，谓曰："道人当坐禅行道，乃复作贼，深当显戮，明日斩之。"至期，食时，赤气数丈贯日直度。天师寇谦之为帝所信，奏曰："上天降异，正为道人，实非本心，愿不须杀。"帝弟赤竖王亦同谦请。乃下敕止之，犹虏掠散配役徒。唯朗等数僧别付帐下。及魏军东还，朗与同学中路共叛。①

战后对佛门的处理，涉及僧人和经书两个重要方面。由于本该"坐禅行道"的三千僧人，参与了姑臧城的保卫战，因此，战后他们虽在北魏天师寇谦之的保奏之下，免于一死，然"犹虏掠散配役徒"。佛经的下场也好不到哪里去。众所周知，五凉时期，河西对中国佛教的最大贡献是译经。要从事译经，首先要搜集、保存不同语种、不同版本的"胡语"佛经，以便译经时对照参考。其次，译成汉语的佛经稿本、定本以及出自不同译家的版本亦有不少。以上这些佛经典籍囤积在河西，是佛教中国化的珍贵资源，然而"魏虏托跋焘，西伐姑臧，凉土崩乱，经书什物，皆被焚荡"②。因此，北魏平定凉州，河西佛教遭受空前的打击。相反，"建国于玄朔，风俗淳一，无为以自守，与西域殊绝，莫能往来。故浮图之教，未之得闻，或闻而未信也"的北魏则因此获利不少。《魏书·释老志》载："太延中，凉州平，徙其国人于京邑，沙门佛事俱东，象教弥增矣。"③

这次移民平城的僧人中，在凉州就已知名的很少。"登城僧三千人"被"虏掠散配役徒"，别付帐下的几个僧人，最知名的僧朗，在中途就与同学一同脱逃。其实，战争爆发之前，北魏即与凉州昙无谶僧团交恶：

---

① 《续高僧传》卷二五《僧朗传》，载《大正新修大藏经》第50卷，第646页c。
② 《高僧传》卷三《浮陀跋摩传》，第97页。
③ 《魏书》卷一一四《释老志》，第3030—3032页。

第五章 从凉州到江南

时魏虏托跋焘闻谶有道术,遣使迎请,且告逊曰:"若不遣谶,便即加兵。"逊既事谶日久,未忍听去。后又遣伪太常高平公李顺,策拜蒙逊为使持节侍中,都督凉州、西域诸军事,太傅骠骑大将军、凉州牧、凉王,加九锡之礼。又命逊曰:"闻彼有昙摩谶法师,博通多识,罗什之流,秘咒神验,澄公之匹,朕思欲讲道,可驰驿送之。"逊与李顺宴于新乐门上,逊谓顺曰:"西蕃老臣蒙逊,奉事朝廷,不敢违失,而天子信纳佞言,苟见逼迫,前遣表求留昙无谶,而今便来征索,此是门师,当与之俱死,实不惜残年,人生一死,讵觉几时。"顺曰:"王款诚先著,遣爱子入侍,朝廷钦王忠绩,故显加殊礼。而王以此一胡道人,亏山岳之功,不忍一朝之忿,损由来之美,岂朝廷相待之厚,窃为大王不取,主上虚襟之至,弘文所知。"弘文者,逊所遣聘魏使也。逊曰:"太常口美如苏秦,恐情不副辞耳。"逊既悋谶不遣,又迫魏之强。至逊义和三年三月,谶固请西行,更寻《涅槃后分》,逊忿其欲去,乃密图害谶,伪以资粮发遣,厚赠宝货。临发之日,谶乃流涕告众曰:"谶业对将至,众圣不能救矣。"以本有心誓,义不容停。比发,逊果遣刺客于路害之,春秋四十九,是岁宋元嘉十年也。黑白远近,咸共惜焉。①

姑臧城为河西禅法流播的中心,在注重师承的禅学中,昙无谶无疑是这里的领袖,门下学徒众多。然而由于北魏的逼迫,最终导致昙无谶死于非命。对于这一点,想必他的每一个徒弟和门人都心中有数。在此情况下,谁还愿意去平城呢?

有两个去平城的凉州僧人,师贤和昙曜,日后在北魏如日中天、同为僧统。但师贤在河西时影响一般,以至于名不见《僧传》。《魏

---

① 《高僧传》卷二《昙无谶传》,第78—79页。

书·释老志》载:"师贤,本罽宾国王种人,少入道,东游凉城,凉平赴京。罢佛法时,师贤假为医术还俗,而守道不改。"① 可见师贤系以医术行世,与凉州禅门关系不大。与凉州禅门有关系的是昙曜,但他虽然名列《续高僧传》,道宣却"未详何许人也",惟《高僧传·玄高传》后附云:河西国沮渠茂虔时,"有沙门昙曜,亦以禅业见称,伪太傅张潭伏膺师礼"②。此昙曜即平城昙曜。但昙曜怎么去的平城,道宣未作交待,只言其"少出家,摄行坚贞,风鉴闲约",元魏和平年间(460—465),"住北台昭玄统,绥缉僧众,妙得其心"③。估计昙曜不在15万～20万移民之列。

与上述二人相比,玄高在到达平城之前,已经是陇右极有影响的麦积山僧团的禅门领袖。玄高虽与凉州僧团有联系,如玄高曾进游凉土,"沮渠蒙逊深相敬事,集会英宾,发高胜解"④,但因玄高师承于浮驮跋多罗的关中僧团,因此昙无谶被害,不是他拒绝去平城的理由。玄高也不是被征服者,而是被拓跋焘的舅父阳平王杜超请到平城的高僧。玄高到达平城很有可能填补了昙无谶未接受拓跋焘的邀请后留下的职位空缺。

不论这三人以什么身份、什么方式去的平城,都与"元魏佛法之兴衰并有重大关系"。⑤

玄高"既达平城,大流禅化"⑥。不仅如此,太子拓跋晃还事高为师,地位极为显赫。然而玄高僧团势力过于庞大,早在陇西时就被指"蓄聚徒众,将为国灾",即对乞伏炽磐政权构成威胁。在平城,身为太子师的玄高,颇多神异,门徒众多,朝野中忌惮他的人一定不少,一向

---

① 《魏书》卷一一四《释老志》,第 3036 页。
② 《高僧传》卷一一《玄高传》,第 413 页。
③ 《续高僧传》卷一《昙曜传》,第 427 页下。
④ 《高僧传》卷一一《玄高传》,第 411 页。
⑤ 汤用彤:《汉魏两晋南北朝佛教史》,第 352 页。
⑥ 《高僧传》卷一一《玄高传》,第 411—412 页。

对凉州士人敬重、保护有加的崔浩就是其一。《高僧传·玄高传》载：

> 晃一时被谗，为父所疑，乃告高曰："空罗枉苦，何由得脱？"高令作金光明斋，七日恳忏。焘乃梦见其祖及父，皆执剑烈威，问："汝何故信谗言，枉疑太子？"焘惊觉，大集群臣，告以所梦。诸臣咸言，太子无过，实如皇灵降诰。焘于太子无复疑焉，盖高诚感之力也。①

拓跋焘为了得到昙无谶，不惜以战争威胁沮渠蒙逊，原因自然是因为昙无谶"博通多识，罗什之流，秘咒神验，澄公之匹"②。但昙无谶的道术无法拯救自己，最终他在西去的路上被蒙逊派人刺死。而今玄高又以其"诚感之力"化解当今皇帝与未来皇帝之间的嫌隙，但却化解不了自己被处死的命运：

> 时崔皓、寇天师先得宠于焘，恐晃纂承之日夺其威柄，乃谮云："太子前事，实有谋心。但结高公道术，故令先帝降梦。如此物论，事迹稍形，若不诛除，以为巨害。"焘遂纳之，勃然大怒，即敕收高。……时有凉州沙门释慧崇，是伪魏尚书韩万德之门师。既德次于高，亦被疑阻。至伪太平五年九月，高与崇公俱被幽絷。其月十五日就祸，卒于平城之东隅，春秋四十有三。是岁宋元嘉二十一年也。③

其实玄高之死，是他作为平城佛教领袖及其政治靠山太子拓跋晃，与道教领袖寇谦之及其政治靠山崔浩之间的佛、道权力之争的结果。这场斗争没有胜者，崔浩不久亦因其所著史书"暴扬国恶"

---

①③ 《高僧传》卷——《玄高传》，第411—412页。
② 《高僧传》卷二《昙无谶传》，第78页。

被诛。

玄高临死之日，谓弟子曰："大法应化，随缘盛衰。盛衰在迹，理恒湛然。但念汝等不久复应如我耳，唯有玄畅当得南度。汝等死后，法当更兴。善自修心无令中悔。"① 可见其众多禅法弟子，亦在此事件中死于非命。元嘉二十二年（445）闰五月，玄畅南逃扬州。至此，玄高僧团在平城"大流禅化"的运动便告结束。

然而河陇僧人重禅法，开窟造像的修行方式，并没有因魏太武帝灭佛而断绝。当佛教信仰在北魏开禁之后，凉州两位僧人的影响就很快凸现了出来。《释老志》载：师贤"于修复日，即反沙门，其同辈五人。帝乃亲为下发。师贤仍为道人统"。身为道人统的师贤，组织领导僧人为北魏帝王造石像、铸释迦立像，"去十余步，视之炳然，转近转微"，造诣甚高，成为师子国胡沙门和沙勒胡沙门摹写的范本。

接替师贤僧统沙门统职位的昙曜，在凉州时即以禅业见称，在平城亦被太子拓跋晃所知礼："沙门昙曜有操尚，又为恭宗所知礼。佛法之灭，沙门多以余能自效，还欲求见。曜誓欲守死，恭宗亲加劝喻，至于再三，不得已，乃止。密持法服器物，不暂离身，闻者叹重之。"其后亦被高宗拓跋濬所赏识："初昙曜以复佛法之明年，自中山被命赴京，值帝出，见于路，御马前衔曜衣，时以为马识善人。帝后奉以师礼。"② 师贤对魏世复兴大法的贡献，主要体现在三个方面：

其一是开凿云冈石窟。"昙曜白帝，于京城西武州塞，凿山石壁，开窟五所，镌建佛像各一。高者七十尺，次六十尺，雕饰奇伟，冠于一世。"昙曜所开石窟，即著名的"昙曜五窟"，即今云冈石窟中的16—20窟。这些石窟在形制上的特点是："各窟大体上都摹拟椭圆形平面、穹窿顶的草庐形式；造像主要是以三世佛和千佛；主体形体高

---

① 《高僧传》卷一一《玄高传》，第412页。
② 《魏书》卷一一四《释老志》，第3035—3037页。

大，占据了窟内面积的大部分。"这些特点都与凉州模式有一定的关系，如三世佛、释迦、弥勒和千佛，正是"一般习禅僧人谛观的主要形象"；主体形体高大，"沿着西方旧有佛像服饰的外观，模拟当今天子之容颜风貌"①的造像举措，极有可能是对北凉沮渠蒙逊"为母造丈六石像"行为的模仿。

其二是昙曜奏请设置僧祇户、佛图户和僧祇粟。《释老志》云："昙曜奏：平齐户及诸民，有能岁输谷六十斛入僧曹者，即为'僧祇户'，粟为'僧祇粟'，至于俭岁，赈给饥民。又请民犯重罪及官奴以为'佛图户'，以供诸寺扫洒，岁兼营田输粟。高宗并许之。于是僧祇户、粟及寺户，遍于州镇矣。"制定这种制度，解决了佛教寺院的经济来源问题，并使佛教的对外赈济有了可以持续的经济基础："僧祇之粟，本期济施，俭年出贷，丰则收入。山林僧尼，随以给施；民有窘弊，亦即赈之。"②

其三是主持译经。《历代三宝记》卷九载："至和平三年，诏玄统沙门释昙曜，慨前凌废，欣今载兴，故于北台石窟寺内集诸僧众，译斯传经，流通后贤，庶使法藏住持无绝。"③又《释老志》载："昙曜又与天竺沙门常那邪舍等，译出新经十四部。又有沙门道进、僧超、法存等，并有名于时，演唱诸异。"④

综上所述，河陇禅法对北魏的影响是显著的，但魏都平城的佛教义理和艺术，一定是融合了北朝甚至南朝的众多佛教义理和艺术风格后形成的，河陇禅法和开窟造像艺术只是其众多源头之一。如从石窟来看，"昙曜五窟"恐怕只是"凉州模式"与"平城模式"之间的一种过渡模式，不能简单地看作是河陇禅生的异地再造。加之河陇

---

① 宿白：《中国石窟寺研究》，北京：文物出版社，1996年，第76—88页。
② 《魏书》卷一一四《释老志》，第3037—3041页。
③ 《历代三宝记》卷九，载《大正新修大藏经》第49卷，第85页b。
④ 《魏书》卷一一四《释老志》，第3037页。

大多数僧人在北魏的好景不长,所以其对北魏的影响不可高估。

(二)南播长江沿线

河陇僧人和士人南投江左,在永嘉之乱后就已经开始。北地灵州傅氏家族的傅亮等,永嘉丧乱后南迁,入刘宋朝为官。① 另有一位傅氏家族出产的高僧,也在此时南投江左,弘扬禅法,即竺僧显。"竺僧显,本姓傅氏,北地人。贞苦善戒节,蔬食诵经,业禅为务。常独处山林,头陀人外。或时数日入禅,亦无饥色。时刘曜寇荡西京,朝野崩乱。显以晋太兴之末(321),南逗江左。复历名山,修己恒业。"② 竺僧显"复历名山,修己恒业",一定把河陇禅法带到了江左,只是他游徙不定,其具体影响已无从可知。

河西高僧竺昙猷亦在永嘉之乱后驻锡扬州始丰(今浙江天台)赤城山,弘扬禅法,成为南派禅学的开创者之一。③ 竺昙猷,或云法猷,敦煌人。"少苦行,习禅定。后游江左,止剡之石城山,乞食坐禅。"石城山是竺昙猷入扬州后的第一个驻锡处,即今浙江新昌县南明山,"后移始丰赤城山石室坐禅",赤城山是竺昙猷终老之处,"赤城山山有孤岩独立,秀出干云。猷拔石作梯,升岩宴坐,接竹传水,以供常用,禅学造者十有余人。王羲之闻而故往,仰峰高挹,致敬而反"④。竺昙猷以太元之末(396)卒于山室,尸犹平坐,而举体绿色。

河陇禅僧南投的路线,一般是假道梁益,顺江而下,东适江左。因此沿江形成了成都、荆州、庐山和建康(今南京)等多个驻锡中心,其中到达建康的高僧最多,荆州次之,驻锡庐山的僧人则以南渡河陇士人的第二代为主。

---

① 《宋书》卷四三《傅亮传》,北京:中华书局,1974年,第1335页。
② 《高僧传》卷一一《竺僧显传》,第401页。
③ 严耀中:《中国东南佛教史》,上海:上海人民出版社,2005年,第175页。
④ 《高僧传》卷一一《竺昙猷传》,第403—404页。

第五章 从凉州到江南

（1）建康 为东晋、南朝都城。永嘉之乱起，相对安宁的建康及周边地区，成为北方士族移民的首选目的地。河陇禅僧亦不例外，最先到达建康的是凉州禅僧宝云。公元411年，驻锡长安的佛驮跋陀横为秦僧所摈，徒众悉同其咎。佛驮跋陀"率侣宵征，南指庐岳"，因"姚兴敕令追之"，故宝云在中途奔散。

后来，宝云与南投后曾辗转驻锡于庐山和江陵的佛驮跋陀，"共归京师安止道场寺"。在道场寺时，"众僧以云志力坚猛，弘道绝域，莫不披衿谘问，敬而爱焉。云译出《新无量寿》，晚出诸经，多云所治定。华戎兼通，音训允正，云之所定，众咸信服。初关中沙门竺佛念善于宣译，于苻、姚二代，显出众经。江左译梵，莫逾于云，故于晋宋之际，弘通法藏，沙门慧观等，咸友而善之"。出于习禅僧人的习惯，"云性好幽居，以保闲寂，遂适六合山寺，译出《佛本行赞经》。山多荒民，俗好草窃，云说法教诱，多有改更，礼事供养，十室而八。顷之，道场慧观临亡，请云还都，总理寺任，云不得已而还。居道场岁许，复更还六合，以元嘉二十六年终于山寺，春秋七十有四"①。从中不难看出，宝云南投之后，辗转于道场寺和六合山寺之间，在译经的同时，还对白、黑两界教化颇多。

智严虽然师承于佛驮先，但请得佛驮跋陀东归后，在长安"常依随跋陀"，因此当佛驮跋陀南投时，智严也与其分散了。《高僧传·智严传》载：

> 顷之跋陀横为秦僧所摈，严亦分散，憩于山东精舍，坐禅诵经，力精修学。晋义熙十三年，宋武帝西伐长安，克捷旋旆，涂出山东。时始兴公王恢从驾游观山川，至严精舍，见其同止三僧，各坐绳床，禅思湛然，恢至，良久不觉，于是弹指，三人开

---

① 《高僧传》卷三《宝云传》，第102—103页。

眼,俄而还闭,问不与言。恢心敬其奇,访诸耆老,皆云:"此三僧隐居求志,高洁法师也。"恢即启宋武帝,延请还都,莫肯行者。既屡请恳至,二人推严随行。恢怀道素笃,礼事甚殷,还都,即住始兴寺。严性爱虚靖,志避喧尘。恢乃为于东郊之际,更起精舍,即枳园寺也。

南投后的智严,于枳园寺静心译经,"严前于西域所得梵本众经,未及译写,到元嘉四年乃共沙门宝云译出《普曜》《广博严净》《四天王》等",智严"不受别请,常分卫自资,道化所被,幽显咸服。"但因智严"清素寡欲,随受随施,少而游方,无所滞着。禀性冲退,不自陈叙,故虽多美行,世无得而尽传"①。

智严、佛驮跋陀以及其弟子宝云、慧观等驻锡于建康,为北魏平定凉州后河陇禅僧驻锡京师创造了条件,凉州禅法高僧慧览就是此时驻锡京师的。《高僧传·慧览传》载:

> 释慧览,姓成,酒泉人。少与玄高俱以寂观见称。览曾游西域,顶戴佛钵,仍于罽宾从达摩比丘谘受禅要。达摩曾入定往兜率天,从弥勒受菩萨戒。后以戒法授览,览还至于阗,复以戒法授彼方诸僧,后乃归。路由河南。河南吐谷浑慕延世子琼等,敬览德问。遣使并资财,令于蜀立左军寺,览即居之。后移罗浮天宫寺。宋文请下都止钟山定林寺。孝武起中兴寺,复敕令移住。

慧览南投的路线,即途经吐谷浑(今青海东部)的领地,东南入益州,顺江而下至建康,是河西政权与东晋、刘宋政权往来的主要路线。慧览驻锡京师中兴寺时,"京邑禅僧皆随踵受业。吴兴沈演、平

---

① 《高僧传》卷三《智严传》,第99—100页。

昌孟顗并钦慕道德，为造禅室于寺。宋大明中卒，春秋六十余矣"①。

元嘉二十二年闰（445）五月十七日从平城逃出的玄畅，以八月一日达于扬州。《高僧传·玄畅传》载：

> 洞晓经律，深入禅要。占记吉凶，靡不诚验。坟典子氏，多所该涉。至于世伎杂能，罕不必备。初《华严》大部，文旨浩博，终古以来，未有宣释。畅乃竭思研寻，提章比句。传讲迄今，畅其始也。又善于《三论》，为学者之宗。宋文帝深加叹重，请为太子师，再三固让，弟子谓之曰："法师之欲弘道济物，广宣名教。今帝主虚己相延，皇储蓄礼思敬，若道扬圣君，则四海归德。今矫然高让，将非声闻耶？"畅曰："此可与智者说，难与俗人言也。"及太初事故，方知先觉自尔。迁憩荆州，止长沙寺。时沙门功德直出《念佛三昧经》等，畅刊正文字，辞旨婉切。又舒手出香，掌中流水，莫之测也。②

以上南投的诸位禅僧，都是与佛驮跋陀有关，不是他的弟子便是他的友人。值得注意的是，昙无谶本人虽没有涉足江左，但其主持的河西禅法同样流播至京师。元嘉中昙无谶所出诸经，传至建康，其中就有《大般涅槃经》。"晋末初宋元嘉七年，《涅槃》至阳（扬）州。尔时里山慧观师，令唤生法师讲此经也。"③"《大涅槃经》初至宋土，文言致善，而品数疏简，初学难以措怀"④，京师道场寺慧观"志欲重寻《涅槃后分》，乃启宋太祖资给，遗沙门道普，将书吏十人，西行寻经"⑤，未果。后慧观、慧严与谢灵运等"依《泥洹》本加之品目。文

---

① 《高僧传》卷一一《慧览传》，第418页。
② 《高僧传》卷八《玄畅传》，第314—315页。
③ 《三论游意义》，载《大正新修大藏经》第45卷，第122页 b。
④ 《高僧传》卷七《慧严传》，第262页。
⑤ 《高僧传》卷二《昙无谶传》，第80页。

有过质，颇亦治改，始有数本流行。"①竺道生得到《大般涅槃经》后，即于庐山开讲。《高僧传·竺道生传》载："《涅槃大本》至于南京，果称阐提悉有佛性，与前所说合若符契，生既获斯经，寻即讲说，以宋元嘉十一年冬十一月庚子，于庐山精舍升于法座。"②从此南北各大家，都提倡《涅槃》，讲疏竞出，直到唐初不衰。

昙无谶的弟子——沮渠安阳侯，也在北魏平定凉州后南下建康。《高僧传·昙无谶传》载："及伪魏吞并西凉，乃南奔于宋。晦志卑身，不交人世，常游塔寺，以居士身毕世。初出《弥勒》《观音》二《观经》，丹阳尹孟𫖮，见而善之，深加赏接。后竹园寺慧濬尼，复请出《禅经》，安阳既通习积久，临笔无滞，旬有七日，出为五卷。顷之，又于钟山定林寺出《佛父般泥洹经》一卷。安阳居绝妻孥，无欲荣利，从容法侣，宣通正法，是以黑白咸敬而嘉焉，后遘疾而终。"③

（2）**庐山**　为南朝的佛教中心。驻锡庐山的河陇僧人，主要是南渡后的皇甫氏。永嘉之乱后，著名学者，安定朝那皇甫谧的儿子皇甫方回避乱荆州。《晋书》载："方回少遵父操，兼有文才。永嘉初，博士征，不起。避乱荆州，闭户闲居，未尝入城府。蚕而后衣，耕而后食，先人后己，尊贤爱物，南土人士咸崇敬之。"④皇甫方回迁居荆州襄阳后，其家族中共出产三位高僧，即道温、慧虔和僧慧。他们都与庐山有关。

道温，"姓皇甫，安定朝那人，高士谧之后也。少好琴书，事亲以孝闻。年十六入庐山，依远公受学。后游长安，复师童寿。元嘉中还止襄阳檀溪寺。善大乘经，兼明数论"⑤。慧虔，"姓皇甫，北地人也。少出家，奉持戒行，志操确然，憩庐山中十有余年。道俗有业志胜途

---

① 《高僧传》卷七《慧严传》，第262—263页。
② 《高僧传》卷七《竺道生传》，第256页。
③ 《高僧传》卷二《昙无谶传》，第80页。
④ 《晋书》卷五一《皇甫谧·子方回传》，第1418—1419页。
⑤ 《高僧传》卷七《道温传》，第287页。

者，莫不属慕风彩。罗什新出诸经，虔志存敷显，宣扬德教。以远公在山，足纽振玄风，虔乃东游吴越，嘱地弘通"①。僧慧，"姓皇甫，本安定朝那人。高士谧之苗裔，先人避难寓居襄阳，世为冠族。慧少出家，止荆州竹林寺，事昙顺为师。顺庐山慧远弟子，素有高誉，慧伏膺以后专心义学。至年二十五，能讲《涅槃》《法华》《十住》《净名》《杂心》等。性强记，不烦都讲，而文句辩折，宣畅如流。又善《庄》《老》，为西学所师"②。可见，居住在襄阳的皇甫氏，"世为冠族"。家族中出家人，主要在庐山及周边地区弘法。自太元九年至义熙十二年，慧远驻锡庐山，凡三十二年间，"影不出山，迹不入俗"③。故此三人都与慧远有联系。其中道温跟随慧远问学。慧虔"憩庐山中十有余年"，因"以远公在山，足纽振玄风"，才"东游吴越，嘱地弘通。以晋义熙之初，投山阴嘉祥寺。克己导物，苦身率众，凡诸新经，皆书写讲说"④。而僧慧则属于慧远的再传弟子。

（3）**荆州** 荆州之江陵，南临长江，是长江中游东西南北水陆交通枢纽。玄高弟子僧隐南下后，即驻锡江陵琵琶寺。僧隐，姓李，秦州陇西人。"隐年八岁出家，便能长斋。至十二蔬食。及受具戒，执操弥坚。常游心律苑，妙通《十诵》，诵《法华》《维摩》。闻西凉州有玄高法师禅慧兼举，乃负笈从之。于是学尽禅门，深解律要。高公化后，复西游巴蜀，专任弘通。顷之东下，止江陵琵琶寺。咨业于慧彻。彻名重当时，道扇方外。隐研访少时，备穷经律，禅慧之风，被于荆楚。州将山阳王刘休祐及长史张岱，并咨禀戒法。后刺史巴陵王休若及建平王景素，皆税驾禅房，屈膝恭礼。"⑤玄高的另一个弟子僧印亦南下荆州弘扬禅法。僧印，姓樊氏，金城榆中人（今兰州市榆

---

① 《高僧传》卷五《慧虔传》，第209页。
② 《高僧传》卷八《僧慧传》，第321页。
③ 《高僧传》卷六《慧远传》，第221页。
④ 《高僧传》卷五《慧虔传》，第209页。
⑤ 《高僧传》卷一一《僧隐传》，第432页。

中县)。"释玄高弟子,性腹清纯,意怀笃至。与之久处者,未当见慢忤之色。下接庸隶,必出矜爱之言。振恤贫馁,有求无逆。心道聪利,修大乘观,所得境界,为禅学之宗。省削身口,具持净律,尝在江陵,教一比丘受禅,颇有所得。"①曾分别师承智猛和玄畅的禅僧法期,"十四出家,从智猛谘受禅业,与灵期寺法林同共习观。猛所谙知,皆已证得。后遇玄畅,复从进业。及畅下江陵,期亦随从。十住观门,所得已九。有师子奋迅三昧,唯此未尽。畅叹曰:'吾自西至流沙,北履幽漠,东探禹穴,南尽衡罗。唯见此一子,特有禅分。'"②后卒于荆州长沙寺,春秋六十有二。凉州高僧僧朗,在北魏平定凉州时,"唯朗等数僧,别付帐下。及魏军东还,朗与同学中路共叛。……便随道自进,七日达于仇池,又至梁汉,出于荆州,不测其终。"③可见荆州亦有凉州禅法传入。

（4）广汉和成都　早在三国时,河陇已有很多士人入蜀汉就业。这固然与陇右和巴蜀毗邻有关,最主要的还是河陇"六郡良家子"以儒学为重,故统治者"正统"与否,常常成为他们择主而事的标准。永嘉之乱后,有两位河陇禅僧驻锡广汉,其一为阎兴寺的东晋贤护,姓孙,凉州人,"常习禅定为业,又善于律行,纤毫无犯"④。其二为法成,凉州人。"十六出家,学通经律。不饵五谷,唯食松脂,隐居岩穴,习禅为务。元嘉中,东海王怀素出守巴西,闻风遣迎,会于涪城。夏坐讲律,事竟辞反。因停广汉,复弘禅法。"⑤

高僧智猛,"禀性端明,励行清白,少袭法服,修业专至,讽诵之声,以夜续日。……以伪秦弘始六年甲辰之岁,招结同志沙门十有五人,发迹长安,渡河跨谷三十六所,至凉州城。出自阳关,西入流

---

① 《名僧传抄》卷一《僧印传》,载《卍新纂续藏经》,第77册。
② 《高僧传》卷一一《法期传》,第419页。
③ 《续高僧传》卷二五《僧朗传》,《大正藏》第50册,第646页c—647页a。
④ 《高僧传》卷一一《贤护传》,第407页。
⑤ 《高僧传》卷一一《法成传》,第417页。

沙"，遍历西国后，"于凉州出《泥洹本》，得二十卷。以元嘉十四年入蜀，十六年七月造传记所游历。元嘉末卒于成都"①。驻锡成都的禅僧还有敦煌人道法。道法"弃家入道，专精禅业，亦时行神咒。后游成都，至王休之、费铿之，请为兴乐、香积二寺主。训众有法。常行分卫，不受别请及僧食"②。玄高弟子玄畅晚年亦入蜀弘扬禅法。《高僧传》载：玄畅"迄宋之季年，乃飞舟远举，西适成都。初止大石寺，乃手画作金刚密迹等十六神像。至升明三年，又游西界，观瞩岷岭，乃于岷山郡北部广阳县界，见齐后山，遂有终焉之志。仍倚岩傍谷，结草为庵。弟子法期见神人乘马，着青单衣，绕山一匝，还示造塔之处。以齐建元元年四月二十三日，建刹立寺，名曰齐兴。正是齐太祖受锡命之辰，天时人事，万里悬合。时傅琰西镇成都，钦畅风轨，待以师敬"③。

由此可见，进入南朝的河陇高僧，无论从数量还是影响方面都远远超过东去平城的高僧，何况平城的高僧玄高不久就死在北魏拓跋氏的屠刀之下了，而他的得意弟子平城玄畅、陇右僧隐等，又都转道南渡。因此河陇禅法几乎完整地传播到了长江流域。

四、促使河陇禅法南播的原因

《高僧传·习禅》对中国早期禅法的流播状况作了如下总结：

> 自遗教东移，禅道亦授。先是世高、法护译出《禅经》。僧先、昙猷等，并依教修心，终成胜业。故能内逾喜乐，外折妖祥。摈鬼魅于重岩，睹神僧于绝石。及沙门智严躬履西域，请罽宾禅

---

① 《高僧传》卷三《智猛传》，第125—126页。
② 《高僧传》卷一一《道法传》，第420页。
③ 《高僧传》卷八《玄畅传》，第315页。

师佛驮跋陀更传业东土。玄高、玄绍等亦并亲受仪则。出入尽于数随,往返穷乎还净。其后僧周、净度、法期、慧明等亦雁行其次。①

可见,以竺法护、竺昙猷、智严、玄高、玄绍和法期等为主的河陇习禅僧人的东向迁徙过程,也是禅法传入东土后,自西北向东南、由边郡向内郡的传播过程。

由于禅法的修习,非常注重师承,可谓"人在山中学道,无师,道终不成"②,因此禅法的外播是以高僧为载体的。虽然一路可以化缘,又有寺庙可供歇脚的僧侣的迁徙能力,要强于拖家带口的庶民百姓,但他们迁徙仍然不出移民史的研究范畴,适合用人口学的方法分析他们南迁的内在原因。从人口学的角度而言,一次移民事件的发生,涉及三个必备的条件:一是移民迁出区要产生足够的推力,把移民从出发地推出来;二是迁出区与迁入区之间要有通畅的交通条件;三是迁入区要产生足够的吸引力,才有可能成为移民迁移的目的地。下面就从这三个方面来分析影响河陇禅法南播的历史因素。

(一)迁出区对河陇禅法南播的推力

其一是永嘉丧乱。西晋"八王之乱"和以及匈奴、氐、羌、羯、鲜卑等部族的内侵,使晋室多故,人神涂炭,"雍秦之人死者十八九"③。为了逃避战争,大量中原汉人举族南迁。在永嘉南迁大潮中,尽管有安定朝那的皇甫氏和北地灵州傅氏等陇右士族,以及北地灵州竺僧显、河西竺昙猷等高僧,南迁长江流域,但因远离"中州兵乱"的河西地区,在张轨、吕光、秃发乌孤、李暠和沮渠蒙逊等所领导的五凉

---

① 《高僧传》卷一一《慧明传》,第 426—427 页。
② 《出三藏记集》卷九《关中出禅经序》,第 342 页。
③ 《晋书》卷八六《张寔传》,第 2229 页。

政权的治理下，社会相对安宁，因此不仅不是移民迁出区，反而成为移民迁入区，故《资治通鉴》载："永嘉之乱，中州之人士避地河西，张氏礼而用之。子孙相承，衣冠不坠，故凉州号为多士。"①迁入河西的移民还包括周边的少数民族以及往来于丝绸之路的商胡和西国高僧。因此永嘉之乱，尽管对陇右士族南迁影响较大，但就整体而言，还不是河陇僧人南迁的第一推动力。

其二是北魏平定凉州。北魏平定凉州时，对河西和陇右僧人所产生的推力有所差异。对河西僧人的推力涉及两方面：一方面，河西禅僧领袖昙无谶与北魏政权交恶，河西僧人因参加凉州城的保卫战，是北魏惩处的对象。另一方面，尽管河陇禅法的兴起与其地处汉文化圈内边塞地带，为道流东国的首站有关，但不得不承认是五凉小国礼佛对河陇佛教的繁盛起了重要的推动作用，可谓"不依帝王，佛法无行"。因此北魏平定凉州，就等于断了河西佛教赖以存在的政治经济基础，所以寻求可以继续依附的政治团体，也是高僧散走的内在驱动力。相反麦积山玄高僧团则是北魏政权的坐上宾，因此，北魏平定凉州对他们的影响比较小，甚至可以说是从中获利，如在麦积山时，玄高一度是西秦乞伏炽磐排挤的对象，而在平城则贵为太子师和佛教领袖。

其三是北魏太武帝灭佛。这次事件对河陇禅法的外播的影响是全方位的。"秦川中，血没腕，惟有凉州倚柱观"②，永嘉之乱时躲过一劫的河西，没有躲过北魏平定凉州的灾难。永嘉之乱时受到一定影响的陇右禅僧，在北魏平定凉州是却渔翁得利。太武帝灭佛这一劫，河西和陇右的僧人都没有躲过，而且这次劫难距离北魏平定凉州的时间间隔很短，可谓雪上加霜，几乎把前两次事件中遗留下来的河陇高僧悉数驱赶到南方。

---

① 《资治通鉴》卷一二三《宋纪五》，宋纪元嘉十六年十二月，第3877页。
② 《晋书》卷八六《张寔传》，第2229页。

（二）五凉政权与迁徙禅僧的文化认同

河陇禅僧迁往何处的意愿，涉及禅僧以及他们所依附的河陇割据政权的文化认同问题，即在东晋十六国与南北朝中，哪个国家代表着华夏正统。有了正统认同之后，"正统"之华夏与"倒悬"之凉州之间的政治、军事、经济和文化关系如何，则成为禅僧能否顺利迁徙的保障条件。

虽然河陇民族众多，但自西汉移民实边之后，汉族就成为这一地区人口数量最多的民族，所以无论是汉人张轨、李暠所建立的前凉和西凉，还是氐族吕光、鲜卑秃发乌孤、匈奴沮渠蒙逊等建立的后凉、南凉和北凉，都不约而同的视东晋南朝为华夏正统。因此当陇西人李俨，诛大姓彭姚，自立于陇右，"奉中兴年号，百姓悦之"①。可见在普通百姓心目中，东晋南朝才是华夏正统。

河西民众的这一文化认同传统，在张轨及其子孙身上体现得尤为显著。《晋书·张轨传》载："光禄傅祗、太常挚虞遗轨书，告京师饥匮，轨即遣参军杜勋献马五百匹、毯布三万匹。帝遣使者进拜镇西将军、都督陇右诸军事，封霸城侯，进车骑将军、开府辟召、仪同三司。策未至，而王弥遂逼洛阳，轨遣将军张斐、北宫纯、郭敷等率精骑五千来卫京都。及京都陷，斐等皆没于贼。中州避难来者日月相继，分武威置武兴郡以居之。"②张轨在世时，著勋西夏。"顷胡贼狡猾，侵逼近甸，义兵锐卒，万里相寻，方贡远珍，府无虚岁。"③在中原乏主，群雄角逐，日寻干戈，未知鹿死谁手之时，各凭才智，遂至蚕食不休或割据一方的乱世中，张轨这样的举措是很难得的，甚至在其临死之日还不忘告诫后人说："吾无德于人，今疾病弥留，殆将

---

① 《晋书》卷八六《张玄靓传》，第 2248 页。
② 《晋书》卷八六《张轨传》，第 2225 页。
③ 《晋书》卷八六《张寔传》，第 2227 页。

命也。文武将佐咸当弘尽忠规,务安百姓,上思报国,下以宁家。素棺薄葬,无藏金玉。善相安逊,以听朝旨。"①因此,张轨的后人,一直奉西晋正朔。公元318年,"元帝即位于建邺,改年太兴"。张轨的儿子张寔"犹称建兴六年,不从中兴之所改也"②。建兴为晋愍帝时的年号。

这样的一幕,在张轨的弟弟张茂身上重演。太宁三年(325)张茂卒,临终,执侄子张骏手泣曰:"昔吾先人以孝友见称。自汉初以来,世执忠顺。今虽华夏大乱,皇舆播迁,汝当谨守人臣之节,无或失坠。吾遭扰攘之运,承先人余德,假摄此州,以全性命,上欲不负晋室,下欲保完百姓。然官非王命,位由私议,苟以集事,岂荣之哉!气绝之日,白帢入棺,无以朝服,以彰吾志焉。"③

张骏始终遵从父亲和叔叔的遗训,"太宁元年,骏犹称建兴十二年,骏亲耕藉田。寻承元帝崩问,骏大临三日。会有黄龙见于胥次之嘉泉,右长史氾祎言于骏曰:'案建兴之年,是少帝始起之号。帝以凶终,理应改易。朝廷越在江南,音问隔绝,宜因龙改号,以章休征。'不从"④。因此在河西"刑清国富,群僚劝骏称凉王,领秦、凉二州牧,置公卿百官,如魏武、晋文故事。骏曰:'此非人臣所宜言也。敢有言此者,罪在不赦。'"⑤之后张祚曾僭称帝位,改建兴四十二年为和平元年,但张玄靓即位后,"废和平之号,复称建兴四十三年"⑥。张轨子孙奉西晋正朔的行为,使在西晋只存在了4年的建兴年号,在河西却被使用了48年。这固然有张轨家族立足河西的政治需要,

---

① 《晋书》卷八六《张轨传》,第2226页。
② 《晋书》卷八六《张寔传》,第2230页。
③ 《晋书》卷八六《张茂传》,第2232—2233页。
④ 《晋书》卷八六《张骏传》,第2234页。按:东晋明帝太宁元年为公元323年,前凉张俊建兴十二年为公元323年,两者年代不一致。
⑤ 《晋书》卷八六《张骏传》,第2235页。
⑥ 《晋书》卷八六《张玄靓传》,第2248页。

但其对东晋政权的忠诚,也彰显无遗。因此《晋书》卷八十六史臣曰:"茂、骏、重华资忠踵武,崎岖僻陋,无忘本朝,故能西控诸戎,东攘巨猾,绾累叶之珪组,赋绝域之琛賨,振曜遐荒,良由杖顺之效矣。"① 其中"西控诸戎,东攘巨猾"正是两晋南朝政权羁縻河西豪族所希望得到的。因此,即便东晋、南朝远在江左,亦不停的加封河西割据者,如对北凉的每一个皇帝都予以册封(见表5-4)。

表5-4 东晋、刘宋对北凉诸帝册封情况统计

北凉诸帝	年 代	册 封 职 位
沮渠蒙逊	义熙十四年	十四年,蒙逊遣使诣晋,奉表称蕃,以蒙逊为凉州刺史
	永初三年	高祖以蒙逊为使持节、散骑常侍、都督凉州诸军事、镇军大将军、开府仪同三司、凉州刺史、张掖公
	景平元年	是岁,进蒙逊侍中、都督凉秦河沙四州诸军事、骠骑大将军、领护匈奴中郎将、西夷校尉、凉州牧、河西王,开府、持节如故
沮渠茂虔	元嘉十一年	持节、散骑常侍、都督凉秦河沙四州诸军事、征西大将军、领护匈奴中郎将、西夷校尉、凉州刺史、河西王
沮渠无讳	元嘉十九年	持节、散骑常侍、都督凉河沙三州诸军事、征西大将军、领护匈奴中郎将、西夷校尉、凉州刺史、河西王
沮渠安周	元嘉二十一年	持节、散骑常侍、都督凉河沙三州诸军事、领西域戊己校尉、凉州刺史、河西王

资料来源:《宋书》卷九八《沮渠蒙逊传》。

河陇割据政权与东晋南朝之间的友好关系,不仅体现在"正统"的认同上,还体现在经济和文化的交流方面。经济上讲,张轨在世时,就不停的给朝廷贡献。"于时天下既乱,所在使命莫有至者,轨遣使贡献,岁时不替。朝廷嘉之,屡降玺书慰劳。"不仅贡献方物,还贡

---

① 《晋书》卷八六《张轨传》,第2253页。

献兵马,如张轨曾"遣治中张阆送义兵五千及郡国秀孝贡计、器甲方物归于京师。"① 公元459年,西逃高昌的沮渠安周,被宋孝武帝册封后,仍然向其"奉献方物"。②

文化上的交流也较为频繁,张寔在河西时,即"遣督护王该送诸郡贡计,献名马方珍、经史图籍于京师"③。元嘉三年(426),北凉沮渠蒙逊世子兴国"遣使奉表,请《周易》及子集诸书,太祖并赐之,合四百七十五卷。蒙逊又就司徒王弘求《搜神记》,弘写与之"④。元嘉十四年(437),沮渠茂虔奉表献方物于刘宋,"并献《周生子》十三卷,《时务论》十二卷,《三国总略》二十卷,《俗问》十一卷,《十三州志》十卷,《文检》六卷,《四科传》四卷,《敦煌实录》十卷,《凉书》十卷,《汉皇德传》二十五卷,《亡典》七卷,《魏驳》九卷,《谢艾集》八卷,《古今字》二卷,《乘丘先生》三卷,《周髀》一卷,《皇帝王历三合纪》一卷,《赵畞传》并《甲寅元历》一卷,《孔子赞》一卷,合一百五十四卷。茂虔又求晋、赵《起居注》诸杂书数十件,太祖赐之"⑤。这其中有许多著作出自凉州本土士人之手。

除了上述主动、直接的文化交流外,被动、间接的文化交流也时有发生。《清乐》被辗转于河西、关中、江南,最终成为隋朝国乐《九部》之一,即为一例。《隋书·音乐志》载:"《清乐》其始即《清商三调》是也,并汉来旧曲。乐器形制,并歌章古辞,与魏三祖所作者,皆被于史籍。属晋朝迁播,夷羯窃据,其音分散。苻永固平张氏,始于凉州得之。宋武平关中,因而入南,不复存于内地。及平陈后获之。高祖听之,善其节奏,曰:'此华夏正声也。昔因永嘉,流于江外,我受天明命,今复会同。虽赏逐时迁,而古致犹在。可以此为

---

① 《晋书》卷八六《张轨传》,第2223—2224页。
② 《宋书》卷九八《氐胡·沮渠安周传》,第2818页。
③ 《晋书》卷八六《张寔传》,第2227页。
④ 《宋书》卷九八《氐胡·沮渠蒙逊传》,第2415页。
⑤ 《宋书》卷九八《氐胡·沮渠茂虔传》,第2416页。

本，微更损益，去其哀怨，考而补之。以新定律吕，更造乐器。'"①

上述主动的经济和文化交流，对于东晋南朝诸国来说，目的自然是为了"招怀四远"。五凉割据者的目的，一方面是为了在复杂的地缘政治环境中，寻求大国庇护，另一方面则是为了在河西豪族尤其是汉族士人中，昭显自己继承王位的合法性。但这些举措却强化了普通河西民众东晋、南朝即华夏正统的民族认同意识。因此那些南投的僧人和士人，尽管事实上是背井离乡，而内心中却有"回家"的感觉，此即文化归属感使然。

（三）迁入区——东晋南朝对河陇禅法高僧所产生的引力

长江流域，一方面经过蜀汉和孙吴的开发，生活经济条件已有长足进步，另一方面，远离北方战乱，社会安定，加之司马睿南渡后，建立东晋政权，成了华夏"正统"之所在，因此吸引了大量的北方移民。

相对于北魏建国初期佛教信仰的边荒状况，南朝的佛教信仰则已相当普及，并有广泛的信众基础。首先表现在东晋南朝帝王大多尊信佛教。如晋明帝司马绍，"始钦斯道，手画如来之容，口味三昧之旨，戒行峻于岩隐，玄祖畅乎无生"；②孝武帝司马曜太元六年春正月"初奉佛法，立精舍于殿内，引诸沙门以居之"；③安帝司马德宗"深信浮屠道，铸货千万，造丈六金像，亲于瓦官寺迎之，步从十许里"。④又如宋武帝刘裕南伐休之，至江陵与慧"观相遇，倾心待接，依然若旧。因敕与西中郎游，即文帝也。……元嘉初三月上巳，车驾临曲水宴会，命观与朝士赋诗。观即坐先献，文旨清婉，事适当时"⑤。文帝刘义隆在

---

① 《隋书》卷一五《音乐志下》，北京：中华书局，1973年，第377—378页。
② 习凿齿：《与释道安书》，载《弘明集》卷一二，四部丛刊景明本，第596页。
③ 《晋书》卷九《孝武帝纪》，第231页。
④ 《晋书》卷一〇《恭帝纪》，第270页。
⑤ 《高僧传》卷七《慧观传》，第264—265页。

位时,与高僧慧严"情好尤密,每见弘赞问佛法"①。

不仅帝王如此,地方要员和文人雅士,亦对南投的高僧礼遇结赏。如竺昙猷驻锡赤城山时,"王羲之闻而故往,仰峰高挹,致敬而反"②。高僧慧观在荆州时,"琅琊王僧达、庐江何尚之,并以清言致款,结赏尘外"③。元嘉中,高僧法成驻锡广汉,"东海王怀素出守巴西,闻风遣迎,会于涪城。夏坐讲律,事竟辞反"④。

此外,从南渡僧人的个人学养来看,他们或游学域外,见多识广;或从事译经,具胡、汉双语能力;或专修禅业,师出名门,故他们的佛学修养,与长江流域诸僧相比,无疑要高出许多,因此所到之处,黑白咸敬而嘉焉。这种受人礼遇的环境,与北朝灭佛的环境相比,可谓云泥霄壤,故禅僧之南下,势不可遏。

五、小　结

永嘉年间,"天下方乱,避难之国唯凉土耳"。河陇尤其是河西成为中原移民的迁入区,加之五凉时期河陇为北中国的学术中心,因此学界一般都认为由河西迁移到南方的人口几乎为零,其学术对长江流域的影响也很有限。即便北魏平定凉州之后,其学术典章制度也是随着三万户河西移民,被完整地转移到了北魏首都平城。之后几经辗转,最终成为隋唐学术典章制度的渊源。似乎仍然看不出两晋南北朝时期,地处西北的北中国学术中心——河陇,与东南移民新开发区之间有什么实质性的文化交流。自陈寅恪先生的"北朝文化系统之中,其由江左发展变迁输入者之外,尚别有汉、魏、西晋之河西

---

① 《高僧传》卷七《慧严传》,第261页。
② 《高僧传》卷一一《竺昙猷传》,第403—404页。
③ 《高僧传》卷七《慧观传》,第265页。
④ 《高僧传》卷一一《法成传》,第417页。

遗传"说一出,一些论者更是有意无意地认为,河西学术的传播只是东传平城而已。

其实不然,通过对河陇禅法外播过程的考察,我们清楚地看到,从永嘉丧乱起,河陇禅法僧人和士人的南渡就络绎不绝。至北魏平定凉州后,大量的河西士人和僧人被迁往平城,他们对北魏学术文化虽有一定的影响,但因他们在平城生活的时间短,如高僧玄高、士人段承根、宗钦等,到达平城没几年就被北魏统治者所杀。得以终老平城的河西士人大多也是食不果腹,生活困窘。估计如高僧玄畅一样,从平城出发,历尽艰险,奋力逃向南方的河陇僧人和士人一定不在少数。故对北魏的贡献非常有限。加之魏太武帝灭佛,使本来是北魏征服者的僧人的生活雪上加霜。相反,由于东晋南朝社会稳定,又代表着华夏正统,为中国衣冠礼乐之所在,因此许多僧人和士人抱着"我宁为国家鬼,不为羌贼臣"的心态南渡。统计表明,出生、驻锡于河陇的高僧,74%都向南进入了长江流域。再加上五凉政权频繁的向南朝贡献"经史图籍"等,可以肯定地说,五凉时期的河陇文化随着南下的士人和僧人,还被转移保存于东晋南朝,而不仅仅是东迁平城。仅从禅法的传播来看,河陇禅法主要被南渡高僧转移保存于东晋南朝的长江流域,而不是北魏的首都平城。

从禅学传播的影响来看,河陇禅法大量输入东晋南朝,为其禅学的发展奠定了基础。如河陇禅法僧人南渡后的主要驻锡地建康、荆州、庐山和成都,不仅是当时禅法修习中心,日后也都成为中国禅宗的发达地区。换而言之,禅法由中国西北边塞向南方传播的过程,也是佛教汉化的一个时空过程,当然这个过程是双向往复的。值得注意的是,凉州这个五凉时期北中国的文化孤岛,在北魏平定凉州后,烟消云散,不复存在,但其融合东、西的独特地域文化,却如同被西北风吹起的蒲公英种子,散播在大江南北。因此河陇不仅仅是丝绸之路的走廊地带,河陇民众还是东、西文化的传播者。

第六章 天竺与中土：何为天地之中央
——唐代僧人运用佛教空间结构系统整合中土空间的方法

一、引　言

一种新的思想出现或传入，往往会给一地固有的思想体系带来冲击，当冲击涉及信仰的宇宙秩序，即空间结构系统时，往往会动摇其根基。"日心说"曾一度让上帝失去了立足之地。中国者，中央之国也。正如《战国策·赵策》所云：

> 中国者，聪明睿知之所居也，万物财用之所聚也，贤圣之所教也，仁义之所施也，诗书礼乐之所用也，异敏技艺之所试也，远方之所观赴也，蛮夷之所义行也。①

在中土民众心目中，早已为常识的"中央之国"理念，在佛教传入后，却不得不面对天竺与中土，何为"中国"的问题。倘若天竺为天地之中心，那么中土奉天承运的"天子"，将何以自处？其说影响之大，谓其动摇信仰基础，当不为过，与"日心说"对基督教的影响，不相上下。中边之争，其实是二者谁为宇宙中心之争。唐代高僧道宣《释迦方志》云：

---

① 《战国策》卷一九《赵策·武灵王平昼闲居》，上海：上海古籍出版社，1985年，第656页。

> 所言名者，咸谓西域以为中国，又亦名为中天竺国。此土名贤谈邦之次，复指西宇而为中国。若非中者，凡圣两说不应名中。昔宋朝东海何承天者，博物著名，群英之最。问沙门慧严曰："佛国用何历术而号中乎？"严云："天竺之国，夏至之日，方中无影，所谓天地之中平也。此国中原，影圭测之，故有余分，致历有三代、大小二余增损，积算时辄差候，明非中也。"承天无以抗言。文帝闻之，乃敕任豫受焉。夫以八难所标，边地非摄，出凡入圣，必先中国。故大夏亲奉音形，东华晚开教迹，理数然矣。①

"名"只是道宣用来证明天竺为"中国"的五个方面之一。这里的"方中无影"，显然是指地球表面南北回归线之间太阳的直射现象。南朝刘宋高僧慧严（363—443）说："天竺之国，夏至之日，方中无影，所谓天地之中平也。"其实，天竺之国也并非全在回归线之间，如印度河和恒河流域，大部分在北回归线以北。因此，唐代求法高僧义净说："然赡部洲中，影多不定，随其方处，量有参差。即如洛州无影，与余不同。又如室利佛逝国，至八月中以圭测影，不缩不盈，日中人立，并皆无影。春中亦尔。一年再度，日过头上。若日南行，则北畔影长二尺三尺。日向北边，南影同尔。神州则南溟北朔更复不同，北户向日，是其恒矣。又海东日午，关西未中。准理既然，事难执一。"② 亲历过室利佛逝国，即今印度尼西亚苏门答腊岛南部的义净，对赡部洲各地太阳高度角的差异，尤其对二分日与二至日太阳高度角的认识，比慧严更为深刻和准确。

---

① 道宣著，范祥雍点校：《释迦方志》卷上《中边篇》，北京：中华书局，2004年，第7—8页。
② 义净著，王邦维校注：《南海寄归内法传校注》卷三《旋右观时》，北京：中华书局，1995年，第167—168页。

第六章　天竺与中土：何为天地之中央

慧严、道宣，甚至包括最早记录下这个故事的《高僧传》作者慧皎等，他们即便没去过热带，读书也能掌握这方面的知识。汉武帝元鼎六年（前111），灭南越国，在今越南中部设立日南郡，即太阳在其天顶以北，东升西落，划过天空。《汉书·地理志》师古注曰："言其在日之南，所谓开北户以向日者。"①至于历法精确与否，是因为制定历法时，一地所选择的参照物的不同，如太阴和太阳，误差则不同，与有无太阳直射或地理纬度之高低没有关系。那么，为什么在慧严、道宣的知识体系中，"方中无影"是某一地乃天地之中的证据呢？这一理念其实源自中土，据《淮南子》载："建木在都广，众帝所自上下，日中无景，呼而无响，盖天地之中也。"②建木是沟通天地人的圣树，也是"宇宙之轴"。

慧严、道宣这样百般回护佛家之说，未必是其真的不懂"日南郡"和历法的基本常识，但类似《高僧传》《佛国记》《大唐西域记》和《释迦方志》等中土僧人的著述，确实在很大程度上动摇了"中央之国"的空间观念和信仰体系。作为中土僧人，为了弘扬大法，一方面要阐明佛教的空间结构，构建自洽的佛教教理系统。另一方面，要想办法在前科学时代，把中土纳入这个体系之中，并尽可能地与传统中土空间结构体系相互兼容。这其实是一个颇为棘手的技术活，因为想要完成对不同空间系统的榫接，需要作者对中外地理知识相当熟稔才行。传统中国的地理空间观念的范围，在佛教传入中土之前，基本上囿于帕米尔高原以东，蒙古高原以南，太平洋以西的广大区域，对位于喜马拉雅山脉以南的印度，则知之甚少。故唐秘书著作佐郎敬播《大唐西域记·序》云：

---

① 《汉书》卷二八《地理志》，北京：中华书局，1962年，第1630页。
② 张双棣撰：《淮南子校释》卷四《地形训》，北京：北京大学出版社，1997年，第432页。

> 窃以穹仪方载之广,蕴识怀灵之异,《谈天》无以究其极,《括地》讵足辩其原?是知方志所未传、声教所不暨者,岂可胜道哉!详夫天竺之为国也,其来尚矣。圣贤以之迭轸,仁义于焉成俗。然事绝于曩代,壤隔于中土,《山经》莫之纪,《王会》所不书。博望凿空,徒置怀于邛竹;昆明道闭,谬肆力于神池。遂使瑞表恒星,郁玄妙于千载;梦彰佩日,秘神光于万里。暨于蔡愔访道,摩腾入洛。经藏石室,未尽龙宫之奥,像画凉台,宁极鹫峰之美?①

又如释道宣所云:

> 然则八荒内外,前史具书,五竺方维,由来罕述,岂非时也?虽复周穆西狩,止届昆丘;舜禹南巡,不逾沧海;秦皇画野,近衷临洮;汉武封疆,关开铁路。厥斯以降,遐讨未详。……而方土所记,人物所宜,风俗之沿革,山川之卓诡,虽陈之油素,略无可纪。岂不以经途辽远,游诣之者希乎?以事讨论,纵有传说,皆祖行人,信非躬睹,相从奔竞,虚为实录。何以知其然耶?故积石河源,西瞻赤县;昆仑天柱,东顾神州;鸣砂以外,咸称胡国,安用远筹,空传缃简。是知身毒之说,重译臻焉,《神异》等传,断可知矣。②

随着为数不少的西域僧人的到来,西域求法高僧的实地踏勘,以及数量众多的佛经被翻译出来,榫接中印的佛教信仰空间结构系统,在唐初就已经建立了起来。其中《释迦方志》对此贡献尤多。道宣自述其整理《释迦方志》目的时说:

---

① 《大唐西域记校注》,第1页。
② 《释迦方志·序》,第1—2页。

第六章 天竺与中土：何为天地之中央

　　自佛教东传，荣光烛汉，政流十代，年将六百，轺轩继接，备尽观方，百有余国，咸归风化，莫不梯山贡职，望日来王。而前后传录，差互不同，事迹罕述，称谓多惑，覆寻斯致，宗归译人。昔隋代东都上林园翻经馆沙门彦悰著《西域传》一部十篇，广布风俗，略于佛事，得在洽闻，失于信本。余以为八相显道，三乘陶化，四仪所设，莫不逗机，二严攸被，皆宗慧解。今圣迹灵相，杂沓于华胥；神光瑞影，氤氲于宇内。义须昌明形量，动发心灵。洎贞观译经，尝参位席，傍出《西记》，具如别详。但以纸墨易繁，阅镜难尽，佛之遗绪，释门共归。故撮纲猷，略为二卷，贻诸后学，序之云尔。①

　　方志，乃四方风土记录之志书。《周礼·地官·诵训》："掌道方志，以诏观事。"郑玄注："说四方所识久远之事以告王。"②在中土方志是记载传统中国地理或空间理念最重要的文本之一。"至于佛道神化，兴自身毒，而二汉方志莫有称焉。"③至唐初，尽管"轺轩继接，备尽观方"，但天竺和西域地理，远不如中土那样，被方志条分缕析，载记有序，而是"前后传录，差互不同，事迹罕述，称谓多惑"。虽然隋代高僧彦悰著有《西域传》，但其"广布风俗，略于佛事，得在洽闻，失于信本"。玄奘、辩机著有《大唐西域记》，道宣认为："但以纸墨易繁，阅镜难尽，佛之遗绪，释门共归。故撮纲猷，略为二卷，贻诸后学。"④一方面昌明佛教空间观念，条理地理事物；一方面作为一个中土僧人，如何把中土纳入到佛教空间结构系统中，也是道宣在《释迦方志》竭

---

① 《释迦方志·序》，第2页。
② 《周礼注疏》卷一六《地官·诵训》，《十三经注疏》，北京：中华书局，1980年，第474页a。
③ 《后汉书》卷八八《西域传》，北京：中华书局，1965年，第2931页。
④ 《释迦方志·序》，第2页。

力阐明的问题之一。换而言之，道宣撰写《释迦方志》，是想将中国的地理纳入佛教宇宙秩序体系之内，从而为佛教在中土的广泛传播，奠定空间基础。

释道宣（596—667），姓钱氏，丹徒（今江苏省丹徒县）人，"九岁能赋，十五厌俗，诵习诸经，依智頵律师受业。洎十六落发，所谓除结，非欲染衣，便隶日严道场。弱冠，极力护持，专精克念，感舍利现于宝函。隋大业年中，从智首律师受具。武德中依首习律，才听一遍，方议修禅。……及西明寺初就，诏宣充上座。三藏奘师至止，诏与翻译"①，为"缀文大德"九人之一。②"撰《法门文记》《广弘明集》《续高僧传》《三宝录》《羯磨戒疏》《行事钞》《义钞》等二百二十余卷。……宣之持律，声振竺乾，宣之编修，美流天下。……先所居久在中南，故号'南山律宗'。"③

从以往的研究来看，王邦维教授④和陈金华教授⑤，都注意到了唐代佛教的"中心"与"边地"问题，但皆未揭示中土僧人具体采取了哪些措施，把天竺和中土整合为统一的信仰空间的。本文以道宣《释迦方志》为纲，结合法显《佛国记》，玄奘、辩机《大唐西域记》，义净《南海寄归内法传》以及僧传史料，对唐代僧人运用佛教宇宙秩序系统，整合中土空间的方法展开研究。首先探讨僧侣运用佛教空间结构系统整合中土空间的方法，然后尝试分析"天地之中央"认同的个人因素与初唐的社会背景。

---

① 赞宁撰，范祥雍点校：《宋高僧传》卷一四《道宣传》，北京：中华书局，1987年，第327页。
② 慧立、彦悰著，孙毓棠、谢方点校：《大慈恩寺三藏法师传》卷六，北京：中华书局，2000年，第130—131页。
③ 赞宁撰，范祥雍点校：《宋高僧传》卷一四《道宣传》，第327页。
④ 王邦维：《佛教的"中心观"与中国文化的优越感的挑战》，《国学研究》第25辑，北京：北京大学出版社，2010年，第45—59页。
⑤ 陈金华：《东亚佛教中的"边地情结"：论圣地及祖谱的建构》，《佛教研究》2012年第21期。

二、僧侣运用佛教空间结构系统
整合中土空间的方法

佛所统摄的索诃（梵语 Sahālokadhātu，意为忍土）世界，是一个立体的空间结构系统。《入阿毗达磨论》卷下，《长阿含经·阎浮提州品》《阿毗达磨俱舍论·分别世品》等都有介绍。道宣《释迦方志》对索诃世界宏观空间结构的描述是：

> 案此封疆，周轮铁山，山外是空，空不可测。山下是地，地下是金，金下是水，水下是风。其风坚实，逾于金刚，众生心力同业所感，能持世界，不令倾坠。自风以外，即是虚空。约此周轮，从下而上，至无色穷，名为有顶。论其尽界，从广所经，卒非里数之所度也。且如《智度论》，从色界天下一大石，经一万八千三百八十二年方始至地。约此上下方维，名为一佛所王土也（即以大千铁围而为封疆之域）。①

道宣对索诃宏观空间结构的叙述，尤其是对地轮以上空间的描述，是相当简略的。与道宣简略但结构较为完善的空间描述相比，玄奘只关注了地轮空间，显得残缺不全。在地轮空间内，《大唐西域记》重点描述了转轮王的空间管理体系，即"金轮王乃化被天下，银轮王则政隔北拘卢，铜轮王除北拘卢及西瞿陀尼，铁轮王则唯赡部洲"②。《释迦方志》则关注了三千大千世界构成的数量等级体系："苏迷山已上二十八天并一日月为一国土，即此为量，数至一千，铁围都绕，名小千世界。即此小千，数至一千，铁围都绕，名中千世界。即

---

① 《释迦方志·序》，第5页。
② 《大唐西域记校注》，第34—35页。

此中千,数至一千,铁围都绕,名为大千世界。案此三千大千世界,其中四洲山王日月乃至有顶,则有万亿之所,皆为佛之统摄,俱遵声教。"①

由此可见,佛所王土,"论其尽界,从广所经,卒非里数之所度也",完全是一个教理上自洽的信仰空间,尽管玄奘和道宣所依据的《俱舍论》中,未言及中土的空间及位置,但在中土僧侣的信仰体系中,这个无所不包的体系,中土当然被囊括其中。这样的认识,在僧侣心中,已然成为公理性常识,不容置疑。因此,无论是玄奘、辩机还是道宣,只是依据不同的佛经,归纳出自己认为值得介绍的空间结构系统而已。他们要把中土空间整合进索诃世界,则要在更具真实性的地理空间,即赡部洲中展开。

佛教的空间系统中,处于苏迷卢山以南,咸海之中的赡部洲,其地位不同于其他四洲。一方面,"唯此洲中有金刚座,上穷地际,下据金轮。一切菩萨将登正觉,皆坐此座上,起金刚喻定,以无余依及余处所有坚固力能持此故"②。金刚,据《金刚仙论》云:"言金刚者,从譬喻为名,取其坚实之义,如世间金刚。有二义,一其体坚实能破万物,二则万物不能坏于金刚。"③金刚喻定,即菩萨于最后位时,断除最后一切最细微之烦恼而得的禅定。由于佛入金刚定,故其所谓金刚座。摩揭陀国"菩提树垣正中有金刚座"④。另一方面,佛生迦毗罗卫城(Kapilavastu),"迦夷卫者,三千日月万二千天地之中央也,过去来今诸佛,皆生此地"⑤。佛为威神,不生边地。因此,赡部洲为

---

① 《释迦方志》卷上《统摄篇》,第6页。
② 《阿毗达磨俱舍论》卷一一《分别世品第三之四》,《大正藏》第29册,第57页c。
③ 《金刚仙论》卷一,《大正藏》第25册,第798页c。
④ 《大唐西域记校注》卷八《摩揭陀国上》,第668页。
⑤ 《修行本起经》卷上,《大正藏》第3册,第463页b。

第六章 天竺与中土：何为天地之中央

天地之中央，即"中国"①。

作为中土士人，面对两个"中国"问题，自然要做出取舍。方法不外乎两种，一种是承认大唐为"中国"，把印度的地理空间，整合进中国固有的地理空间结构系统之中；一种是承认天竺为"中国"，把天府的地理空间整合进天竺的地理空间结构系统之中。道宣采用的方法属于后者。他在《释迦方志》中，为了说明这个问题，"约五事以明中也。所谓名、里、时、水、人为五矣"，即从五法方面证明天竺乃名至实归的"中国"。

一言名者。名即名称辨析。本来道宣想用名称辨析来论证天竺即中央之国，但却举了一个历法的例子来说明。"所言名者，咸谓西域以为中国，又亦名为中天竺国。此土名贤谈邦之次，复指西宇而为中国。若非中者，凡、圣两说不应名中。"在道宣看来，既然大家都说西域或中天竺为"中国"，那自然是"中国"了。然后举出以下故事来证明天竺乃天地之中。

> 昔宋朝东海何承天者，博物著名，群英之最。问沙门慧严曰："佛国用何历术而号中乎？"严云："天竺之国，夏至之日，方中无影，所谓天地之中平也。此国中原，影圭测之，故有余分，致历有三代、大小二余增损，积算时辄差候，明非中也。"承天无

---

① 印度境内的"中国"并非惟一的一个区域。佛教所称的"中国"，是指恒河流域中的摩揭陀地区。而婆罗门所称的"中国"（Madhyadeśa，末睇提舍），是指恒河最大的支流阎牟那河（Yamunā）上游与萨特雷池河（Sutlej）之间的拘罗（Kuruksetra）地区，这里是婆罗门文明的中心。就中心的空间范围而言，无论是印度佛经还是中土僧人的著述，在不同规模的空间进行比较时，其中心地的范围不同，如在佛教四大洲的范围内比较，南赡部洲是天地之中心；印度与中国相比较，则印度是中心，五印度之间比，则中印度是中心，而中印度内，其中心无疑是金刚座所在地。中土也是这样，从中国到中原到中州再到洛阳等等。道宣为了论证天地中心之所在，把中土大唐与天竺并举，因此他所指的天地中心主要是指印度或天竺。

以抗言。文帝闻之,乃敕任豫受焉。①

道宣的这个故事,是从慧皎《高僧传·慧严传》演义来的。

> 东海何承天以博物著名,乃问严佛国将用何历,严云:"天竺夏至之日,方中无影,所谓天中,于五行土德,色尚黄,数尚五,八寸为一尺。十两当此土十二两,建辰之月为岁首。"及讨核分至,推校薄蚀,顾步光影,其法甚详,宿度年纪,咸有条例,承天无所厝难。后婆利国人来,果同严说,帝敕任豫受焉。②

慧皎版的故事中也有问题,比如天竺"于五行土德,色尚黄",显然系中国土产,跟天竺搭不上边。当然,南北朝时期,天竺国情究竟如何,大家知之甚少,也不足为怪,且不去说他。重点看道宣是如何改造利用这个故事的。

其一,道宣将何承天"以博物著名",改写为"博物著名,群英之最"。"群英之最"一语,让何承天从一个特长明显的士人,一跃成为刘宋朝野的"学霸"。其用意再明显不过了:连学霸都无言以对,所言之理,自然是正确无疑了。道宣之所以这样"羞辱"何承天,不仅在于何承天精通天文和历法,曾改定《元嘉历》③。更为重要的是,何承天是一个反佛斗士,生前与佛教徒宗炳、颜延等论战不休。④

其二,道宣将何承天的问题"佛国将用何历",改为"佛国用何历术而号中乎",从而使问题的导向发生了转变,即由历法精确与否,

---

① 《释迦方志》卷上《中边篇》,第7—8页。
② 慧皎撰,汤用彤校注:《高僧传》卷七《惠严传》,北京:中华书局,1992年,第262页。
③ 《宋书》卷六四《何承天传》,北京:中华书局,1974年,第1711页。
④ 《广弘明集》卷一八《报应问》,《大正藏》第52册,第224页上。《弘明集》卷四《达性论》,《大正藏》第52册,第21页c。

转变为何方为天地之中。这一转变就为否定中原为天地之中,做好了理论铺垫。"此国中原,影圭测之,故有余分,致历有三代、大小二余增损,积算时辄差候,明非中也。"中原地处北回归线以北,当然没有太阳直射现象,也就没有所谓的"方中无影"了。但问题是中土不仅有中原,还包括北回归线以南的岭南地区,这里也有太阳直射现象。不知道道宣本人知道了这样的事实,该如何自圆其说?

结合前文对此问题论据真伪的讨论,由此不难看出,道宣采取移花接木的手段,最后得出这样的结论:"夫以八难所标,边地非摄,出凡入圣,必先中国。故大夏亲奉音形,东华晚开教迹,理数然矣。"即天竺为天地中心,所以"大夏亲奉音形",中土为边地,故"东华晚开教迹"。

二言里者。这里是指通过地理位置定位来确定天竺为天地之中。地理事物的空间位置定位,在西方经纬网地理坐标系统创立并传入中国之前,地方志常用的方法是"四至八到"法,即依据某一地理事物与不同方位地理事物之间的距离,来确定该地理事物的相对位置。通常运用的是"四至"(东、西、南、北四正)和"八到"(东南、西南、东北、西北四隅),共计八个方位的距离,简称"四至八到"。其实质是方位结合距离的相对地理位置定位法。唐代地理总志《元和郡县志》,已经用此方法给地理事物作空间定位了(见图6-1)。道宣这里所指的"里",正是用"四至"的里数,来证明天竺位于天地之中:

> 二言里者,夫此一洲大分三量,二分以北,土旷人希,獯狁所居,无任道务。一分以南,尽于三海,人多精爽,堪受圣化,故约道胜大圣都焉。故成光子云:"中天竺国东至振旦国五万八千里(振旦即神州之号也。彼人目之),南至金地国五万八千里,西至阿拘遮国五万八千里,北至小香山阿耨达池五万八千里。"观此通摄,取其遐迩齐致,以定厥中,其理易显。①

---

① 《释迦方志》卷上《中边篇》,第7—8页。

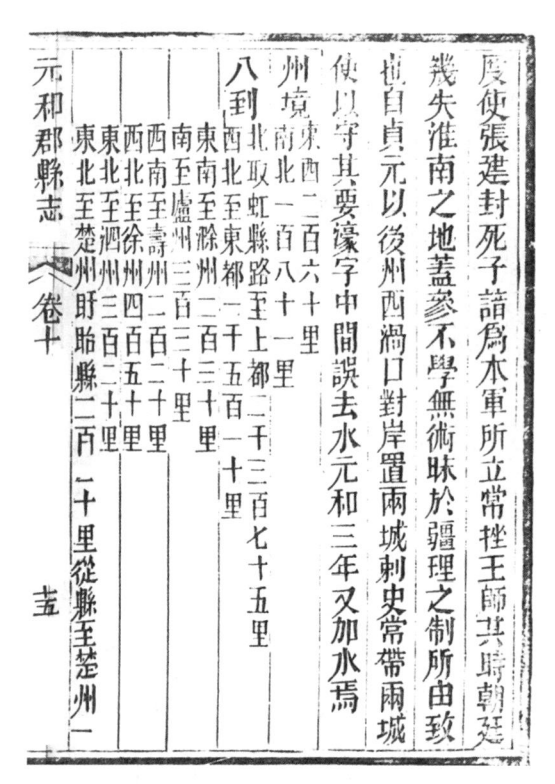

图 6-1 《元和郡县志》载河南道所辖濠州的"四至八到"（清光绪二十五年刻本）

道宣首先用赡部洲民风的地理差异来论证天竺乃中央之国。他把赡部洲从北向南分为三个区域，北边的两个区域"土旷人希，獯狁所居，无任道务"，南边一个区域则"尽于三海，人多精爽，堪受圣化，故约道胜大圣都焉"。所以南边为天下之中。"獯狁"，亦名"猃狁"，为我国北方和西北方西周和春秋战国时期的游牧民族。显然，道宣又将上古时期中土民众对北方游牧民族的记忆，嫁接在赡部洲的北方了。这里不见得是道宣自己不懂，而是他用北方"獯狁"存在的事实，来反证东方震旦国与天竺之间的空间关联关系。

当然这样的民风区域划分方法，并非道宣向壁虚构，如东晋西域沙门迦留陀伽所译《佛说十二游经》就有赡部洲地理差异的记载,且把中土整合进这一体系之中。

> 阎浮提中有十六大国,八万四千城,有八国王,四天子。东有晋天子,人民炽盛。南有天竺国天子,土地多名象。西有大秦国天子,土地饶金银璧玉。西北有月支天子,土地多好马。

《大唐西域记》亦载:

> 时无轮王应运,赡部洲地有四主焉。南象主则暑湿宜象,西宝主乃临海盈宝,北马主寒劲宜马,东人主和畅多人。①

玄奘所说的东人主的区域,即东土大唐。尽管道宣的南北三分与《佛说十二游经》《大唐西域记》在空间划分的依据不同,但北方为游牧民族,民风"天资犷暴,情忍杀戮,毳帐穹庐,鸟居逐牧",南方民众"俗好仁慈""堪受圣化"大体上是一致的。

此后,道宣引成光子的四至之说,来进一步证明天竺为天地之中。因为成光子曾到过达嚫国(Dakṣiṇā),即今印度德干高原一带。"后汉献帝建安十年,秦州刺史遣成光子,从鸟鼠山度铁桥而入,穷于达嚫。旋归之日,还践前途,自出别传。"②故让人感觉成光子的说法很有说服力。不过从中天竺国至振旦国、金地国、阿拘遮国、小香山阿耨达池,距离均为五万八千里,人为建构的痕迹过于明显,很难让人信服。

通过地理空间的双重定位,天竺为天地之中,震旦则成了距中天竺五万八千里的一个坐标点,不在中心。

---

① 《大唐西域记校注》卷一《序论》,第42—44页。
② 《释迦方志》卷下《游履篇》,第96—97页。

三言时者。所谓时者，主要指一年四季气候的变化。有关印度气候的状况，玄奘在印度生活十多年，足迹遍及印度的东西南北，因此他对三角形印度半岛地理状况的记述，很值得信赖。

> 五印度之境，周九万余里。三垂大海，北背雪山。北广南狭，形如半月。画野区分，七十余国。时特暑热，地多泉湿。北乃山阜隐轸，丘陵舄卤；东则川野沃润，畴陇膏腴；南方草木荣茂；西方土地硗确。①

道宣为了说明天竺乃天地中心，所描述的气候特征则是：

> 谓雪山以南名为中国，坦然平正，冬夏和调，卉木常荣，流霜不降。自余边鄙，安足语哉？②

两相对比，不难发现，《大唐西域记》有关印度气候的记录，多了区域差异部分的描述，更贴近事实。由于道宣并未亲历印度，所以对印度地形和气候的描述，受虔诚宗教信仰的影响，理想化的部分多于现实。从地貌上来看，印度地貌由三大部分组成，即北部喜马拉雅山脉南坡的山地地区，中部印度河、恒河和布拉马普特拉河流域的平原地区和南部德干高原地区。"雪山以南名为中国，坦然平正"之说，如果说是对平原地区地貌的描述，还算允当，如果置之于德干高原，则显然与事实不符，况且印度河流域还分布有大片的沙漠。

从气候上来看，印度大部分地区属热带季风气候。北有喜马拉雅山脉为屏障，阻挡冷气团南侵，南部半岛伸向印度洋，受热带气团

---

① 《大唐西域记校注》卷二《印度总述》，第164页。
② 《释迦方志》卷上《中边篇》，第8页。

影响，年均气温比同纬度的其他地区高 3～5 ℃。除高山地区外，各地年均温在 24—27 ℃之间。全国 3/4 的地区，最低温度在 0 ℃以上，年均降水量 1134 毫米。区域差异大，西北部为干燥区，年降水量不足 500 毫米，塔尔沙漠地区不足 100 毫米；其他大部分地区在 1000—2000 毫米之间，沿海地带及东北部喜马拉雅山南麓超过 2000 毫米；广阔的印度沙漠与"卉木常荣"似乎关系不大。印度 3—5 月为热季，各地月平均气温可达 30 ℃以上，其中塔尔沙漠最高气温达 48 ℃以上，成为世界最热地区之一。① 那么所谓的"冬夏和调"又如何解释？玄奘在素叶城，受到突厥叶护可汗的盛情款待，并请玄奘为之说法，"法师因诲以十善爱养物命，及波罗蜜多解脱之业，乃举手叩额，欢喜信受。因停留数日，劝住曰：'师不须往印特伽国（谓印度也），彼地多暑，十月当此五月，观师容貌，至彼恐消融也。其人露黑，类无威仪，不足观也。'法师报曰：'今之彼，欲追寻圣迹慕求法耳。'"② "露黑"与有无"威仪"无关，但叶护可汗对印度气候多暑的认识无疑是正确的。退一步讲，就算印度热带季风气候属于"冬夏和调，卉木常荣，流霜不降"的类型，问题是印度热带气候与其处于天地之中有什么关系？

"自余边鄙，安足语哉？"道宣之所以信誓旦旦，当然是有依据的。他的说法很可能来自《法显传》："从是以南，名为中国。中国寒暑调和，无霜雪，人民殷乐，无户籍，官法唯耕王地者乃输地利，欲去便去，欲住便住。"③ 法显所说的"中国"是指中天竺，而道宣则以此来代替整个印度，自然是问题多多。

四言水者。山川是地理空间的骨架。道宣所谓水者，实指水系。

---

① C. S. Pichamthu, 1967, *Physical Geography of India*, INDIA, New Delhi: The Secretary, National Book Trust, p.157.
② 慧立、彦悰著，谢毓棠、谢方点校：《大慈恩寺三藏法师传》卷二，北京：中华书局，2004 年，第 28—29 页。
③ 《法显传》，《大正藏》第 51 册，第 859 页 b。

印度的山川，在佛的统摄之下，形成一个神圣中心，即大雪山和山顶的阿那婆达多池。古代印度人所泛称的大雪山，即今喜马拉雅山。佛教以其为南赡部洲的中心，顶上阿耨达宫为佛祖说法之处。① 阿那婆达多池（Anavatapta），巴利文 Anotatta，译作阿耨达池；意译无热恼。"无热恼池，纵广正等，面各五十逾缮那量，八功德水，盈满其中，非得通人，无由能至。于此池侧，有赡部林，树形高大，其果甘美。依此林故，名赡部洲，或依此果，以立洲号。"② 蓄满八功德水的无热恼，是赡部洲四大河流的总源头。

> 依至教说此赡部洲中，从中印度渐次向北，三处各有三重黑山。有大雪山，在黑山北，大雪山北，有香醉山。雪北香南，有大池水，名无热恼，出四大河，从四面流，趣四大海，一殑伽河，二信度河，三徙多河，四缚刍河。③

殑伽河又译作恒河，信度河又译作印度河，徙多河即今叶尔羌河和塔里木河，缚刍河即阿姆河。

最早把中土山川与佛教山川神圣中心进行整合的是康孟详。康孟详，康居国人。汉灵、献之间（168—220），有慧学之誉，驰于京雒。译有《中本起》及《修行本起》。④ 康孟详《佛说兴起行经序》云：

> 所谓昆仑山者，则阎浮利地之中心也。山皆宝石，周匝有五百窟，窟皆黄金，常五百罗汉居之。阿耨大泉，外周围山，山内平地，泉处其中，泉岸皆黄金，以四兽头，出水其口，各绕一

---

① 《佛说花积楼阁陀罗尼经》卷一，《大正藏》第 21 册，第 877 页 a。
② 《阿毗达磨俱舍论》卷一一《分别世品第三之四》，《大正藏》第 29 册，第 58 页 a。
③ 《阿毗达磨顺正理论》卷三一《辩缘起品》，《大正藏》第 29 册，第 516 页 a。
④ 《高僧传》卷一《康孟详传》，第 11 页。

匝已，还复其方，出投四海。象口所出者，则黄河是也。①

康孟详之所以轻易把昆仑山等同于大雪山，也与中国古代的传说有关，《河图括地象》载："地部之位，起形高大者，有昆仑山，其山中应于天，居最中，八十一域布绕之，中国东南隅，居其一分。"②又《山海经》载："海内昆仑之虚，在西北，帝之下都。"③高大的昆仑山既位于天地之中，又是天帝之下都，因此，很容易嫁接到大雪山之上。康孟详将大雪山等同于昆仑山，就为阿耨达池为黄河的发源地找到了理由，因为"河出昆仑"。《史记·大宛列传》太史公曰："《禹本纪》言：'河出昆仑。昆仑其高二千五百余里，日月所相避隐为光明也。其上有醴泉、瑶池。'"④在康孟详之后是玄奘主张此说法：

> 则赡部洲之中地者，阿那婆答多池也，在香山之南，大雪山之北，周八百里矣。金、银、琉璃、颇胝饰其岸焉。金沙弥漫，清波皎镜。八地菩萨以愿力故，化为龙王，于中潜宅，出清泠水，给赡部洲。是以池东面银牛口，流出殑伽河，绕池一匝，入东南海；池南面金象口，流出信度河，绕池一匝，入西南海；池西面琉璃马口，流出缚刍河，绕池一匝，入西北海；池北面颇胝师子口，流出徙多河，绕池一匝，入东北海。或曰潜流地下出积石山，即徙多河之流，为中国之河源云。⑤

---

① 《佛说兴起行经》，《大正藏》第4册，第163页c。
② 王充撰，黄晖校释：《论衡校释》，北京：中华书局，1990年，第474页。
③ 袁珂：《山海经校注》卷六《海内西经》，上海：上海古籍出版社，1980年，第294页。
④ 《史记》卷一二三《大宛列传》，北京：中华书局，1959年，第3179页。
⑤ 《大唐西域记校注》卷一《绪论》，第39页。

玄奘以徙多河为媒介，使阿耨达池与黄河之间建立起联系，并充分利用了中土"河出昆仑"的传说，增加了此事的可信度。

道宣为了把中土的水系整合进索诃世界的水系之中，是用层层递进的方法来论证的：

其一，道宣把阿耨达池的关联空间，延伸至葱岭。"池周八百里，四岸宝饰。正南当于平地，地狱所居，故金刚座东僻五千里。又池正南当洲尖处，其北当谜罗川，即北又当葱岭北千泉也。"

其二，既然葱岭在阿耨达池以北，那么葱岭以东的水系，依据传统中国的观察，是向东汇入东海的。"然四海为壑，水趣所极，故此一池，分出四河，各随地势而注一海。故葱岭以东水注东海，达嚫以南水注南海，雪山以西水注西海，大秦以北水注北海。故地高水本注下，是其中。此居海滨，边名难夺。又佛经宏大，通举事周，博见圣贤，义非妄委，于上所列，咸符地图。"

其三，用中土传说、史书、夹杂道家和佛家之说，先证得昆仑山为大雪山。道宣仿佛站在云端，俯瞰大地上山脉的整体骨架，已然知道昆仑山为大雪山之一部分，回头再看中土古人有关何处为昆仑山之争论，甚为不屑。"然此神州所著书史，寓言臆度，浮滥极多，时约佛经，更广其类，都皆芜秽。"然后列举了《水经》《抚南传》《山海经》《穆天子传》《十州记》《神异经》和《史记》等史书，以及《造立天地记》《转型济苦经》《化胡经》等道经有关昆仑山的记载，最终得出："已前儒道两说，虽形量差异，莫越昆仑。寻昆仑近山，则西凉酒泉之地，穆后见西王母之所，具彼《图经》。若昆仑远山，则香山、雪山之中也，河源出焉。"① 道宣认为儒道两家典籍的记载，虽然有形状和大小的差异，但都是昆仑山。又运用近山和远山的概念，证明昆仑山与大雪山为同一个山脉。

---

① 《释迦方志》卷上《中边篇》，第9—10页。

其四，在证得昆仑山为大雪山之后，道宣采用《尔雅》，郭璞《图赞》《禹贡》等文献所载材料证明：河出昆仑，伏流千里，至于积石。此事之伪，隋、唐时期至少朝廷早已心知肚明。大业五年（609），隋炀帝率众灭吐谷浑，置河源郡，即今青海省果洛藏族自治州和海南藏族自治州部分地区，可见时人已知黄河发源于此。唐太宗贞观九年（635）为平定吐谷浑叛乱，将领李靖、侯君集、李道宗等率领人马"次星宿川，达柏海上，望积石山，览观河源"①。然而道宣却充满自豪地说："案此实录，以寻河源，穷至无热恼池所，方为讨极。然此池神居，非人所及，又是北天雪山之域，南接中土佛生之地，以处高胜，故非边矣。"②

通过上述四个方面，道宣证明黄河也是佛所统摄的河流之一，黄河的发源地阿耨达池乃天地之中心，处于黄河入海之滨的中原，自然是边地了。

五言人者。上文关于佛所王土的空间结构系统的叙述，重点关注的是佛所统摄的自然空间结构体系。唐太宗李世民在规劝玄奘还俗时，道出了管理的基本规律："昔尧、舜、禹、汤之君，隆周、炎汉之主，莫不以为六合务广。万机事殷，两目不能遍鉴，一心难为独察，是以周凭十乱，舜托五臣，翼亮朝猷，弼谐邦国，彼明王圣主犹仗群贤，况朕寡闇而不寄众哲者也？"③因此，得贤人辅佐，设官任职，画野分疆，是作为人主管理天下的基本原则，佛也不例外。

佛教中，转轮圣王（cakravartin）负责司掌人道。转轮王拥有七宝，具足四德，统一须弥四洲，以正法御世，其国土丰饶，人民和乐。《长阿含经》只提及"金轮王"。《俱舍论》则谓转轮王有四："铁轮王

---

① 《新唐书》卷二二一《吐谷浑传》，北京：中华书局，1975年，第6226页。
② 《释迦方志》卷上《中边篇》，第11页。
③ 《大慈恩寺三藏法师传》卷六，第138页。

王一洲界,铜轮王二,银轮王三,若金轮王王四洲界。"① 赡部洲无转轮圣王应运时,由四主来分东西南北四个区域来执掌人道。《大唐西域记》载:

> 时无轮王应运,赡部洲地有四主焉。南象主则暑湿宜象,西宝主乃临海盈宝,北马主寒劲宜马,东人主和畅多人。故象主之国,躁烈笃学,特闲异术,服则横巾右袒,首则中髻四垂,族类邑居,室宇重阁。宝主之乡,无礼义,重财贿,短制左衽,断发长髭,有城郭之居,务殖货之利。马主之俗,天资犷暴,情忍杀戮,毳帐穹庐,鸟居逐牧。人主之地,风俗机慧,仁义照明,冠带右衽,车服有序,安土重迁,务资有类。三主之俗,东方为上。其居室则东辟其户,旦日则东向以拜。人主之地,南面为尊。方俗殊风,斯其大概。至于君臣上下之礼,宪章文轨之仪,人主之地无以加也。清心释累之训,出离生死之教,象主之国其理优矣。

应该说四主之地,只有西宝主之地,玄奘未曾涉足,其他三个玄奘都有亲身体验,因此,这个以青藏高原为中心的四方人文地理概述,是相当到位的。类似"至于君臣上下之礼,宪章文规之仪,人主之地无以加也。清心释累之训,出离生死之教,象主之国其理优矣"之类的卓识,也只能从他的口中说出。玄奘、辩机在论述的逻辑上,虽然也认同佛教的宏观的空间结构系统,或曰宇宙秩序系统,但在赡部洲内,不仅没有显著的中心和边缘思想,反而通过印度和中土信仰差异的对比,在很大程度上展现了二者平等的一面。这一点在阐述其撰写《大唐西域记》目的时,体现得尤为明确:

---

① 《阿毗达磨俱舍论》卷一二《分别世品第三之五》,《大正藏》第29册,第64页b。

第六章 天竺与中土：何为天地之中央

> 夫人有刚柔异性，言音不同，斯则系风土之气，亦习俗之致也。若其山川物产之异，风俗性类之差，则人主之地，国史详焉。马主之俗，宝主之乡，史语备载，可略言矣。至于象主之国，前古未详，或书地多暑湿，或载俗好仁慈，颇存方志，莫能详举。岂道有行藏之致，固世有推移之运矣。是知候律以归化，饮泽而来宾，越重险而款玉门，贡方奇而拜绛阙者，盖难得而言焉。由是之故，访道远游，请益之隙，存记风土。①

在玄奘看来，四象所主之地的差别，不是神性之不同，"夫人有刚柔异性，言音不同，斯则系风土之气，亦俗之致也"。撰写《大唐西域记》目的，就是弥补前人之不足，"存记风土"，便于"淳风西堰，候律东归"。当然这也是太宗李世民的旨意："佛国邈远，灵迹法教，前史不能委详，师既亲睹，宜修一传，以示未闻。"②

道宣则不然，他把"轮王"和"四主"司掌人道的体系讲明白之后，首先把四主之国坐实，即象主之地为印度国，宝主之地为胡国，马主之地为突厥国，人主之地为振旦国。然后推论出中心与边缘的关系："上列四主，且据一洲，分界而王，以洲定中。轮王为正，居中王边，古今不改。"③佛教这样的理念，与《荀子·大略篇》"欲近四旁，莫如中央。故王者必居天下之中，礼也"④颇为相似，只是统摄的方法不同而已。道宣随后指出，这样的空间关系，中土儒士是不知道的。"此土诸儒，滞于孔教，以此为中，余为边摄。别指雒阳，以为中国。乃约轩辕五岳以言，未是通方之巨观也"，不仅如此，历史上把印度与胡国混为一谈，也是不正确的。道宣不仅从地理位置上，而且

---

① 《大唐西域记校注》卷一《绪论》，第45页。
② 《大慈恩寺三藏法师传》卷六，第129页。
③ 《释迦方志》卷上《中边篇》，第12页。
④ 王先谦撰，沈啸寰、王星贤点校：《荀子集解》卷一九《大略篇》，北京：中华书局，1988年，第845页。

从语言和信仰上证明,何为中心。"又指西蕃,例为胡国,然佛生游履,雪山以南,名婆罗门国,与胡隔绝,书语不同。故五天竺诸婆罗门书为天书,语为天语,谓劫初成梵天来下,因味地脂,便有人焉。从本语书天法不断,故彼风俗事天者多,以生有所因故也。胡本西戎,无闻道术,书语国别,传译方通。神州书语,所出无本,且论书契,可以事求。伏羲八卦,文王重之,苍颉鸟迹,其文不行。汉时许慎方出《说文》,字止九千,以类而序。今渐被世,文言三万,此则随人随代,会意出生,不比五天,书语一定。"① 连震旦神州的语言,都无法与天竺的天语天书望其项背,更遑论西戎了。

虽然道宣"洎贞观译佛,尝参席位",但玄奘的《大唐西域记》并没有把中土置于天竺空间结构系统边缘的强烈愿望。相反,道宣极力想用佛教的天下观,代替中土的天下观,并想方设法把中土置于边地,从属于佛所王土的中心地带——天竺。

三、"天地之中央"认同的个人因素与社会背景

道宣将中土地理空间整合进天竺的想法,首先源于其虔诚的佛教信仰,因此,道宣对佛教的认同,贯穿于其所有的著述之中,这一点在《广弘明集·归正篇序》一文中体现得尤为突出:

> 若夫天无二日,国无二王,惟佛称为大圣,光有万亿天下。故今门学日盛,无国不仰其风;教义聿修,有识皆参其席。彼孔老者,名位同俗,不异常人,祖述先王,自无教训。何得比佛以相抗乎?且据阴阳八杀之略,山川望袟之祠,七众委之若遗,五戒捐而不顾。观此一途,高尚自足投诚,况有圣种贤踪,则为天

---

① 《释迦方志》卷下《游履篇》,第12页。

人师表矣。是知天上天下惟佛为尊,六道四生无非苦者。身心常苦,义毕驱驰,不思此怀,妄存高大。大而可大,则不陷于有为;既履非常,固可归于正觉。①

道宣抑儒扬佛的思想,在此体现得淋漓尽致。因此,道宣在《释迦方志序》中那几句对大唐的赞语,即便只是用来装门面,也说得很是勉强:

惟夫大唐之有天下也,将四十载,淳风洽而俗改,文德修而武功畅。故使青丘丹穴之候,并入提封;龙砂雁塞之区,聿遵声教。英髦稽首,显朝宗之羽仪。输琛奉贽,表怀柔之盛德。②

在道宣看来,大唐之有天下,文修武畅,与周边国家的交往,更多体现在道德朝宗和怀柔朝贡方面,根本不存在皈依教主的情况。再看玄奘同样用来装门面的赞美之辞:

我大唐御极则天,乘时握纪,一六合而光宅,四三皇而照临。玄化滂流,祥风遐扇,同乾坤之覆载,齐风雨之鼓润。与夫东夷入贡,西戎即叙,创业垂统,拨乱反正,固以跨越前王,囊括先代。同文共轨,至治神功,非载记无以赞大猷,非昭宣何以光盛业?玄奘辄随游至,举其风土,虽未考方辩俗,信已越五逾三。含生之畴,咸被凯泽;能言之类,莫不称功。越自天府,暨诸天竺,幽荒异俗,绝域殊邦,咸承正朔,俱沾声教。赞武功之绩,讽成口实;美文德之盛,郁为称首。详观载籍,所未尝闻;缅惟图牒,诚无与二。不有所叙,何记化洽?今据闻

---

① 道宣:《广弘明集》卷一《归正篇》,《大正藏》第52册,第98页 c。
② 《释迦方志·序》,第1页。

见，于是载述。①

显然，玄奘并没有强烈的抑儒扬佛思想，反而把大唐置于"御极则天"的位置。其实，细审《大慈恩寺三藏法师传》，不难看出玄奘一生的学行，他虽为一僧侣，但骨子里更像一个哲学家。无论玄奘是主动还是被动接近帝王，目的只有一个，即借之弘扬佛法。因其熟知中土与天竺的真实情况，也清楚佛教既是一种宗教，更是一种哲学思想，自然不会让某些谬说凌驾于自己熟知的事实之上，所以其言论，基本上遵循实事求是的态度。与之相比，道宣虔诚信仰的成分远大于追求佛学之知的成分，他对戒律的重视，也是基于此："夫戒德难思，冠超众像，为五乘之轨导，实三宝之舟航。"② 这样的理念也渗透到道宣所撰写的玄奘传记了，如玄奘在菩提伽耶见到菩提树时，道宣的说法是：

> 奘初到此，不觉闷绝。良久苏醒，历睹灵相。昔闻经说，今宛目前。恨居边鄙，生在末世。不见真容，倍复闷绝。旁有梵僧，就地接抚，相与悲慰。虽备礼谒，恨无光瑞。停止安居，迄于解坐。③

玄奘在印度时，博访师资，遍治群学，精通三藏，印度人尊之为"大乘天"。因此，很难想象玄奘会有"恨居边鄙"的想法。所以，此想法很可能是道宣自己仰视印度，特意强调天竺与中土之间的中、边差异的结果。慧立的《大慈恩寺三藏法师传》则不同：

---

① 《大慈恩寺三藏法师传》卷一《序论》，第32页。
② 道宣：《四分律删繁补阙行事钞序》，《大正藏》第40册，第1页a。
③ 道宣：《续高僧传》卷四《玄奘传》，《大正藏》第50册，第451页a。

> 法师至,礼菩提树及慈氏菩萨所作成道时像,至诚瞻仰讫,五体投地,悲哀懊恼,自伤叹言,佛成道时,不知漂沦何趣。今于像季,方乃至斯。缅惟业障,一何深重,悲泪盈目。时逢众僧解夏,远近轴凑数千人,观者无不呜噎。①

在慧立的笔下,玄奘显然只有生不逢时的感慨,却没有身处边地的遗憾。

虽然道宣声称"洎贞观译经,常参位席"②其实,道宣贞观十九年参与玄奘弘福寺译场,次年就辞入终南山。这其中的原因,可能是佛学新旧学派之争的结果。熊十力指出:"佛法东来,在奘师未出世以前,所有经纶,总称旧译。奘师主译之一切经纶,是为新译……自后汉至唐初,年代悠远,僧侣居士之浸泽于旧经中者,已沦肌浃髓,骤闻新学,势不相融,不相融则集矢于奘师,势所必至也……旧译经典,本无体系,且数量不多。学者各专一经或数部论,自由参究,不牵于杂博见闻。虽旧译未能达旨,而学者自用其思,自发其慧,久而自鸣一家之学,树独立之宗。"③玄奘则不然,"法相宗在唐初大盛,此不能不归功于玄奘大师。然玄奘大师之学,精博无涯,固不限于法相宗义也"④。相对于先前旧译经典,僧侣或多专一经或数部论,自由参究的"旧学",此系一种"新学",对旧学造成很大冲击,同时,玄奘也不善于顺应俗情,不许讲旧经,以至于引来旧学的诬毁。⑤南山律宗道宣,仍然继承唐以前僧人专治一经的佛学传统,把主要精力用在

---

① 《大慈恩寺三藏法师传》卷三《起阿逾陀国,终伊烂拏国》,第66页。
② 《释迦方志·序》,第2页。
③ 熊十力:《唐世佛学旧派反对玄奘之暗潮》,《熊十力论学书札》,上海:上海书店出版社,2009年,第281—282页。
④ 汤用彤:《隋唐佛教史稿》,北京:北京大学出版社,2010年,第115页。
⑤ 熊十力:《唐世佛学旧派反对玄奘之暗潮》,载哲学研究编辑部编《中国哲学史论文初集》,北京:科学出版社,1959年,第97—103页。

《四分律》上，无疑属于旧学一派的领袖。因此他在《玄奘传》中对玄奘翻译的赞美之间，仍透露微词。①

唐初发生了著名的佛道思想之争。但因道教没有攻击佛教的利器，只有倚傍儒家政治，因此，主要以儒家忠孝观，而非道教方术来抨击佛教。所以这场佛道之争，其实是儒释之争，也是忠君还是崇佛之争。傅奕的观点颇具代表性："礼本于事亲，终于奉上，此则忠孝之理著，臣子之行成。而佛逾城出家，逃背其父，以匹夫而抗天子，以继体而悖所亲。"②表现在空间结构体系的认同上，就是中土和天竺何为天地之中心的问题。如李师政在《内德论》里，就表达了与道宣相同的看法："况百亿日月之下，三千世界之内，则中在于彼域，不在于此方矣。"③

在这场争论中，玄奘选择了沉默，一心一意地从事译经。值得注意的是，玄奘撰写《大唐西域记》，很大程度上是奉太宗李世民的旨意，书成之后又呈给太宗披览。"玄奘是一个有政治头脑的和尚"④，自然知道该怎样著书立说。况且玄奘是皇帝身边的人，他的一言一行，在朝野影响巨大，因此不得不谨言慎行。而道宣则不然，他虽然不似法琳那么激烈地与李世民斗争，但也是参与佛道之争的主将之一。道宣《箴傅奕上废省佛僧表》一文，针对傅奕尊孔忠君的言论，逐条加以批驳。

> 臣奕言，臣闻羲农轩顼，治合李老之风；虞夏汤姬，政符周孔之教。
>
> 箴曰：诗云："上以风化下，下以讽刺上。"老子在周为守书

---

① 杨廷福：《玄奘年谱》，北京：中华书局，1988年，第262页。
② 《旧唐书》卷七九《傅奕传》，北京：中华书局，1975年，第2716页。
③ 《广弘明集》卷一四《内德论》，《大正藏》第52册，第189页c。
④ 季羡林：《玄奘与〈大唐西域记〉》，载《大唐西域记校注》，第123页。

第六章 天竺与中土:何为天地之中央

藏吏,如今秘书官也。本非天子,有何风化,令羲农上帝与之合治。周公孔子并是国臣,上述虞夏之教,下化浇薄之民,亦非人王,不得自为教主,岂令虞夏四君,却符周孔之教耶。

……

请胡佛邪教退还天竺,凡是沙门放归桑梓。令逃课之党,普乐输租,避役之曹,恒忻效力,勿度秃小,长揖国家。

箴曰:昔严子陵不拜天子,赵元叔长揖司空,典籍称其美也。况沙门是出世福田,释氏为物外高士,欲令拜谒,违损处深,理不可也。①

可见,"惟佛称为大圣"的思想,已然成为道宣的潜意识。尽管有来自皇权时轻时重的政治压力,道宣依然故我,因此,《释迦方志》用佛教空间结构系统整合中土空间,其实是道宣为证明"惟佛称为大圣"推出的著作,也是儒释之间,大至宇宙观之争,小至空间争夺中,道宣祭出的利器之一。

当然,这一切都是源于佛教信仰从两汉之际传入中国以来,至唐代已经普及,不再像汉晋时期,处于"不依国主,则法事难立"②的生存状态,日渐独立自主。换而言之,唐代是中土佛教独立和自我特征标榜的时期。所谓的儒释之争,是僧团欲独立自主发展必经的过程。虽然儒释之争,在皇权的压制下,以佛教吸收儒家的忠孝观,最终成为皇权的辅佐力量而告终。但随着佛教的普及,其对传统中国地理空间观念的影响是巨大的。

首先,多了一种空间结构体系的认识方式,即从佛教空间结构

---

① 《广弘明集》卷一一《箴傅奕上废省佛僧表》,《大正藏》第52册,第160页a—c。
② 《高僧传》卷五《道安传》,第178页。

体系中引入了新盖天说,①且整合了中土地理空间的佛教空间结构系统,一度曾坐实为中土的基本地理知识。②其次,拓展了中国地理认知的空间范围,对中亚与南亚不同地域文化的识别,更为精确。如宋僧法云《翻译名义集》载:

> 胡梵音别,自汉至隋,皆指西域以为胡国。唐有彦琮法师,独分胡梵,葱岭巳西,并属梵种;铁门之左,皆曰胡乡。言梵音者,劫初廓然,光音天神,降为人祖,宣流梵音,故《西域记》云,详其文字,梵天所制,原始垂则,四十七言,寓物合成,随事转用,流演枝派,其源浸广。因地随人,微有改变,语其大较,未异本源。而中印度,特为详正,辞调和雅,与天音同,气韵清亮,为人轨则。③

唐人和宋人对中亚和南亚语言地理有如此深入的认知,当然是法显、玄奘、义净等西域求法高僧的功劳。《佛国记》《大唐西域记》《南海寄归内法传》等,不仅填补了中土有关印度的知识空白,也成为世界各国学者研究南亚、中亚的重要文献。

四、结 论

在信仰时代,儒释两教对信仰空间的争夺,是关乎其信仰基础稳固与否的大事。

佛教空间结构系统,深受古代印度神话传说的影响,在众多僧侣

---

① 江晓原:《六朝隋唐传入中土之印度天学》,(台湾)《汉学研究》1992年第2期,第253—277页。
② 吕建福:《佛教世界观对中国古代地理中心观念的影响》,《陕西师范大学学报》2005年第4期,第75页。
③ 《翻译名义集》卷一,《大正藏》第54册,第1056页a。

第六章 天竺与中土：何为天地之中央

的努力之下，其体系更加完善，建立了教理上基本自洽的信仰空间系统。尽管如此，佛教的空间结构系统一旦涉及具体的地理空间，就不得不受现实地理空间认识水平的影响。关于古代中土的地理知识，在佛教典籍结集时，完全不在印度佛教僧侣的知识谱系之中，因此在印度佛教的空间结构系统中，根本没有中土位置，遑论两者中心与边地之类的空间关系问题。中土空间在佛教空间结构系统中的缺失，对于印度僧人来说，无关宏旨，但对于中土僧人来说，则关乎中土有无佛光普照的根本性问题。因此，从佛教传入，尤其类似十六国时后秦佛陀耶舍翻译的《长阿含经》，唐代真谛、玄奘所译《俱舍论·分别世间品》等佛经传播之后，这一问题就成了中土僧人不得不思考的问题。从慧皎《高僧传》，到玄奘、辩机《大唐西域记》和道宣《释迦方志》等著作，都有将中土整合进佛教空间系统的尝试，但真正有目的、系统性完成这一任务的，无疑是道宣。

从道宣应用佛教空间结构系统整合中土空间的方法来看，在宇宙观的层面，佛之统摄空间，即索诃世界，完全是一个在教理层面上自洽的信仰空间，论其尽界，从广所经，卒非里数之所度也，中土大唐自然被囊括于其中，因此，不需要在中土的现实世界，劳心劳力寻找与之对接的"榫卯"，只需要讲清楚佛教的宇宙观即可。道宣整合天竺与天府的空间，主要是在赡部洲内部实现的。道宣虽然从五个方面论证天竺与天府之间存在中心和边缘的关系，但真正有说服力的整合，主要在地貌和水系方面，即将佛教的大雪山等同于中国神化传说中的昆仑山，将阿耨达池认作黄河的发源地。这一地理空间整合方式，自康孟详提出后，在中国的影响可谓深远，一度成为中土地理空间观念的一部分，如《水经注》《括地志》就接受了这一观点。究其原因，有关青藏高原的地理情况，是当时知识的一个模糊点。加之中国神化传说中昆仑山的故事，与佛教大雪山的故事版本颇为相近，这也给汉晋隋唐僧侣留下了可资想象的空间，从而为天府与天竺的空间整合,提供了可能。事实上,如果把青藏高原想象为一座山顶有阿耨达池的大雪山,中印之间确实是山水同源,而且方位上也没大问题。问题是被称为"世界屋脊"的青藏高原,与传统概念中的"山"是完全不同的概念。因此,天竺为"中国"的说法,自然要招致儒家士人的批评,如清人评价《佛国记》时就说:"其书以天竺为中国,以中国为边地,盖释氏自尊其教,其诞谬不足与争。"①

道宣的行为,有个人信仰的因素,例如与道宣同处一个时代的玄奘,就没有如此强烈的空间整合愿望,亦有唐初佛教发展的社会因素。其实,《释迦方志》用佛教空间结构系统整合中土空间,一方面是道宣证明"惟佛称为大圣"、佛教独立的有力证据之一;另一方面是儒释之间,大至宇宙观之争,小至权力空间争夺中,道宣祭出的利器之一。

运用佛教空间结构系统以及古代中国的空间观念,整合中土地理空间,使其成为佛所王土的一部分,弥补了佛教典籍在早期结集时,对印度域外地理知识的不足。进一步完善或补充了佛教宇宙秩序系统,从而奠定了佛教在中土传播,并独立自主发展的地理基础。证明中土是佛所王土的边地,只是佛教中国化的第一步。在中亚和南亚佛教相继式微之后,中土成为新的佛教中心。如何在教理自洽的前提下,建立新的神圣中心,高僧要做的工作还很多。

---

① 《四库全书总目》卷七一《佛国记》,北京:中华书局,1981年,第630页。

第七章 佛现与法灭
——中古僧侣对于阗国空间的生产

一、引　言

位于东西文化交错带上的西域,是一个文化沉积层极为丰富的地区。因区域人口迁徙和政权更迭导致的宗教和语言演替,如同海侵与海退一般剧烈。以于阗佛教为例,约公元2世纪中叶,随着外来移民和僧侣翻越帕米尔高原,佛教从南亚和中亚进入于阗,逐渐取代当地民众的原始信仰萨满教。至399年,其人民已是"尽皆奉法,以法乐相娱"[①]。约1006年,尉迟氏于阗国被喀喇汗王朝所征服,佛教亦被伊斯兰教取代。在近千年的时间里,于阗民众的信仰,经历了萨满教、佛教、伊斯兰教等宗教的剧烈更迭。

每一次宗教演替,都意味着信众要对区域地理空间进行再生产。佛教传入后,僧侣按照佛教的方式使用和组织空间,从而生产出蕴含佛教内涵和意义的地理空间。佛教空间的生产,是僧侣向信众证明佛、菩萨"在场"最便捷和最有效的方法之一。既然佛教发展历程中,存在佛现与法灭两个完全相反的过程,则佛教空间的生产,必然有神圣化与去圣化两种方式。

佛教信仰空间的生产无疑产生于印度,但印度的圣迹,大多数是依傍佛祖释迦牟尼生前的活动空间和事迹,在一地建窣堵波、伽蓝等,

---

① 法显撰,章巽校注:《法显传校注》,北京:中华书局,2008年,第11页。

而使其神圣化,并通过僧侣在此长期住锡和修行来维持。一旦僧去寺空,圣地的神圣性就只能存在于佛本生故事里。位于丝绸之路要冲的于阗国,其宗教演替,不仅是西域文化转变的风向标,也是大乘佛教向东亚传播的中心。羽溪了谛称于阗为"中国大乘佛教之母国"①,可谓一语中的。因僧侣在于阗与中亚和北印度往来频繁,于阗很早就被僧人纳入佛教典籍的叙事空间,但于阗佛教的空间生产,显然无佛祖生前圣迹可以依傍,也无法照搬印度僧人的传统方式,只能从无到有,因地制宜,开拓新的佛教空间生产方式。

于阗僧侣有依托佛教对地理空间进行生产的历史传统。与此相关的史料,主要由三部分组成:一是由于阗本地僧人编辑整理的佛经,如《大方广佛华严经》《日藏经》《月藏经》《赞巴斯塔书》②《无垢光所问经》等。二是于阗僧人撰写的于阗佛教史,如《牛角山授记》《阿罗汉僧伽伐弹那授记》《于阗阿罗汉授记》《于阗国授记》等。这些史料,最初是用于阗语撰写,在吐蕃统治于阗期间,被翻译成藏文,收在《藏文大藏经》中。此外,还有敦煌藏文写卷 P.t.960《于阗教法史》,敦煌藏文写卷 P.t.953、P.t.961、北大 D055《牛角山授记》残片。③ 近年来,朱丽双教授已将其悉数译为汉语,嘉惠学林。④ 三是

---

① 羽溪了谛著,贺昌群译:《西域之佛教》,上海:商务印书馆,1933 年,第 246 页。
② R. E. Emmerick. *The Book of Zambasta: A Khotanese poem on Buddhism*, London: Oxford University Press,1968.
③ 张延清:《北京大学图书馆藏敦煌藏文〈牛角山授记〉译解》,《中国藏学》2020 年第 3 期,第 199—204 页。
④ 朱丽双:《〈牛角山授记〉译注》,《西域文史》第八辑,北京:科学出版社,2020 年,第 195—242 页;《〈阿罗汉僧伽伐弹那授记〉译注》,《敦煌吐鲁番研究》第十八卷,上海:上海古籍出版社,2018 年,第 453—482 页;《〈于阗阿罗汉授记〉对勘与研究》,载《张广达先生八十华诞祝寿论文集》,台北:新文丰出版公司,2010 年,第 605—676 页;《〈于阗国授记〉译注(上)》,《中国藏学》2012 年第 S1 期;《〈于阗国授记〉译注(下)》,《中国藏学》,2014 年,第 S1 期;《〈于阗教法史〉译注》,载《于阗与敦煌》,兰州:甘肃教育出版社,2013 年,第 413—468 页;《敦煌藏文文书〈牛角山授记〉残片的初步研究》,《西域文史》第十四辑,北京:科学出版社,2013 年,第 23—38 页。

中土求法僧人的记载,如《法显传》《宋云行记》《大唐西域记》等。本文以《日藏经》《月藏经》《于阗国授记》和《阿罗汉僧伽伐弹那授记》为核心,对于阗佛现与法灭时,僧侣对于阗国空间的生产展开研究。

于阗僧侣的佛教空间生产,不仅对巩固佛教在于阗国的地位有重要价值,也是东亚僧侣空间生产时效仿的模板,比如清凉山文殊道场的佛典建构,就是模仿了于阗僧人的传统做法。因此,于阗僧侣的空间生产,是佛教地理学值得深入探讨的一个样本。借此可以看出中西文化交错带文化演替的时空特征。虽然于阗佛教历史很早就吸引了不少中外著名学者关注,并出版了极具影响力的著作,[①] 但从宗教地理学视角对其展开研究的成果并不多,因此有进一步探讨的必要。本文主要从佛现和法灭两个方面,探讨在政教合一的于阗国,僧侣对其佛教空间进行生产的方法及其目的。

二、佛现于阗国的空间生产

古代区域民众选择信仰一种新的宗教,尤其是将其作为国家信

---

① 与于阗佛教以及法灭相关的研究,中外已有多部研究著作出版,主要有:斯坦因(Marc Aurel Stein)《古代于阗:中国新疆考古发掘的详细报告》(巫新华、肖小勇等译,济南:山东人民出版社,2009年),羽溪了谛《西域之佛教》,恩默瑞克(R. E. Emmerick)《赞巴斯塔书》,黄文弼《西域史地考古论集》(北京:商务印书馆,2015年),寺寺本婉雅:《于阗国史》(京都:丁字屋书店,1921年),张广达、荣新江《于阗史丛考》(上海:上海书店出版社,2021年),段晴《于阗·佛教·古卷》(上海:中西书局,2013年),荣新江、朱丽双《于阗与敦煌》,那体慧《未来某时:佛教末法预言研究》(Jan Nattier, *Once upon a Future Time: Studies in a Buddhist Prophecy of Decline*, Berkeley, Cal.: Asian Humanities Press, 1991.),广中智之《汉唐于阗佛教研究》(乌鲁木齐:新疆人民出版社,2013年)。其中,斯坦因、黄文弼偏重于考古学研究,张广达、荣新江和朱丽双偏重于史学,恩默瑞克、段晴和那体慧则偏重于佛教文献学,单纯从事于阗佛教研究的是羽溪了谛和广中智之等。

仰时，必然通过空间生产的方式，将其所属空间全方位地纳入宗教信仰体系。佛教传入于阗，就经历了这样一个空间生产过程。

生活在兴都库什山南北的塞种人（Saka），越过葱岭，将佛教传入于阗并形成规模的时间是比较晚的。东汉永平十六年（73），班超到达于阗时，当地民众还普遍信仰萨满教。

> 时于寘王广德新攻破莎车，遂雄张南道，而匈奴遣使监护其国。超既西，先至于寘，广德礼意甚疏。且其俗信巫。巫言："神怒何故欲向汉？汉使有騧马，急求取以祠我。"广德乃遣使就超请马。超密知其状，报许之，而令巫自来取马。有顷，巫至，超即斩其首以送广德，因辞让之。广德素闻超在鄯善诛灭虏使，大惶恐，即攻杀匈奴使者而降超。超重赐其王以下，因镇抚焉。①

杀马祭祀是西域萨满教传统的祭祀仪式。②公元2世纪前半叶，贵霜在迦腻色伽王（Kanishka，140—162）领导下，建成了一个横跨中亚到阿富汗，乃至西印度、北印度的王朝。新兴的大乘佛教，在贵霜得到迅速发展。于阗民众广泛信仰佛教，尤其是大乘佛教，应该是在迦腻色伽王时期。这一点从佛教考古也得到印证。虽然在阿富汗巴米扬发现了创作于公元前后的佛教壁画，但新疆发现的寺庙壁画，却没有早于公元2世纪中叶的。③因此，有理由相信，约公元2世纪中叶，中原政治力量退出西域后，塞种僧侣，将佛教传至于阗，该地信众、佛塔和寺庙才达到了一定规模。曹魏甘露五年（260），朱士行在于阗请得大品《般若经》，欲送回洛阳。"未发之间，于阗小乘学众

---

① 《后汉书》卷四七《班超传》，北京：中华书局，1965年，第1573页。
② 米尔恰·伊利亚德著，段满福译：《萨满教：古老的入迷术》，北京：社会科学文献出版社，2018年，第189—194页。
③ 雅诺什·哈尔马塔主编，徐文堪、芮传明译：《中亚文明史》第二卷，北京：中国对外翻译出版公司，2002年，第245页。

遂以白王云：'汉地沙门欲以婆罗门书惑乱正典，王为地主，若不禁之，将断大法，聋盲汉地，王之咎也！'王即不听赍经。士行愤慨，乃求烧经为证。"① 可见 3 世纪中叶，大乘经典《般若经》已经在于阗流传，但小乘佛教仍占主流。东晋咸康五年（399）法显到达于阗时，大乘佛教才成为主流，"僧众数万人，多大乘学，皆有众食"②。9 世纪中后期，于阗国"行大乘法者约如马身之毛，行小乘法者约如马耳之毛"③。

（一）僧侣将于阗整合进以天竺为中心的空间体系

神学时代，四处游走的传教人员是地理发现、地理描述和空间生产的主力，僧侣也不例外。早在太康元年（280）竺法护译《大宝积经》时，僧侣在佛经中添加西域地理信息就已坐实，④但大规模展开，则是于阗成为大乘佛教中心以后的事。于阗僧侣通过编纂《大方广佛华严经》《日藏经》《月藏经》，首先将印度人并不熟悉的西域，纳入佛教空间体系之中。

其一，《华严经》率先将于阗牛头山纳入文殊菩萨住处。公元 400 年左右编纂的《大方广佛华严经》，是于阗僧侣最先编纂的大部经典。该经被支法领从于阗带到江南，并由印度僧人佛度跋陀罗于永初二年（421），在道场寺将其译为中文。六十《华严经》称牛头山是菩萨众多住处之一："边夷国土有菩萨住处，名牛头山，过去诸菩萨常于中住。"⑤《月藏经》亦有南、西、北"边夷国"记载⑥，指兴都库什山以北的西域国家。故六十《华严经》所言"边夷"与"边地"是同

---

① 《出三藏记集》卷一三《朱士行传》，第 515—516 页。
② 《法显传校注》，第 11—12 页。
③ 《〈于阗教法史〉译注》，《于阗与敦煌》，第 441 页。
④ 《大宝积经》卷十《密迹金刚力士会》，《大正藏》第 11 册，第 59 页 a。
⑤ 《大方广佛华严经》卷二九《菩萨住处品》，《大正藏》第 10 册，第 590 页 a。
⑥ 《大方等大集经》卷五六《月藏分·法灭尽品》，《大正藏》第 13 册，第 377 页 c。

一个意思,即印度域外无所知、卑贱之地。西域有牛头山空间逻辑上自然是通的。

《大宝积经·密迹金刚力士会》记载了于阗、沙勒、龟兹、鄯善等国,西藏大藏经《甘珠尔》所收《大宝积经》中,则以"佉沙"一名代之。①"佉沙国",梵语为 Ch'ia-lu-shu-tan-lē。据斯坦因研究,Ch'ia-lu-shu-tan-lē 很可能是 Kalusāntara, Kalusadhara 或 Kalusottara 的转写,意思是"拥有坏性格(的土地)"②,跟佛教中的边地或边夷意思相同。故"边夷国"应是"佉沙国"的意译。

佛教广泛流布西域后,"佉沙""边夷"有了广义和狭义之分。广义与《华严经》所指范围相同。狭义则专指疏勒国。《法显传》作"竭叉"③,慧超《往五天竺国传》载:"至疏勒。外国自呼名伽师祇离国。"④《大唐西域记》作"佉沙国"⑤,因此,唐法藏注释《华严经》时说:"边夷国者,准梵语似当疏勒国。"⑥ 实叉难陀编译八十《华严经》则将边夷国直接改为"疏勒国"⑦。这样,原本属于西域的牛头山,因"边夷国"所指的地域范围缩小,就成了疏勒国的。实叉难陀是于阗人,明知牛头山在于阗,为何在翻译时不直接将疏勒国改为于阗国?究其原因,首先是尊经。其次,边夷国在《月藏经》中,并不是什么好名字,将其用在与于阗国一向关系不睦的疏勒国,可能更符合于阗人的心理。

其二,狮子国僧侣将于阗纳入象征正法时期的佛钵流转体系。

---

① 烈维(Sylvain Levi):《大藏方等部之西域佛教史料》,载冯承钧译《西域南海史地考证译丛》(第二卷),北京:商务印书馆,1962年,第218页。
② 奥雷尔·斯坦因著,巫新华等译:《古代和田:中国新疆考古发掘的详细报告》,济南:山东人民出版社,2009年,第54页。
③ 《法显传校注》,第17页。
④ 慧超著,张毅笺释:《往五天竺国传笺释》,北京:中华书局,2000年,第153页。
⑤ 《大唐西域记校注》卷一二《佉沙国》,第995页。
⑥ 《华严经探玄记》卷一五《菩萨住处品》,《大正藏》第35册,第391页b。
⑦ 《大方广佛华严经》卷四五《诸菩萨住处品》,《大正藏》第10册,第241页c。

第七章　佛现与法灭

晋义熙六年（410）至七年（411）间，法显在狮子国听了一个佛钵在各佛教信仰国之间流转的故事：

> 法显在此国，闻天竺道人于高座上诵经，云："佛钵本在毘舍离，今在揵陀卫。"竟若干百年（法显闻诵时有定岁数，但今忘耳）。当复至西月氏国。若干百年，当至于阗国。住若干百年，当至屈茨国。若干百年，当复来到汉地。若干百年，当复至师子国。若干百年，当还中天竺。到中天已，当上兜术天上。

佛初成道时，居住在苏迷庐山四周七山上的四天王，各献石钵与佛，佛皆受之，合为一钵，即佛钵。佛钵流转国家中包括于阗国。佛钵流转的故事，并无佛典可依。法显尔时欲写此经，其人云："此无经本，我止口诵耳。"① 但足以说明，至法显时代，狮子国僧人已经知道边地有月支、于阗、龟兹以及中土的东晋等国存在，并将其纳入佛钵流转国家之列，其地位与"边夷国"相比，有了长足的进步。佛钵相当于流动的圣物，所到之处，自然是佛教的神圣中心。

其三，《月藏经》将于阗纳入诸神护持、天竺二十八宿分野、佛塔分布国等体系。《月藏经》由高齐那连提耶舍于天统二年（566）译出。② 《月藏经》通过三种方式，将于阗国纳入僧人视野中的佛陀世界。

一是《月藏经·分布阎浮提品》将于阗纳入诸神护持的国家。世尊付嘱诸神护持，"此阎浮提一切国土、城邑、宫殿、王都、聚落、山岩、寺舍、园池、旷野、诸树林间"，勿令有恶。其中诸神护持的国家，总计有五十五个，于阗为其中之一。"尔时，世尊以于填国土，

---

① 《法显传校注》，第137—138页。
② 《大唐内典录》卷四《历代众经传译所从录·后齐高氏传译佛经录》，《大正藏》第55册，第270页c。

付嘱难胜天子千眷属、散脂夜叉大将十千眷属、殺羊脚大夜叉八千眷属、金华鬘夜叉五百眷属、热舍龙王千眷属、阿那紧首天女十千眷属、他难阇梨天女五千眷属：'毘沙门王神力所加，共汝护持于阗国土。'"①

二是《月藏经·星宿摄受品》将于阗纳入佛教的分野体系。《星宿摄受品》类似于中国的分野体系，即将天上的二十八宿、七曜、十二辰与地上的各国一一对应的信仰体系。"过去天仙，分布安置诸宿、曜、辰，摄护国土，养育众生，于四方中，各有所主。"②《星宿摄受品》所载二十八宿之首宿为角宿，看上去与中国二十八宿相同，其实不然。《星宿摄受品》首宿本是昴宿，那连提耶舍以中国二十八宿为模板对应翻译，导致错误。唐代波罗颇密多罗于贞观四年重译《大方等大集经》时，便将首宿改回昴宿。③因此《星宿摄受品》二十八宿是印度传来的。此外，《大方等大集经》记载的正午影长是从23°N附近测得的④，即中印度一带。因此，《大方等大集经》分野体系中的二十八宿来自印度，于阗僧人再给每一宿配置不同的国家，共计配置了355国。于阗归昴宿摄护养育。

尽管印度有二十八宿，但佛教似乎对二十八宿信仰并不认同，如东晋天竺三藏帛尸梨蜜多罗于317—322年所译《佛说灌顶咒宫宅神王守镇左右经》载：

> 佛语目连，波罗阅国去城千里，有七百余家，未睹圣化，不

---

① 《大方等大集经》卷五五《月藏分·分布阎浮提品》，《大正藏》第13册，第362c—368页a。
② 《大方等大集经》卷五六《月藏分·星宿摄受品》，《大正藏》第13册，第371页a。
③ 钮卫星：《西望梵天：汉译佛经中的天文学源流》，上海：上海交通大学出版社，2004年，第59页。
④ 钮卫星、江晓原：《汉译佛经中的日影资料辨析》，《中国科学院上海天文台年刊》1998年第19期。

识真道，多事神鬼、山川树神，及日月五星、二十八宿、水火神等。举村奉事，以为真正。杀生祭祠，以此为常。是时，村民宗王名曰迦罗那。门室大小一百余人。春分之中，为恶鬼神所共娆触。此迦罗那居山谷之边，或言山神娆我，或言树神娆我，或言水火日月星宿神娆我，作是念已，生大愁苦。①

可见，信仰日月五星和二十八宿，乃至杀生祭祠，是"未睹圣化，不识真道"者所为。因此，《月藏经》看重分野，很可能受中土风气影响。

三是《月藏经·建立塔寺品》将于阗纳入佛塔所在国的群体。《建立塔寺品》分为两个阶段叙述，一个是过去世，一个是现在世和未来世。"过去诸佛如来之所建立住持大塔、牟尼诸仙所依住处"，共计 25 处圣地，位列第十八的渠摩娑罗香和二十四的牛头旃檀室，皆属于于阗国。"世尊所有声闻弟子，于现在世及未来世，复有几所塔寺住处，令我等辈护持养育？尔时世尊熙怡微笑，从其面门放种种光照曜诸方，即时于此四天下中，而有无量百千诸佛处处而现。东弗婆提八万佛现，北郁单越百千佛现，西瞿陀尼五万佛现，诸海岛国百千佛现，此阎浮提二百五十千佛处处而现。"在佛现之处会出现同样数量的佛塔，"佛言：'诸仁者！如是等佛，于此四天下国土、城邑、村落、山林处处而现，我今神力之所加故，还有如是等数塔寺，于彼彼处，我诸声闻现在未来三业相应，及与三种菩提相应有学无学具足持戒多闻善行，度诸众生于三有海，及诸施主为我声闻而造塔寺，亦复供给一切所须，及彼眷属付嘱汝等，勿令恶王非法恼乱。'"②二十五万佛塔，现在世和未来世，出现在 59 个国家。其中于阗国有

---

① 《佛说灌顶咒宫宅神王守镇左右经》卷五，《大正藏》第 21 册，第 508 页 c。
② 《大方等大集经》卷五六《月藏分·建立塔寺品》，《大正藏》第 13 册，第 374 页 a—b。

180个,仅次于震旦国的255个,位列第二。

对比上述《月藏经》不同体系所记录的印度、中亚及东亚诸国,烈维(Sylvain Levi)分析说:"若谓此种名录出于印度,似乎甚难。印度国名且未占有半数,其中二十余印度国名,大致假诸佛经者。若谓印度人重视东夏间之西域,似为理中所必无之事。诸录重视西域,尤以丁录(即《建立塔寺品》之记录)最为显明。"①《月藏经》和《日藏经》"因其偏重于阗,颇泄露其为地方之创作。"②于阗僧侣这样创作的目的,首先是由他们的地理视野决定的,即于阗绝大多数僧侣对印度真实的地理状况并不熟悉,因此,有关印度甚至中亚的地名,只能从佛经中搜集整理。相反于阗乃至整个西域的地理,他们都耳熟能详。其次,他们有目的地将西域,尤其是于阗,纳入佛教信仰的空间体系,"由是于阗表现如同大乘文学最活动之中心"③,使其由"边地"转变为佛所王土的"中国"。

其四,《日藏经》将于阗国纳入释迦牟尼居住地。《日藏经》由隋那连耶舍于开皇五年(585)译出。④《护塔品》记载了包括"阎浮提内王舍城中圣人处所大支提"在内,共计21个释迦牟尼的宫殿或住处。第21个住处是"吃利呵婆达多龙王"守护供养的"阎浮提内于阗国中水河岸上牛头山边近河岸侧瞿摩婆罗香大圣人支提。此大支提皆是过去大圣菩萨、大辟支佛、大阿罗汉,得果沙门、五通神仙诸圣住处"⑤。

《于阗国授记》继承了《日藏经》的说法:"释迦牟尼佛既聚福德与智慧资粮,为众生故,而证无上等觉,于世上有二十一处宫殿。此

---

①③ 《大藏方等部之西域佛教史料》,第209页。
② 同上,第162页。
④ 《历代三宝记》卷一二,《大正藏》第49册,第102页c。
⑤ 《大方等大集经》卷四五《日藏分·护塔品》,《大正藏》第13册,第294页b。

第七章　佛现与法灭

于阗乃如来第二十一宫殿，较他处更具福德。"① 该授记约成书于唐太和四年(830)，原为于阗语，藏文本由摩·释迦翰所译，收于《藏文大藏经》的《丹珠尔》部。授记(vyakarana)，亦称记别、悬记，为十二部经之一，本为教义之解说，后来特指佛陀对众弟子之未来所作之证言②。释迦牟尼的二十一处宫殿，皆付授诸龙王，令使拥护住持安立，光明久住，乃至法尽亦复如是。

与其他二十个宫殿相比，于阗国瞿摩娑罗香大圣人支提的地理位置被描述得最为清楚，足以证明《日藏经·护塔品》出自于阗国僧侣之手。

（二）于阗国创世传说的佛教化生产

公元前六世纪至五世纪创立佛教时，包括于阗在内的西域，早已有人类在此劳作生息。③ 然而在于阗僧侣中，却流传着佛教在于阗创世纪的故事，且持续时间很久。故事最初出现在《日藏经·护塔品》中。

释迦牟尼将二十一处支提或住处，交给龙王守护，但龙王"贪嗜睡眠如痴无异，一夜睡眠当于人中二十一年"。因此，佛祖又命二十八夜叉一同守护，但无论是龙王还是夜叉，都不愿意守护于阗国。原因正如只利呵婆达多龙王所云："世尊如来，今者以于阗国牛角峰山瞿摩娑罗乾陀牟尼大支提处付嘱于我，然彼国土城邑村落悉皆空旷，所有人民悉从他方余国土来，或余天下，或余刹中。……此二十八诸夜叉将不肯护持，我今怪此所以者何？以彼不护，我等诸龙得于恶名。"旧无众生的于阗国，无信众供养诸神，诸神自然不愿意

---

① 《〈于阗国授记〉译注（上）》，第229页。
② 慈怡主编：《佛光大辞典》，台湾：佛光山出版社，1989年，第344页。
③ 黄慰文、欧阳志山等：《新疆塔里木盆地南缘新发现的石器》，《人类学学报》1988年第4期。

守护。至于于阗国空旷的原因，佛言龙王："迦叶佛时，彼于阗国名迦逻沙摩。国土广大，安隐丰乐。种种华果，众生受用。彼国多有百千五通圣人，世间福田，依止其中。系念坐禅，乐阿耨多罗三藐三菩提。以其国土，安隐丰乐，彼土众生，多行放逸。贪着五欲，谤毁圣人，为作恶名，以灰尘土，坌彼圣人。时诸行者，受斯辱已，各离彼国，散向余方。时彼众生，见圣人去，心大欢喜。是因缘故，彼国土中，水天火天，皆生瞋忿。所有诸水，河池泉井，一切枯竭。时彼众生，无水火故，饥渴皆死，是时国土，自然丘荒。"迦叶佛乃释尊以前之佛，为过去七佛之第六佛。迦叶佛时，于阗国因信仰佛教，曾是一个安隐丰乐之地，后因谤毁圣人，失去了圣人的守护，因此干旱炎热，人民饥渴而死，于阗国变为空无一人的干旱荒野。

既然于阗国在迦叶佛时，乐园变已成丘荒。释迦牟尼佛时，于阗国牛头山又是佛祖住处，故丘荒再次变成乐园乃势所必然。那么，于阗国如何才能再次成为乐园？释迦牟尼佛告诉龙王，即"授记"：

> 我今不久往瞿摩娑罗牟尼住处，结跏七日，受解脱乐，令于阗国于我灭度后一百年，是时彼国还复兴立，多饶城邑郡县村落，人民炽盛。皆乐大乘，安隐快乐。种种饮食及诸果华，无所乏少。①

此"授记"，是僧侣对于阗国进行佛教化空间生产最原始，也是最重要的文本。九世纪，于阗国僧侣撰写的《牛头山授记》《于阗国授记》《于阗教法史》等，都是以此授记为蓝图，进行佛现于阗空间的生产。

6—9世纪之间，唯一与此授记有关的文本，是成书于唐贞观

---

① 《大方等大集经》卷四五《日藏分·护塔品》，《大正藏》第13册，第294页b—第295页a。

二十年（646）的《大唐西域记》，书中言及佛教信众到来之前于阗国状况时云："昔者，此国虚旷无人。"①并未涉及此授记的其他内容。古人很少将湖泊或湿地称为"虚旷"之地，因此玄奘文中的虚旷，应该是干旱荒芜之地，即丘荒。这说明玄奘听说或阅读过《日藏经》或类似的授记故事。

然而，在9世纪于阗僧侣创作的各种授记文本中，迦叶佛所立教法衰微时，"于阗之人众既不信佛法，皆堕邪见。诸龙怒而降雨，于阗复转成海子"②。即迦叶佛留给释迦牟尼佛的是海子而非丘荒。因此，将海子变为桑田，是释迦牟尼让于阗国复兴的首要任务。

> 昔者，于阗乃为海子，释迦牟尼佛为授记此海子将成桑田，且予加持。乃与菩萨、声闻与天龙八部等二十万众眷属俱，由灵鹫山腾空，既至于阗。〔于阗〕时为海子，〔释迦牟尼佛〕乃宴坐于今西玉河近处水中莲花座上，授记此海子将成桑田〔且〕予加持，乃口申教敕，命八大菩提萨埵及其两万眷属、八大护法神祇及其三万五千五百有七眷属护持此尊圣之应供处所及此境域。舍利佛与毗沙门誓言愿卷起墨山，排除海水而得土地。佛宴座于先前莲花座上，即今牛角山上立有释迦牟尼大像处，入禅定七昼夜，而后返回天竺之呋舍厘城。③

朱丽双教授将藏文 mtsho 译为"海子"，无疑是正确的。汉唐时期，中原人将比较大的湖泊称为海，如西汉时称苏武牧羊的贝加尔湖为北海，青海湖为西海。西北方言中，至今仍将湖泊称为海子。成书

---

① 《大唐西域记校注》，第1006页。
② 《〈于阗国授记〉译注（上）》，第235页。
③ 同上，第230—231页。

于9世纪初的《牛角山授记》亦称于阗国"为一闲寂大海子"①。

那么,如何解释这一变化呢?于阗国虽然"沙碛太半,壤土隘狭",但因干旱而导致其民众"饥渴皆死"的可能性极小,因为于阗国人口主要集中在灌溉绿洲区,而绿洲的水资源,来自昆仑山、喀拉昆仑山冰雪融水和洪积扇前缘的地下水,因此与以降水补给为主的季风区边缘区相比,水资源供给的年际变化并不大。相反,洪积扇前缘的湿地、湖泊及周边的农田、聚落,却很容易遭受和田河上游洪水的侵袭,形成一片泽国。因此,与"丘荒"相比,"海子"更接近于阗国的事实。

执行排干湖水任务的是舍利弗与毘沙门。《于阗国授记》载,世尊告尊者舍利弗与毘沙门言:"你二位去肉色山决此色如墨汁之海子。"②《牛角山授记》亦载:"大声闻舍利弗与毘沙门白言:'谨如所教!'言毕以神通腾空而起,即赴肉山(Sha'i ri),舍利弗手持锡杖,毘沙门手持矛,拢括一半肉山,取而置于西边,开出大河道,将海子连同有情众生悉皆倾至[计]戍水。如是瞿摩娑罗干陀窣堵波、牛角山及于阗清晰显现。"③稍晚编撰的《于阗教法史》则云:"北方天王毘沙门和比丘舍利弗二者于神山(Shing shan)以锡杖尖和矛头决海,海子遂干。佛涅槃后百年,[于阗]转成桑田。"④

同为9世纪中期成书的三个文本,对舍利弗与毘沙门所移之山,却有三个完全不同的名字。不仅如此,一个文本内的同一座山,也有两个不同的名字。如《于阗国授记》又云:"舍利佛与毘沙门誓言愿卷起墨山,排除海水而得土地。"⑤对比前后文,不难看出"墨山"是僧侣将于阗语翻译为吐蕃语时,将"肉色山"与"色如墨汁之

---

① 《〈牛角山授记〉译注》,第208页。
② 《〈于阗国授记〉译注(上)》,第237页。
③ 《〈牛角山授记〉译注》,第241页。
④ 《〈于阗教法史〉译注》,第429—430页。
⑤ 《〈于阗国授记〉译注(上)》,第230—231页。

海子"搞错了。肉色山即今麻扎塔格。麻扎塔格在临近和田河的东部，有两个山嘴。北边的山嘴由白云岩组成，呈白色；南边的山嘴由红色砂岩组成，呈红色。①"肉色山"即红色山。在麻扎塔格出土文书中有"神山堡"，位于麻扎塔格东部山顶。可见"神山"即今麻扎塔格。②宋代称麻扎塔格为"通圣山"，与"神山"的意思颇为接近。通圣山中亦有池，"池中有仙童"。可见与麻扎塔格有关的神话故事，至宋代还在流传，甚至被中原帝王加以利用，成为祥瑞"国王赵万永宝"玉印出现的地方。③其实，玉龙喀什河和喀拉喀什河出了昆仑山，进入塔里木盆地，汇合后一路向北流去，最终注入塔里木河。中途只有麻扎塔格一座山。主峰（80°30′E, 38°38′N）海拔1570米。虽然和田河流域的湖泊主要分布在昆仑山山麓洪积扇前缘地带，距离麻扎塔格较远，但山洪暴发时，洪水完全有可能波及麻扎塔格以南的和田河谷地。因此于阗国僧侣才会将麻扎塔格塑造成阻挡湖水下泄的山地。从海子流出的水，最终注入计戍水，即和田河。

（三）于阗建国传说的佛教化

中古时期，几乎每一个国家都会建构一个神异的建国传说，使其建国和统治充满神圣性，从而具有天然的合法性。与中原众多历史传承清晰的国家不同，僧侣将于阗建国的历史，进行了系统地佛教化生产。佛教传入后，尤其是《日藏经·护塔品》"授记"流通以来，于阗建国历史的佛教建构，便摆上僧侣的议事日程。于阗由沧海变为桑田后，"尔时诸天自座起而问世尊：'世尊，此国何时将现，谁为创

---

① 侯灿：《麻札塔格古戍堡及其在丝绸之路上的重要位置》，《文物》1987年第3期。
② 张广达、荣新江：《8世纪下半至9世纪初的于阗》，载张广达、荣新江：《于阗史丛考》，第259页。
③ 《宋史》卷四九〇《外国传·于阗》，北京：中华书局，1977年，第14107—14108页。

建者? 世尊,今此地为一闲寂大海子。请赐言谁人、如何使[此国]现?'"①

于阗建国故事的最早版本,来自玄奘的记述。玄奘在归国途中,在于阗国居住了大半年,因此,对于阗国的情况非常熟悉。然而《大唐西域记》和《大慈恩寺三藏法师传》所记录的建国故事并不相同。《大唐西域记》载:

> 王甚骁武,敬重佛法,自云:"毘沙门天之祚胤也。"昔者,此国虚旷无人,毘沙门天于此栖止。无忧王太子在呾叉始罗国被抉目已,无忧王怒谴辅佐,迁其豪族,出雪山北,居荒谷间。迁人逐牧,至此西界,推举酋豪,尊立为王。当是时也,东土帝子蒙谴流徙,居此东界,群下劝进,又自称王。岁月已积,风教不通。各因田猎,遇会荒泽,更问宗绪,因而争长。忿形辞语,便欲交兵。或有谏曰:"今何遽乎? 因猎决战,未尽兵锋。宜归治兵,期而后集。"于是回驾而返,各归其国,校习戎马,督励士卒,至期兵会,旗鼓相望。旦日合战,西主不利,因而逐北,遂斩其首。东主乘胜,抚集亡国,迁都中地,方建城郭。②

无忧王太子家族到来之前,佛教护法大神四天尊王之一毘沙门天于此栖止。无忧王太子家族最先被迁徙至于阗,然而无忧王太子在于阗西界建立的国家,却被流放于阗国东界东土皇帝之子建立的国家击败,国王也被杀。无忧王宗族与于阗国之间的关系亦被终结。

> 其王迁都作邑,建国安人,功绩已成,齿耋云暮,未有胤嗣,恐绝宗绪。乃往毘沙门天神所祈祷请嗣,神像额上,剖出婴孩,

---

① 《敦煌藏文文书〈牛角山授记〉残片的初步研究》,第36页。
② 《大唐西域记校注》,第1006页。

捧以回驾，国人称庆。既不饮乳，恐其不寿，寻诣神祠，重请育养。神前之地忽然隆起，其状如乳，神童饮咂，遂至成立。智勇光前，风教遐被，遂营神祠，宗先祖也。自兹已降，奕世相承，传国君临，不失其绪。故今神庙多诸珍宝，拜祠享祭，无替于时。地乳所育，因为国号。①

可见，地乳的生父是毘沙门天，是神童。而养父是东土来的帝子，与阿育王家族无任何关系。《大慈恩寺三藏法师传》却言：

其王雄智勇武，尊爱有德，自云毘沙门天之胤也。王之先祖即无忧王之太子，在怛叉始罗国，后被遣出雪山北，养牧逐水草，至此建都，久而无子，因祷毘沙门天庙，庙神额上剖出一男，复于庙前地生奇味，甘香如乳，取而养子，遂至成长。王崩，后嗣立，威德遐被，力并诸国，今王即其后也。先祖本因地乳资成，故于阗正音称地乳国焉。②

在慧立、彦悰叙述的故事中，最先进入于阗建都立国者，是来自西方的无忧王太子。力并诸国的地乳王，是无忧王太子的养子，即无忧王的孙子，是无忧王之子向毘沙门天求子，然后从毘沙门天塑像额上剖出来的孩子。因此，地乳王与无忧王家族无血缘关系，而是毘沙门天的骨血。故于阗王"自云毘沙门天之胤也"，无疑是正确的，与东土没有任何关系。

然而在《牛角山授记》中，人神兼备的地乳王，其血缘关系和成长环境，与前二者几乎完全不同。

---

① 《大唐西域记校注》，第1008页。
② 《大唐大慈恩寺三藏法师传》卷五《起尼干占归国 终至帝城至西漕》，第120页。

世尊告言:"善男子,听之!我涅槃后百年,汉地将现一王,名曰咸阳,命有千子。每子令其寻一新国。后闻说西方有一国土,此国有牛角山与世尊住所瞿摩娑罗干陀窣堵波,众多如来曾予加持,[汉王]常自窃思:'若我有一子,将令他前往彼曾受众佛加持之地建国。'如是想毕,汉王向毗沙门请求一子。毗沙门遂将赡部洲无忧王之子取而赐之。此子相貌端庄,身形绝美,令人喜见。为此子故,地中隆起一乳,此子因往昔之福德与善根之力,饮吮之,故得名地乳。此子速得成长,父汉王授予王政之权,赐予诸多财宝,并派遣众多大臣随侍。地乳王子和大臣耶舍等,偕同众多军人,出离汉地,来至此处,即至而于彼建国。因此国为地乳王子所建,此国遂得名'地乳之国'。"①

《牛角山授记》中,地乳王是无忧王的亲生儿子,养父则变成了汉地的咸阳王。地乳王与毗沙门天没有任何血缘关系。地乳王拥有的神性是毗沙门将其从于阗送往中原的过程中获得的,因此,于阗王并非毗沙门天之胤也。

地乳王的西方生父和东方养父,其实反映了于阗国移民主要来自东西两个方向,并曾被东西方政权统治的历史记忆。值得注意的是,毗沙门天不仅在地乳成长的过程中扮演着生父或"送子观音"的角色,在代表着东西方不同势力的地乳与耶舍发生冲突时,也是毗沙门天与功德天女进行调节:

于是地乳王子亦率其从者来至于阗之西玉河,相会于地野乡东部之香梧将地方。王子与大臣耶舍二人商谈未妥,寻诸干戈,

---

① 《〈牛角山授记〉译注》,第211—212页。

第七章　佛现与法灭

遂至交战。时毘沙门与功德天女自空中现，进行调解，使两边息甲休兵。即于此处为毘沙门与功德天女各建安住神殿，至今犹存。尊胜毘沙门与功德天女以作此国之守护神故而于此受人供养。

虽然避免了东西不同势力之间的冲突，但二者在居住空间上，还是有显著的区域分异。"地乳王子与大臣耶舍遂归于好，地乳为王，耶舍为臣。地乳王之从者汉人，住于于阗之东玉河至奴卢川地区与坎城之间。大臣耶舍从者天竺人住于西玉河至度野与固城之间。玉河中间之地则由天竺与汉臣民次第杂居混处，由此创立国家，营建城郭。"因此，于阗国的文化，也是兼收并蓄，"于阗乃竺汉之人相遇之处，〔其俗〕土语非梵非汉，字母与天竺渐次相通。世间之风俗多同于汉地，教法及其用语则几同天竺。于阗之土语乃昔时文殊菩萨化作声闻之比丘，名毘卢折那，于赞摩地区将于阗语教与牧童长与慕礼持等孩童。当众人学会后，无人知道二位牧童去向。故于阗语最初乃诸尊者所教示也。"①僧侣将于阗国建国历史佛教化的同时，也将印欧语系伊朗语族东伊朗语支的于阗语（Khotanese），加以佛教化。

由此不难推测，地乳王故事的不同版本，很有可能来自于阗国不同移民群体中传播并整理而成的故事。《大慈恩寺三藏法师传》版故事来自西部移民，《大唐西域记》《牛角山授记》版故事来自东部移民。但东西僧侣的最终目的无疑是相同的，即将于阗国塑造成毘沙门天或无忧王家族缔造的一个"净善"佛国，并将祖先崇拜与佛教信仰整合在一起，成为国家信仰。

（四）于阗国建都的佛教化

在于阗国首都的选址建设方面，于阗河东西方移民也讲述了的

---

①　《〈于阗国授记〉译注（上）》，第243—244页。

不同的故事。《大唐西域记》记载了一个东土移民建都的故事。"当是时也,东土帝子蒙谴流徙,居此东界,群下劝进,又自称王。"东主战胜无忧王太子后,"东主乘胜,抚集亡国,迁都中地,方建城郭。忧其无土,恐难成功,宣告远近,谁识地理。时有涂灰外道负大瓠,盛满水而自进曰:'我知地理。'遂以其水屈曲遗流,周而复始,因即疾驱,忽而不见。依彼水迹,峙其基堵,遂得兴功,即斯国治,今王所都于此城也。城非崇峻,攻击难克,自古已来,未能有胜。"① 此建都故事中,因昆仑山北麓洪积扇与塔克拉玛干沙漠南缘交汇处的于阗国,缺乏筑城的细腻土壤,可谓"壤土隘狭",因此,选址是个难题。最终帮东主选址的神异之人是"涂灰外道",而不是佛教徒。建城郭过程中,也没有神异的佛教故事发生。可见,在玄奘到达西域时,中原人在于阗国建城的故事,还在于阗广泛流传。

两百年后,于阗僧侣撰写的《于阗国授记》,则将于阗国建都的故事完全佛教化。

> 尔时,世尊释迦牟尼亦以光明照耀已成海子之于阗,光明照耀之水上,升起三百六十三朵莲花,每朵莲花上现一宝灯。既而,光明积聚,于水上右绕三匝,沉于水之正中……尔时,尊者阿难白世尊言:"世尊,以何因缘使此光明、莲花和宝灯显现?以何因缘使此诸光明聚集、右绕三匝而沉于水之正中?"
>
> 尔时世尊告阿难:"此海子为舍利弗之锡杖尖与毗沙门之矛头决破。及海子干涸、我涅槃后,此名为于阗之国将会出现;光明绕行三匝之处,此后将是于阗都城之地,〔即〕苏蜜大城之兴建范围;光明沉入水之正中处,将有一尊罗阇枷喇磨佛像,自天竺腾空飞来

---

① 《大唐西域记校注》,第1006页。

第七章　佛现与法灭

安住,加持并护持此境,此像因我加持,像身之垢不入檀身。"①

在此故事中,都城地址是释迦牟尼坐在牛角山加持于阗而放出劝谏之光,并积聚沉入海子之处。都城建成后,并有一尊罗阇枷喇磨佛像,自天竺腾空飞来安住,加持并护持此境。建都过程与东主无关,更与"涂灰外道"无关。佛祖加持下的于阗国首都,也有了一个美好的名字,即"苏蜜大城"。建都之人也换成了地乳王的后人,《于阗国授记》:"初,往昔海子业已干涸,地乳王子及大臣耶舍等即居于此地,创建国家。地乳王子之子叶护罗王建于阗都城苏蜜城。"②《于阗教法史》却称:"地乳王之孙叶护罗王建于阗国都城堡,即苏蜜大城。"③建都者不论是地乳王的儿子还是孙子都不重要,重要的是他们都是"法王"的子孙。至此,于阗国首都从选址到建设者,都换成了佛门中人。

(五)于阗领土空间的佛教化

公元5世纪初,于阗国历史最悠久的牛角山圣地已建立,位于于阗国王城西南二十余里,是菩萨众多住处之一。此时于阗国参与首都行像仪式的大伽蓝就有十四个,"彼国人民星居,家家门前皆起小塔,最小者可高二丈许"。最大的"僧伽蓝名瞿摩帝,是大乘寺,三千僧共揵槌食。入食堂时,威仪齐肃,次第而坐,一切寂然,器钵无声。净人益食不得相唤,但以手指麾"④。瞿摩帝乃梵文Gomati,意思是牛多的地方。位于首都南十五里处。据《宋云行记》载:

于阗王不信佛法。有商将一比丘名毘卢旃在城南杏树下,向王伏罪云:"今辄将异国沙门来在城南杏树下。"王闻忽怒,即

---

① 《〈于阗国授记〉译注(上)》,第237页。
② 同上,第246页。
③ 《〈于阗教法史〉译注》,第423页。
④ 《法显传校注》,第12页。

往看毗卢旃。旃语王曰:"如来遣我来,令王造覆盆浮图一所,使王祚永隆。"王言:"令我见佛,当即从命。"毗卢旃鸣钟告佛,即遣罗睺罗变形为佛,从空而现真容。王五体投地,即于杏树下置立寺舍,画作罗睺罗像。忽然自灭,于阗王更作精舍笼之。令覆瓮之影,恒出屋外,见之者无不回向。其中有辟支佛靴,于今不靴。非皮非彩,莫能审之。①

可见,瞿摩帝伽蓝,是由最先来于阗国的僧侣毗卢旃或毗卢折那创建,因此,是于阗国最早建立的寺庙,也是如来佛的使者最先到达的地方。与之相较,牛角山与如来佛之间关系此时尚未建立。僧侣劝说于阗王为了"王祚永隆"而营造伽蓝的叙事模式,成了日后僧侣撰写于阗国历代帝王兴建伽蓝故事时,常用的叙事模式。

于阗国第二大伽蓝是王新寺。"其城西七八里有僧伽蓝,名王新寺。作来八十年,经三王方成。可高二十五丈,雕文刻镂,金银覆上,众宝合成。塔后作佛堂,庄严妙好,梁柱、户扇、窗牖,皆以金薄。别作僧房,亦严丽整饰,非言可尽。"②从王新寺名字看,兴建年代应晚于瞿摩帝伽蓝,也是于阗国王供养的寺庙。

以上伽蓝主要分布王城西部和西南部,即西方移民的主要聚居区。东部只有一个寺,即位于首都圈外的捍𪎭城大寺。《宋云行记》载:

从末城西行二十二里,至捍𪎭城。〔城〕南十五里有一大寺,三百余僧众。有金像一躯,举高丈六,仪容超绝,相好炳然,面恒东立,不肯西顾。父老传云:此像本从南方腾空而来,于阗国

---

① 杨衒之撰,周祖谟校释:《洛阳伽蓝记校释》卷五《城北》,北京:中华书局,2013年,第168—169页。
② 《法显传校注》,第12—13页。

王亲见礼拜,载像归,中路夜宿,忽然不见,遣人寻之,还来本处。王即起塔,封四百户以供洒扫。户人有患,以金箔贴像所患处,即得阴愈。后人于此像边造丈六像及诸像塔,乃至数千,悬彩幡盖,亦有万计。魏国之幡过半矣。幡上隶书,多云太和十九年、景明二年、延昌二年。唯有一幡,观其年号是姚兴时幡。①

从此像来自南方而不是西方,"面恒东立,不肯西顾","魏国之幡过半矣"。以及于阗国王请不走金像等迹象来看,该大寺应是东方移民供养的寺庙。总之,公元400年前后,于阗国圣地、伽蓝、窣堵波,虽有东西方不同移民供养之分,但它们之间还缺乏有机联系,未形成空间分布系统。

从隋那连耶舍译《日藏经·护塔品》开始,牛角山的角色,由菩萨住处变成了释迦牟尼的住处。至7世纪中叶,牛角山有了一个梵语名字——瞿室䂎伽(Gośrṅga)。"山峰两起,岩隒四绝,于崖谷间建一伽蓝,其中佛像时烛光明。昔如来曾至此处,为诸天人略说法要,悬记此地当建国土,敬崇遗法,遵习大乘。"②玄奘认同《日藏经》赋予牛角山即如来说法之地的说法。

瞿摩帝伽蓝,也被僧侣梵化为"毘卢折那伽蓝"。此外,《宋云行记》载:"毘卢旃鸣钟告佛,即遣罗睺罗变形为佛,从空而现真容。"③可见来于阗国的,不是释迦牟尼佛真身,而是替身罗睺罗。《大唐西域记》则云:"王遂礼请,忽见空中佛像下降,授王揵槌。"④即释迦牟尼佛亲临于阗国,并授予国王毘卢折那伽蓝伽蓝的"权杖"——揵椎。

---

① 《洛阳伽蓝记校释》卷五《城北》,第166页。
② 《大唐西域记校注》,第1013页。
③ 《洛阳伽蓝记校释》卷五《城北》,第168页。
④ 《大唐西域记校注》,第1010页。

王新寺同样被梵化为娑摩若(Sāmanyā)僧伽蓝，并通过于阗王感获舍利，以及罗汉手举窣堵波等神异事件，让宝塔高耸，建筑华丽的王新寺进一步圣化，进而开导于阗王，让其感悟："佛法幽深""宜深崇敬"①。当然，这也是僧侣最想让帝王说出的话。

媲摩城大寺雕檀立佛像作者和来源更加明确，"闻之土俗曰：此像，昔佛在世憍赏弥国邬陀衍那王所作也。佛去世后，自彼凌空至此国北曷劳落迦(Kroraina，季羡林等考定为楼兰)城中"。佛在世时，印度尚无雕刻佛像的礼佛传统。《宋云行记》中佛像"腾空而来"的神圣化模式，被《大唐西域记》继承，并发扬光大，如位于王城西南十余里的地迦婆缚那伽蓝，其夹纻立佛像，来自龟兹国。王城西三百余里的勃伽夷城，其佛坐像来自迦湿弥罗国。由此亦可见于阗国新建的伽蓝主要分布于王城以西。王城以东，虽然也新增两个伽蓝，但都是佛门收编本地灵验之神所立。一是此国先王妃所立的麻射僧伽蓝，类似中原的蚕姑庙。二是玉龙喀什河流域，用人牲祭祀龙王之地，也被佛教收编，立有伽蓝。只是玄奘去时已"荒圮无僧"②。

《于阗国授记》是于阗国的《洛阳伽蓝记》，记录了"自地乳王之孙尉迟散跋婆王时，佛法初现于阗，至狗年之闰季秋之月，计1256年"③，于阗国诸王迎请诸尊者并兴建伽蓝、佛堂与窣堵波的过程。这一过程，既是佛教占据于阗城乡国土的过程，也是僧侣对于阗国空间进行生产的过程。

5世纪初于阗国有14大伽蓝。至9世纪中叶，仅《于阗国授记》详细介绍供养者、名称以及护持诸神的伽蓝有38座，其中比丘尼伽蓝有17座。对照《月藏经》《日藏经》《法显传》《大唐西域记》等文献的相关内容，可以看出《于阗国授记》与上述文献一脉相承，且多

---

① 《大唐西域记校注》，第1020页。
② 同上，第1025页。
③ 《〈于阗国授记〉译注(下)》，第131页。

有补充和完善。如麻射僧伽蓝,《大唐西域记》仅言麻射伽蓝,却没有交代为何王后养蚕织布事件,会被佛家认同并在此修建伽蓝。《于阗国授记》则云:

> 彼汉王之女以所求桑蚕之种将来于阗国,于麻射地方养之。桑蚕未熟之际,一些不知详情之臣禀告〔王〕道:"尉迟阁耶王,汉王之女来做王妃者将来许多毒蛇,养在麻射,待其成长,恐将祸害地方,当如何处置?"〔王〕敕令:"放火养蛇房,全部烧毁。"王妃闻此,〔自念〕此时无法向王陈明详情,乃取少许桑蚕,秘而养之。嗣后产出迦湿弥罗丝与丝绵,〔王妃〕织成锦缎与绸子,出示于王,〔且为〕细说详情,王亦懊悔。〔尔时〕比丘尊者僧伽瞿沙自天竺来至于阗国,〔王〕邀为善友。王作忏悔,以净治杀死大批桑蚕之罪,建布达梨与麻射窣堵波及大伽蓝,奉安诸多如来佛骨舍利。据诸尊者授记,为此,自春正月之始,即奉安世尊释迦牟尼之像于此麻射布达梨伽蓝。①

可见,尉迟阁耶王是为了净治杀死大批桑蚕之罪而修建伽蓝。赎罪忏悔,是僧侣让于阗国诸王信仰佛教,修建伽蓝的惯用方法之一。不同文献记载的王后养蚕故事细节多有出入,但蚕种来源于中原是不争的事实。由此可见,只要是关乎国家政治、军事和经济的重大事件,都逃不出僧侣的掌心,并被其佛化了。因此伽蓝与窣堵波,至9世纪中叶已遍布于阗国城乡,仅大伽蓝就有110座。

最值得注意的是,《于阗国授记》将于阗国城乡大大小小的伽蓝、窣堵波,纳入一个被佛祖释迦牟尼圣化的空间系统。"世尊亦亲率四部众数十万腾空而至于阗,于今立有瞿摩帝大窣堵波方向之

---

① 《〈于阗国授记〉译注(上)》,第252页。

海子上、高约七多罗树上方之虚空中,宴坐于莲花座上。""佛宴座于先前莲花座上,即今牛角山上立有释迦牟尼大像处。""水中升起莲花与宝灯之处,尔后将现三百六十三所大伽蓝,由国王等具正信之诸施主兴建,由行大乘法之僧尼居住,五百菩萨常住供养如来佛骨——二百五十以僧尼之仪安住,二百五十以在家俗徒之仪安住,此外尚有众多住不退转地菩萨安住,广行大乘佛法。"①每一座伽蓝和窣堵波的建构,基本上遵循同一个模式:从西方来了一位僧人,或天上飞来佛菩萨、窣堵波,引起于阗国王注意,然后为僧人或神建造伽蓝或窣堵波,接着就会有神来护持,从而灵验无比。此外,从桑奇、巴尔胡特、阿马拉瓦提佛教遗迹中可以看出,印度圣地的标志是窣堵波和菩提树等,而9世纪中叶,于阗圣地的标志是主要是伽蓝和佛像。因此,于阗佛教主要传承了兴都库什山南北,以犍陀罗为中心的佛教传统。

  总之,僧侣不辞辛苦地对于阗国空间进行佛化生产,其的目是告诉世人,"此乃三世诸佛之不共佛土"。于阗国成为佛土的好处是,正如世尊告对诸神所言:"善男子,[我]将瞿摩娑罗干陀窣堵波、牛角山及其国土、我之教法与诸弟子付嘱于汝等,守护之,庇护之,保护之,使之成为应供福田;此国之如法国王、执掌地方之大臣与施主亦付嘱于汝等,[汝等]亦当如此。"②这是于阗国王最想听到的福音。可见,《于阗国授记》并不是给僧人讲的故事,而是说给国王大臣听的,因此,世尊告诫曰:"此《于阗国授记》凡俗人不宜持有。闻听之福德可清除一劫之罪,谛听之福德可清除无数劫之罪。不宜对比丘等行法者讲说[此《授记》]而扰乱其心,因[此]乃无上正法。"③

---

① 《〈于阗国授记〉译注(上)》,第231—238页。
② 《〈牛角山授记〉译注》,第214页。
③ 《〈于阗教法史〉译注》,第444页。

第七章 佛现与法灭

三、于阗国法灭的空间生产

如果说《日藏经·护塔品》"授记"，是僧侣对"佛现"于阗国时进行空间生产的蓝图，那么，《月藏经·法灭尽品》有关释迦牟尼涅槃后二千年，佛法于俱闪弥国灭尽的说法，则是僧侣对"法灭"于阗进行空间生产的依据。正如《于阗阿罗汉授记》所云：

> 有于阗国来，六代王已过，至第七代王，名曰毘左耶讫多。治国之时，彼国有寺，名萨迦〔耶〕般罗诃那。去此寺不远，有一山谷，名婆迦耶几那。彼山谷中有一罗汉。彼有苾蒭弟子，从其师所，以学律仪。后见《月藏菩萨所问经》及圣教已，即问尊师罗汉曰：佛灭度后，于阗、疏勒及与安息如来像法、窣堵波等，几时住世，谁当毁灭，究竟至其何所，愿为解说。①

撰写于811年前后的《阿罗汉僧伽伐弹那授记》有类似记载：

> 此弟子学过律经，闻说佛涅槃后二千年佛法将于天竺之俱闪弥国衰落，遂作是想："天竺之佛法时期既是如此，将于俱闪弥国衰落，则于阗等他处之佛法将住世多久？若灭尽，以何因缘而灭？"思想而心生疑惑。②

该授记虽然未明说此弟子的所学律经的名称，但从"佛涅槃后二千年佛法将于天竺之俱闪弥国衰落"来看，所学律经也应该是《月藏经》。因为整合《月藏经》和《日藏经》的《大方等大集经》，在于阗

---

① 《〈于阗阿罗汉授记〉对勘与研究》，第614—616页。
② 《〈阿罗汉僧伽伐弹那授记〉译注》，第455页。

流通极广。"据《经抄》云：'若于阗出现瘟疫、外敌等不善事，读诵大乘经典《大方等大集经》与《妙法莲花经》，所患即除。'云云。据《经抄》所记风俗，至今于阗之僧伽仍于每年春、夏、秋三季以七日间读诵前述诸经而激发誓愿、增长回向。"①

《月藏经·法灭尽品》无论从内容还是形式上，都源自公元2世纪之前在印度西北部撰写②的佛典《佛使比丘迦旃延说法没尽偈百二十章》③。二者内容细节上虽有差异，如法灭的时间，前者称是释迦牟尼涅槃后二千年，后者则称是一千年，但二者皆认为佛法灭亡的根本原因是僧侣自身造成的，即僧人的堕落，导致佛门不再受信众供养，甚至佛法最终在俱闪弥国灭尽，也是僧人内斗引发的。两部经形成的时间虽然相差了五六个世纪，但根本目的都是为了警示沙门，应居安思危，好自为之。

法灭故事，在玄奘到达时，已在于阗国传播，并已本土化。《大唐西域记》载：

> 战地东行三十余里，至媲摩城。有雕檀立佛像，高二丈余。甚多灵应，时烛光明。凡有疾病，随其痛处，金薄帖像，即时瘳复。虚心请愿，多亦遂求。闻之土俗曰：此像，昔佛在世憍赏弥国邬陀衍那王所作也。佛去世后，自彼凌空至此国北曷劳落迦城中。初，此城人安乐富饶，深着邪见，而不珍敬。传其自来，神而不贵。后有罗汉礼拜此像。国人惊骇，异其容服，驰以白王。王乃下令，宜以沙土坌此异人。时阿罗汉身蒙沙土，糊口绝粮。时有一人心甚不忍，昔常恭敬尊礼此像，及见罗汉，密以馔

---

① 《〈于阗国授记〉译注（上）》，第232页。
② Jan Nattier, *Once upon a Future Time: Studies in a Buddhist Prophecy of Decline*, Berkeley, Cal.: Asian Humanities Press, 1991. p.3.
③ 《佛使比丘迦旃延说法没尽偈百二十章》，《大正藏》第49册，第9页c—第12页b。

之。罗汉将去，谓其人曰："却后七日，当雨沙土，填满此城，略无遗类。尔宜知之，早图出计。犹其坌我，获斯殃耳。"语已便去，忽然不见。其人入城，具告亲故，或有闻者，莫不嗤笑。至第二日，大风忽发，吹去秽壤，雨杂宝满衢路，人更骂所告者。此人心知必然，窃开孔道，出城外而穴之。第七日夜，宵分之后，雨沙土满城中。其人从孔道出，东趣此国，止媲摩城。其人才至，其像亦来，即此供养，不敢迁移。闻诸先记曰：释迦法尽，像入龙宫。今曷劳落迦城为大堆阜，诸国君王，异方豪右，多欲发掘，取其宝物。适至其侧，猛风暴发，烟云四合，道路迷失。①

憍赏弥国（Kausaübi），即俱闪弥国。"宜以沙土坌此异人"，引自《日藏经·护塔品》"以灰尘土，坌彼圣人"②。这是迦叶佛时，法灭的重要原因之一。"释迦法尽，像入龙宫"，即"释迦牟尼如来像法灭尽"③之日，"如来影像将被携至龙宫"④。可见，《大唐西域记》率先记载了一个楼兰国法灭故事。值得注意的是，文中导致法灭的主角，由《佛使比丘迦旃延说法没尽偈百二十章》《月藏经》中不自律的僧侣，变成了下令以沙土坌罗汉的楼兰国王。从罗汉和雕檀立佛像一起离开楼兰，进一步证明楼兰发生了一起国王下令的灭佛事件。

僧侣对于阗国法灭的空间生产，与佛现过程完全相反，前者是诞生，后者是毁灭。如佛现时"沧海桑田"之变，到法灭时期，则为"桑田沧海"之变。《于阗教法史》载：

当［于阗人众］不行十善之时，［于阗］地方之守护神，［包

---

① 《大唐西域记校注》，第 1026—1027 页。
② 《大方等大集经》卷四五《日藏分·护塔品》，《大正藏》第 13 册，第 294 页 c。
③ 《释迦牟尼如来像法灭尽之记》，《大正藏》第 51 册，第 996 页 a。
④ 《〈阿罗汉僧伽伐弹那授记〉译注》，第 480 页。

括]诸具誓护法和诸天龙,复将闭合神山之峡谷,东西玉河之水亦将汇聚于于阗都城苏蜜城堡内、今大集市上方的瞿摩帝大伽蓝,[即]婆罗跋舍[佛堂]所在之地,尔后潴聚而成海子。①

《阿罗汉僧伽伐弹那授记》亦云:"善逝教法将不久远住世,此国亦将转成丘荒。"②于阗王城被和田河河水淹没,变为海子。于阗最早建立的瞿摩帝伽蓝,也未能幸免。那么作为释迦牟尼住所,供养着七世佛舍利的牛头山命运会好一些吗?

七世佛之部分舍利,[奉安]于今牛头山上与文殊住所之间一小沟谷内,即国王寻得遗失孩童建一伽蓝之地,今为三时供养,奉安之部分舍利之圣地伽蓝。当于阗复又转成海子之时,圣地伽蓝所在之小沟谷将会闭合。舍利在彼,无人能觅。当弥勒佛来作世间护主,于阗之海子复将干涸,转成桑田,[奉安]舍利之伽蓝所在的小沟谷亦将开放,成为弥勒佛及其眷属之应供处所。③

与于阗王城、瞿摩帝伽蓝被湖水淹没消失的命运不同,存放七世佛舍利伽蓝所在之地,即牛头山山谷,如同打开的大门,在法灭时会关闭。虽然舍利在此,法灭时无人能觅,但不会永久消失,而是在下一个沧海桑田变化的轮回中,重新与信众见面。可见圣物是永存的。同理,圣地牛头山只会在佛现与法灭循环中隐没和重现,也不会永久消失。

圣地之外的区域就没这么幸运了。首先是各种自然灾害频发,

---

① 《〈于阗教法史〉译注》,第442—443页。
② 《〈阿罗汉僧伽伐弹那授记〉译注》,第460页。
③ 《〈于阗教法史〉译注》,第443页。

第七章 佛现与法灭

教法颠倒。"是故,于阗等[地]出现各种灾害,年比一年恶化。争执、病害、非时之雨与风、外敌大量出现,非时之霜冻、昆虫、雀鼠亦出现。尔时,众生内部不协,时令错乱。如是,各处教法颠倒,灾害频仍。"其次,信众对三宝失去正信,不仅不再供养佛门,已有的寺院寺产也被大臣等无正信之徒强占掠夺。"尔时,于阗等[地]国王与大臣等上层中亦有一些对至宝无有诚心与正信,遑论一般人众。是故于阗等[地]所有三宝福田切皆无。尔时,于阗等[地]往昔国王等具正信施主修造之比丘住所,亦被大臣等无正信之徒掠夺,成为彼等之住所。众比丘波迸流移,生计、法衣与住所匮乏。彼大臣等强占比丘之土地、用水、园圃等资具,寺院之百姓、奴仆等亦不听比丘之言,顽梗抗命。"①

释迦牟尼佛灭后,教法颠倒,寺院寺产被占,那么曾经护持于阗诸伽蓝窣堵波的诸神,将何去何存?"我今当不久,涅槃灭无余,大智诸声闻,亦随我涅槃。余方诸佛国,一切诸菩萨,具大神通者,复还向他方。"②诸神天马行空,来无踪去无影,僧人则不然,只能从佛法灭尽之国一路艰辛,逃亡正信之国。

如果说楼兰国是因为国王下令以灰尘土垒彼圣人,导致法灭,疏勒国是因"不行法贼侵扰,故塔寺多被焚毁"③,导致法灭。那么,是什么因素导致于阗国法灭呢?《阿罗汉僧伽伐弹那授记》载:

> 世尊释迦牟尼之教法,于世尊涅槃后一千五百年,各地将现无正信之人,为使正法灭没而相互侵袭。尔时,于阗亦将现无正信之国王,此国诸国王将互相斗争劫掠。尔后此国将日渐衰落,

---

① 《〈阿罗汉僧伽伐弹那授记〉译注》,第459页。
② 《大方等大集经》卷五六《月藏分·法灭尽品》,《大正藏》第13册,第375页b—c。
③ 《〈于阗阿罗汉授记〉对勘与研究》,第619页。

村落与伽蓝等多半将转丘荒,人众后亦将日渐对三宝失去正信。

但于阗是否真的出现了"无正信之国王",该授记并没有交代。《于阗阿罗汉授记》却称:

> 尔时于阗属彼赤面王,故广行正法,建立塔寺,置其三宝人户田园,兴大供养。
>
> 尔时于阗众僧,如《月藏菩萨受(授)记经》中所说,多分信心渐薄,不于戒法,求世利誉,入于王臣谋密之事,令其正法渐渐衰耗。
>
> 如是之时,于阗国王年少,不行佛之正法。告诸苾蒭曰:"不然归俗,不然随意出向他处。"以逼逐故,一切众僧集捞摩寺,评议是事。①

将散布在文献中的三条史料合起来分析,可以看出:首先,于阗法灭时,于阗国已被赤面国即吐蕃占领,是吐蕃的属地。吐蕃对于阗国的管理,采取了类似于唐朝管理少数民族的地方行政制度——羁縻州,因此,同时存在赤面国王和于阗国王。与吐蕃国王广行正法不同,年少的于阗国王并不信仰佛教,当然不会"建立塔寺,置其三宝人户田园,兴大供养",更不会接受僧团的摆布。因此,僧侣与王臣密谋废掉年轻的于阗国王。事败,于阗国王下令灭佛,驱逐不还俗的僧侣。

既然"此处于阗人不许我等居住",就必须尽快决定"前方何去为宜?"②

---

① 《〈于阗阿罗汉授记〉对勘与研究》,第624—629页。
② 《〈于阗教法史〉译注》,第445页。

第七章 佛现与法灭

尔时,众比丘如是作想:"此地即生活不丰,不如弃之而往他境。"〔众比丘〕意见一致,商议前往何处。于阗附近各国皆已充斥无正信之徒;若去天竺,道路不通。至于吐蕃之境,据称乃供养三宝之处,遂决定前往彼处,并约定当日即行。①

9世纪中叶,葱岭以西的国家大多已伊斯兰化,已无寺庙给行脚僧提供饮食住宿,因此,传统经中亚去天竺的道路不通。与于阗国国灭佛环境不同,吐蕃"国王大臣并诸国人广行正法",这是于阗僧侣选择吐蕃作为目的地的原因之一。其次,吐蕃境内还有一位菩萨化身,可以护持于阗僧侣。

不过,菩萨化身是谁,却存在不同的说法。《阿罗汉僧伽伐弹那授记》载:"尔时,汉王有一女,具菩萨种姓,为吐蕃国王所娶而做正妃。彼具大敬信与慈悲心,言语悦耳,〔禀性〕温良,执戒之五支。"②这位菩萨公主,很可能是带佛像进藏的文成公主。《于阗阿罗汉授记》却称:"后于异时,有一菩萨,为赤面国第七代王,彼王纳汉菩萨公主以为妃后,将六百侍从,至赤面国。时彼公主极信佛法,具大福德。赤面国王亦大净信,过于先代,广兴正法。"③菩萨化身是吐蕃第七代王。

善待逃难众僧的菩萨公主,因恶疮病没后,吐蕃发生了灭佛事件。《于阗阿罗汉授记》载:

公主终后,赤面国王境界之内,豆(痘)疮病起,大臣百官并诸子孙而死者众。时彼群臣而集会之,白其王曰:"王国界内,先无如是疮苦病恼。今诸波逊戎夷僧众来到此处,公主崩逝,大

---

① 《〈阿罗汉僧伽伐弹那授记〉译注》,第461页。
② 《〈阿罗汉僧伽伐弹那授记〉译注》,第467页。
③ 《〈于阗阿罗汉授记〉对勘与研究》,第627—628页。

臣百官多有死者，是故此诸出家之众不留王界，理合驱出。"王告叫之曰："合驱不驱，委细详之。"群臣同心，乐驱众僧。以白王知："欲驱众僧，出于王界。"是时赤面国王境内旧住苾刍，瞋恚而言："若以驱逐此诸僧，我等亦皆不住于此。"诸臣恚言："汝等亦当随意而去。"①

既然吐蕃第七代王是菩萨化身，为什么还会灭佛？看似矛盾，其实不然。从史料中可见，从提出驱逐来自于阗、疏勒、中原以及本地的僧侣，到最后决策，赤面国第七代王都是被动接受朝臣的建议，甚至本地僧人群起抗议时，也是诸臣恚言："汝等亦当随意而去。"这一情节，与吐蕃朗达玛（Glan dar ma）在位期间（约 838—846）发生的灭佛事件，非常相似。灭佛的决策，并非出于朗达玛本人的意愿，而是受朝中韦·达纳坚等反佛大臣的控制。②朗达玛无意灭佛，但却无力与朝中信仰苯教的大臣百官抗衡，因此，才发生了菩萨国王灭佛这样吊诡的事件。"尔时，吐蕃军队于后追逐，于途中强夺仆役与财物，杀戮比丘。"③由此可见，天花只是一个借口，否则不会将本地僧侣一同驱逐，甚至杀戮。

与此同时，中原也发生了唐武宗灭佛事件，"公主来至赤面国后，汉王兴崇道士法，故一切汉僧悉皆来至赤面国界。"④历经千辛万苦到达乾陀罗的僧侣，又经历了一次灭佛事件："彼王统治之时，加僧俸禄，资缘具足。经半年已，有一苾刍煞却彼王，自绍王位。乾陀罗国一切人众，一时而反，煞苾刍王，诸余僧众尽皆驱逐出王界外。故乾陀罗国像法亦灭。"⑤

---

① 《〈于阗阿罗汉授记〉对勘与研究》，第 640—643 页。
② 石硕：《吐蕃政教关系史》，成都：四川人民出版社，2000 年，第 331 页。
③ 《〈阿罗汉僧伽伐弹那授记〉译注》，第 471 页。
④ 《〈于阗阿罗汉授记〉对勘与研究》，第 644 页。
⑤ 同上，第 655 页。

第七章 佛现与法灭

至此，不难看出，公元 2—3 世纪在印度北部形成的法灭思想，在公元 6 世纪中期于阗僧侣在编纂《月藏经》时，虽有添改，但大体上继承了《佛使比丘迦旃延说法没尽偈百二十章》的基本思想，即作为一种律经，意在告诫僧侣应严于律己，否则佛法会因僧侣堕落而灭尽。然而，至九世纪中叶，于阗僧侣在撰写《阿罗汉僧伽伐弹那授记》《于阗阿罗汉授记》《于阗教法史》时，却将"法灭"有意识地换成了"灭法"，从而将矛头直指灭法的帝王，告诫他们，灭法就会导致佛法如同迁走的僧侣一样，从其统治的国土上消失殆尽。不仅如此，其统治国土也会由桑田变为沧海，灾害频发，民不聊生，国将不国。不信，就看看楼兰的遭遇吧，可谓殷鉴不远。

那体慧在论及《佛使比丘迦旃延说法没尽偈百二十章》撰写背景时说："这一故事似乎不是僧侣在受到入侵或迫害时期，而是在贵霜统治下僧侣受到庇护的繁荣黄金时代撰写的。"① 与此不同，《阿罗汉僧伽伐弹那授记》《于阗阿罗汉授记》《于阗教法史》等文献，撰写于于阗、中原和吐蕃相继发生灭佛事件之后，即于阗国佛教走向衰落的转折时期。进一步说明，于阗僧侣撰写法灭故事的根本目的，是为了第一时间警告下令灭法的国王。

从空间生产方法来看，在吐蕃境内，尽管僧侣动用了很多大众熟悉的吐蕃文化符号，如文成公主或金城公主入藏，吐蕃历史上的灭佛事件，高原以外的民众将传染病天花传入没有免疫力高原人群，导致大量人口死亡，以及高原湖泊众多等，但对比僧侣在于阗和吐蕃的行程记录，就会发现，二者对僧侣所经之地记载的准确程度相差甚远。僧侣在于阗国境内行进的线路，都建立在客观存在道路及准确的地名之上，尤其是僧人获得旅费的伽蓝（见表 7-1）。与之相反，吐蕃境内除了于阗国附近的勃律、萨毗（今若羌）等之外，几乎没有一个确

---

① Jan Nattier, *Once upon a Future Time: Studies in a Buddhist Prophecy of Decline*, Berkeley, Cal.: Asian Humanities Press, 1991. p.285.

切的青藏高原地名。僧人在吐蕃住锡的七大寺庙，也无法落到实处。可见，授记僧侣对吐蕃的地理环境并不熟悉。

表 7-1　资助僧侣前往吐蕃旅费的伽蓝

名　　称	守护神	资助形式	位　　置
赞摩伽蓝	文殊菩萨和弥勒佛	金子所做的七个食盘	王城南十余里
智山伽蓝（牟吽寺）	地藏菩萨	盛满珍珠的大金碗	王城东部之陀驴帝
崇伽蓝	诸龙	盛满金粉的金碗	玉龙喀什河以东
娑那婆伽蓝（宋多纥恭娘寺）	大功德天女	满满一袖金币	玉龙喀什河以东之奴卢川

四、结　论

宗教信仰空间是人类生产出来的。7世纪中叶，于阗本土佛现与法灭的故事，已流传到中原，以至于玄奘、辩机与慧立、彦悰，可以读到不同的版本。9世纪，于阗僧侣撰写了为数不少的授记和教法史著作，并在西域、河西、青藏高原和中原地区广泛流通，影响深远。从中可以看出，僧侣对于阗佛现和法灭的空间生产，主要依托以下几个要素进行的：

其一，利用佛经文本进行空间生产。佛现于阗，大体经历了三个生产阶段。一是3—5世纪时期：竺法护在翻译《大宝积经》，用于阗、龟兹等国替换边夷国，让于阗国首次出现在佛经中。在于阗编纂的六十《华严经》中，圣地牛头山首次出现，但只是菩萨住处，属地也不确定。5世纪法显记载的口述故事中，于阗国出现在圣物佛钵的流转体系中。二是6世纪中晚期：在于阗国编辑和添加了部分内容的《月藏经》和《日藏经》，将于阗国纳入诸神护持的国家、分野体系与佛塔分布体系的同时，正式将其纳入释迦牟尼住地。于阗僧侣创作并添加进《日藏经》的"护塔品",首次出现佛祖"授记"于阗国将由海子变为桑田。三是9世纪中期:僧侣依据佛祖授记,编写了《于阗国授记》《牛角山授记》等于阗国本土文献,将佛现于阗国具体化,即释迦牟尼佛让于阗由沧海变为桑田,并将其建国、建都过程佛教化,进而让诸多于阗国王,都参与到伽蓝和窣堵波的建设队伍中,从而实现于阗国佛教从无到有,从牛头山一个中心,到遍地开花,并形成一个神圣的地域系统。

于阗法灭,也经历了三个生产阶段。一是公元前2—3世纪时期:在佛教发展最鼎盛时期,《佛使比丘迦旃延说法没尽偈百二十章》首次提出了"法灭"思想,警示僧侣,预防佛门因僧侣腐化堕落,而被婆罗门教、印度教等外教击败。二是公元6世纪中期:僧侣将《佛使比丘迦旃延说法没尽偈百二十章》的核心内容,编入《月藏经》,并将法灭的时间从释迦牟尼涅槃后的一千年,改为二千年,但警示僧侣的目的并没有改变。三是7—9世纪中期:7世纪中叶的《大唐西域记》,首次记录了于阗人将"法灭"替换为"灭法"、将警示"僧侣"替换为警示"帝王"的故事。9世纪中叶,于阗僧侣以灭法佛经为外衣,撰写《阿罗汉僧伽伐弹那授记》《于阗阿罗汉授记》《于阗教法史》,进一步将领导灭佛的各国国王,作为批判的对象,并以灭国相要挟。

其二,依托地理环境进行空间生产。僧侣撰写的授记文献,主要供当地信众阅读,因此,利用地理环境进行空间生产,对当地环境的描述必须准确无误。如楼兰遗址周围,在强风的作用下,其土地荒漠化,在地质历史时期就已经存在。以雅丹地貌发育为例,楼兰北部高大雅丹形成于早全新世,楼兰中北部雅丹多数形成于晚全新世,而楼兰地区的低矮雅丹形成于小冰期,即明清时期。① 譬如洪水,于阗古城位于玉龙喀什河与喀拉喀什河的出山口。每年的雨季,也是昆仑

---

① 宋昊泽、杨小平:《罗布泊地区雅丹形态特征及演化过程》,《地理学报》2021年第9期。

山、喀喇昆仑山冰雪融水最多的季节,此时如遇到暴雨天气,两种因素叠加,很容易形成洪水灾害。大部分农田和居民区又处在洪积扇前缘海拔较低的地带,湖泊和湿地广泛分布,很容易遭受洪水灾害。因此,于阗沧海桑田的变化,并非子虚乌有。至于天花病毒引起的痘疫,早在刘宋元徽四年(476)就由西域传入中原,① 三四百年后在青藏高原流行,也是客观事实。

对于阗国信众来说,僧侣依托大家耳熟能详的地名,进行佛现和法灭的空间生产,无疑有助于增加本土创作的授记文本的可信度。而对读者不熟悉的吐蕃、犍陀罗和俱闪弥国,自然无此必要。因此,地名准确与否,也就不再是僧侣创作时认真考量的内容。基于同样的原则,僧侣在创作授记时才会顶着"不尊经"的罪名,将《佛使比丘迦旃延说法没尽偈百二十章》中的大秦王、拨罗土、安息王,改为本土信众熟悉的大食王、突厥王和吐蕃王,② 或汉王、吐蕃王和回鹘王。③ 同时,僧侣还不忘利用法灭文献的躯壳,将于阗国与俱闪弥国的法灭,通过僧侣迁徙,巧妙地整合在一起。一方面使授记故事显得既神圣又真实可信;另一方面使于阗国成为佛所王土的一部分。

其三,依傍历史记忆进行空间生产。在空间生产的同时,僧侣也在进行于阗国时间的生产,即将于阗国发展的历史纪年表,尽可能佛教化。既然如此,那么对于阗国及周边国家历史事件的依傍就不可避免。因此,无论是于阗僧侣撰写的授记还是教法史,都是以于阗国的历史为基础进行撰写的。9世纪中期以前的于阗王统史,《于阗国授记》可能是最完整的一部。此外,佛现于阗的空间生产就充分的利用了于阗早期的移民史。于阗人中,既有来自帕米尔高原以西的

---

① 范行准:《中国预防医学思想史》,上海:华东医务生活社,1953年,第106—108页。
② 《〈阿罗汉僧伽伐弹那授记〉译注》,第475页。
③ 《〈于阗教法史〉译注》,第451页。

塞种人和印度人，也有来自中原的汉人、青藏高原的吐蕃人以及蒙古高原的移民。他们以玉龙喀什河和喀拉喀什河为界，形成东中西三个不同的社区。因此，地乳王身上就兼有东西不同移民的血缘和文化因素。这样的移民与社区类型，也造就了于阗语言地理的面貌。前揭《于阗国授记》对此的描述与玄奘的记载，如出一辙：瞿萨旦那国"文字宪章，聿尊印度，微改体势，粗有沿革。语异诸国，崇尚佛法。"①可见《于阗国授记》所引用的于阗国早期历史，并非完全是僧侣向壁虚造。至于《于阗阿罗汉授记》所揭示处的西域诸国灭佛的事件，因其记载的中原与西藏灭佛事件都可以坐实，那么，在找到反证之前，将其看作信史，未尝不可。

从另一个角度讲，于阗国早期历史记载的缺失，也为僧侣撰写佛教建国史和建都史，提供了可乘之机，否则很难经得起当地有识之士的推敲。在历史学发达的中原，这样的操作几乎行不通。

9世纪中叶，僧侣这样不辞辛苦进行空间生产的目的，一方面通过佛现于阗的空间生产，尽可能将佛门与帝王家捆绑在一起，进而依傍帝王，否则法事难立；另一方面，与帝王贴得太近，就会被反噬。如果僧侣权力欲过度膨胀，参与朝野政治斗争，或乘虚攫取王权，那么灭法就难以避免。此时，僧侣要想方设法，对帝王们发出警示，甚至不惜偷换概念，用"灭法"替换"法灭"，进行空间生产，进而以灭国相要挟。可见，原本用来约束僧侣行为的律经，经于阗国僧侣再生产，反而成了套在于阗国王头上的"紧箍咒"。在中原，北魏武帝拓跋焘灭法，给公元556年那连提耶舍翻译《月藏经》创造了条件，而北周武帝灭法，则给"一个旨在描述佛法灭尽的预言，找到了忠实的听众。"②于阗僧侣重讲法灭故事，无疑是对9世纪中叶中原、吐蕃、

---

① 《大唐西域记校注》，第1002页。
② Jan Nattier, *Once upon a Future Time: Studies in a Buddhist Prophecy of Decline*, Berkeley, Cal.: Asian Humanities Press, 1991. p.278.

西域诸国,尤其是对于阗国灭佛事件最有力的回应。由此可见,僧侣对佛现与法灭的空间生产,其实是佛门利益最大化和应对危机的手段。不过,中亚的伊斯兰化,才是佛门面临的最大危机。因此,僧侣仍需要继续努力,否则,"灭法"就会真的变为"法灭"。

  值得注意的是,除了佛教信仰空间外,中原移民、物质文明乃至典章制度等,都不同程度地辐射到这一地区,形成一个深受华夏文化影响的人文空间。以影响力最大的中原移民——质子和公主——为例,"昔迦腻色迦王之御宇也,声振邻国,威被殊俗,河西蕃维畏威送质。迦腻色迦王既得质子,赏遇隆厚,三时易馆,四兵警卫。此国则冬所居也,故曰至那仆底"。至那仆底,唐言汉封,在印度旁遮普邦西部的费罗兹浦尔(Ferozepore)附近。可见,时至初唐,质子故事仍在五河地区和喀布尔河谷广泛流布。"质子所居,因为国号。此境已往洎诸印度,土无梨、桃,质子所植,因谓桃曰至那尔(唐言汉持来),梨曰至那罗阇弗呾逻(唐言汉王子)。故此国人深敬东土,更相指语:'是我先王本国人也。'"① 至那仆底国与于阗国相似,中原质子皆为其开国之君,可谓"国父"。而在吐蕃和于阗有巨大影响力的文成公主、金城公主、于阗王后等,无疑是其国仁慈的"国母"。质子和公主在宗教层面的影响,虽不及佛祖,但更加真实可信,充满生活气息。

---

① 《大唐西域记校注》,第367页。

第八章　中西僧侣建构中土清凉圣地的方法
——以初唐五台山文殊道场形成的空间分析为例

一、引　言

在佛教世界观中，赡部洲中天竺，是佛教的神圣中心，即"天地之中"，其余地方则为佛所王土的边地（mleccha）。佛教传入中土的初期，佛学功底深厚的僧侣发现，中土不仅不是佛所王土的神圣中心，甚至连边地都算不上。因为在佛教早期的空间知识系统中，没有中国的地理位置。如著名的阿育王第13号岩石敕令（约公元前256年）提到，阿育王派遣的宗教使团远及地中海沿岸的许多王国，[1]却没有任何中国的信息。因此，从东汉开始，中西僧侣就有意识地将中土空间整合进佛所统领的空间系统中，从东汉的康孟祥、西晋的法显到唐代的道宣，都为此费过不少笔墨。甚至有一些从西域来的僧侣，在翻译佛经过程中，还有意无意地将中国的地理信息，添加到佛经中。

与此同时，随着佛教在印度以外传播范围的逐渐扩展，佛教界对圣地的界定也有了新的变化，一改早期"佛不生边地"等不利于佛教传播的说法。如佛祖涅槃后，佛骨舍利和舍利塔代表佛祖，可以出现在任何地方，正如康僧会所云："如来迁迹，忽逾千载，遗骨舍利，神

---

[1] D.P.辛加尔著，庄万友等译：《印度与世界文明》，北京：商务印书馆，2019年，第120—121页。

曜无方，昔阿育起塔，乃八万四千。夫塔寺之兴，所以表遗化也。"①不仅如此，在一世佛的基础上，产生了十方佛。小乘佛教中，佛有历时变化，即过去、现在、未来三世佛，一世只有一佛。大乘佛教崛起后，佛有了空间变化，即同一世不止一佛，而是有十方佛。吉藏（549—623）《观无量寿经义疏》云：

> 所以世言千车共辙、万马同案。如来出世，亦复如是。欲使众生同悟一道，但根性非一，故有教门殊致。所以有此之二经，明两种教化也。《无量观》辨十方佛化，《弥勒经》明三世佛化。十方佛化即是横化，三世佛化即是竖化。言《弥勒经》三世竖化者，过去七佛，现在释迦，未来弥勒，明三佛化，故是竖化也。言《无量寿观》十方横化者，此方秽土释迦化、西方净土无量寿化，明十方佛化，故是横化也。然此两种具有通别。言通者，横化竖化皆是大乘，大乘具明十方佛化及三世佛化。此二种皆是大乘中所明，故是通也。别而为论，大乘具明二化，小乘不辨十方但明三世佛，故唯有一佛也。②

又如文殊师利（Mañjuśrī），传统佛经中明言其久住娑婆世界，但中土僧侣改变了这一说法："文殊诸佛仙之元师也，随缘利见，应变不同。"③即作为释迦牟尼老师的文殊菩萨，可以在世界上任何地方现身说法。正是这种改变，让大乘佛教的菩萨信仰得以在中国落地生根，并在信众中广泛传播。另外，初唐时期，对比求法僧法显、玄奘和义净的游记，可以看出印度"佛教逐渐衰微了"④，正如胡适所云：

---

① 《高僧传》卷一《康僧会传》，第16页。
② 《观无量寿经义疏》，《大正藏》第37册，第235页a。
③ 道宣：《律相感通传·初问佛事》，《大正藏》第45册，第876页b。
④ 季羡林：《玄奘与〈大唐西域记〉》，载《大唐西域记校注》，第87页。

第八章 中西僧侣建构中土清凉圣地的方法

"不幸那时代的印度佛教已堕落到末期的繁琐哲学与咒术宗教。"①因此,无论是从教理上还是佛教发展的环境上,都为印度域外佛教神圣中心的建构创造了条件。

中古时期,中西僧侣在中土建构的影响深远的雪山圣地,是五台山文殊道场。雪山(Himālaya),在印度神话里是指喜马拉雅山,其上古诗歌总集《梨俱吠陀》卷十第一二一篇云:"神力庄严,现彼雪山,汪洋巨海,与彼流渊。"②其实,西域僧侣在将五台山建构为雪山圣地之前,已在西域建立了一个雪山圣地——葱岭,即今帕米尔高原。据《法显传》载:"葱岭冬夏有雪。又有毒龙,若失其意,则吐毒风,雨雪,飞沙砾石。遇此难者,万无一全者。彼土人即名为雪山也。"③如果仅依据葱岭的终年积雪和毒龙,很难将葱岭与佛教里的"雪山"联系起来,在标点时也容易将该书高丽藏本"彼土人即名为雪山也"一句,据南宋思溪圆觉藏本点校为"彼土人人即名为雪山人也"。其实这里的"雪山"是指佛经里的专用名"雪山",即雪山圣地,而非通用名"雪山",即积雪覆盖的山地。这一点被杨衒之收在《洛阳伽蓝记》里的《宋云行记》所证实:

> 八月初入汉盘陀国界。西行六日,登葱岭山。复西行三日,至钵盂城。三日至不可依山。其处甚寒,冬夏积雪。山中有池,毒龙居之。昔有三百商人止宿池侧,值龙忿怒,泛杀商人。盘陀王闻之,舍位与子,向乌场国学婆罗门咒,四年之中,尽得其术。还复王位,就池咒龙。龙变为人,悔过向王。王即徙之葱岭山,去此池二千余里今日国王十三世祖[也]。自此以西,山路

---

① 胡适:《中国中古思想小史》,载《近现代著名学者佛学文集》,北京:中国社会科学出版社,1995年,第129页。
② 汤用彤:《印度哲学史略》,载《汤用彤全集》第三卷,石家庄:河北人民出版社,2000年,第13页。
③ 法显撰,章巽校注:《法显传校注》,北京:中华书局,2008年,第21页。

歆侧，长坂千里，悬崖万仞，极天之阻，实在于斯。太行孟门，匹兹非险，崤关陇坂，方此则夷。自发葱岭，步步渐高，如此四日，乃得至岭。依约中下，实半天矣。汉盘陀国正在山顶。自葱岭已西，水皆西流，世人云是天地之中。人民决水以种，闻中国田待雨而种，笑曰："天何由可共期也？"城东有孟津河，东北流向沙勒。葱岭高峻，不生草木。是时八月已冷，北风驱雁，飞雪千里。

毒龙所居的湖泊，大多数为冰雪融水汇集成的高原、高山湖泊，也有堰塞湖，如宋云在波知国所见："其国有水，昔日甚浅，后山崩截留，变为二池。毒龙居之，多有灾异。夏喜暴雨，冬则积雪，行人由之，多致艰难。雪有白光，照耀人眼，令人闭目，茫然无见。祭祀龙王，然后平复。"① 毒龙愤怒杀人的主要手段是暴雨、积雪和雪盲症。玄奘《大唐西域记》将帕米尔高原称为波谜罗川，"波谜罗川中有大龙池，东西三百余里，南北五十余里，据大葱岭内，当赡部洲中，其地最高也。水乃澄清皎镜，莫测其深，色带青黑，味甚甘美。潜居则鲛、螭、鱼、龙、鼋、鼍、龟、鳖，浮游乃鸳鸯、鸿雁、驾鹅、䴙、鸨。诸鸟大卵，遗荒野，或草泽间，或沙渚上。池西派一大流，西至达摩悉铁帝国东界，与缚刍河合而西流，故此已右，水皆西流。池东派一大流，东北至佉沙国西界，与徙多河合而东流，故此已左，水皆东流。"②

从"雪山""毒龙""天地之中""大龙池"以及葱岭"当赡部洲中，其地最高也"、四水在此分流等描述来看，西域僧侣是将葱岭比附为佛教的雪山。只是在此降毒龙者，是盘陀王而非文殊菩萨而已。

---

① 杨衒之撰，周祖谟校释：《洛阳伽蓝记校释》，北京：中华书局，2013年，第170—176页。
② 《大唐西域记校注》，第981—982页。

第八章　中西僧侣建构中土清凉圣地的方法

中西僧侣，将雪山圣地模式，套用在中国东部海拔最高的五台山上，相当于圣地的异地再造，在创意上已没有多少难度。可见中古僧侣有依据雪山圣地模式在各地建构圣地的传统，清凉文殊道场即其一。当然，五台山作为中土三大菩萨道场中最先被建构起来的佛教圣地，绝不是对葱岭的简单重复，而是有更为复杂和系统的建构方法。毕竟清凉山要服务的对象中土，是所有佛教传播区中信众人口最多的国家。

所谓圣地，用伊利亚德的话讲，每一处圣地都意味着某种神灵的显现。神灵骤然介入一个空间，切断其与周围世俗空间的联系，从而将原为世俗的空间，转变为神圣的空间。在神圣空间中，信众可以与神灵沟通。① 宗教圣地本质上是一个信仰地理空间，因此，空间分析法无疑是宗教地理学研究圣地的基本方法。然而长期以来，佛学研究者，大多具有历史学和哲学学科背景，缺乏地理学者所擅长的空间分析能力。而有地理学背景的学者，佛学与历史学又非其所长，因此，有关中土圣地空间建构的空间分析研究，始终进展不大，鲜有从不同空间尺度，全方位进行空间分析研究的学术成果。

本文以唐代僧人慧祥于调露元年（679）前后撰写的《古清凉传》为主，结合成书时间较晚的敦煌文书和壁画，从宏观、中观和微观三个不同的空间尺度，对初唐五台山佛教圣地展开空间分析研究。其中宏观尺度，主要探讨中西僧侣是如何利用佛典，让文殊师利介入中土五台山，并变成清凉道场的；中观尺度主要探讨文殊道场空间结构神圣性的建构方法；微观尺度主要讨论文殊道场空间地点神圣性的建构方法。并在此基础上，讨论中西僧侣将边地五台山转变为圣地清凉山的时空特征和内外推力。

---

① 米尔恰·伊利亚德（Mirca Eliade）著，晏可佳、姚蓓琴译：《神圣的存在：比较宗教的范型》，桂林：广西师范大学出版社，2008年，第346—347页。

二、宏观尺度：文殊介入五台山的佛典建构

区域性高山，常被视为天人沟通之地。"天下名山八，而三在蛮夷，五在中国。中国华山、首山、太室、太山、东莱，此五山黄帝之所常游，与神会。黄帝且战且学仙。患百姓非其道者，乃断斩非鬼神者。百余岁然后得与神通。"①五台山虽然是华北地区的最高峰，海拔3061米，"大唐之东，此山最隆。巨出四维之表，高树六合之耸"②，但它并非传说中黄帝"与神会"的山岳，因此不在秦汉时已确立的"五岳"之列。究其原因，首先，五台山处在中原农耕民族与游牧民族交错的边塞地带，远离中原腹心。生活在五台山下滹沱河谷的民众，常常因政权更迭，频繁迁徙，削弱了此地汉文化发展的社会基础。如北魏穆皇帝三年（309），"晋怀帝进帝大单于，封代公。帝以封邑去国悬远，民不相接，乃从琨求句注、陉北之地。琨自以托附，闻之大喜，乃徙马邑、阴馆、楼烦、繁畤、崞五县之民于陉南，更立城邑，尽献其地，东接代郡，西连西河、朔方，方数百里。帝乃徙十万家以充之。"③其次，五台山主峰一带，海拔太高，气候寒凉，不宜人居，人口稀少，缺乏成为汉地名山所需的社会基础。

文献中最早记载五台山高海拔区域状况的，是北魏郦道元所著的《水经注·滹沱水》。但"《水经》元有滹沱水篇，宋初尚存，而其后散逸"④，因此，只能于唐宋见于载籍的零星记录去了解。《古清凉传·立名标化》载：

---

① 《史记》卷二八《封禅书》，北京：中华书局，1959年，第1393页。
② S.529背《失名行记》，载郝春文编：《英藏社会历史文献释录》（第三卷），北京：社会科学文献出版社，2003年，第48页。
③ 《魏书》卷一《序纪》，北京：中华书局，1974年，第7页。
④ 赵一清：《水经注释》卷一一《补滹沱水》，清光绪六年绍兴章氏重刻本，第25页b。

第八章 中西僧侣建构中土清凉圣地的方法

郦元《水经》云：其山，五峦巍然，回出群山之上，故谓五峰。晋永嘉三年，雁门郡筱人县百余家，避乱入此山，见山人为之步驱，而不返，遂宁居岩野，往还之士，时有望其居者。至诣寻访，莫知所在，故人以是山为仙者之都矣。《仙经》云：五台山名为紫府，常有紫气，仙人居之。①

乐史（930—1007）撰于宋太宗太平兴国年间（976—983）的《太平寰宇记·河东道十》载：

《水经》云：五台山，五峦巍然，故谓之五台。晋永嘉三年，雁门郡筱人县百余家，避乱入此山，见山人为之先驱，因而不返，遂宁岩野，往还之士，稀有望见村居者。至诣访，莫知所在，故俗人以此山为仙者之都焉。中台山，山顶方三里，近西北陬有一泉水不流，谓之太华泉。盖五台之层秀，《仙经》云：此山名紫府，常有紫气，仙人居之。内经以为清凉山。②

成书于太平兴国八年（983）的《太平御览》亦载：

《水经注》曰：五台山，其山五峦巍然……其北台之山，冬夏常冰雪，不可居，即文殊师利常镇毒龙之所。今多佛寺，四方僧徒、善信之士，多往礼焉。③

对比三种文献记载，在关键内容上大体相似，涉及五台山早期社

---

① 慧祥：《古清凉传》卷上《立名标化》，《大正藏》第51册，第1093页a。
② 乐史：《太平寰宇记》卷四九《河东道》，清同治光绪间金溪赵氏红杏山房补刻重印赵氏藏书本，第6页a—b。
③ 李昉辑：《太平御览》卷四五《地部十·五台山》，上海商务印书馆四部丛刊三编景宋刻配补日本聚珍本，第3页b—第4页a。

会、道教信仰以及文殊道场形成等。

其一，佛教必须在人群中传播，而民众进入五台山高海拔地区生活，与并州社会动荡有关。历时十六年的八王之乱，彻底动摇了西晋在中原的统治，世家大族举家向长江流域迁移，周边少数民族酋帅则乘势而起。永兴元年（304），南匈奴贵族刘渊在左国城（今山西省离石县）起兵，建立汉赵政权。永嘉三年（309），汉赵两次进攻洛阳，被击退。永嘉五年（311），刘渊之子刘聪遣石勒、王弥、刘曜等率军攻晋，在宁平城之战中歼灭晋军主力，杀晋太尉王衍及诸王公，攻破洛阳，俘获晋怀帝，杀王公士民三万余人。战争时期，滹沱河河谷盆地的一些民众为了自保，前往人烟稀少的五台山深处逃难。移民主要来自五台山北部葰人县（今繁峙县）的百余家，约四五百人，大概主要从事林区狩猎和游牧，如北魏永安二年（529）恒州刺史呼延庆就曾猎于此山，[①]因此，外人"稀有望见其村居者"，故外界认为他们异于常人。

其二，佛教传入之前，五台高山区民众是否信仰道教？《仙经》即道家经典。"紫府"则出自葛洪《抱朴子·地真》："昔黄帝东到青丘，过风山，见紫府先生，受《三皇内文》，以劾召万神。"[②]因此，在佛教传入之前，五台山似乎主要是道教信仰区。不过，在佛教史传中，用佛教寺庙占据道家旧有之地，是释家自高其门户时惯用的手法。而郦道元在注《水经》时，接受了许多佛教的思想，因此，这些材料很有可能来自僧侣，未必能证明以狩猎游牧为主的五台山高海拔地区真有道士在此出没。

其三，关于五台山佛教信仰状况，《古清凉传》由于体例的原因，并未引用《水经注》有关五台山佛教的段落。《太平寰宇记》和《太平

[①] 慧祥：《古清凉传》卷下《支流杂述》，《大正藏》第51册，第1100页a—b。
[②] 葛洪：《抱朴子》卷一八《地真》，清嘉庆间兰陵孙氏刻平津馆丛书本，第1页b。

第八章 中西僧侣建构中土清凉圣地的方法

御览》所引内容虽有差异,但在《水经注》成书的北魏晚期,五台山已经是菩萨道场这一点是相同的。即五台山是"清凉山"和"文殊师利常镇毒龙之所"。

那么,原本属于印度的文殊菩萨,为什么出现在中土五台山?这是五台山成为文殊道场的核心问题,关注佛教空间问题的唐代高僧道宣,也意识到这一问题的重要性。因此在《律相感通传》中,以一问一答的形式予以解答。

> 余问曰:"自昔相传文殊在清凉山,领五百仙人说法。经中明文殊是久住娑婆世界菩萨。娑婆则大千总号,如何偏在此方?"答曰:"文殊诸佛仙之元师也。随缘利见,应变不同。大士之功,非人境界,不劳评泊,但知多在清凉五台之中。今彼见有五台县清凉府仙华山,往往有人见之,不得不信。"①

所谓"诸佛之元师",有佛典称文殊菩萨前世或后世为佛,是释迦牟尼的老师。如窥基《阿弥陀经疏》引《菩萨处胎经》云:"文殊本为能仁师,今为其弟子。"②因此文殊"随缘利见",不受时空限制。道宣甚至借天人之口,批评了那些质疑者,"大士大功,非人境界,不劳评泊"。

菩萨(Bodhi-sattva),是佛陀在修行时代的称呼,并随着大乘佛教兴起而得以普及。文殊菩萨是大乘佛教中智慧的象征。安世高译《佛说宝积三昧文殊师利菩萨问法身经》、支娄迦谶译《文殊师利问菩萨署经》、聂道真译《佛说文殊师利般涅槃经》等,都有文殊菩萨的记载。但僧侣将五台山建构为文殊菩萨道场,则是《大方广佛华严经》在中土翻译和流通的结果。佛驮跋陀罗译《大方广佛华严经·菩萨

---

① 道宣:《律相感通传·初问佛事》,《大正藏》第45册,第876页b。
② 窥基:《阿弥陀经疏》,《大正藏》第37册,第318页a。

住处品》载:

> 东北方有菩萨住处,名清凉山,过去诸菩萨常于中住;彼现有菩萨,名文殊师利,有一万菩萨眷属,常为说法。①

《大方广佛华严经》是在永初二年(421)译出的。据僧祐《出三藏记集》载:"《华严经》胡本凡十万偈。昔道人支法领从于阗得此三万六千偈,以晋义熙十四年,岁次鹑火,三月十日,于扬州司空谢石所立道场寺,请天竺禅师佛度跋陀罗手执梵文,译胡为晋,沙门释法业亲从笔受。时吴郡内史孟顗、右卫将军褚叔度为檀越。至元熙二年六月十日出讫。凡再校胡本,至大宋永初二年,辛丑之岁,十二月二十八日校毕。"②南朝译出的六十《华严经》,很快就在北魏流传。《魏书·释老志》载:"先是,有沙门法领,从扬州入西域,得《华严经》本,定律后数年,跋陀罗共沙门法业,重加译撰,宣行于时。"③《华严经》在北齐、北周诸国亦广泛流布,甚至在他钵可汗统领的突厥境内,亦有流传。建德初年(572—573),"齐有沙门惠琳,掠入突厥中,因谓他钵曰:'齐国富强,皆为有佛法。'遂说以因缘果报之理。他钵闻而信之,建一伽蓝,遣使聘齐,求《净名》《涅槃》《华严》等经,并《十诵律》。他钵亦躬自斋戒,绕塔行道,恨不生内地。"④

北魏是佞佛的国度,首都平城和洛阳,是不同时期北魏佛教信仰的中心。五台山是平城周边海拔最高的山峰,因此,无论是从《华严经》普及程度,还是从北魏佛教信仰的广泛程度来看,此时僧侣已具备了将高海拔五台山建构为文殊清凉道场的条件。

---

① 佛驮跋陀罗译:《大方广佛华严经》卷二九《诸菩萨住处品》,《大正藏》第9册,第590页a。
② 《出三藏记集》卷九《华严经记》,第326页。
③ 《魏书》卷一一四《释老志》,第3031—3032页。
④ 《北史》卷九九《突厥》,北京:中华书局,1974年,第3290页。

第八章 中西僧侣建构中土清凉圣地的方法

最早在五台山读《华严经》的僧人,是北魏太原晋阳人灵辩。《古清凉传》载:

> 昔元魏熙平元年,有悬瓮山沙门灵辩,顶戴此经,勇猛行道,足破血流,勤诚感悟,乃同晓兹典,著论一百卷。时孝明皇帝请于式乾殿敷扬奥旨,宰辅名僧皆从北面。法师以正光三年正月而卒,时年三十有六。①

又据《华严经传记》载:"《华严论》一百卷,后魏沙门释灵辩所造也……时孝明帝灵太后胡氏,重道钦人,旨请就阙,法师辞疾未见。至夏首重命固请,既辞不获免……安置法师式乾殿楼上准前修论,夏则讲《华严》,冬则讲《大品》。法师与弟子灵源,候时缉缀,忘寝与食。神龟三年秋九月,其功乃毕,略经广论,凡一百卷,首尾五年,成就十帙。"② 灵辩研读《华严经》的时间,即魏熙平元年(516),与郦道元注《水经》的时间(512—524)几乎同时,可见,因《华严经》的广泛流布,421年至512年见五台山已被建构为文殊道场。是谁第一个建构的,已不可考,但可以肯定的是,将五台山建构为文殊道场的,是熟悉五台山自然环境且精通《华严经》的僧人。因为北魏流传的旧译《华严经》,其篇幅虽不及新译《华严经》八十卷之宏富,但也有六十卷之巨,非普通读者所能精通。另外,旨请灵辩就阙讲《华严》者,不论是孝文帝还是灵太后,这一事件本身,都意味着五台山是皇家认同的文殊道场,也是此后僧侣将孝文帝树立为文殊道场肇建者的主要原因。

西域僧人常在纂集和翻译佛经时,将中国的地理信息整合进佛教典籍,并在中原流通。吕澂先生就认为六十《华严经》"可能是在西

---

① 慧祥:《古清凉传》卷上《古今胜迹》,《大正藏》第51册,第1094页c。
② 法藏:《华严经传记》卷一《论释》,《大正藏》第51册,第157页b—c。

域地方从各小品集为大部"。这一说法，无疑是正确的。吕先生所用证据，正是中国地名："译本经文《诸菩萨住处品》，也说到中国的清凉山（山西五台山）和那罗延窟（山东崂牢山）。"① 但将清凉山作为证据之一并不可靠。首先六十《华严经》并未明言清凉山位于中国，五台山此时也没有清凉山的名称。其次，晋义熙十四年（418）之前结集大部《华严经》时，五台山高海拔地区，人烟稀少，不见载于中国典籍，西域僧人何以知晓中国有座清凉山，且海拔高、气候寒凉呢？

将五台山建构为清凉山的最重要文本，无疑是慧祥的《古清凉传》，但该书并未彻底完成任务。因为此时，五台山作为"出于金口、传之宝藏"的圣地，尚缺乏明确的佛典记载。最终还是西域僧人完成了这一任务。南印度三藏菩提流志于唐隆元年（710）译出的《佛说文殊师利法宝藏陀罗尼经》载："尔时世尊复告金刚密迹主菩萨言：'我灭度后，于此赡部洲东北方，有国名大振那，其国中有山，号曰五顶，文殊师利童子游行居住，为诸众生于中说法。'"② 在该经中，佛祖不仅亲口说出中土五台山为文殊师利道场，还明示佛灭度后，代替他为众生说法者是文殊菩萨。这也意味着，佛教的神圣中心，因文殊菩萨到来而从印度转移到了中土。但从《佛说文殊师利法宝藏陀罗尼经》所述佛教义理前后混乱矛盾来看，这很可能是一部伪经。③ 换而言之，坐实五台山是"出于金口、传之宝藏"之文殊道场的《佛说文殊师利法宝藏陀罗尼经》，很可能是菩提流志，为了迎合中土信众建构清凉圣地的需要，而在西域伪造的一部佛经。退一步讲，即便此经不伪，菩提流志在佛经翻译时，添加了有关中土五台山的地理信息，则是不争的事实。

将佛经中原本归属不明的地方改属中国者，不止菩提流支一人。

---

① 吕澂：《中国佛学源流略论》，台北：大千出版社，2003年，第533页。
② 菩提流志：《佛说文殊师利法宝藏陀罗尼经》，《大正藏》第20册，第791页c。
③ 杨曾文：《唐宋文殊菩萨信仰和五台山》，《五台山研究》1990年第1期。

第八章　中西僧侣建构中土清凉圣地的方法

不妨以那罗延窟为例。那罗延窟首先在北凉昙无谶译《大方等大集经》①中出现，但文中看不出那罗延窟与中国有关系，更看不出与山东牢山有关系。将那罗延窟坐实为中国的佛经，是实叉难陀于武周时期译出的八十《华严经》："震旦国有一住处，名那罗延窟，从昔已来，诸菩萨众于中止住。"②再看那罗延山，六十《华严经·菩萨住处品》虽然明言"真旦国土有菩萨住处，名那罗延山，过去诸菩萨常于中住。"③但此处是"那罗延山"而非"那罗延窟"。且"那罗延山"虽在真旦国即中国，但却未明确指出在中国什么地方。真正将"那罗延山"定位为中土山东牢山的，是法藏所著的《华严经探玄记·菩萨住处品》："真旦者，或云震旦，或曰支那，是此汉国名也。那罗延山，此云坚牢山，则青州界有东牢山，应是也。彼现有古佛圣迹。"④可见，将那罗延窟和那罗延山一起定位于中国，其手法与建构清凉山的手法，如出一辙，都是经过西域僧人和中土僧人通力合作，接力完成的。到了宋代，僧人延一在编《广清凉传》时，更是将山东牢山的那罗延窟，搬到了五台山东台东侧。

将中西僧侣建构的文殊清凉道场，系统化为本土知识的文献，一类是地理著作和类书，如前述《水经注》《古清凉传》《广清凉传》《太平寰宇记》《太平御览》等。其中，《水经注》文史俱佳，广为流传；《古清凉传》则被信众视同佛经，加以供养，因此，刊刻流通极广。一类是佛经序言、论疏和《五台山图》等。不妨以《佛顶尊胜陀罗尼经·序》为例，该序记载了仪凤元年（676）婆罗门僧佛陀波利亦巡礼

---

① 昙无谶译：《大方等大集经》卷五六《月藏分·立塔寺品》，《大正藏》第13册，第373页c。
② 实叉难陀译：《大方广佛华严经》卷四五《诸菩萨住处品》，《大正藏》第10册，第241页c。
③ 佛驮跋陀罗译：《大方广佛华严经》卷二九《诸菩萨住处品》，《大正藏》第9册，第590页a。
④ 法藏：《华严经探玄记》卷一五《菩萨住处品》，《大正藏》第35册，第391页b。

清凉山的事迹：

> 仪凤元年从西国来至此汉土，到五台山次，遂五体投地向山顶礼曰："如来灭后，众圣潜灵，唯有大士文殊师利，于此山中汲引苍生教诸菩萨。波利所恨，生逢八难，不睹圣容，远涉流沙，故来敬谒，伏乞大慈大悲普覆令见尊仪。"言已悲泣雨泪向山顶礼。言已悲泣雨泪向山顶礼。礼已举首，忽见一老人从山中出来，遂作婆罗门语谓僧曰："法师情存慕道，追访圣踪，不惮劬劳，远寻遗迹。然汉地众生，多造罪业，出家之辈，亦多犯戒律。唯有《佛顶尊胜陀罗尼经》，能灭众生一切恶业，未知法师颇将此经来不？"僧报言曰："贫道直来礼谒，不将经来。"老人言："既不将经来，空来何益？纵见文殊亦何得识？师可却向西国取此经将来流传汉土。即是遍奉众圣广利群生，拯济幽冥报诸佛恩也。师取经来至此，弟子当示师文殊师利菩萨所在。"僧闻此语不胜喜跃，遂裁抑悲泪至心敬礼，举头之顷忽不见老人。其僧惊愕倍更虔心，系念倾诚回还西国，取《佛顶尊胜陀罗尼经》。至永淳二年回至西京，具以上事闻奏大帝。①

佛陀波利的感通故事，是五台山从一个地方性菩萨道场，转变为大唐国家道场的关键文献。原因有二：首先，众所周知，置于佛经之首的序言，是僧侣将中国地理信息加进佛经的最好文本，并随佛经一起流通。因此，无论在将中土空间整合进佛教空间时，还是僧侣在建构中土佛教圣地时，佛经序言所起的作用决不亚于佛经正文，甚至因其通俗易懂反而喧宾夺主。佛陀波利的故事，正是以序言的形式，随《佛顶尊胜陀罗尼经》四处流布，从而扩大了五台

---

① 佛陀波利译：《佛顶尊胜陀罗尼经·序》，《大正藏》第 19 册，第 349 页 b。

山在全国的影响。其次,《佛顶尊胜陀罗尼经》在传播过程还受到唐代皇家的加持。据刘淑芬女史研究,从高宗时起,《佛顶尊胜陀罗尼经》即迅速传播流布,且最迟在武则天长安二年(702),就以经幢形式流布。经幢是周刻佛教或道教经文的石柱。因佛教绝大多数经幢所刻都是《佛顶尊胜陀罗尼经》,因此被称为"尊胜陀罗尼幢"或"尊胜幢"。尊胜幢常树于山门之前或寺院大殿之前等最显眼的位置,也是最不易磨灭的石刻佛经之一。代宗大历十一年(776)下诏:"天下僧尼令诵尊胜陀罗尼,限一月日诵令精熟。仍仰每日诵二十一遍。"① 此诏令不仅让尊胜幢遍布大唐城乡,而且其流风余韵,至今不绝。因此,大唐几乎尽人皆知五台山为文殊菩萨道场。②

与《佛顶尊胜陀罗尼经·序》黑白咸知不同,经疏大部分由本土僧人撰写,也主要在僧人之间传播,是僧人系统修习佛经的重要参考文献,其中掺杂着许多本土意识和作者个人思想,对后学者具有重要的引导作用。唐清凉山大华严寺沙门澄观于贞元三年(787)所撰《大方广佛华严经疏·诸菩萨住处品》,就有这样的特点:

> 清凉山,即代州雁门郡五台山也。于中现有清凉寺,以岁积坚冰,夏仍飞雪,曾无炎暑,故曰清凉。五峰耸出,顶无林木,有如垒土之台,故曰五台。表我大圣五智已圆,五眼已净,总五部之真秘,洞五阴之真源,故首戴五佛之冠,顶分五方之髻,运五乘之要,清五浊之灾矣!然但云东北方者,其言犹漫,案《宝藏陀罗尼经》云:"我灭度后,于赡部洲东北方有国名大振那。

---

① 圆照:《代宗朝赠司空大辨正广智三藏和上表制集》卷五《敕天下僧尼诵尊胜真言制》,《大正藏》第52册,第852页c。
② 刘淑芬:《灭罪与渡亡:佛顶尊胜陀罗尼经幢之研究》,上海:上海古籍出版社,2008年,第45页。

其国中间有山，号为五顶，文殊师利童子游行居住，为诸菩萨众于中说法。及与无量、无数、药叉罗、刹紧那罗、摩睺罗伽、人非人等，围绕供养恭敬。"斯言审矣。①

澄观不仅引《宝藏陀罗尼经》证明清凉山是出自金口，传自宝藏，宅万圣而敷化，自五印度而飞声的圣地，还将五台山地貌进行了类似于五行学说式的理论阐释，与上述中外著作一起，奠定了清凉山为文殊道场的教理基础，让文殊菩萨成功地介入五台山。

三、中观尺度：圣地空间结构的神圣性建构

圣地是由神、神圣空间和信众构成，三者缺一不可。中西僧侣在协同解决了五台山文殊师利从何而来的问题之后，接下来的任务自然是要建构圣地的地理空间。只有这两项工作完成之后，才能吸引信众前来礼拜，并将灵验故事传播出去，进一步强化圣地的神圣性。圣地真实地理空间的建构，其实比文殊介入建构更为棘手。首先，佛经里根本没有对圣地地理特征的详细记载。其次，西域僧人想要在佛经里建构一个基于五台山自然地理环境的圣地，是要突破现有佛经的叙事体例，毫无依傍地插入描述五台山地理细节的内容，既显得突兀，风险也很大，一着不慎，适得其反。因此，圣地内部的空间建构，只能由本土僧人基于现实地理环境，通过本土的文本即方志等文献来建构。道宣《释迦方志》，开佛教僧侣撰写方志之风气。但就佛教山志而言，慧祥所著《古清凉传》，资料详尽，结构完整，无疑是发凡起例之作，是五台山内部神圣性建构方面最重要的文献。

慧祥用来界定清凉山区域范围的篇章，是"封域里数"。"封域"

---

① 澄观：《大方广佛华严经疏》卷四七《诸菩萨住处品》，《大正藏》，第35册，第859页c。

第八章 中西僧侣建构中土清凉圣地的方法

是分封制时代的重要政治地理概念。秦始皇以行政区"郡县"划野封疆之后,"封域"略等同于郡县制的行政区。从对神圣区描述的方法来看,慧祥眼中的神圣区域,与郡县制的政区大体相似。主要从方位、边界、幅员、区域结构等方面对清凉山神圣区域进行界定。

> 山在长安东北一千六百余里,代州之所管。山顶至州城东南一百余里。其山左邻恒岳,右接天池,南属五台县,北至繁峙县。环基所至,五百余里。若乃崇岩迭嶂,浚谷飞泉,触石吐云,即松成盖者,数以千计。其霜雪夏凝,烟雾常积,人兽之不可窥涉者,亦往往而在焉。登中台之上,极目四周,唯恒岳居其次,自余之山谷,莫不迤逦如清胜也。①

文殊道场的定位,有两种定位方法。一是空间方位结合距离定位法。所有方位,都是基于一个地理中心而言的。对清凉山方位的描述,因慧祥在撰写《清凉志》时,未读到《佛说文殊师利法宝藏陀罗尼经》,因此,并没有受其清凉山在"赡部洲东北方"这一说法的影响,而是用传统中国方志中常用的去京方位和道里数来为五台山定位。二是行政归属定位法,即五台山归"代州所管"。代州初设于隋,大业初年改称雁门郡,唐复曰代州。圣地的边界的描述,与传统方志相似,用"四至"来确定,但慧祥所说的四至:"其山左邻恒岳,右接天池,南属五台县,北至繁峙县。"是五台山脉的边界,而非圣地五台山的边界。幅员的描述,也与中国传统用"周回"里数描述山地特征的方法相同,用"环基所至,五百余里"来描述。对清凉圣地方位和幅员的描述,与封域这一概念颇为契合。

在佛教传入之前,五台山圣地范围内的土地,各有归属。那么,

---

① 慧祥:《古清凉传》卷上《封域里数》,《大正藏》第51册,第1093页b。

僧侣是如何从俗众手中获得环基五百里的"封域"的?《古清凉传》未曾言及,但在论及居住在高海拔山地僧人的衣食来源时说:"爰及北齐高氏,深弘像教,……又割八州之税,以供山众衣药之资焉。"北齐在山西境内总计设置了不过十一二个州,而山西面积约占北齐总面积的六分之一左右。很难想象,北齐会用国家约十分之一的税收去供养五台山僧侣。退一步讲,即便北齐举国有这样的虔诚,五台山僧人也花不完这么多的税钱。至五代后唐时期,敦煌文书《失名行记》,交代了圣地土地所有权获得的过程:"至大魏孝文皇帝时,献身为沙门相,从皇帝乞一坐具地,兴建伽蓝。帝虽许之,坐具才铺。占山五百里。文帝不违前愿,遂将布施,并兴教化,寺宇无多。"① 此事真假可置不论,但要建立如此规模的道场,没有政府的许可,显然是不可能的。因此,慧祥在描述圣地空间时,用"封域里数",无疑是在告诉读者,圣地是皇家所封。获得"封域"的时间,最有可能是北魏,但不一定是被僧侣神化了的魏孝文帝。因为,在北魏将首都迁至平城后,除太武帝拓跋焘之外,其余皇帝都佞佛。况且五台山佛寺初创的时间,应该早于《华严经》传入五台山的时间。

与水平空间范围相比,圣地的相对高度更具神圣意义。"登中台之上,极目四周,唯恒岳居其次,自余之山谷,莫不迤逦如清胜也。"可谓"目极千里,山川如掌"②。"其山高广与天连"③,是僧侣相中五台山作为圣地的原因之一。

五台山圣地的空间结构,慧祥以中台台顶的太华泉为中心,建构了东南西北四台环绕中台的五峰结构,即清凉五台。敦煌莫高窟 159

---

① S.529 背《失名行记》,载郝春文编:《英藏社会历史文献释录》(第三卷),北京:社会科学文献出版社,2003 年,第 46 页。
② 道宣:《集神州三宝感通录》卷中《唐岱州五台山像变声现缘》,《大正藏》第 52 册,第 422 页 c。
③ S.5573《五台山赞》,载杜斗城:《敦煌五台山文献校录研究》,太原:山西人民出版社,1991 年,第 3 页。

第八章　中西僧侣建构中土清凉圣地的方法

窟中唐时期的壁画《五台山图》与此类似（见图 8-1）。

图 8-1　敦煌莫高窟 159 窟中唐《五台山图》

五台山的五峰或五台结构，澄观将其比附为文殊菩萨的"五方之髻"。随后僧侣又将清凉五台比附为雪山五峰，因为文殊大士原本久住首楞严，"佛涅槃后四百五十岁，当至雪山"①。关于雪山的空间结构，据隋天竺沙门达摩笈多译《起世因本经·阎浮洲品》载：

---

① 聂道真译：《佛说文殊师利般涅槃经》，《大正藏》第 14 册，第 480 页 c。

> 诸比丘！过金胁山，有山名曰雪山，高五百由旬，广厚亦尔。其山微妙，四宝所成，金银琉璃及颇梨等。彼山四角，有四金峰挺出，各高二十由旬。于中复有众宝杂峰，高百由旬。彼山顶中，有阿耨达池，阿耨达多龙王在中居住。其池纵广五十由旬，其水凉冷，味甘轻美，清净不浊。①

雪山五峰中，中峰最高，五百由旬，其余四峰都是二十由旬。清凉五台，实际上最高的是北台，但在慧祥的笔下，最高峰是中台。巡礼过五台的慧祥，应该很容易观察出中台与北台孰高孰低的。他这样做，有可能是为了树立中台的尊崇地位，也有可能是为了将五台山比附为雪山五峰。既然清凉五台等同于雪山五峰，那么就很容易将台顶的高山湖泊比附为雪山顶上的阿耨达池。敦煌文书 S.2080《五台山曲子》载："上西台，真圣境。阿耨池边，好是金桥影。"②又《失名行记》亦载：西台"上有阿耨池，人见浅深不定，圣迹极多，不可具述。"③阿耨池，即阿耨达池。另外，《古清凉传》中，发源于五台山的小溪，正好四条，也与雪山阿耨达池流出的四河数量相等。

不仅西台有阿耨达池，唐宋时期，中台太华泉功能也有向阿耨达池看齐的迹象。《古清凉传》载："稍近西北有太华泉，周回三十八步，水深一尺四寸。前后感者，或深或浅不同。其水清澈凝映，未尝减竭，皆以为圣人盥漱之处。故往还者，多以香花财贿投之供养。"④在慧祥笔下，该泉只是圣人盥漱之处。而敦煌文书据 P.4617 补《五

---

① 达摩笈多译：《起世因本经》卷一《阎浮洲品》，《大正藏》第25册，第367页c。
② 杜斗城：《敦煌五台山文献校录研究》，太原：山西人民出版社，1991年，第88页。
③ S.529背《失名行记》，载郝春文编：《英藏社会历史文献释录》（第三卷），北京：社会科学文献出版社，2003年，页47。
④ 慧祥：《古清凉传》卷上《封域里数》，《大正藏》第51册，第1093页b。

台山赞·中台》则云:"玉华潜与海门通,四面山朝势不同。散漫龙居千处水,飘飘华落九千风。"①因此,宋人延一《广清凉传》云:"中台顶上有太华池,方圆二里,天生九曲。其水湛然色若琉璃,澄澈见底。池内平处,有石磊落。丛石间,复有名花,百品交映,神龙宫宅之所在焉。人暂视之,瘆然神骇,云雾祥映,难以具言。然池之大小浅深,神变不定。故礼谒者,解璎褫佩,投中而去。"②从初唐至宋代,太华泉由诸菩萨的盥漱处,变为神龙宫宅。神龙宫原本隶属于阿耨达池。

此外,广为流传的六十《华严经》,还将菩萨的善根大愿,比喻为阿耨达池之水:"佛子!是菩萨十地次第顺行,趣向一切种智,如从阿耨达池四河流出,满足四天下无有穷尽,乃入大海;菩萨亦如是,从菩萨出于善根大愿之水,以四摄法满足众生而不穷尽,乃至一切种智。"③这样的比喻,无疑有助于人们在雪山与清凉山之间建立联系。

关于文殊在圣地清凉山的职守,有两种说法。其一,据西晋居士聂道真译《佛说文殊师利般涅槃经》载:"如是大士久住首楞严,佛涅槃后四百五十岁,当至雪山,为五百仙人宣畅敷演十二部经,教化成熟五百仙人,令得不退转,与诸神仙作比丘像,飞腾空中至本生地,于空野泽尼拘楼陀树下,结跏趺坐,入首楞严三昧,三昧力故,身诸毛孔出金色光,其光遍照十方世界度有缘者,五百仙人,各皆见火从身毛孔出。"④因此,为"为诸众生于中说法",是文殊菩萨的职守之一。

---

① 杜斗城:《敦煌五台山文献校录研究》,太原:山西人民出版社,1991年,第43页。
② 延一:《广清凉传》卷一《五台境界寺名圣迹》,《大正藏》第51册,第1105页b-c。
③ 佛驮跋陀罗译:《大方广佛华严经》卷二七《十地品》,《大正藏》第9册,第574页c。
④ 聂道真译:《佛说文殊师利法宝藏陀罗尼经》,《大正藏》第14册,第480页c。

另一个流传更广泛的职守是在清凉山镇毒龙。除前引《水经注》外，《失名行记》亦载："有毒（龙）五百万众，意欲损害人伦，番（翻）山为海。佛敕文殊菩萨，令往台（山）教化毒龙之类。"① 大历七年（772）十月十六日，代宗李豫"特敕京城及天下僧尼寺内，各简一胜处，置大圣文殊师利菩萨院。"僧人不空的谢文中亦云："大圣文殊久登正觉，拯生人于三界，镇毒龙于五峰，慈悲道深，弘济功远，故令释众同此归依。"② 敦煌文书S.4429《五台山赞》云："道场屈请暂时间，至心听赞五台山。毒龙雨降如大海，文殊镇压不能翻。"③ 文殊镇毒龙的传说，很可能是一个中西结合的产物。虽然世尊镇毒龙的故事，④ 广为人知。既然世尊涅槃后，由文殊菩萨代替其在清凉山说法，那么镇毒龙也就成了文殊分内之事。但这一故事很可能是《宋云行记》中盘陀王用婆罗门咒降毒龙的翻版。而五台山周边的黄土高原地区，旱灾频发，秦汉时期已盛行龙湫祈雨。五台山高山湖区也是僧俗祈雨之地。那么由文殊来掌控兴云致雨的龙王，也就顺理成章了。毕竟应对本土最棘手的自然灾害，是灵验之神最主要的职责。

文殊在五台山的两种职守，敦煌莫高窟61窟壁画《五台山图》对其有近乎完美的阐释（见图8-2）：清凉山的天空，驾青云的诸菩萨，乘红云的众毒龙，皆以轴对称形式，向中台山麓的大圣文殊真身殿聚集，俨然一幅朝圣图。

---

① S.529背《失名行记》，载郝春文编：《英藏社会历史文献释录》（第三卷），北京：社会科学文献出版社，2003年，第46页。
② 圆照：《代宗朝赠司空大辨正广智三藏和上表制集》卷三《谢敕置天下文殊师利菩萨院表一首（并答）》，《大正藏》第2120册，第841页c—第842页a。
③ 杜斗城：《敦煌五台山文献校录研究》，第20页。
④ 僧伽提婆译：《增壹阿含经》卷一四《高幢品》，《大正藏》第125册，第619页c。

图 8-2 敦煌莫高窟 61 窟《五台山图·中台》局部

四、微观尺度：圣地空间地点的神圣性建构

周长五百里的圣地，无论对于僧侣还是香客来说，都远不如诵文殊名、见文殊形象更有宗教意义。"佛灭度后，一切众生，其有得闻文殊师利名者、见形像者，百千劫中不堕恶道；若有受持读诵文殊师利名者，设有重障，不堕阿鼻极恶猛火，常生他方清净国土，值佛闻法得无生忍。"[①]因此，神显的具体地点——仙居灵贶，才是圣地真正吸引普通信众的地理空间。佛教圣地的仙居灵贶，大都分散在圣地的不同区域，满足信众的不同需求。五台山也不例外，五座山峰，其神

---

① 聂道真译：《佛说文殊师利般涅槃经》，《大正藏》第 14 册，第 481 页 b。

圣性既有相似性,也有差异性。

相似性主要表现为同为高海拔山地的五个山峰,因垂直分异而形成的各个自然带和自然景观基本相同,那么基于此建构的神圣景观,也就有了相似性的一面。

首先看高山气候。既然五台山被僧侣建构为中土的雪山,那么寒冷就成了圣地不可或缺的特征。"南阎浮提东北方震旦国,有金色世界清凉宝山,其五峰迥耸,万仞嵯峨,府(俯)视人寰,旁观日月。去台顶六七里外,方有树木,阳面枝,阴北叶。仲夏季节,花木方荣,常切风寒,每凝冰雪,是以众号为清凉山。"① 五台山,年均气温-4.2 ℃,年均降水量 880 mm,其中北台顶是太行山气温最低、降水量最高、湿度和风力最大的地区,阴坡有多年积冰。"谷深而背阴,被前岩遮,日光不曾照着,所以自古以来雪无一点消融之时矣"②,故称"千年冻凌"或"千年冰窟"。"冰窟千年,到者身心战"③,所谓"清凉山""雪山",名副其实。

以海拔约 2600—2800 米处的林线为界,五台山林线以上为亚高山、高山草甸分布区,林线以下则为亚高山针叶林、低中山落叶阔叶林分布区。"去台四畔各二里,绝无树木,唯有细草藿靡存焉",正是慧祥对林线位置的描述。针叶林主要以华北落叶松、云杉、冷杉为主,因此,"岭上谷里树木端长,无一曲戾之木"④。垂直生长的针叶树种,成了五台山神圣的特征:"好住娘,儿欲入山坐禅去。好住娘,回头顶礼五台山。好住娘,五台山上松柏树。好住娘,正见松柏与天

---

① S.529 背《失名行记》,载郝春文编:《英藏社会历史文献释录》(第三卷),北京:社会科学文献出版社,2003 年,第 46 页。
② 圆仁著,白化文、李鼎霞等校注,周一良审阅:《入唐求法巡礼行记校注》,北京:中华书局,2019 年,第 282 页。
③ S.2080《五台山曲子》,载杜斗城:《敦煌五台山文献校录研究》,太原:山西人民出版社,1991 年,第 82 页。
④ 圆仁著,白化文、李鼎霞等校注,周一良审阅:《入唐求法巡礼行记校注》,第 268 页。

连。"① 草甸主要以嵩草、羊茅、苔草为主。② "遍台水涌,地上软草长者一寸余,茸茸稠密,覆地而生,蹋之即伏,举脚还起。步步水湿,其冷如冰。处处小洼,皆水满中矣。"③ 圆仁所记,正是高山、亚高山草甸景观的典型特征。五台山顶是我国东部地区高山草甸的唯一分布区,低海拔地区很难见到,因此状如蒲团的草甸,也就成了五台神异的象征之一。林下草本也不例外:"弟子曾向台北大柏谷采药,忽于方石之上,有一双人手,红赤鲜白,文理分明,齐腕已上合掌生于石里。弟子念曰:此多是药。思欲至家检方料理,乃以刀割取,数重裹复,置采药笼内,总以袋盛,担之而归。将出谷,忽思念曰:此若是仙药,或能变化,试更验之。及至回看,唯袋存焉,药与笼、复,莫知其处。弟子敬叹,恨不先噉之。"④ 不仅如此,山中的花草,还被僧人比附为五台佛法复兴的灵瑞。"唐长安二年,遣使于五台山大孚灵鹫寺前采花万株,移于禁掖。奇香异色,百品千名,令内道场栽植供养。敕万善寺尼妙胜于中台造塔,凡一期功毕。遣内侍黄门金守珍就山供养。显庆设斋,乃供一万菩萨。是日,忻、代诸处巡礼僧,数盈一万,皆云万圣赴会。普施一镮钱,一万缙别施菩萨。内侍与州县,具达朝廷。由斯灵瑞,台山复兴。"⑤

五台山断块山地顶部的夷平面,是中国华北残存的最古老的准平原,约形成于中生代末或第三纪初。五台山也是我国华北地区唯一有冰缘地貌发育的高山区。北台"顶上往往有磊落石丛,石涧冽水不流",东台"顶上无水,唯有乱石",正是对台顶石海,即"龙翻石"

---

① 北图乃字 74 号《辞娘赞文》,载杜斗城:《敦煌五台山文献校录研究》,第 213 页。
② 曹燕丽、崔海亭等:《五台山高山带景观的遥感分析》,《地理学报》2001 年第 3 期。
③ 圆仁著,白化文、李鼎霞等校注,周一良审阅:《入唐求法巡礼行记校注》,第 279 页。
④ 慧祥:《古清凉传》卷下《支流杂述》,《大正藏》第 51 册,第 1100 页 c。
⑤ 延一:《广清凉传》卷上《五台境界寺名圣迹》,《大正藏》第 51 册,第 1106 页 c。

的描述。在诸多冰缘地貌景观中,热融湖塘,即中台的太华池、北台的龙池是最神圣的景观。热融湖塘是"多年冻土的地下冰融化、沉陷而形成洼地,又由于冻结层融水和大气降水而形成湖塘。多呈浑圆形,直径几米至十几米,水深几十厘米至一米多,是台顶上用水的唯一来源"①。这些热融湖塘,被僧侣建构为龙池。据圆仁《入唐求法巡礼行记》载:

> 又更上坂行十余里到北台。台顶周圆六町许。台体团圆,台顶南头有龙堂。堂内有池,其水深黑。满堂澄潭,分其一堂为三隔。中间是龙王宫。临池水,上置龙王像。池上造桥,过至龙王座前。此乃五台五百毒龙之王:"每台各有一百毒龙,皆以此龙王为君主。此龙王及民被文殊降伏归依,不敢行恶",云云。龙宫左右隔板墙置文殊像,于龙堂前有供养院。见有一僧,三年不饭,日唯一食。食泥土,便斋。发愿三年不下台顶。有数个弟子院。前院俯临深谷,台崿嵯峨而可千刃。此谷是文殊曾化现金钟宝楼之处,今呼为钟楼谷。谷之西源是中台东岸之底,谷南便是高岭。岭之北岸极崄而深至谷底,千年冻凌在幽底而皓晖。又向东南望见大花严寺。台头中心有则天铁塔,多有石塔围绕。软草莓苔遍敷地上,隔三四步皆有小井池无数,名为龙池。水涌沙底而清浅。②

《五台山图》在每个台顶上都绘了绿色的龙池,但只有北台顶上,有众龙环绕,且池中有毒龙台(见图8-3),此地正是菩萨降服五百毒龙之处。S.0370《五台山赞》载:"北台毒龙常听法,雷风闪电隐山

---

① 朱景湖、崔之久:《五台山冰缘地貌的基本特征》,《冰川冻土》1984年第1期。
② 圆仁著,白化文、李鼎霞等校注,周一良审阅:《入唐求法巡礼行记校注》,第282—283页。

泉。不敢与人为患害,尽是龙神集善缘。"①至《广清凉传》,北台顶上的龙池,已被建构为天地之间的通道:"北台顶上有天井,下有龙宫,白水池相连,金刚窟亦相通彻。"②

图 8-3 敦煌莫高窟 61 窟《五台山图·北台》(局部)

"芬馥之异华灵草,莹洁之幽石寒泉。瑞气吐于林中,祥云横于岭上。"③如果说清凉圣地空间的相似性,是其自然环境相似性所致,那么,圣地空间的差异性,则是人类在五台山各地活动的强度不同使然。慧祥将人类在五台山的宗教活动,分为两类,一是古今胜迹,一是游礼感通。前者侧重于物质层面,主要是修行场所及其神圣性。包括人工建筑的寺庙、塔以及天然洞窟等。后者则侧重于精神即神显层面,重点介绍僧俗两界在山中不同地方遇见文殊化现的故事。

---

① 杜斗城:《敦煌五台山文献校录研究》,第 70—71 页。
② 延一:《广清凉传》卷上《五台境界寺名圣迹》,《大正藏》第 51 册,第 1105 页 c。
③ 广英:《古清凉传序》,载慧祥:《古清凉传》卷首,《大正藏》第 51 册,第 1092 页 c。

1. 古今胜迹的神圣性建构 五台山胜迹肇建于北魏,至北齐,随着五台山文殊菩萨信仰影响的逐步扩大,此中伽蓝,未必"数过二百",但应该有了一定的规模,"遭周武灭法,释典凌迟,芳徽盛轨,湮沦殆尽。"① 因此,《古清凉传》记载的胜迹数量非常有限。不仅如此,记录在册的胜迹,其空间差异也非常显著。

五台山跟所有山地圣地一样,每一座山峰胜迹的空间分布,都有显著的垂直分异。中台体现得尤为突出。台顶主要的佛教建筑有石精舍、石塔、铁浮屠、石碑,供奉的主神是文殊,"今有连基迭石室二枚,方三丈余,高一丈五尺。东屋石文殊师利立像一,高如人等。西屋有石弥勒坐像一,稍减东者。其二屋内,花幡供养之具,镫荐受用之资,莫不鲜焉。即慈恩寺沙门大乘基所致也。基即三藏法师玄奘之上足,以咸亨四年,与白黑五百余人,往而修焉。"② 另据道宣撰《集神州三宝感通录·唐岱州五台山像变声现》载:"唐龙朔元年,下敕令会昌寺僧会赜,往五台山修理寺塔。其山属岱州五台县,备有五台,中台最高,目极千里,山川如掌上。有石塔数千,薄石垒之,斯并魏高祖孝文帝所立。"③ 道宣很可能将台顶龙翻石全当成了石塔。除两枚石室和铁浮图外,其余建筑的供养人都是官员和皇帝,如石精舍为魏棣州刺史崔震所造,故碑一为前刺史崔震所造,一为忻州长史张备所立,石塔则为孝文帝所立。

距离中台顶三十余里的山麓,其胜迹可分为南麓和东南麓两个胜迹亚区。东南麓胜迹亚区,以大浮图寺为信仰中心。大浮图寺即今显通寺,位于台怀镇中心、灵鹫峰之前。"从此东南行寻岭,渐下三十余里,至大浮图寺。寺本元魏(孝)文帝所立。帝曾游止,具奉

---

① 慧祥:《古清凉传》卷上《古今胜迹》,《大正藏》第51册,第1094页a。
② 慧祥:《古清凉传》卷上《古今胜迹》,《大正藏》第51册,第1094页a。
③ 道宣:《集神州三宝感通录》卷中《唐岱州五台山像变声现缘》,《大正藏》第52册,第422页c。

圣仪,爰发圣心,创兹寺宇。孚者信也,言帝既遇非常之境,将弘大信。且今见有东西二堂,像设存焉。其余廊庑基域,仿佛犹存。"① 道宣《律相感通传·初问佛事》称大浮图寺为大孚灵鹫寺,"山形像灵鹫。名曰大孚,孚者信也,帝信佛理,立寺度人。"② 灵鹫山位于中印度摩羯陀国首都王舍城之东北侧,为著名的佛陀说法之地。僧侣将五台山灵鹫峰比附为灵鹫山,位于灵鹫峰前的大浮图寺,自然是僧人的修持中心。

从北魏至唐代,大浮图寺始终是清凉山《华严经》的研修中心。北魏悬瓮山沙门灵辩应该是在此寺研习《华严经》,撰《华严经论》一百卷,今存一卷。初唐澄观在这里撰写《华严经疏》。据《宋高僧传·澄观传》载:

> 释澄观,姓夏侯氏,越州山阴人也……大历十一年,誓游五台,一一巡礼,祥瑞愈繁。仍往峨嵋,求见普贤,登险陟高,备观圣像。却还五台,居大华严寺,专行《方等》忏法。时寺主贤林,请讲大经,并演诸论。因慨《华严》旧疏,文繁义约,慨然长想:"况文殊主智,普贤主理二,圣合为《毘卢遮那》,万行兼通,即是《大华严》之义也。吾既游普贤之境界,泊妙吉之乡原,不疏《毘卢》,有辜二圣矣。"观将撰《疏》,俄于寤寐之间,见一金人当阳挺立,以手迎抱之,无何咀嚼都尽。觉即汗流,自喜吞纳光明遍照之征也。起兴元元年正月,贞元三年十二月毕功,成二十轴,乃饭千僧以落成也。后常思付授,忽夜梦身化为龙,矫首于南台,蟠尾于山北,拏攫碧落,鳞鬣耀日。须臾,蜿蜒化为千数小龙,腾耀青冥,分散而去。盖取象乎教法支分流布也。③

---

① 慧祥:《古清凉传》卷上《古今胜迹》,《大正藏》第 51 册,第 1094 页 a。
② 道宣:《律相感通传·初问佛事》,《大正藏》第 45 册,第 876 页 b。
③ 赞宁:《宋高僧传》卷五《澄观传》,北京:中华书局,1987 年,第 105—106 页。

武则天以实叉难陀新译八十《华严经》中载有此山名,将大浮图寺改称大华严寺。围绕着大浮图寺,还有一处研修《华严经》的寺庙,即王子烧身寺。

> 大孚寺北四里,有王子烧身寺。其处,先有育王古塔。至北齐初年,第三王子,于此求文殊师利,竟不得见,乃于塔前,烧身供养,因此置寺焉。其王子有阁竖刘谦之,自慨刑余,又感王子烧身之事,遂奏讫入山修道。敕许之。乃于此处,转诵《华严经》三七行道,祈见文殊师利,遂获冥应,还复根形,因便悟解。乃著《华严论》六百卷。论综终始,还以奏闻。高祖敬信,由此更增。常日讲《华严》一篇,于时最盛。①

大浮图寺汇聚研修《华严经》的高僧之众、成果之丰、历时之久,足以证明,将五台山比附为清凉道场者必是在大浮图寺住锡的僧人。

如果说大浮图寺是文殊菩萨的前朝,那么,金刚窟就是文殊菩萨的后宫。从方位上来看,五台山金刚窟很可能是须弥山南金刚窟的模本。据道宣《中天竺舍卫国祇洹寺图经》所云,迦叶佛时,楞伽鬼王所造神乐,及金纸银书毘奈耶藏、银纸金书修多罗藏,佛灭度后俱由文殊收入此清凉山金刚窟中。显然道宣在该经中,将五台山金刚窟塑造为佛灭度后,由文殊执掌的艺术中心。敦煌文书 P.4608 记载了此后金刚窟神圣意象的变化:"金刚窟里美流泉,佛陀波利里中禅。一自未来经数载,如今即是那罗延。"②中台亦因金刚窟与台顶天华泉相通,而连成一个神圣的整体。

中台南麓胜迹亚区,主要胜迹是供奉"一佛二菩萨",即释迦、文殊和普贤的石窟及僧人严禅师在此修建的客店,但其在研究五台山

---

① 慧祥:《古清凉传》卷上《古今胜迹》,《大正藏》第 51 册,第 1094 页 c。
② 杜斗城:《敦煌五台山文献校录研究》,第 32 页。

第八章 中西僧侣建构中土清凉圣地的方法

胜迹建构方面的重要性,却不可忽视。

> 俨本朔州人也,未详氏族,十七出家,径登此山礼拜。忻其所幸,愿造真容于此安措。然其道业纯粹,精苦绝伦,景行所罩,并部已北一人而已。每在恒安修理孝文石窟故像。虽人主之尊,未参玄化,千里已来,莫不闻风而敬矣。春秋二序,常送乳酪毡毳,以供其福务焉。自余胜行殊感,末由曲尽。以咸亨四年,终于石室。去堂东北百余步,见有表塔,跏坐如生,往来者具见之矣。石堂之东南,相去数里,别有小峰,上有清凉寺。魏孝文所立,其佛堂尊像,于今在焉。①

从魏孝文帝给予僧侣清凉圣地、立台顶石塔群、佛光寺、大浮图寺、清凉寺,到花园种花,再到严禅师在恒安修理孝文石窟故像,慧祥始终都在彰显孝文帝在五台山胜迹建造的初创之功,以及其受僧侣尊崇的帝王形象:"虽人主之尊,未参玄化,千里已来,莫不闻风而敬矣。"当然,将孝文帝树立为五台山胜迹的缔造者,除了想说明北魏孝文帝是五台山寺庙肇建者之外,慧祥恐怕还有更深的用意。

首先,孝文帝是一位受百姓爱戴的皇帝,正如魏书史臣所曰:"及躬总大政,一日万机,十许年间,曾不暇给,殊途同归,百虑一致,至夫生民所难行,人伦之高迹,虽尊居黄屋,尽蹈之矣。若乃钦明稽古,协御天人,帝王制作,朝野轨度,斟酌用舍,焕乎其有文章,海内生民咸受耳目之赐。加以雄才大略,爱奇好士,视下如伤,役己利物,亦无得而称之。其经纬天地,岂虚谥也。"②因此将其树为五台山胜迹的缔造者,也正好迎合了俗众尊崇明君的心理。在中国民众的心目中,明君是人神合一的。

---

① 慧祥:《古清凉传》卷上《古今胜迹》,《大正藏》第51册,第1095页b。
② 《魏书》卷七下《高祖纪下》,北京:中华书局,1974年,第187页。

其次，孝文帝是北魏诸帝中善待佛门的皇帝之一。道宣《释迦方志》载："魏高祖孝文帝，于邺造安养寺，召四方僧，六宫侍女皆持年三长月、六日斋，慕道者放令出家。手不释卷，顷便为讲。为先皇再治大觉，大行供施，度僧尼一万四千人。"① 在南朝僧人撰写的僧传史料中，灭佛的魏太武帝，始终是佛门声讨的对象，与之相反，在《古清凉传》中，魏孝文帝被树立为护法榜样，可谓"当今如来"。同样的道理，延一撰写的《广清凉传》中，武则天所立的胜迹，几乎完全覆盖了孝文帝时代的建筑遗迹。

其三，"法运盛衰，系呼大力王臣作与不作耳"②。政治领袖，尤其是帝王们，是权威和财富的象征。如果皇帝倾仰灵山，则无论是在政策还是资金上，五台山佛教事业的发展都会得到政府的大力支持。况且先皇崇佛故事，还是规劝现任皇帝崇佛的最好教材。

其四，作者让帝王们身先垂范佞佛，无疑会让五台文殊道场更具魅力，吸引更多香客前来。正如延一所云："是知真境菩萨所居，帝王日万机之务，犹造玉身，来礼大圣。矧余凡庶，岂不从风一游净域？累劫殃消；暂陟灵峰，多生障灭者矣。"③ 就《古清凉传》撰写取材而言，且不论其是真是假，只有帝王有材料可用。

总之，中台是清凉圣地的中心（见图 8-3）。尤其是大浮图寺，兼具修行与神显两个重要功能，因此，慧祥称："然此山诸处，圣迹良多。至于感激心灵，未有如此也。故前后经斯地者，虽庸识鄙心，无不恳恻沾襟，咸思改勖。"④ 澄观亦云："五顶攒拥，中开山心，离坎乾坤得其中理；千岩耸秀，万壑森沈，拔鹫岭之仙峰成华严之一叶。信

---

① 《释迦方志》卷下《教相篇》，第 120 页。
② 镇澄著，赵恩林点校：《清凉山志》卷四《帝王崇建》，北京：宗教文化出版社，2015 年，第 83 页。
③ 延一：《广清凉传》卷上《释五台诸寺方所》，《大正藏》第 51 册，第 1107 页 b。
④ 慧祥：《古清凉传》卷上《古今胜迹》，《大正藏》第 51 册，第 1094 页 b。

第八章 中西僧侣建构中土清凉圣地的方法

可谓众灵翔集之冲府,参贤觐圣之玄都矣。"①外地信众对中台神圣性感知的意象,与僧侣建所述大体相同:"真容每显灵台上,无染亲经化寺中。高步几回游绝顶,以乘灵鹤在虚空。"②

东台顶亦有迭石塔,中有文殊师利像,除此之外没有其他建筑。"且诸台之中,此台最远,其间山谷转状,故见者亡失所怀。礼谒之徒,多不能至。"西台也"略无可述"。因此,此两台大多是隐居者或"真志独拔,脱落嚣俗"的禅修者隐居之地。南台虽然也是"灵境寂寞,故人罕经焉"③,但还有一座孝文帝立的佛光寺。北台台顶之下,因地貌所限,既无寺庙,也无隐居者,因此,不在文本叙事之列。

2. 感通地点的神圣性建构　与胜迹相比,菩萨显应之地,无论对于苦修的僧侣还是虔诚信仰的俗众来说,都是圣地中最具影响力的地点。"入大圣境地之时,见极贱之人亦不敢作轻蔑之心。若逢驴畜,亦起疑心,恐是文殊化身欤?举目所见皆起文殊所化之想。圣灵之地,使人自然对境起崇重之心也。"④文殊不仅通过真容、化身来显应,还通过钟声、香气等,传灵感之踪。

对比五座山峰,中台是文殊显应最多的地点。时间上集中在唐代。山麓文殊显应最多的地点是大浮图寺和寺前花园。文殊因僧侣精诚研修《华严经》,多次在大浮图寺示现或冥应,使其成为清凉圣地之一。

大孚图"寺南有花园,可二三顷许,沃壤繁茂,百品千名,光彩晃曜,状同舒锦。即魏孝文之所种也。土俗云:'其花,夏中稍茂,盖

---

① 澄观:《大方广佛华严经随疏演义钞》卷七六《诸菩萨住处品》,《大正藏》第36册,第601页c。
② P.4617补《五台山圣境赞·中台》,载杜斗城:《敦煌五台山文献校录研究》,第44页。
③ 慧祥:《古清凉传》卷上《古今胜迹》,《大正藏》第51册,第1095页c。
④ 圆仁著,白化文、李鼎霞等校注,周一良审阅:《入唐求法巡礼行记校注》,第268页。

未是多。至七月十五日,一时俱发,经停七日,飒尔齐凋。'但以幽险难寻故,使见之者寡矣。"高海拔山区,大部分植物的花期,都集中在农历每年的六七月份,且花期很短,土俗所云,正是这一特征的真实情况,但在《括地志》中,则成了灵异的象征:"灵草绣林,异种殊名,鸟兽驯良,任真不挠,信为佳景也。"① 这一切都是为文殊菩萨出场准备的。故道宣《续高僧传·明隐传》载:"至大孚灵鹫寺,南有花园,前后遇圣,多于此地。"② 僧人明曜在此见到了文殊的化身:"至花园北,见一沙门,容服非常,徐行前进。又至东边佛堂,将欲东趣。曜时惊喜交集,肘步而前,来至数尺,遂无所睹。悲叹久之,与脱俱返。"③ 昙韵听闻到了钟声和香气:"适至于山下,闻殊香之气。及到大孚寺,见花园盛发,又闻钟磬之音,忻畅本怀,弥增恋仰。"④ 昭隐与皇帝的钦差会赜、张行弘等,一同见证了花园的灭火之祥:"又往大孚寺东堂,修文殊故像,焚燎傍草,飞飙及远,烧爇花园,烟焰将盛。其园去水四十五步,遣人往汲。未及至间,堂后立起黑云,举高五丈,寻便雨下,骤灭无余。云亦当处消散,莫知其由。"⑤

中台台顶附近和半山腰都有僧人见到文殊示现。会赜、张行弘等一行人在中台顶及其附近,看到了文殊的真容和化身,听闻了香气和钟声:"未至台百步,遥见佛像,宛若真容,挥动手足,循还顾盼,渐渐至近,展转分明。去余五步,忽然冥灭。近登至顶,未及周旋,两处闻香,芬列逾盛。又于塔前,遣荣妆修故佛,点眼才毕,并闻洪钟之响。后欲向西台,遥见西北一僧着黑衣,乘白马奔就。皆共立待,相去五十步间,忽然不见。"⑥ 释迦蜜多罗亦"下至半峰,忽遇神

---

① 慧祥:《古清凉传》卷上《古今胜迹》,《大正藏》第 51 册,第 1094 页 c。
② 道宣:《续高僧传》卷二五《明隐传》,《大正藏》第 50 册,第 665 页 a。
③ 慧祥:《古清凉传》卷下《游礼感通》,《大正藏》第 51 册,第 1098 页 a—b。
④ 同上,第 1098 页 a。
⑤ 同上,第 1098 页 c。
⑥ 同上,第 1098 页 b—c。

第八章 中西僧侣建构中土清凉圣地的方法

僧立于岩上,即五体投地,顶礼数拜。及登未远,乃有数人闻钟声香气。"①

可见,在清凉圣地中心——中台,菩萨大多数时候是以化身或香气钟声来示现的。文殊真容示现的只有两次,一次是释迦蜜多罗看见的;一次是领着高宗李治旨意在清凉山检行胜迹的僧俗看到的。摩伽陀国大菩提寺僧人释迦蜜多罗,别中天之鹫岭,趋上国之清凉,并见到神僧,相当于娘家人来探亲,这让五台山彻底坐实为清凉山。可见,高宗大动干戈,让四五十人陪着释迦蜜多罗巡礼五台,显然是有用意的。当然释迦蜜多罗也是个明白人,"麟德年中,来仪此土,云向清凉,礼拜文殊师利。自云九十五夏,每跣足而行,常唯一食。或复虚中七日,兼修露坐,不栖房宇,而辄至食,向东北遥礼。"其举手投足之间,都向世人证明,中土清凉山就是文殊道场。

至于检行胜迹的一干人等见到文殊瑞像的好处,在他们回到朝廷后,立即得到兑现:

> 赜等既承国命,目睹佳祥,具已奏闻,深称圣旨。于是清凉圣迹,益听京畿;文殊宝化,昭扬道路。使悠悠溺丧,识妙物之冥泓;蠢蠢迷津,悟大方之幽致者,国君之力也。非夫道契玄极,影响神交,何能降未常之巨唱,显难思之胜轨,千载之后,知圣后之所志焉。赜又以此山图为小账,述《略传》一卷,广行三辅云。②

东台虽然未建寺庙,但却是文殊示现第二多的地点。东台始终是一个人迹罕至,类似于"桃花园林"式的隐居之地。正如慧祥在东台遇见的一个陌生人所云:"昔时因猎经至台东,忽见茂林花果十余

---

① 慧祥:《古清凉传》卷下《游礼感通》,《大正藏》第 51 册,第 1099 页 a。
② 同上,第 1098 页 c。

顷，及后重寻，莫知其处。"① 陌生人所指在恒山与东台之间，即东台东侧。因此，该地就成了文殊频频示现之地。北周沙门在"东台东花林山，至一名谷，且入深山。忽见茂林清泉，名花异果，廊庑交映，楼台闲出，鲜花照烂，状若天宫。"沙门在此遇见了文殊的化身："有二人至，形容伟大，长眉披发……有十四五人，或道或俗，仪容温穆，对坐谈笑。"② 同样在此看到化身的还有北齐僧人明勖，"至东台东南，见一故屋，中有数僧，并威仪疏野，容貌蓑陋。"③ 另外还有一位唐代的信士，也见到了化身："忽遇一僧，引之向东台之东，至一住处，屋宇如凡人家。"④ 在东台见到文殊真容的只有一人，即隋代本地高僧解脱，"脱数往大孚寺，追寻文殊师利。于东台之左，再三逢遇。初则礼已寻失，后则亲承音训。语脱云：'汝今何须亲礼于我，可自悔责，必悟解耳。'脱敬承圣旨，因自内寻，乃悟无生，兼增法喜。遂慨兹独善，思怀旷济，祈诚大觉，请谨此心。"⑤

僧人名远、灵裕等一十八人，还在东台"见五色庆云"⑥。五色祥云，是大气冰晶折射阳光形成的物理现象，多发生在高海拔高原和山地迎风坡。东台东侧迎风坡，常有低海拔地区民众看不到的一些大气物理现象，如地形雨和强对流天气发生时，出现在对流层顶的天气现象。这种天气大多出现在盛夏，而此时正值香客朝山高峰期，看到的人多，自然成了清凉山灵瑞频现之地。另外，随着《佛顶尊胜陀罗尼经序》广泛流通，文殊、佛陀波利居住的那罗延窟，也成为台东畔信众巡礼的一个新热点。

其余三台中，只有释普明在南台之北，遇见文殊用各种化身考验

---

① 慧祥：《古清凉传》卷下《游礼感通》，《大正藏》第51册，第1095页b。
② 同上，第1097页a。
③ 同上，第1096页a。
④ 同上，第1098页b。
⑤ 慧祥：《古清凉传》卷上《古今胜迹》，《大正藏》第51册，第1095页c。
⑥ 慧祥：《古清凉传》卷下《游礼感通》，《大正藏》第51册，第1100页a。

第八章　中西僧侣建构中土清凉圣地的方法

自己而已，可谓灵境寂寞。

从文殊显应故事发生的时代来看，并没有北魏的，北齐北周也各只有一例，其余大部分属于隋唐。究其原因，一方面，从北魏初建文殊道场，发展至初唐，五台文殊信仰的影响力逐步扩大，即从地方性的佛教圣地，逐步演变为国家层面的佛教圣地。神显的次数与这一发展趋势基本相同。另一方面，是神显传说史料由于时间远近不同留存数量也就不同。正如慧祥所述："然承近古已来，游此山者多矣，至于群录，鲜见伦通，良以时无好事，故使芳尘委绝。"

从参与感通人员的地区来源看，僧人大多数来自五台山周边的今山西境内的代州、忻州和并州，和今河北境内的定州、瀛州高阳县，比较远的是今山东境内的济州（治东阿县西）、西京长安、东京洛阳。可见，初唐时，在五台山巡礼感通的僧人，主要集中在中国北方五台山周边各个州。这一范围的扩大，是武周将五台山建为国家级道场以后的事。

如果说清凉山胜迹的肇建者，是魏孝文帝以及部分官员，那么参与游礼感通的人群，则主要是僧侣。究其原因，大概是僧人悟性更高和需求更迫切吧。"玄枢难兆，幽关罕辟，苟在未晤，虽迩而遐"①，对于一个僧人来说，觉悟是此生苦修的终极目标，能见到文殊显应，无疑是实现这一目标的重大转折点，证明自己有慧心或已修得正果。只是此类见到文殊真容或化身的故事，大多数出自僧侣个人的身心体验和夫子自道，外人很难重演，也无法验证其真伪。其实，将清凉山建构为文殊道场，初唐时，仍然有人持怀疑态度。与慧祥一起陪着释迦蜜多罗巡礼清凉山的一位王姓官员，见释迦蜜多罗一路上用繁复的天竺仪式祈请，却并未见到文殊瑞像，至少王姓官员未看到。因此，王徐而议曰："在京闻此极多灵瑞，及到已来，都无所见。虽有钟

---

① 慧祥：《古清凉传》卷下《游礼感通》，《大正藏》第51册，第1096页c。

声香气,盖亦未有奇特,人闲传者,何多谬也。"① 另外,特别值得注意的是,参与重大游礼感通事件的僧侣身后,都会看见皇家的身影。武则天既是八十《华严经》在中土传播的强力推手,也是五台山成为国家道场的最高决策者。

五台胜迹和神显空间分布的差异性,显然与五座山峰距离台怀镇的远近有很大的关系。宗教活动本质上是人的活动,而台怀镇无疑是五台山最适宜人居,人口最集中的聚落,因此,距台怀镇最近的中台,是僧俗巡礼感通和古今胜迹分布集中之地。其次是东台,其余三台,不仅距离遥远,山麓也缺乏比较宽阔的河谷盆地,冬季一旦大雪封山,僧侣在此修行,日常生活物资补给都成问题。故有文献将长年在台顶修行的僧人,视为楷模,足见其环境之恶劣,所以清凉五台只是中西僧侣仿照雪山五峰建构的一个理想模型而已,现实中的清凉圣地,无论从古今胜迹还是从游礼感通的空间分布来看,都是中台独大,而非五峰竞秀。

五、结 论

中古僧侣有依据雪山圣地模式,在佛教传播区建构新雪山圣地的传统。为了将五台山建构为连接天地的中土雪山圣地,让香客跨进山门时,便能超越世俗空间,进入一方净土,中西僧侣从宏观尺度的文殊介入,到中观尺度的空间结构,再到微观尺度的空间地点,都做了大量细致入微的工作,成功地将五台山建构为中土文殊清凉道场,摆脱了对天竺佛教圣地的长期依赖。

宏观尺度,中西僧侣通过编纂、翻译、注疏佛典,让文殊介入中土五台山,使其变为文殊清凉道场。西域僧人编纂的六十《华严经》,

---

① 慧祥:《古清凉传》卷下《游礼感通》,《大正藏》第51册,第1099页a。

第八章 中西僧侣建构中土清凉圣地的方法

清凉圣地的位置是不确定的。南印度三藏菩提流志翻译的伪经《佛说文殊师利法宝藏陀罗尼经》,将五台山坐实为"出于金口、传之宝藏"文殊道场。本土僧人澄观和慧祥,则将其进一步系统化。中西僧侣建构的清凉圣地,经《水经注》《古清凉传》《太平寰宇记》《太平御览》等方志和类书,以及佛经的论疏和序言等,坐实为中国的地理知识,广泛流传,甚至一度成为学界的共识。中观尺度,中西僧侣依据佛典中已有的圣地结构模型——雪山五峰,建构了中土清凉山的五台结构。微观尺度,清凉山胜迹的神圣性,僧侣主要是将其附会为北魏孝文帝肇建来建构的。而感通地点神圣性的建构,则由僧侣亲自操作,无须依傍外人。虽然文殊以真容、化身、钟声香气等方式显应,是将空间地点神圣化的主要方式,但见证者与参与者是僧侣,因此,真正将空间地点神圣化的操控者是僧侣。值得注意的是,中西僧侣一旦将圣地建立起来,就会引起皇家的注意,进而参与其中,甚至成为主角。

清凉山神圣景观既有相似性也有差异性,主要是由于五台山自然景观的相似性和人类宗教活动的空间差异造成的。总体而言,清凉五台只是中西僧侣仿照雪山五峰建构的一个理想模型而已,现实中的清凉圣地,无论从僧侣还是从俗众的宗教活动空间来看,清凉山都是中台独大,而非五峰竞秀。

建构中土清凉圣地,既是佛教发展的大环境使然,也是中土佛教发展的内在需求。印度佛教自身的衰落、伊斯兰教的侵逼,以及大乘佛教教理的调适,是中土佛教圣地建构的外在推力。佛教从东汉传入中土后,至初唐已发展为独立的僧团组织,也急需建构一个本土的圣地。建构名山道场,不仅是佛教僧团独立的象征,还是释家与儒家五岳信仰抗衡的标志性景观。这一点在唐僧慧祥、明僧镇澄的山志中都能看到蛛丝马迹,正可谓"你有五岳,我有五台"。从政教关系角度来看,从南北朝开始,佛教已凌驾于儒教之上,与道教一起,如鸟之两翼、车之两轮，成为皇家管理臣民精神世界的左膀右臂。扮演如此重要角色的佛教，仅仅依靠远在天竺，且日渐式微的古老圣地，显然无法彰显中央之国盛世天子的神圣和威仪。那么，鼓励资助、甚至主导中西僧侣建构本土佛教圣地，无疑更有助于帝王们以"当今如来"和"转世轮王"的角色，合法地管理天下。

建构清凉圣地，只是中国本土佛教圣地建设的开始。此后，不仅在五台山的基础之上，建构了小五台、三大道场等，中国佛教各宗派的建立，更让圣地遍地开花。不仅如此，还引发了更大的连锁反应：中西僧侣模仿印度雪山这一最易模仿的圣地模型，建立了中土的清凉圣地。近邻日本和朝鲜半岛，又模仿中国的清凉圣地，建构了他们各自的佛教圣地。佛教的空间传播，如同击鼓传花，最终在包括南亚、中亚、东亚和东南亚等在内的广大区域内，建立了一个庞大的佛教信仰文化圈。该文化圈的建立，使域内民众在进行更广泛的物质文化交流时，有了一个可以共享的信仰平台。

第九章　北魏佛教对洛阳都城景观的时空控制
——以景观高度演替和时间节律变化为例

一、引　言

拓跋鲜卑从大兴安岭游牧迁徙至阴山山麓，建都盛乐，然后进入大同盆地，建都平城，最终进入伊洛盆地，建都洛阳。这一背寒向暖的南下过程，是拓跋部落由游牧走向定居，并逐渐崛起的过程。从国家政治层面上来看，也是逐渐放弃草原部落联盟制度，接受中原中央集权制度的过程。然而，在信仰层面上来看，北魏虽然逐渐放弃了草原部落的原始信仰，但占据他们信仰世界的却不是儒教，而是南北朝普遍介入国家政治生活的佛教。

宗教地理景观始终处于动态演替之中。在传统的神学时代，外来宗教的介入，不仅会加速区域宗教景观演替的时空过程，还会改变区域景观的空间格局。那么，佛教传入北魏后，是如何导致洛阳宗教地理景观发生演替的？这正是本文尝试解决的问题。

北魏迁都洛阳后，与道教、儒教相比，佛教信仰占据压倒性优势，正如杨衒之在《洛阳伽蓝记·序》中所云：

> 至于晋室永嘉，唯有寺四十二所。逮皇魏受图，光宅嵩洛，笃信弥繁，法教愈盛。王侯贵臣，弃象马如脱屣；庶士豪家，舍资财若遗迹。于是招提栉比，宝塔骈罗，争写天上之姿，竞摹山

中之影，金刹与灵台比高，讲殿共阿房等壮。岂直木衣绨绣，土被朱紫而已哉！①

"金刹与灵台比高"，道出了佛教与儒教争夺洛阳景观高度，并战而胜之的事实。

洛阳无疑是传统中国的神圣中心，即天下之中。《吕氏春秋·慎势》："古之王者，择天下之中而立国。"②周公营建雒邑，正是因为其位于"土中"。土中者，谓雒邑为中国天地之中心，或谓"地中"。土中的测量方法，据《周礼·地官·大司徒》载，大司徒"以土圭之法测土深，正日景，以求地中……日至之景，尺有五寸，谓之地中"③。夏至日正午，圭在表上的影子长度为一尺五寸时，此地即为天下之中。在"土中"建都的好处是，首先"土中"是政治中心，正如《逸周书》所云：周公"乃作大邑成周于土中，城方千七百二十丈，郛方七十里，南系于洛水，北系于郏山，以为天下之大凑"④。"凑"是指雒邑为"诸侯蕃屏四方"的中心，所谓"居中正本"。其次"土中"是交通中心，便于往来。"王者京师必择土中何？所以均教道，平往来，使善易以闻，为恶易以闻，明当惧慎，损于善恶。"⑤其三，为神圣中心，土中雒邑，"天地之所合也，四时之所交也，风雨之所会也，阴阳之所和也。然则百物阜安，乃建王国焉，制其畿方千里而封树之。"⑥北周

---

① 杨衒之撰，周祖谟校释：《洛阳伽蓝记校释》卷首《序》，北京：中华书局，2013年，第20—22页。
② 陈奇猷校释：《吕氏春秋新校释》卷一七《慎势》，上海：上海古籍出版社，2002年，第1119页。
③ 孙诒让撰，王文锦、陈玉霞点校：《周礼正义》卷一八《地官·大司徒》，北京：中华书局，1987年，第715—721页。
④ 孔晁注：《逸周书》卷五《作雒解》，北京：中华书局，1985年，第136页。
⑤ 班固撰集，陈立疏证，吴则虞点校：《白虎通疏证》卷四《京师》，北京：中华书局，1994年，第157页。
⑥ 《周礼正义》卷一八《地官·大司徒》，第721页。

第九章 北魏佛教对洛阳都城景观的时空控制

宣帝宇文赟将上述三个特征概括为："河洛之地，世称朝市。上则于天，阴阳所会；下纪于地，职贡路均。"① 可谓精辟。

然而，对一个首都城市来说，空间位置的神圣性与安全性，常常不可兼得，因此会出现首都空间布局左右摇摆的状况。西汉时，都关中，而不都洛阳，显然是因为对首都安全性的考量大于对神圣性的考量。"刘敬说上都关中，上疑之。左右大臣皆山东人，多劝上都雒阳：'雒阳东有成皋，西有殽黾，背河向雒，其固亦足恃。'良曰：'雒阳虽有此固，其中小，不过数百里，田地薄，四面受敌，此非用武之国。'"② 洛阳作为首都，其腹地伊洛盆地面积狭小，资源不足，战争期间无法自给自足，更无险可守。这些问题，被张良看在眼里，成为反对在洛阳建都的理由。"光武受命，更都洛邑"③，洛阳重新成为中原国家的首都，并不是其资源禀赋有了巨大进步，而是：其一，"长安遭赤眉之乱，宫室营寺焚灭无余"④，"民饥饿相食，死者数十万，长安为虚"⑤。其二，相对于匈奴强盛时期的西汉，东汉时北方游牧民族对中原战争压力有所减小。其三，光武中兴，自己是否是真命天子，尚处于两可之间，社会舆论的压力很大，因此定都"土中"洛阳，重新出发，也就顺理成章了。曹魏和西晋，继承了东汉的遗产，维持了固有的局面。清人徐元文在论及首都定位的基本原则时说："自古帝王维系天下，以人和不以地利，而卜都定鼎，计及万世，必相天下之势而厚集之。"⑥ 可见，汉魏时期，首都在长安与洛阳之间徘徊，正是"以人和不以地利"，"相天下之势而厚集之"的结果。

---

① 《周书》卷七《宣帝纪》，北京：中华书局，1971年，第117页。
② 《汉书》卷四〇《张良传》，北京：中华书局，1962年，第2032页。
③ 《后汉书》卷五四《杨震传附杨彪传》，北京：中华书局，1965年，第1786—1787页。
④ 《后汉书》卷七二《董卓传》，第2327页。
⑤ 《汉书》卷九九下《王莽传》，第4193页。
⑥ 顾炎武：《历代宅京记》卷首《徐文元序》，北京：中华书局，1984年，第3页。

然而在佛教传入中国后,洛阳"天下之中"的地位受到了挑战。因为在佛教的世界观里,"中国"即占据"天下之中"的国家,是在五印度的中印度而非华夏的中央之国。这一观点,早在东汉灵献时期,就在中土流传,① 后来被唐代高僧道宣运用传统中国"日中无景""河出昆仑"等知识记忆,将中土空间整合进佛教的空间结构系统中,使印度成为天地之中心,而中土则成为佛所王土的边地,佛教因此成功地凌驾于儒教之上。中印度为"天下之中"的思想,因道宣所著的《释迦方志》,广为流传,不仅被僧侣所普遍接受,也被儒士所悉知,甚至一度坐实为中国的地理知识。②

佛教撬动洛阳"天下之中"的神圣地位,只是与儒家空间争夺的第一步。如果说洛阳"天下之中"的神圣性,多少还有一些建构的成分,那么,作为儒家的礼仪中心,洛阳的礼制建筑和城市民众的生活节律,则是客观存在的。因此,在北魏迁入洛阳后,佛教在这些领域,与儒教展开了全面的时空控制之争。在空间方面,礼制建筑的高度,不仅是权威和财富的象征,更是人神对话的场所,因此最具象征意义。在时间方面,因中国传统的节庆活动,是一年中最具象征意义的时间节点,不仅用来指导农时,而且附加了很多神圣的意义,并通过节庆仪式的重演而展现出来。至于日常生活的节律,所谓的晨钟暮鼓,由谁来掌控,预示着权力归属于谁。因此,过谁的节日,听谁的晨钟暮鼓,其重要性,绝不亚于奉谁家正朔。基于此,本文以景观高度演替和时间节律变化为例,探讨北魏佛教对洛阳都城景观的时

---

① 慧皎撰,汤用彤校注:《高僧传》卷一《康孟详传》,北京:中华书局,1992年,第11页。《佛说兴起行经序》:"所谓昆仑山者,则阎浮利地之中心也。山皆宝石,周匝有五百窟,窟皆黄金,常五百罗汉居之。阿耨大泉,外周围山,山内平地,泉处其中,泉岸皆黄金,以四兽头,出水其口,各绕一匝已,还复其方,出投四海。象口所出者,则黄河是也。"(《大正藏》第197册,第163页c)法显撰,章巽校注:《法显传校注》,北京:中华书局,2008年,第46页。

② 李智君:《天竺与中土:何为天地之中央——唐代僧人运用佛教空间结构系统整合中土空间的方法研究》,《学术月刊》2016年第6期。

空控制,进而分析佛教得以覆盖洛阳都城儒教景观的内在原因。

二、佛教对洛阳景观的时空控制

首都洛阳东西南北中不同区域的儒家礼制建筑,在传统时代扮演着不同的角色,因此,佛教与儒教之间的景观争夺,在不同区域无论是规模还是强度,都存在一定的差异。杨衒之在撰写《洛阳伽蓝记》时,将外郭城以内的区域作为洛阳都城的叙事空间。考古发掘确定的外郭城的四至是:东至今偃师市首阳山镇的后张、白村一线,即崇义里七里桥东一里处,"郭门开三道,时人号为三门。离别者多云:相送三门外。京师士子,送去迎归,常在此处"①。西至白马镇潘村、分金沟村一线,"出阊阖门城外七里,有长分桥……朝士送迎,多在此处"②。北至孟津县上屯、半个寨村一线,南至洛河以南的四夷里,是一座东西宽和南北长各约二十里的正方形区域。③ 杨衒之又将这一区域,细分为城内、城东、城南、城西和城北五个区域,下文即按此空间顺序展开叙述。

(一)城内 曹魏时期,洛阳城内最高的建筑是陵云台。陵云台筑于魏文帝黄初二年(221),位于千秋门内道北的西游园内,其建筑高度,据杨龙骧《洛阳记》载:"高二十丈,登之见孟津。"④ 三国时,一丈约合今 2.42 米;北魏时一丈约 2.73 米,二十丈约为 48 米或 54.6 米。邙山与洛阳城的相对高差约 50～55 米,孟津又在邙山以北的黄河岸边,海拔比邙山低,况且还要考虑地球球面的影响,因此,站在陵云台上,恐怕是很难越过邙山看到孟津的,否则,魏明帝曹叡就

---

① 《洛阳伽蓝记校释》卷二《城东》,第 63 页。
② 《洛阳伽蓝记校释》卷四《城西》,第 156 页。
③ 段鹏琦:《汉魏洛阳故城》,北京:文物出版社,2009 年,第 38—39 页。
④ 《元河南志》卷二《魏城阙宫殿古迹》,道光二十年扬州阮氏刻本,第 19 页 b—20 页 a。

不会在陵云台修建之后,还想着要把邙山削平,方便其看孟津了。①尽管如此,20丈的高度,已足以使曹叡心生恐惧。《世说新语》载:"陵云台,楼观精巧,先称平众木轻重,然后造构,乃无锱铢相负揭。台虽高峻,常随风摇动,而终无倾倒之理。魏明帝登台,惧其势危,别以大材扶持之,楼即颓坏。论者谓轻重力偏故也。"②北魏时,又将陵云台修复,台上有八角井,高祖元宏于井北造凉风观,"登之远望,目极洛川"③。即便北魏的陵云台还保持曹魏时的二十丈的高度,也比三丈五尺高的内城垣,高出十六丈五尺,因此,登上深处宫城内的陵云台,亦足以望见南垣外的洛河。

陵云台洛阳第一高度的位置,在永宁寺建成后,被永宁寺塔替代了。

作为皇家供养的寺院之一,永宁寺始建于平城。拓跋焘执政时,以拓跋晃为首的太子党与以崔浩为首的保皇党,在朝中竞争极为激烈。佛道宗教之争也参与其间,代表人物分别是佛教领袖玄高和道教领袖寇谦之。斗争中首先败下阵来的是玄高,寇谦之则在崔浩的支持下,充当拓跋焘朝中的谋士。"世祖将讨赫连昌,太尉长孙嵩难之,世祖乃问幽征于谦之。谦之对曰:'必克。陛下神武应期,天经下治,当以兵定九州,后文先武,以成太平真君。'"不仅如此,寇谦之还成功地让拓跋焘信仰道教,并奏请建造道坛静轮宫。

> 真君三年(442),谦之奏曰:"今陛下以真君御世,建静轮天宫之法,开古以来,未之有也。应登受符书,以彰圣德。"世祖

---

① 郦道元撰,陈桥驿校:《水经注校正》卷一六《谷水》:"《魏志》曰:明帝欲平北芒,令登台见孟津。侍中辛毗谏曰:'若九河溢涌,洪水为害,丘陵皆夷,何以御之?'帝乃止。"(北京:中华书局,2007年,第395—396页)
② 刘义庆撰,徐震堮校笺:《世说新语校笺》卷下《巧艺》,北京:中华书局,1984年,第385页。
③ 《洛阳伽蓝记校释》卷一《城内》,第35—36页。

第九章 北魏佛教对洛阳都城景观的时空控制

从之。于是亲至道坛,受符箓。备法驾,旗帜尽青,以从道家之色也。自后诸帝,每即位皆如之。恭宗见谦之奏造静轮宫,必令其高不闻鸡鸣狗吠之声,欲上与天神交接,功役万计,经年不成。乃言于世祖曰:"人天道殊,卑高定分。今谦之欲要以无成之期,说以不然之事,财力费损,百姓疲劳,无乃不可乎?必如其言,未若因东山万仞之上,为功差易。"世祖深然恭宗之言,但以崔浩赞成,难违其意,沉吟者久之,乃曰:"吾亦知其无成,事既尔,何惜五三百功。"①

其实在寇谦之到达平城伊始,其道坛便有五层之高,不可谓低。然而,得到拓跋焘和崔浩支持的寇谦之,还要将静轮宫建至"不闻鸡鸣狗吠之声"的高度,方便拓跋焘与"天神交接"同时,也使静轮宫成为平城的最高建筑,进而彰显道教在平城的崇高地位。然而好景不长,支持道教的崔浩被处死,道家深受打击。佛教则趁机上位,成了皇家主要信仰的宗教。天安二年(467),献文帝拓跋弘在"高祖诞载。于时起永宁寺,构七级佛图,高三百余尺,基架博敞,为天下第一"②。高达三十丈的永宁寺佛塔,成了平城的最高建筑。可见此时北魏统治者的祭天信仰已经有所动摇,而佛教则趁势而上,控制了平城景观的最高点。

孝文帝元宏在登基后不久,就认识到佛教在平城的传播近于失控,因此,于延兴二年(472)夏四月下诏,一方面控制僧人行为:"比丘不在寺舍,游涉村落,交通奸猾,经历年岁。令民间五五相保,不得容止。无籍之僧,精加隐括,有者送付州镇,其在畿郡,送付本曹。若为三宝巡民教化者,在外赍州镇维那文移,在台者赍都维那等印牒,然后听行。违者加罪。"另一方面,对佛教寺庙修建中"务存高

---

① 《魏书》卷一一四《释老志》,北京:中华书局,1974年,第3053页。
② 同上,第3037页。

广"的奢侈行为加以遏制:"内外之人,兴建福业,造立图寺,高敞显博,亦足以辉隆至教矣。然无知之徒,各相高尚,贫富相竞,费竭财产,务存高广,伤杀昆虫含生之类。苟能精致,累土聚沙,福钟不朽。欲建为福之因,未知伤生之业。朕为民父母,慈养是务。自今一切断之。"①

然而,这一诏书,在北魏迁都洛阳后,被灵太后胡充华视为具文,并于熙平元年(516)在宫前阊阖门南一里御道西立永宁寺。佞佛的文明太后以"转轮圣王"(Cakra-varti-rājan)的身份治四天下,化育群生,灵太后亦步亦趋。永宁寺塔,正是灵太后模仿贵霜迦腻色迦王(King Kaniṣka)的雀离浮图(Cakri Stupa),为自己在中土打造的第一浮图。②雀离浮图,意为轮王之塔,是一国之君为转轮圣王的标志物。③该塔位于乾陀罗城,即今巴基斯坦白沙瓦西北的布路沙布逻(Puruṣapura)。

那么,作为中土的雀离浮图,永宁寺塔究竟有多高呢?《洛阳伽蓝记》载:"中有九层浮图一所,架木为之,举高九十丈。上有金刹,复高十丈;合去地一千尺。"④又《水经注·谷水》载:"浮屠下基方十四丈,自金露槃下至地四十九丈,取法代都七级,而又高广之。"⑤考古发掘实测永宁寺塔基是边长为38.3米的正方形,据此可知北魏时一丈为2.73米,那么,杨衒之所说的永宁寺塔高一百丈,即273米,这样的高度,在以土木为建筑材料的时代,显然是不可能的。钟晓青从建筑设计的角度,对永宁寺塔进行了复原,认为郦道元的记载比较

---

① 《魏书》卷一一四《释老志》,第3038页。
② 周胤:《北魏灵太后"转轮王"与"佛"形象的建构》,《南都学坛》2017年第6期。
③ 孙英刚:《布发掩泥的北齐皇帝:中古燃灯佛授记的政治意涵》,《历史研究》2019年第6期。
④ 《洛阳伽蓝记校释》卷一《城内》,第3页。
⑤ 《水经注校证》卷一六《谷水》,第398页。

第九章 北魏佛教对洛阳都城景观的时空控制

接近事实,即永宁寺塔的塔身高四十五丈,约132米。① 这一高度比三十丈的平城永宁寺高出十五丈,比陵云台高出二十五丈。换而言之,佛教对北魏首都洛阳景观的控制,比平城更进一步,超越了自曹魏以来洛阳的最高高度,凌驾于俗世之上。永宁寺塔对景观的控制,主要体现在视觉景观和声音景观两个方面。其中高度的视觉景观控制,主要体现在三个方面:

首先是视野范围的扩大。登上陵云台,越过城垣,看到的只是城南边的洛河。而登上永宁寺塔,视野所及,则在数十里之外,"去京师百里,已遥见之"②,即此之谓也。

其次,是君临天下的视觉冲击力。登上永宁寺塔,俯视国家权力中枢——首都。永宁寺"装饰毕功,明帝与太后共登之。视宫中如掌内,临京师若家庭"③。其实在灵太后登上永宁寺塔之前,还有一个小插曲,熙平二年(517)八月,灵太后幸永宁寺,躬登九层佛图。崔光表谏曰:"永宁累级,阁道回陁,以柔懦之宝体,乘至峻之重峭,万一差跌,千悔何追?"太后不从。④ 对于权力欲和征服欲极强的灵太后来说,怎么能错过这次君临天下的登高机会呢? 同样的高度,杨衒之尝与河南尹胡孝世共登之,看到的只是"下临云雨"⑤,毫无君临天下的感觉。由此可见,与其说是佛教控制着洛阳的景观,还不如说是灵太后借助佛教控制着北魏。

其三,永宁寺塔是皇权的象征。国家权力中心,被郭城、内城和宫城的高墙,层层包裹着,庶民百姓,不得擅入,自然无缘得见。然而登上永宁塔,"视宫中如掌内",不仅意味着佛教凌驾于皇权之上,也就意味登上永宁塔的民众凌驾于皇权之上,本质上是对皇权空域

---

① 钟晓青:《北魏洛阳永宁寺塔复原探讨》,《文物》1998年第5期。
② 《洛阳伽蓝记校释》卷一《城内》,第3页。
③ 同上,第10页。
④ 《魏书》卷六七《崔光传》,第1495页。
⑤ 《洛阳伽蓝记校释》卷一《城内》,第10页。

的僭越和侵犯，因此，"禁人不听升之"①。被禁止登上永宁塔的，恐怕不只是普通民众，应该还包括僧侣，那么能登上去的只能是当权者。这样一来，永宁寺塔，就成了皇家专属的登高工具，自然也就成了皇家权力的象征。

永宁寺塔不仅在视觉景观上占据洛阳城市的最高处，在声音景观上也不例外。汉魏时期，首都的生活节奏，是被声音景观——晨鼓暮钟所控制。蔡邕《独断》载："鼓以动众，钟以止众。夜漏尽，鼓鸣则起；昼漏尽，钟鸣则息也。"②东汉人崔寔《政论》载："钟鸣漏尽，洛阳城中不得有行者。"③

佛教传入后，钟鼓成了寺庙里报时、集众招神的法器。《增一阿含经》载，阿难"即升讲堂，手执揵槌，并作是说：'我今击此如来信鼓，诸有如来弟子众者，尽当普集。'尔时，复说此偈：'降伏魔力怨，除结无有余，露地击揵槌，比丘闻当集。诸欲闻法人，度流生死海，闻此妙响音，尽当运集此。'"④但其节奏显然与俗世的晨钟暮鼓不同，因此，寺庙里的钟鼓，让社区多了一种报时器，改变了原有的生活节奏。《北史·元飏传》："景明、报德寺僧鸣钟欲饭，忽闻飏薨，二寺一千余人皆嗟痛，为之不食，但饮水而斋。"⑤而佛教建筑上的宝铎金铃，随风和鸣，民众闻见铃音，如闻佛法，不时将佛教影响，植入民众的日常生活。永宁寺塔高耸入云，塔上宝铎金铃有五千五百多枚，"高风永夜，宝铎和鸣，铿锵之声，闻及十余里"⑥，整个洛阳城，都沉浸在永宁寺宝铎和鸣的铿锵之声中。

颇具宿命意味的是，陵云台见证了永宁寺的崛起，也见证了永宁

---

① 《洛阳伽蓝记校释》卷一《城内》，第10页。
② 蔡邕：《独断》卷下，北京：中华书局，1985年，第24页。
③ 崔寔撰，孙启治校注：《政论校注》，北京：中华书局，2012年，第187页。
④ 《增一阿含经》卷二四《善聚品》，大正藏，第125册，第677页。
⑤ 《北史》卷一九《元飏传》，第707页。
⑥ 《洛阳伽蓝记校释》卷一《城内》，第4—5页。

第九章 北魏佛教对洛阳都城景观的时空控制

寺的毁灭。"永熙三年（534）二月，浮图为火所烧。帝登陵云台望火，遣南阳王宝炬、录尚书[事]长孙稚将羽林一千救赴火所，莫不悲惜，垂泪而去。火初从第八级中平旦大发，当时雷雨晦暝，杂下霰雪，百姓道俗，咸来观火。悲哀之声，振动京邑。时有三比丘，赴火而死。火经三月不灭。有火入地寻柱，周年犹有烟气。"① 其年十月，京师迁邺，诸寺僧尼，亦与时徙。时隔十三年，杨衒之因行役，重览洛阳，目光所及：

> 城郭崩毁，宫室倾覆，寺观灰烬，庙塔丘墟。墙被蒿艾，巷罗荆棘，野兽穴于荒阶，山鸟巢于庭树。游儿牧竖，踯躅于九逵，农夫耕老，艺黍于双阙。始知麦秀之感，非独殷墟；黍离之悲，信哉周室！京城表里，凡有一千余寺，今日寥廓，钟声罕闻。②

控制景观高度的庙塔，已成丘墟，控制时间节律的钟声，则沉寂罕闻。

洛阳城内，就佛塔的高度而言，处于第二位的是瑶光寺和胡统寺，皆为五层。尽管杨衒之言及瑶光寺塔时云："有五层浮图一所，去地五十丈。仙掌凌虚，铎垂云表，作工之妙，埒美永宁。"③ 不仅五层佛塔，埒美永宁，在北魏政治生活中的重要性，瑶光寺也不遑多让。如果说永宁寺是前朝的外延，那么瑶光寺便是后宫的外延。拓跋鲜卑建立北魏后，为了防止后宫干政，实行了子贵母死制度，让后宫始终充斥着死亡的气息，各种妖术和宗教，则趁虚而入，因此，佞佛就成了后宫女性对抗恐惧，寻求心灵救赎的重要方式。北魏迁都洛阳后，就有三位皇后在瑶光寺居住过。孝文废皇后冯氏"终于瑶光

---

① 《洛阳伽蓝记校释》卷一《城内》，第29—30页。
② 《洛阳伽蓝记校释》卷首《序》，第22—23页。
③ 《洛阳伽蓝记校释》卷一《城内》，第36页。

佛寺"①。宣武皇后高氏,被肃宗封为皇太后,"寻为尼,居瑶光寺,非大节庆,不入宫中","丧还瑶光佛寺,殡葬皆以尼礼"②。孝明皇后胡氏,武泰初,"既入道,遂居于瑶光寺。"③因此,杨衒之对瑶光寺特征的描述颇为恰切:"椒房嫔御,学道之所,掖庭美人,并在其中。亦有名族处女,性爱道场,落发辞亲,来仪此寺。"正因为如此,"永安三年中尒朱兆入洛阳,纵兵大掠,时有秀容胡骑数十人,入寺淫秽,自此后颇获讥讪。"④至于胡统寺,是灵太后从姑所立,后入道为尼,遂居此寺。"其寺诸尼,帝城名德,善于开导,工谈义理。常入宫与太后说法,其资养缁流,从无比也。"⑤灵太后佞佛,即是其从姑引导的结果。

总体而言,洛阳城内佛塔的高度,是与建立者的政治地位相匹配的。灵太后所立永宁寺塔高九层,世宗宣武皇帝所立瑶光寺塔高五层,灵太后从姑所立胡统寺塔高五层,阉官司空刘腾,虽然"奸谋有余,善射人意。灵太后临朝,特蒙进宠,多所干托,内外碎密,栖栖不倦"⑥,但其所立的长秋寺塔,高度只有三层。专横跋扈的尚书令乐平王尒朱世隆所立的建中寺,"屋宇奢侈,梁栋逾制,一里之间,廊庑充溢。堂比宣光殿,门匹乾明门,博敞弘丽,诸王莫及也"⑦,却未见立佛塔。

(二)城东 汉魏时期,为了满足城市用水和交通,人们开凿渠道,引涧谷水和瀍水入洛阳城的同时,又在城东南开凿渠道与洛河相通,从而使漕运船舶,由黄河经洛河,沿着人工渠道,直达洛阳建春门外的石桥下。《水经注·谷水》云:"桥之右柱铭云:'阳嘉四

---

① 《魏书》卷一三《皇后传》,第 332 页。
② 同上,第 336—337 页。
③ 同上,第 340 页。
④ 《洛阳伽蓝记校释》卷一《城内》,第 37 页。
⑤ 同上,第 44 页。
⑥ 《魏书》卷九四《刘腾传》,第 2027 页。
⑦ 《洛阳伽蓝记校释》卷一《城内》,第 31 页。

第九章 北魏佛教对洛阳都城景观的时空控制

年(135)乙酉壬申,诏书以城下漕渠,东通河济,南引江、淮,方贡委输,所由而至,使中谒者魏郡清渊马宪监作石桥梁柱。'"① 又《水经注·谷水》引《洛阳地记》云:"大城东有太仓,仓下运船常有千计。"② 大量的漕船和商船在此聚集,使建春门外成为洛阳货物的集散地和商业中心。北魏时建春门外石桥南,明悬尼寺"东有中朝时常满仓,高祖令为租场,天下贡赋所聚蓄也。"另外,"出建春门外一里余,至东石桥。南北而行,晋太康元年造。桥南有魏朝时马市"③。

商业发达,市场管理部门便应运而生,"阳渠北有建阳里,里内有土台,高三丈","赵逸云:此台是中朝④时旗亭也。上有二层楼,悬鼓击之以罢市"⑤。作为市场的管理部门——旗亭,西汉长安即有设置,张衡《西京赋》云:"尔乃廓开九市,通阛带阓。旗亭五重,俯察百隧。"⑥ 建阳里的三丈土台,外加两层楼,整个建筑足有五丈高,无疑是建春门外的制高点。佛教兴起后,土台"上作二精舍"。旗亭的二层楼,被精舍取代,即商业区的制高点被佛教占据。旗亭中原本用来开市的大钟,也被灵太后看中,移至宫内。

> 有钟一口,撞之,闻五十里。太后以钟声远闻,遂移在宫内。置凝闲堂前,与内讲沙门打为时节。孝昌初,萧衍子豫章王综来降,闻此钟声,以为奇异,遂造《听钟歌》三首,行传于世。⑦

---

① 《水经注校正》卷一六《谷水》,第 396 页。
② 同上,第 402 页。
③ 《洛阳伽蓝记校释》卷二《城东》,第 52、58 页。
④ 中朝,亦称西朝,是南朝对西晋的称呼。参见周一良:《〈洛阳伽蓝记〉的几条补注》,载氏著《魏晋南北朝史论》,沈阳:辽宁教育出版社,1998 年,第 607—609 页。
⑤ 《洛阳伽蓝记校释》卷二《城东》,第 52 页。
⑥ 萧统编,李善注:《文选》卷二《京都上》,北京:中华书局,1977 年,第 42 页 b。
⑦ 《洛阳伽蓝记校释》卷二《城东》,第 52—53 页。

由此可见：其一，北魏时，钟鼓之声已成为人们常用的报时器，控制着生活节奏。其二，当"撞之，闻五十里"的大钟，被僧人内讲时用来打为时节时，必然成为城市生活的另一个计时器。其三，佛教的钟声已成为洛阳声音景观的象征。这一点，王综的《听钟歌》颇具代表性："听钟鸣，当知在帝城。参差定难数，历乱百愁生。去声悬窈窕，来响急徘徊，谁怜传漏子，辛苦建章台。"①沙门"打为时节"的钟鸣，反客为主，成了洛阳声音景观的象征。

虽然旗亭上的精舍，占据了建春门外佛教信仰区的制高点，但信仰中心却在宗圣寺。该寺"有像一躯，举高三丈八尺，端严殊特，相好毕备，士庶瞻仰，目不暂瞬。此像一出，市井皆空，炎光辉赫，独绝世表。妙伎杂乐，亚于刘腾。城东士女，多来此寺观看也。"②三丈八尺高的佛像，是洛阳佛像的第一高度，而佛像的高低似乎与供养者的权力大小无关，因此，宗圣寺是城东的佛教信仰中心，而代表皇家供养的明悬尼寺则为政治象征中心，它们与龙华寺、璎珞寺、崇真寺、魏昌尼寺、景兴尼寺等，共同构成了建春门外的佛教信仰区。

东阳门外信仰区，以秦太上君寺为高度中心。该寺是灵太后为母追福而建造的，"中有五层浮图一所，修刹入云，高门向街，佛事庄饰，等于永宁。诵室禅堂，周流重叠。花林芳草，遍满阶墀。常有大德名僧讲一切经，受业沙门，亦有千数"③。秦太上君寺在城东占据了好几个第一：首先，其时正值灵太后"母仪天下"之时，因此，她所立的佛寺，自然是城东政治地位最高的；其次，五层佛塔，是洛阳城东最高的，也是该区域其他佛塔不能僭越的高度，并对区域内其他建筑的高度具有控制作用；其三，佛事庄饰，等于永宁，也是最高等级的；其四，这里是城东佛学最发达的寺庙。与之相较，百官所立的正始

---

① 《梁书》卷五五《萧综传》，北京：中华书局，1973年，第824页。
② 《洛阳伽蓝记校释》卷二《城东》，第55页。
③ 同上，第65页。

寺，则无佛塔亦无高大的佛像，仅仅是"檐宇清净，美于丛林"而已。不见供养者的庄严寺，更是无任何特色可言。

青阳门外信仰区，以平等寺为中心，该寺是孝文帝子广平武穆王怀舍宅所立。"堂宇宏美，林木萧森，平台复道，独显当世。寺门外有金像一躯，高二丈八尺。"就高度而言，平等寺金像的高度，只能算是青阳门外信仰区的最高佛像，比不上宗圣寺，进一步说明金像高度并无权力高低的象征意义。平等寺最引人注目之处，是"相好端严，常有神验，国之吉凶，先炳祥异"①。同处青阳门外的宝明寺和归觉寺，与平等寺颇为相似，都有灵异故事被传说。联想永宁寺被烧，都被附会成迁都的先兆，只能说北魏佞佛之深，到了无以复加的地步，甚至将国家命运都托付给了菩萨。

要言之，城东是在商业社会的基础上建立的佛教信仰区域，因此，佛教一方面占据商业区的最高控制点——旗亭；另一方面，凭借商业财富，建立了寺庙分布的高密度区域——建阳里。尽管如此，城东的佛教寺庙，依然是供养者政治实力的外在体现，皇家依然拥有区域最高的佛塔。唯一的例外，是宗圣寺，它之所以在没有政治背景的情况下，拥有洛阳最高的佛像。相较而言，佛塔更具政治象征意义。

（三）城南　汉魏洛阳城南，是礼教建筑最为集中的地方，包括礼制建筑南郊、灵台、明堂、圜丘、辟雍等，教学建筑太学、国子学等，因此，当佛教进入该区域时，是佛教与儒教的直接交锋，双方对景观空间的争夺，是宗教地理研究的关键议题之一。

洛阳的明堂、灵台、辟雍，始建于中元元年（56）十一月。②灵台，据《三辅黄图》载："汉始曰清台，本为候者观阳阴天文之变，更名曰灵台。"③至东汉时灵台的这一个功能未发生变化，永平二年（59），

---

① 《洛阳伽蓝记校释》卷二《城东》，第 75 页。
② 《后汉书》卷一下《光武帝纪》，第 84 页。
③ 《三辅黄图》卷五《台榭》，四部丛刊三编景元本，第 1 页 b。

明帝"升灵台,望元气,吹时律,观物变"①。在灵台观察天相的官员有灵台丞和待诏。《续汉书·百官志》载:"灵台丞一人,二百石……灵台掌候日月星气。"刘昭注引《汉官》曰:"灵台待诏四十一人,其十四人候星,二人候日,三人候风,十二人候气,三人候晷景,七人候钟律,一人舍人。"②其具体位置,据《文选·闲居赋》李善注引陆机《洛阳记》云:"灵台在洛阳南,去城三里。"③灵台的高度,《洛阳伽蓝记》载:灵台"基址虽颓,犹高五丈余"。又《水经注·谷水》注云:"高六丈,方二十步。"④二者记载的数据比较接近,六丈应该是比较可靠的记载。用北魏每丈约今2.73米来计算,灵台高约16.38米。可见,灵台是儒教在洛阳城南的最高建筑。

灵台既是天文观测和占星的场所,也是儒家天人交通的神圣空间,正如班固《灵台诗》所咏:"乃经灵台,灵台既崇。帝勤时登,爰考休征。三光宣精,五行布序。习习祥风,祁祁甘雨。百谷蓁蓁,庶草蕃庑。屡惟丰年,于皇乐胥。"⑤佛教传入城南后,孝文帝之子汝南王元悦,"复造砖浮图于灵台之上"⑥,在灵台顶上竖起一座佛塔。佛教占据灵台,也意味着佛教凌驾于天子"行礼乐、宣教化"的辟雍、"布政之宫"明堂和圜丘之上。儒教的礼制空间失去了高度控制优势,其神圣性自然也就大打折扣。

中国传统的节庆,是因农耕渔猎作息而逐渐形成的生活节律。佛教传入后,则形成了宗教性的节庆,从而影响人们的时间生活。四月八日的佛诞日便是其中之一。北魏洛阳的佛诞日,要举行盛大的

---

① 《后汉书》卷二《明帝纪》,第100页。
② 《后汉书》志第二五《百官志》,第3572页。
③ 《文选》卷一六《赋辛·志下·闲居赋》,上海:上海古籍出版社,1986年,第225页b。
④ 《水经注校正》卷一六《谷水》,第401页。
⑤ 《文选》卷一《赋甲·京都上》年,第35页b。
⑥ 《洛阳伽蓝记校释》卷三《城南》,第100页。

行像仪式。《魏书·释老志》载:"世祖初即位,亦遵太祖、太宗之业,每引高德沙门,与共谈论。于四月八日,舆诸佛像,行于广衢,帝亲御门楼,临观散花,以致礼敬。"①可见,早在拓跋焘执政的平城时期,已有行像的仪式。至孝文帝时,更是成为国家法定节日,太和二十一年(497),"诏四月八日迎洛京诸寺佛像入阊阖宫,受皇帝散华礼敬,岁以为常"②。因此,洛阳的行像仪式盛况空前。每年的四月七日,将洛阳城参与行像的佛像,运至景明寺。"时世好崇福,四月七日京师诸像皆来此寺,尚书祠部曹录像凡有一千余躯。至八日,以次入宣阳门,向阊阖宫前受皇帝散花。"③至于为什么先行运至景明寺,首先是因为行像仪式的路线,是从宣阳门至阊阖宫之间,即铜驼街上,而景明寺是距宣阳门最近的寺庙。其次,景明寺是宣武皇帝所立,故有足够的空间聚集众多的佛像和人员。"其寺东西南北方五百步……山悬堂光观盛,一千余间。复殿重房,交疏对溜,青台紫阁,浮道相通。"僧房楼观有一千余间,其空间大小已不在永宁寺之下。"于时金花映日,宝盖浮云,幡幢若林,香烟似雾,梵乐法音,聒动天地。百戏腾骧,所在骈比。名僧德众,负锡为群,信徒法侣,持花成薮。车骑填咽,繁衍相倾。时有西域胡沙门见此,唱言佛国。"④参与行像的僧俗人数之多,以至于发生踩踏事件,有人因此送命。长秋寺"作六牙白象负释迦在虚空中。庄严佛事,悉用金玉,作工之异,难可具陈。四月七日此像常出,辟邪、师子道引其前。吞刀吐火,腾骧一面。彩幢上索,诡谲不常。奇伎异服,冠于都市。像停之处,观者如堵。迭相践跃,常有死人。"⑤佛诞日在北魏帝王的助推下,不仅作为一个中国节日长期流传下来,行像仪式还成为中国民间信仰的祭祀仪式之一。

---

① 《魏书》卷一一四《释老志》,第3032页。
② 志磐:《佛祖统纪》卷三八《法运通塞志》,《大正藏》第49册,第355页b。
③ 《洛阳伽蓝记校释》卷三《城南》,第94—95页。
④ 同上,第93—95页。
⑤ 《洛阳伽蓝记校释》卷一《城内》,第34—35页。

北魏洛阳内城南面四门中，宣阳门居中偏右，与阊阖宫门遥遥相对，著名的铜驼街即位于二者之间，可见宣阳门是洛阳城中地位最显赫的城门。宣武皇帝所立的景明寺，正位于宣阳门外一里御道东。景明寺不仅是城南面积最大的皇家寺院，更是佛塔最高的寺院，高达七层，去地百仞。"是以邢子才碑文云'俯闻激电，旁属奔星'，是也。妆饰华丽，侔于永宁。金盘宝铎，焕烂霞表。"① 值得注意的是，景明寺虽然是宣武帝所立，但佛塔则是灵太后在正光年间所造，可见，灵太后通过在景明寺内建造佛塔，牢牢地控制着城南都市空间的高度。占据佛塔第二高度的，则是景明寺南一里的秦太上公寺佛塔，该寺由东西两个寺庙组成，"各有五层浮图一所，高五十丈，素彩画工，比于景明"。此二寺，"西寺，太后所立；东寺，皇姨所建。并为父追福，因以名之，时人号为双女寺"。秦太上公，为灵太后之父胡国珍之封号，因此，六斋时，"常有中黄门一人监护，僧舍衬施供具，诸寺莫及焉"②。

永桥南北的两个华表，是城南的第三高度，"举高二十丈，华表上作凤凰似欲冲天势"。而在"永桥以南，圜丘以北，伊洛之间，夹御道，东有四夷馆，一曰金陵，二曰燕然，三曰扶桑，四曰崦嵫。道西有四夷里，一曰归正，二曰归德，三曰慕化，四曰慕义"③。此处是北魏洛阳的国际社区，尽管充满了异域风情，地位却在城内之下，否则就不会有人想方设法住在城内了。

从阊阖宫门出发，经铜驼街、宣阳门、永桥，南至圜丘一线，构成了北魏洛阳城的中轴线。在这条中轴线上建筑的高度，尤其是佛塔的建筑高度，被灵太后牢牢地控制着。可以想象，灵太后站在阊阖门楼上向南望去，永宁寺、景明寺、秦太上公寺和灵台上的佛塔，从

---

① 《洛阳伽蓝记校释》卷三《城南》，第94页。
② 同上，第99页。
③ 同上，第109—110页。

北向南，从高到低，依次排列，占据着洛阳城南的天际线，其情其景，恐怕真如菩提达摩所云："极佛境界，亦未有此！"①

而在开阳门外，尽管报德寺为高祖孝文皇帝所立，龙华寺为广陵王所立，追圣寺为北海王所立，但都未建佛塔。这些寺庙皆是一派欣欣向荣的景象，或"珍果出焉"②，或"法事僧房，比秦太上公"，或"园林茂盛"③，与之相对照，国子学堂的衰败和熹平石经的残破，则更显得扎眼。

（四）城西　东汉时期，主要在洛阳西郊祭祀秋神蓐收，④因此，相对于南郊，城西的礼制建筑很少。至北魏时，唯一的遗迹是位于西阳门外四里御道南的平乐观，即皇女台。《水经注·谷水》载："谷水又南径平乐观东……华峤《后汉书》曰：'灵帝于平乐观下起大坛，上建十二重，五采华盖高十丈。坛东北为小坛，复建九重，华盖高九丈，列奇兵骑士数万人，天子住大盖下。礼毕，天子躬擐甲，称无上将军，行阵三匝而还，设秘戏以示远人。'……今于上西门外无他基观，惟西明门外独有此台，巍然广秀，疑即平乐观也。"⑤到北魏时，皇女台犹高五丈余。"景明中比丘道恒立灵仙寺于其上。"⑥城西唯一的东汉礼制建筑遗址，其制高点也被释家占据。

在礼制建筑上立寺庙和佛塔的习惯，始于东汉。据《弘明集·牟子理惑论》载：

> 昔孝明皇帝梦见神人，身有日光，飞在殿前，欣然悦之。明

---

① 《洛阳伽蓝记校释》卷一《城内》，第11页。
② 《洛阳伽蓝记校释》卷三《城南》，第103页。
③ 同上，第107页。
④ 《后汉书》志第八《祭祀志中》载："立秋之日，迎秋于西郊，祭白帝蓐收。车旗服饰皆白。歌《西皓》，八佾舞《育命》之舞。使谒者以一特牲先祭先虞于坛，有事，天子入囿射牲，以祭宗庙，名曰貙刘。"（第3182页）
⑤ 《水经注校证》卷一六《谷水》，第399—400页。
⑥ 《洛阳伽蓝记校释》卷四《城西》，第136页。

日,博问群臣:"此为何神?"有通人傅毅曰:"臣闻天竺有得道者,号之曰佛,飞行虚空,身有日光,殆将其神也。"于是上悟,遣使者张骞、羽林郎中秦景、博士弟子王遵等十二人,于大月支写佛经四十二章,藏在兰台石室第十四间。时于洛阳城西雍门外起佛寺,于其壁画千乘万骑,绕塔三匝,又于南宫清凉台,及开阳城门上作佛像。①

又据《魏书·释老志》云:"愔之还也,以白马负经而至,汉因立白马寺于洛城雍门西。"②又云:白马寺"盛饰佛图,画迹甚妙,为四方式。凡宫塔制度,犹依天竺旧状而重构之。从一级至三五七九,世人相承,谓之'浮图'"③。因"汉梦通神",佛教被中原王朝正式接受,得以合法传播,显宗孝明皇帝可谓厥功至伟,故"明帝崩,起祇洹于陵上"。祇洹(Jetavana),即精舍,是修行者所居之地。上既崇之,下弥企尚,"自此以后,百姓冢上或作浮图焉"④。

西明门外最高的建筑是清河王元怿宅内的高楼,"怿,亲王之中,最有名行,世宗爱之,特隆诸弟。延昌四年世宗崩,怿与高阳王雍、广平王怀并受遗诏,辅翼孝明。时帝始年六岁,太后代总万机,以怿名德茂亲,体道居正,事无大小,多咨询之。是以熙平神龟之际,势倾人主,第宅丰大,逾于高阳。西北有楼,出陵云台,俯临朝市,目极京师,古诗所谓'西北有高楼,上与浮云齐'者也。"陵云台高二十

---

① 僧祐撰,李小荣校笺:《弘明集校笺》卷一《牟子理惑论》,上海:上海古籍出版社,2013年,第41页。
② 《魏书》卷一一四《释老志》,第3026页。
③ 同上,第3029页。
④ 《洛阳伽蓝记校释》卷四《城西》,第130页。亦有史料显示,是在显节陵上绘制了佛像而非建精舍,如《弘明集》卷一《牟子理惑论》:"明帝存时,预修造寿陵,陵曰'显节',亦于其上作佛图像。"又《魏书》卷一一四《释老志》:"明帝令画工图佛像,置清凉台及显节陵上,经缄于兰台石室。"

丈，则此楼高于二十丈。正光元年（520），元义、刘腾秉权，幽灵太后于北宫，杀元怿。元怿死后，后人在其宅内立冲觉寺。此后，为了给文献帝追福，又在该寺"建五层浮图一所，工作与瑶光寺相似也"①。瑶光寺塔高五十丈，可见冲觉寺佛塔，远高于元怿宅内"上与浮云齐"的高楼。

  总体而言，洛阳城西并不是灵太后着力控制的区域，因此，她既没有建寺庙，也没有立象征至高无上权力的佛塔。永明寺虽为宣武皇帝所立，但主要用于安置外国僧人，正如《洛阳伽蓝记》所云："时佛法经像盛于洛阳，异国沙门，咸来辐辏，负锡持经，适兹乐土。世宗故立此寺以憩之。"尽管该寺"房庑连亘，一千余间。庭列修竹，檐拂高松，奇花异草，骈阗阶砌。百国沙门，三千余人"②，却未立佛塔。与之相反，辅政大臣清河王元怿在西明门外舍宅所立的冲觉寺塔，在阊阖门外所立的融觉寺塔，皆高达五层，一南一北，控制着城西的高度。这是灵太后执政期间对元怿特别倚重的结果。占据第二高度的佛塔，是西阳门外御道北的宝光寺塔和御道南的王典御寺塔，皆为三层。大觉寺有砖塔，但未知其高度。白马寺虽无佛塔，却无疑是西阳门外最古老的神圣中心。出西阳门外四里御道南，是洛阳最大的商业中心，即周回八里的洛阳大市，"多诸工商货殖之民。千金比屋，层楼对出，重门启扇，阁道交通，迭相临望"③。自商业中心继续向西，便是皇宗所居之区——寿秋里。当时"百姓殷阜，年登俗乐。鳏寡不闻犬豕之食，茕独不见牛马之衣。于是帝族王侯，外戚公主，擅山海之富，居川林之饶。争修园宅，互相夸竞。崇门丰室，洞户连房，飞馆生风，重楼起雾。高台芳榭，家家而筑；花林曲池，园园而有。莫不桃李夏绿，竹柏冬青"。然而好景不长，"经河阴之役，诸元

---

① 《洛阳伽蓝记校释》卷四《城西》，第123—125页。
② 同上，第152页。
③ 同上，第140页。

歼尽,王侯第宅,多题为寺。寿丘里间,列刹相望,祇洹郁起,宝塔高凌"①。战争过后,"王子坊"被"丛林"取代。不仅如此,四月八日佛诞节,寿秋里河间寺,还成了除铜驼街之外,京师士女另一个游览之地。

值得注意的是,北魏时期的洛阳,民居中已开始供奉佛像。

> 景皓者,河州刺史陈留庄王祚之子。……夙善玄言道家之业,遂舍半宅安置佛徒,演唱大乘数部。并迎京师大德超、光、眰、荣四法师、三藏胡沙门菩提流支等咸预其席。诸方伎术之士,莫不归赴。时有奉朝请孟仲晖者,武威人也。……恒来造第,与沙门论议,时号为玄宗先生。晖遂造人中夹纻像一躯,相好端严,希世所有。置皓前厅,须弥宝坐。永安二年中,此像每夜行绕其坐,四面脚迹,隐地成文。于是士庶异之,咸来观瞩。②

传统中国家庭祭祀的对象是祖先,然而,在佛教传入后,佛像被请进家庭,成了家庭供奉的对象。家庭是社会的细胞,佛教渗透到寻常之家,证明佛教与儒家在空间争夺上,已占据全方位的优势。

(五)城北 北魏洛阳城靠近邙山,相对于城东、城西,空间范围狭小,如凝玄寺,距广莫门仅一里之遥,便已处在山上,因此,城北的聚落很少,缺乏高大的礼制建筑,寺庙也仅有两座。

如果将金墉城归在城北范围内,那么城北最高的建筑,无疑是金墉城内的百尺楼。金墉城始建于魏明帝时期,《水经注·谷水》:"谷水又东径金墉城北,魏明帝于洛阳城西北角筑之,谓之金墉城。起层楼于东北隅,《晋宫阁名》曰:金墉有崇天堂。即此。地上架木为榭,

---

① 《洛阳伽蓝记校释》卷四《城西》,第142—147页。
② 同上,第155—156页。

故白楼矣。"①百尺楼之高,有陶渊明的诗为证:"迢迢百尺楼,分明望四荒。暮作归云宅,朝为飞鸟堂。山河满目中,平原独茫茫。"②足见在西晋时,百尺楼之高,已是尽人皆知。

北魏时,百尺楼依旧在。《洛阳伽蓝记》云:"城东北角有魏文帝百尺楼,年虽久远,形制如初。高祖在城内作光极殿,因名金墉城门为光极门,又作重楼飞阁,遍城上下,从地望之,有如云也。"③太和十七年(493),高祖迁都洛阳,诏司空公穆亮营造宫室。"迁京之始,宫阙未就,高祖住在金墉城",但在宫阙建成之后,很快就离开了这里。暂居时"高祖数诣寺(与)沙门论义"④的城西王南寺,也湮没无闻。

金墉城自建成后不久,就变成了名副其实的冷宫。《洛阳伽蓝记》载:"晋永康中惠帝幽于金墉城。"⑤被幽禁的何止是晋惠帝司马衷,此前的齐王曹芳、元帝曹奂、皇太后杨芷、皇后贾南风等,此后的伪帝司马伦、齐王司马冏、皇后羊献容等,都曾被幽禁在这里。因此,陆机《洛阳记》曰:"金墉城在宫之西北角,魏故宫人皆在其中。"⑥北魏延昌四年正月丁巳,宣武帝崩。二月庚辰,尊皇后高氏为皇太后。"己亥,尊胡充华为皇太妃,三月甲辰朔,皇太后出俗为尼,徙御金墉城"⑦,可见,北魏时金墉城是后宫出家的尼姑所居之地,功能与尼寺相近。

不仅金墉城清冷,整个城北似乎都是众人逃离之区。首先看广莫门外的情况:

---

① 《水经注校正》卷一六《谷水》,第393页。
② 陶渊明著,逯钦立校注:《陶渊明集》卷四《拟古九首》,北京:中华书局,1879年,第111页。
③ 《洛阳伽蓝记校释》卷一《城内》,第38页。
④ 《洛阳伽蓝记校释》卷首《序》,第28页。
⑤ 《洛阳伽蓝记校释》卷一《城内》,第38页。
⑥ 《文选》卷二五《为顾彦先赠妇二首》之二附注,第1165页。
⑦ 《北史》卷四《魏本纪·肃宗孝明帝》,北京:中华书局,1974年,第143—144页。

>洛阳城东北有上商里,殷之顽民所居处也。高祖名闻义里。迁京之始,朝士住其中,迭相讥刺,竟皆去之。唯有造瓦者止其内,京师瓦器出焉。世人歌曰:"洛城东北上商里,殷之顽民昔所止,今日百姓造瓮子,人皆弃去住者耻。"①

北魏迁入洛阳之初,孝文帝住在金墉城,官员们也住在距金墉城不远的城北,因此,此地一时间成了各路诸侯聚集的繁华之地。等到宫城建城后,官员们纷纷搬离该地。这片遗弃之地,因靠山近林,便于取土伐薪,又有阳渠之水可资利用,很快就变成了洛阳的砖瓦厂。

大夏门外,虽然没有沦落到砖瓦厂的境地,也基本上没有普通民众在这里生活。大夏门御道以西的广场,是阅武场,"岁终农隙,甲士习战,千乘万骑,常在于此"。大夏门以东则是战马的草料场——光风园,"苜蓿生焉"②。二者皆为军事用地。

因政治势力视洛阳城北为"弃地",因此,禅虚寺和凝玄寺,皆未立象征权力高度的佛塔,但这不等于佛教便放弃了对此地高度的控制。位于广莫门外一里御道东的凝玄寺,虽为阉官济州刺史贾璨所立,但所处之地,"地形高显,下临城阙,房庑精丽,竹柏成林,实是净行息心之所也。"凭借山势,佛寺仍然占据高处,俯瞰洛阳城,"王公卿士来游观,为五言者,不可胜数"③。

三、佛教得以彻底控制洛阳都城景观的内在原因

北魏无疑不是北朝最早侫佛的国家,河西的北凉,关中的后赵、后秦其佛学发展水平,尤其是佛典翻译,也远在北魏之上。即便如

---

① 《洛阳伽蓝记校释》卷五《城北》,第161—162页。
② 同上,第159—160页。
③ 《洛阳伽蓝记校释》卷五《城北》,第161页。

此，诸位国主也未在朝廷独尊释家，正如钱穆先生所云："五胡虽云扰，而北方儒统未决。"① 那么，为何北魏，尤其在灵太后执政时期，佛教会凌驾于儒教之上呢？

其一，草原祭天信仰的衰落，为佛教的逐步兴盛创造了条件。

拓跋氏的西郊祭天信仰，既有传统中国东北亚草原民族信仰的成分，也有其祖先传说的因素。

> 初，圣武帝尝率数万骑田于山泽，欻见辎軿自天而下。既至，见美妇人，侍卫甚盛。帝异而问之，对曰："我天女也，受命相偶。"遂同寝宿。旦，请还，曰："明年周时，复会此处。"言终而别，去如风雨。及期，帝至先所田处，果复相见。天女以所生男授帝曰："此君之子也，善养视之。子孙相承，当世为帝王。"语讫而去。子即始祖也。故时人谚曰："诘汾皇帝无妇家，力微皇帝无舅家。"帝崩。②

因"始祖生自天女，克昌后叶"，故拓跋氏将天神信仰与祖宗信仰整合在了一起，祭天即祭祖。

力微三十九年（258），拓跋部落"迁于定襄之盛乐"，即定都于今内蒙古和林格尔，"夏四月，祭天，诸部君长皆来助祭，唯白部大人观望不至，于是征而戮之，远近肃然，莫不震慑。始祖乃告诸大人曰：'我历观前世匈奴、蹋顿之徒，苟贪财利，抄掠边民，虽有所得，而其死伤不足相补，更招寇仇，百姓涂炭，非长计也。'于是与魏和亲"。生自天女的神元皇帝力微，"有雄杰之度，时人莫测"③，在位五十八年间，对比自己强大的中原曹魏政权，采取和亲政策，甚至将其子沙

---

① 钱穆：《国史大纲》，北京：商务印书馆，2001年，第280页。
② 《魏书》卷一《序纪》，第2—3页。
③ 同上，第3—4页。

漠汗作为人质送至洛阳。而对比自己实力稍弱的草原诸落,则征而杀之,尽并其部。因此,力微三十九年的祭天仪式,是部落大人推举力微为联盟领导者的政治仪式。对于不前来助祭的白部大人,属于投反对票,不愿臣服的部落首领,则征而戮之,从而达到"远近肃然,莫不震慑"的效果。拓跋氏的祭天仪式,既是宗教仪式,也是政治仪式。因此,北魏本质上是一个政教合一的神权国家。

沙漠汗与什翼犍,应该是最早接触佛教的北魏皇帝。《魏书·释老志》载:"及神元与魏、晋通聘,文帝久在洛阳,昭成又至襄国,乃备究南夏佛法之事。"①尽管如此,儒家的礼教制度和佛教,还没有超越拓跋鲜卑的原有信仰,因此,盛乐时代,拓跋氏的主要宗教信仰仪式,还是传统的祭天仪式。

登国六年(391)开始,将祭天的时间定于夏四月。天兴元年(398)四月,将祭天的地点定于首都的西郊。这是逐水草而栖的游牧生活转变为定居生活的必然结果。同年秋七月,"迁都平城,始营宫室,建宗庙,立社稷"。天兴二年(399)"春正月甲子,初祠上帝于南郊,以始祖神元皇帝配,降坛视燎,成礼而反"②。祭天于南郊,无疑是中原的传统。可见,在草原部落中具有重要政治象征意义的祭天仪式,在迁都平城后,看上去要被中原礼教所取代。其实不然,天赐二年(405)祭天的地点又回到了西郊。《魏书·礼志》载:"天赐二年夏四月,复祀天于西郊,为方坛一,置木主七于上。……自是之后,岁一祭。"③

与在盛乐时代不同,平城时代的近百年,是拓跋氏佛教信仰爆发式发展的时期。拓跋珪和拓跋嗣为佛教在北魏的传播,打开了政治大门。《魏书·释老志》载:

---

① 《魏书》卷一一四《释老志》,第3030页。
② 《魏书》卷二《太祖纪》,第32—34页。
③ 《魏书》卷一八一《礼志之一》,第2736页。

第九章 北魏佛教对洛阳都城景观的时空控制

天兴元年,下诏曰:"夫佛法之兴,其来远矣。济益之功,冥及存没,神踪遗轨,信可依凭。其敕有司,于京城建饰容范,修整宫舍,令信向之徒,有所居止。"是岁,始作五级佛图、耆阇崛山及须弥山殿,加以缋饰。别构讲堂、禅堂及沙门座,莫不严具焉。太宗践位,遵太祖之业,亦好黄老,又崇佛法,京邑四方,建立图像,仍令沙门敷导民俗。①

自此之后,虽然在拓跋焘执政时期发生过灭佛事件,但在拓跋濬之后,又出现了报复性发展。至孝文帝元宏时期,正如前文所述,佛教的发展,已呈不可遏制之势。②

佛教已经完全占据了拓跋氏的信仰世界,祭天传统已难以为继,太和十八年(494)三月,"诏罢西郊祭天"③。拓跋氏西郊祭天仪式的衰落,是与佛教信仰的兴盛是同步的。宗教信仰具有排他性,尤其是世界性的宗教,地方性氏族信仰是没有能力与之抗衡的。

其二,北魏虽然选择了中原的国家政治制度,但因儒教对代北大族缺乏足够的感召力,因此,在宗教信仰方面,他们最终选择了佛教。

逯耀东先生说,拓跋氏君主所需要的,"并不是纯粹的汉文化,而是从汉文化中吸取统治的经验"④。所谓统治经验,即"经国"的政治制度。"纯粹的汉文化",则是用来"轨仪"的儒家学说,处于信仰层面。相对于引入的中原政治制度,儒家学说是拓跋氏君主想要建立,却始终"未完工"的工程,正如《魏书·礼志》所述:

---

① 《魏书》卷一一四《释老志》,第3030页。
② 同上,第3038页。
③ 《魏书》卷一八一《礼志之一》,第2751页。
④ 逯耀东:《从平城到洛阳:拓跋魏文化转变的历程》,北京:中华书局,2006年,第8页。

> 自永嘉扰攘，神州芜秽，礼坏乐崩，人神歼殄。太祖南定燕赵，日不暇给，仍世征伐，务恢疆宇。虽马上治之，未遑制作，至于经国轨仪，互举其大，但事多粗略，且兼阙遗。高祖稽古，率由旧则，斟酌前王，择其令典，朝章国范，焕乎复振。早年厌世，叡虑未从，不尔，刘马之迹，夫何足数！世宗优游在上，致意玄门，儒业文风，顾有未洽，坠礼沦声，因之而往。肃宗已降，魏道衰蠃，太和之风，仍世凋落，以至于海内倾圮，纲纪泯然。①

魏太祖拓跋珪虽然采取了离散部落、迁都平城的汉化决策，但对儒家礼仪制度的建设，"仍世征伐，未遑制作"。高祖元宏为了进一步巩固权力，离散部落的同时，将首都从平城，迁往中原腹地洛阳，在礼仪建设方面似有起色，"朝章国范，焕乎复振"，但因其"早年厌世，叡虑未从"。至于肃宗元诩执政时，"海内倾圮，纲纪泯然"，儒家礼仪制度，更是无从谈起。可见北魏几乎没有建立起完整的儒家礼仪制度。皮锡瑞认为魏晋南北朝时期是"经学中衰时代"②，这一说法用在北魏，无疑是恰当的。

这里不妨以拓跋氏迁都洛阳后，孝文帝立国子学的艰难为例来说明。《魏书·世宗纪》载，正始元年（504）十一月戊午，诏曰："古之哲王，创业垂统，安民立化，莫不崇建胶序，开训国胄，昭宣《三礼》，崇明四术，使道畅群邦，风流万宇。自皇基徙构，光宅中区，军国务殷，未遑经建。靖言思之，有惭古烈。可敕有司依汉魏旧章，营缮国学。"③然而三年过后，国学仍未开建，不得已在正始四年（507）六月再次颁诏："高祖德格两仪，明并日月，播文教以怀远人，调礼学以旌俊造；徙县中区，光宅天邑，总霜露之所均，一姬卜于洛澨。戎

---

① 《魏书》卷一八一《礼志之一》，北京：中华书局，1974年，第2733页。
② 皮锡瑞：《经学历史》，北京：中华书局，2004年，第95页。
③ 《魏书》卷八《世宗纪》，第198页。

第九章　北魏佛教对洛阳都城景观的时空控制

缮兼兴,未遑儒教。朕纂承鸿绪,君临宝历,思模圣规,述遵先志。今天平地宁,方隅无事,可敕有司准访前式,置国子,立太学,树小学于四门。"①又过了五年,至延昌元年(512)夏四月还未建成,第三次颁诏,限期完工:"迁京嵩县,年将二纪,虎闱阙唱演之音,四门绝讲诵之业。博士端然,虚禄岁祀;贵游之胄,叹同子衿。静言念之,有兼愧慨。可严敕有司,国子学孟冬使成,太学、四门明年暮春令就。"②国子学建设之所以一拖再拖,一方面是北魏朝野对儒教的信仰远不如佛教,另一方面,是国家财政吃紧。"灵太后锐于缮兴,在京师则起永宁、太上公等佛寺,功费不少,外州各造五级佛图。又数为一切斋会,施物动至万计。百姓疲于土木之功,金银之价为之踊上,削夺百官事力,费损库藏,兼曲赉左右,日有数千。"③国家财政收入是一个蛋糕,分给修建寺庙的经费太多,留给国子学建设的经费也就所剩无几。

尽管汉晋时期,儒教不乏宗教神秘化的一些特征,但其本质还是一种伦理哲学,对信众的吸引力远不及佛教,在中原内地尚且如此,在拓跋氏建立的北魏,儒教败给佛教实属正常。邓广铭先生曾说:"在唐代,释道两家的教义和学说都盛行于世,其声势且都骎骎凌驾于儒家之上。"④这一现象,其实早在北魏平城时代已经形成,洛阳时代更是登峰造极。释家如此,道家亦如此。正如《隋书·经籍志》在述及寇谦之所著道经时云:"太武始光之初,奉其书而献之。帝使谒者,奉玉帛牲牢,祀嵩岳,迎致其余弟子,于代都东南起坛宇,给道士百二十余人,显扬其法,宣布天下。太武亲备法驾而受符箓焉。自是道业大行,每帝即位,必受符箓,以为故事,刻天尊及诸仙之象而

---

① 《魏书》卷八《世宗纪》,第204页。
② 同上,第211—212页。
③ 《魏书》卷一九中《元澄传》,第480页。
④ 邓广铭:《宋代文化的高度发展与宋王朝的文化政策》,载氏著《邓广铭治史丛稿》,北京:北京大学出版社,1997年,第68页。

供养焉。迁洛已后，置道场于南郊之傍，方二百步。正月、十月之十五日，并有道士哥人百六人，拜而祠焉。后齐神武帝迁邺，遂罢之。"①只是崔浩被诛之后，与释家相比，道家的地位稍低一些，但也在儒家之上。

其三，北魏后宫恶劣的政治和生活环境，导致太后佞佛，而大权在握的灵太后，更是以佛教景观为工具，彰显其政治威权。

拓跋部族联盟形成初期，"凡与帝室为十姓"，他们之间"百世不通婚"②，这是游牧部落得以延续的基本生态原则之一，故拓跋部的后妃多出自周边的其他部族。受通婚空间半径的影响，这些外戚部族通常距本族很近，甚至世代为婚，联系紧密。当有姻亲关系的部族加入拓跋部族联盟后，后妃的部族，常常以后妃为媒介，巩固其在部族联盟中的地位，同时积极参与拓跋部族联盟的政治活动，"尤其是当拓跋君长初死，新君尚未产生之时，为了竞夺君位，或者制约君权，后妃的部族往往成为举足轻重的力量"③。

当北魏还处于部落联盟阶段时，外戚部族无疑是可以倚重的力量，"拓跋部落联盟的维持，拓跋部在联盟中君长地位的巩固，往往要依赖拓跋母后，而且还要依赖母后外家部落"④。然而，当北魏由部落联盟向帝制国家转轨时，外戚部落束缚和干预，则是一股不可忽视的限制性因素。为此，道武帝拓跋珪首先采取离散部落的措施，肃清掣肘的外戚部族，譬如母族贺兰部，妻族独孤部，祖母族慕容部等，都是其离散的对象。关于离散部落的方式，以道武帝离散母族贺兰部为例，《魏书·贺讷传》载："讷从太祖平中原，拜安远将军。其后离散诸部，分土定居，不听迁徙，其君长大人皆同编户。讷以元舅，

---

① 《隋书》卷三五《经籍志》，北京：中华书局，1973年，第1093—1094页。
② 《魏书》卷一一三《官氏志》，第3006页。
③ 田余庆：《北魏后宫子贵母死之制的形成和演变》，载氏著《拓跋史探》，北京：生活·读书·新知三联书店，2003年，第25页。
④ 田余庆：《拓跋史探·前言》，第2页。

第九章 北魏佛教对洛阳都城景观的时空控制

甚见尊重,然无统领。以寿终于家。"① 离散诸部,其本质为部族制的再编,旨在剥夺部落联合体首领的政治权力、经济特权和军事权力。

为了彻底杜绝外戚部族对君权的威胁,道武帝在离散部落的同时,还实施了扼制母后本人的措施,即建立"子贵母死"制度。第一个依"子贵母死"制度被赐死的后妃是道武刘皇后,"魏故事,后宫产子将为储贰,其母皆赐死。太祖末年,后以旧法薨"②。此后被赐死的后妃多达六人,即明元帝贵嫔太武帝母杜皇后,景穆太子拓跋晃母、太武皇后贺氏,文成帝拓跋濬母、景穆太子皇后郁久闾氏,献文帝母李皇后,孝文帝拓跋宏母、献文皇后李氏,太子恂母林皇后。③ 不仅如此,北魏还有一种荒唐的皇后选拔制度,"又魏故事,将立皇后必令手铸金人,以成者为吉,不成则不得立也"④。

"子贵母死"和"手铸金人"制度,以及文明太后之流的后宫"苦主"的存在,导致北魏后宫始终充斥着恐惧和死亡的气息。在此压力下生活,北魏后妃想要脱离苦海,实现心灵救赎,唯一的选择便是遁入空门。且不说北魏众多的佞佛后妃,单出家为尼的皇后就有七人之多。

冯太后死后,孝文帝废除了"子贵母死"制度,《魏书》史臣曰:"子贵母死,矫枉之义不亦过哉!高祖终革其失,良有以也。"⑤ 这让灵太后胡充华躲过了一劫,并最终可以像文明太后一样临朝听政。"及肃宗践阼,尊后为皇太妃,后尊为皇太后。临朝听政,犹称殿下,下令行事。后改令称诏,群臣上书曰陛下,自称曰朕。"大权在握的胡充华,在参加象征她握有皇权的初祀仪式时,却被儒家礼教挡在了门外,"太后以肃宗冲幼,未堪亲祭,欲仿《周礼》夫人与君交献之

---

① 《魏书》卷八三上《贺讷传》,第 1812 页。
② 《魏书》卷一三《皇后传》,第 325 页。
③ 李凭:《北魏子贵母死故事考述》,《山西大学学报》1990 年第 1 期。
④ 《魏书》卷一三《皇后传》,第 321 页。
⑤ 同上,第 341 页。

义,代行祭礼,访寻故式。门下召礼官、博士议,以为不可"。礼官和五经博士拒绝她代行祭礼,等于儒家不认同她执政的合法性。虽然灵太后最终还是完成了初祀,"而太后欲以帙幔自障,观三公行事,重问侍中崔光。光便据汉和熹邓后荐祭故事,太后大悦,遂摄行初祀"①。但此事发生之后,估计胡充华从内心深处,已将儒教拒之于朝堂之外,取而代之是她从小虔诚信仰的佛教,并以人间转轮圣王的身份治国理政。

四、结 论

"一切人文景观都可以被认为是象征性的。"②本文系统研究了北魏佛教对洛阳都城景观的时空控制状况之后发现,早在平城时期,佛教景观已是北魏皇家权力的象征。迁都洛阳后,灵太后更是将佛塔的这一权力象征符号运用到极致。

王者择天下之中而立国。北魏欲逐鹿中原,成为华夏正统,那么迁都洛阳则为不二之选。在儒家的世界观中,"河洛之地,世称朝市。上则于天,阴阳所会;下纪于地,职贡路均",即中国的天下之中。在佛教传入中国后,洛阳天下之中的地位受到了挑战。因为在佛教的世界观里,占据天下之中的"中国",是在五印度的中印度而非华夏的"中国"。这一观点,早在东汉灵献时期,就在中土流传,这在很大程度上动摇了洛阳天下之中的地位。唐代高僧道宣,更是彻底将其否定。他运用传统中国"日中无景""河出昆仑"等知识记忆,将中土空间整合进佛教的空间结构系统中,使印度成为天地之中心,而中土

---

① 《魏书》卷一三《皇后传》,第337—338页。
② Cosgrove, D. 1982, "Problems of Interpreting the Symbolism of Past Landscapes" in A. R. H. Baker and M. D. Billinge (eds.) Period and Place: Research Methods in Historical Geography (Cambridge), pp.220—230.

第九章 北魏佛教对洛阳都城景观的时空控制

则成为佛所王土的边地。中国既然是边地，洛阳又何言天下之中？

佛教撬动洛阳"天下之中"的神圣地位，只是与儒家空间争夺的第一步。当北魏迁都后，佛教与儒教展开了全面的时空控制之争。景观高度控制的第一个方法是，佛教抢占礼制建筑的最高点——"台"。譬如灵台，既是天文观测和占星的场所，也是儒家天人交通的神圣空间。佛教传入后，孝文帝之子元悦，造砖浮图于灵台之上，将城南的儒教礼制建筑明堂、辟雍、国子学等，统统置于佛塔俯视的视野之中。城西的皇女台，虽然在儒家礼制建筑中的象征意义，远不及灵台，但也是汉灵帝用于祭祀的平乐观，景明中比丘道恒立灵仙寺于其上。即便是作为商业控制中心的旗台，虽然在儒家信仰系统中并没有象征意义，但因为它是城东第一高度，佛教也不会放过，在其上建立精舍。景观高度控制的第二个方法是"超越"，即在洛阳城的不同区域，建立超越该区域内所有建筑高度的佛塔，从而达到控制景观高度的目的。譬如城内的陵云台，自曹魏黄初二年建立以后，始终作为皇帝登远眺之台，虽然不像灵台一样，设有专业观天象的人员和设备，其象征意义并不亚于灵台。佛教进入洛阳后，虽未在陵云台上建立寺庙或佛塔，但在象征灵太后转轮圣王身份的永宁寺建成之后，其高度完全被"去京师百里，已遥见之"的永宁寺塔所碾压，佛教也借此完成了对儒教的超越。除此之外，佛教也不放过天然的高地——邙山，将寺庙修在山上，俯瞰洛阳城。

在时间节律控制方面，一是佛教的钟声，成了在晨钟暮鼓之外的另一种洛阳城市生活的计时器，甚至在诗人的诗词意象中，宫中用来控制僧人念经时间的钟声，成了洛阳声音景观的象征；二是佛诞节因北魏皇家举办规模盛大的行像仪式，成为中国传统节日之外的一个重要节日。

通过对北魏洛阳景观演替的系统梳理，不难发现灵太后胡充华将佛教建筑景观，尤其是佛塔高度的象征意义完全政治化——佛塔

359

的高度即是权力的高度,因此,洛阳城内的最高的永宁寺塔,即东土的"雀离浮图",其供养者非灵太后莫属。其次,无论城里城外,佛塔的高低,都按供养人实际政治权力的等级,自高向低排列。其三,拥有最高权力的灵太后,其供养所立的佛塔,占据洛阳最具象征性的城内、城南和城东空间。儒家特别看重的洛阳中轴线,更是灵太后精心规划设计的空间,塔刹林立,圣像庄严,完全是一派佛国气象。

为何北魏在灵太后执政时期如此佞佛,甚至导致北魏亡国,究其原因,不外乎以下几点:其一,草原祭天信仰的衰落,为佛教的逐步兴盛创造了条件。其二,北魏后宫恶劣的政治和生活环境,导致后宫后妃佞佛,灵太后更是以转轮圣王自居。其三,北魏虽然选择了中原的国家政治制度,但因儒教对代北大族缺乏足够的感召力,因此,在宗教信仰方面,他们最终选择了佛教。不过,值得注意的是,北魏从塞外南下中原汉化过程的二元性,并没有随着北魏亡国而消失,相反却成为隋唐帝国的共同特色。可见,北魏在政教关系方面,也担当了开启北朝,孕育隋唐的角色。

第十章　从认知东传到整合生产
——中古佛教中国化的神圣空间建构

中国古代最宏大也是最重要的一次域外文化输入，无疑是佛教。最宏大，是因为其规模空前，不仅有大量佛典传入，而且有为数不少的西域僧侣入华传教，更有一批僧侣前往西域求法巡礼；最重要，是因为佛教改变或改造了中国民众的信仰世界，与其相较，本土立国之儒教，自魏晋隋唐迄于明清始终处于下风。正如梁启超所言：

> 吾昔尝论六朝、隋、唐之间，为中国学术思想最衰时代。虽然，此不过就儒家一方面言之耳。当时儒家者流，除文学外，一无所事。其最铮铮于学界者，如王、陆、孔、韩之流，其于学术史中，虽谓无一毫之价值焉可也。虽然，学固不可以儒教为限。当时于儒家之外，有放万丈光焰于历史上者焉，则佛教是已。六朝、三唐数百年中，志高行洁、学渊识拔之士，悉相率而入于佛教之范围。此有所盈，则彼有所绌，物莫两大，儒教之衰亦宜。①

任继愈先生也说："佛教传入中国后，大量经典译为汉文，人们看到了所描绘的世界比中国六经所涉及的要广大得多。佛书中对人的感情、意志、心理活动描述，也比中国古圣贤相传的人性论丰富、细致、复杂得多。三世因果之说，更是中土人士前所未闻，听到后，

---

① 梁启超：《论中国学术思想变迁之大势》，载《中国现代学术经典·梁启超卷》，石家庄：河北教育出版社，1996年，第71—72页。

莫不爽然若失。"① 佛教要占据(occupancy)中国民众的心灵世界,首先要占据民众赖以生存的地理空间,进而生产出神圣空间,并以此为基础对民众教而化之。中国佛教要进行空间的生产,必须要有生产蓝图,而蓝图只能来自佛教发源地印度。其传入途径有三:一是传入中国的佛典记载;二是来华西域僧侣的口述和著述;三是中土僧侣亲临现场的"求法巡礼"。

一、空间认知

印度佛教究竟有没有地理性呢?佛教与其他世界宗教一样,从宏观尺度的宇宙,中观尺度的景观,到微观尺度的佛祖身体,乃至灵魂生活的天堂和地狱等想象空间,皆有地理性。对佛教地理性的认知,阅读佛典文本、聆听来华僧侣口述与中土求法僧"巡礼"所得,三者还是有本质差别的。前二者是基于南亚或中亚的文化价值观来叙述佛教地理性的,求法僧则是以一个中国人的眼光观看大千世界的。文化价值观尤其是信仰观,决定着人们解读空间、对待空间、与空间互动的方式。在"翘仰圣迹"这一目标支配下,求法僧侣对佛所王土的空间认知行为,表现出很强的宗教性。其一,求法僧侣将其求法旅途神圣化。若旅途中遭遇困境时,能得到菩萨保佑,则证明此行更是一次"至诚通神"之旅。其二,求法僧对宇宙秩序的关注程度远不及佛教圣迹。佛教作为"父母所生身"创建的宗教,与神创宗教不同,对宇宙秩序的关注程度,远比佛祖及其化身要低。当然,宇宙秩序系统,是想象的宇宙,极为玄虚,大部分求法僧侣都无法亲身体会,就更谈不上认知了。其三,佛祖的身体及其化身是求法僧翘仰的核心。大多数求法僧的求法路线,是根据圣物圣迹的空间分布决定

---

① 任继愈:《任继愈禅学论集》,北京:商务印书馆,2005年,第270页。

的。其四，如同照相机对焦一般，求法僧常常将目光聚焦于圣迹，而将世俗空间置于视野之外，具有显著的宗教倾向性。这种将世界割裂为神圣与世俗，关注一端无视另一端的观看方式，在《法显传》《宋云行记》等著作中体现得尤为显著，因此，如果将他们命名为"西域伽蓝记"并不为过。

"翘仰"的空间认知心态，也强化了求法僧心中"中国"（指印度）与边地的空间意识。北印度毘茶国人见到法显这个外国人时说："如何边地人，能知出家为道，远求佛法？"① 法显记载这样的话语，一方面意在说明自己远赴天竺求法之不易；另一方面，也为自己生不逢时，长于边地，业障深重而叹息。"法显于新城中买香、华、油、灯，倩二旧比丘送法显上耆阇崛山。华、香供养，燃灯续明。慨然悲伤，收泪而言：'佛昔于此住，说《首楞严》。法显生不值佛，但见遗迹处所而已。'"② 因此与法显同行的高僧道整"既到中国，见沙门法则，众僧威仪，触事可观，乃追叹秦土边地，众僧戒律残缺。誓言：'自今已去至得佛，愿不生边地。'故遂停不归。法显本心欲令戒律流通汉地，于是独还"③。法显虽然为僧人，但终究还是一位中土僧人，因此当他在异国他乡看到中土商品时，禁不住黯然神伤。"法显去汉地积年，所与交接悉异域人，山川草木，举目无旧，又同行分披，或留或亡，顾影唯己，心常怀悲。忽于此玉像边见商人以晋地一白绢扇供养，不觉凄然，泪下满目。"④ 从人类历史角度来看，道整满足了自己长留佛教中心的愿望，而法显则最终成为人类文明发展史上的"佛"。且不说他取来的《弥沙塞律》对中土佛教发展所起的巨大作用，单《法显传》能流传至今，已足以让他成"佛"。

---

① 《法显传校注》，第44页。
② 同上，第96页。
③ 同上，第120页。
④ 同上，第128页。

如果说法显是以一个中国人的心态翘仰圣迹，那么玄奘则是以中国"地理志"视角打量求法旅途的景观。因为要按传统中国方志体例撰写一部《大唐西域记》，就必须事先用这一视角观察和收集素材。用该体例撰写，固然与唐太宗对玄奘的要求有关："佛国遐远，灵迹法教，前史不能委详，师既亲睹，宜修一传，以示未闻。"① 既然要弥补前史记载之不足，当然要按传统史学地理志的固有体例来撰写。但如果没有旅途的细致观察和详细记载，即便唐太宗有旨意，玄奘也无法完成。因此，章巽先生评价说："《大唐西域记》是一部极为重要的历史文献和地理文献。虽然在玄奘之前也不乏对中亚和南亚的记载，但如《大唐西域记》那样详载山川地形、城邑关防、交通道路、风土习俗、物产气候、文化政治的书籍却不多见。玄奘在书中追述了亲自到过的约一百零五国，得自传闻的约三十三国，以及附带记及的十二国。包括的地域相当广阔，从新疆开始，西抵伊朗和地中海东岸，南达印度半岛、斯里兰卡，北面包括中亚南部和阿富汗东北部。东到今印度支那半岛和印度尼西亚一带。这些记载，使得7世纪时中亚、南亚等地的概况跃然纸上。正因为流传下来的有关这一地区的古代历史和地理的文字资料少得出奇，所以《大唐西域记》显得格外可贵。虽然我国对于四边民族的记载历来都很重视，一部廿四史除《北史》《陈书》外都有民族传记，但是《大唐西域记》在内容的丰富上却是名列前茅的，而且有许多记载是并世无双的。"②

当然玄奘神圣与世俗内容兼备的写作体例，也会招致佛门不满，如与玄奘同时代的道宣，就对隋代彦琮所著、与《大唐西域记》内容类似的《西域记》提出批评："昔隋代东都上林园翻经馆沙门彦琮著

---

① 《大慈恩寺三藏法师传》卷六《起十九年春正月入西京终二十二年夏六月谢御制经序并答》，第129页。
② 章巽、芮传明：《〈大唐西域记〉导读》，成都：巴蜀书社，1990年，第87页。

《西域传》一部十篇,广布风俗,略于佛事,得在洽闻,失于信本。"①因此,道宣自己所著,广布佛事,略于风俗,是名副其实的《释迦方志》。

二、空间传播

在"边地"中国,佛教空间生产的"蓝图"有了,人们又如何与远隔万里的佛和菩萨沟通呢?南山律宗道宣《释迦方志》就明言:"佛之威神,不生边地。"②

这一问题既困扰着普通信众,更困扰着佛学功底深厚的高僧。虽然佛、菩萨随处利现,不受时空限制,但被沉重肉身桎梏的性灵与佛、菩萨沟通,却并非易事。僧侣找到了跨越时空与神相通的桥梁,即梦。日常生活中,普通人通过做梦,很容易发现自己的肉体和灵魂是可以分离的。自己分明躺在床上,但在噩梦中却在另一个地方,身处危局,难以摆脱。或者早已去世多年的亲人,在梦中却如同健在人世一般,有说有笑。因此人类学家斯宾塞认为,宗教起源于对梦中自我可以离开身体的观察。③

人类是一种可以传播文化的动物。早在"汉梦通神"之前,佛教已在来华的胡商中传播;因为即使他们身处异国他乡,也需要自己的宗教慰藉,这必然导致佛教在中国的传播和扩散。但直至魏晋南北朝时期,佛教仍无法在中土建立独立的僧团,故佛教对国家政治力量的依傍尤为重要。因此,"汉梦通神"被僧人塑造成佛教入华后国家政治认同的标志性事件。后世帝王想与高僧续"瑞梦"时,便将"汉

---

① 道宣著,范祥雍点校:《释迦方志》卷首《释迦方志序》,北京:中华书局,2000年,第2页。
② 《释迦方志》卷上《中边篇》,第7页。
③ Herbert Spencer. *The Principles of Sociology*(3 volumes). New York: D. Appleton and Company, 1898, pp.134—144.

梦通神"当作先朝故实为我所用。一旦皇权与佛教之间关系冷淡,则视"汉梦通神"为历史污点,认为后汉荒君信惑邪伪,妄假睡梦,事胡妖鬼,以乱天常,全盘否定其政治象征意义。

在五天竺,信众瞻礼的佛教圣迹在在多有,因此,僧俗根本不用担心佛教空间神圣性不足的问题。而在佛教跨文化传播区的中国,不仅无圣迹可言,在佛教典籍中也很少提及中土或震旦;即便个别佛经提及中国,也大多是魏晋南北朝时期西域僧人在翻译和传播过程中添加进去的。因为在佛典结集的时代,印度根本就没有清晰的中国地理知识,同样中国也没有详细的印度地理知识。在这种背景下,神灵在梦境不断显现,对佛教神圣空间的拓展就显得尤为重要。无论是佛寺的选址、建筑基地的划拨、建筑材料的获取还是佛像的铸造等,其工程中遇到的困难,僧人大多都可以通过梦境诉诸佛和菩萨以得到神的启示,从而使世俗空间转变为神圣空间。同样,无论是释典的译注、梵呗的创作,还是最具象征意义的高僧圆寂,"梦"都是他们与神交通的最佳场所之一。尤其是"圆寂之梦",因为解决生死问题是汉传佛教的三大任务之一,故高僧如能往生极乐世界,梦想成真,无疑对僧俗两界都有重大影响。有相当一部分信徒,正是因为异常恐惧死亡,解不开此生要向哪里去的终极问题,才选择了皈依佛门。

在佛教中,"梦"之所以被赋予了特殊的媒介功能,主要与梦的不可证真性和不可证伪性有关。尤其在神学占据民众主流思维范式的时代,"梦"的这一特性正好被宗教加以利用。一旦佛教在中国发展为独立的僧团系统,"梦"便在高僧传记的神异故事中渐渐式微。可见,大部分通梦故事是僧人推动佛教跨文化传播时的杰作,与神无关。

梦只是世尊涅槃后,僧侣与佛菩萨沟通的媒介。要完成佛教空间传播,还得依靠佛门弟子。因此,僧侣才是传播佛教的主力。无论是入华的西域高僧还是中土的求法僧侣,一路上都是依托伽蓝,走走停停，甚至几代人接力，才最终完成传播大法的重任。其中一些僧侣，中途一旦找到了一个适合修行之地，便不再前行，也不再回归，终老于此。如果我们将目光聚焦在一个个入华高僧身上，便不难发现他一路传教的心路历程以及沿途各国佛教信仰的状况。

在众多入华高僧中，鸠摩罗什无疑是最优秀的。鸠摩罗什入华的道路，其实是父子接力完成的，父亲鸠摩罗炎从印度走到龟兹，鸠摩罗什从龟兹花了十多年走到长安。那么，是什么样的动机，使一家人踏上东去的道路？又为什么在中途滞留那么长的时间？

十六国时期是佛教融入儒教中国最为关键的时期。作为最具影响力的佛教领袖，鸠摩罗什与诸位国主之间建立了不同的关系。在西域，作为龟兹王外甥的罗什，与诸多国王或王室成员之间关系密切。转益多师的罗什，在其学有所成之年，希望龟兹王白纯能像先帝重用其父那样重用自己。但龟兹王对罗什的任用仅限于佛教领域，并未让他参与国家政治事务。加之龟兹国内皇权之争空前激烈，因此，罗什最终选择离开。在后凉，罗什施展了与佛图澄类似的道术，但他收获的只是吕氏父子对其稽首而已，后凉政权并未鼎力护持佛教。

在后秦，罗什的事业因传译佛经而达到了巅峰，但其依傍国主的状态并未改观。虽然姚兴对罗什待以国师之礼，但将他的职守限定于译经这一项事业上。罗什翻译佛典也是应姚兴及朝野显宦之请。长安译场中的高僧，虽不乏追随罗什闻道而至者，但不可否认，包括罗什在内的大多数人，是姚兴招请来的。更为重要的是，姚兴从觉贤被摈以及僧尼伪滥等事件认识到，日渐壮大的佛教僧团如果缺乏国家制度监管，不仅会影响国家的政教关系，还会影响佛教自身的发展。事实证明，在儒家伦理不可撼动的时代，僧官制度是实现中国政教和平相处所能选择的最好制度。由此可见，在佛经汉译和制度创新方面，中原佞佛帝王的领导作用，远大于高僧。进而言之，中原国主才是佛教汉化的主导者,鸠摩罗什在长安的译场如此,降至唐代,玄奘在长安的译场亦如此。

可见,作为最具影响力的佛教领袖,鸠摩罗什入华迁居的目的始终是明确的,即在赢得佛门领袖地位的同时,不遗余力地追求僧侣世俗权力的最高位置——国师。为了达到此目的,他既可以抛弃祖国龟兹,也可以在河西和中原,根据国主的需求,从事不同的佛门事业。这样的结论,看似对这位出色的高僧有不敬之处,却是历史事实。可见,清净如佛门,实现利益最大化,仍是僧侣迁居的重要原因之一。

一位高僧的人生阅历,是该区域佛教时代发展的缩影或晴雨表。传播佛教的高僧,不仅有来自西域的入华高僧,还有本土边疆佛教发达区成长起来的僧侣群体。五凉时期的河西僧侣,就是这样的一个优秀群体。

首先,北凉参与守城的河西僧侣,作为战败者,被北魏强行遣送至平城。在河西辗转发展的佛典翻译事业和开窟造像艺术,被连根拔起,一并带至北魏,被动完成了从河西到平城的佛教传播事业。

如果我们以河西为观察视角,就不难发现这样一个事实:汉晋时期河西学术经历了从无到有,进而发展壮大为北中国学术中心的历史过程。从地理空间上来看,儒学是由东向西传播的。外来之佛学则与之相反。佛学在其东传过程中,必然要与地域社会发生关系,尤其是与地缘政治。汉晋河西汉译佛经中心经历了由敦煌到姑臧,以及姑臧中心解体的过程。敦煌成为汉译佛经中心,得益于其华戎交会、远离中原政治中心的地缘政治环境;姑臧成为中心,得益于其为河西礼佛小国,如前凉、后凉、南凉、北凉等本土豪族政权的政治、经济和文化中心;姑臧汉译佛教中心的解体,则是由北魏荡平北凉政权所致。由此可以看出,河西汉晋佛教与地缘政治的关系是:地缘政治控制着士族在区域社会的发展空间,士族势力的涨落左右着区域佛教的兴衰，而佛教僧团则利用其对家族佛教与王室佛教的影响力，与区域政治势力相颉颃。因此，汉晋河西文化的繁荣，不仅有本土士族与"外来避乱之儒英"之贡献，传教之僧侣亦功不可没。

河西佛教衰落，带来的是北魏佛教的繁荣。比如河西造像的"凉州模式"，是云冈石窟早期造像时遵从的艺术模式。

其次，河西僧侣又视东晋南朝为华夏正统，主动迁徙至江南，完成了从河西到江南佛教传播事业。

永嘉之乱后，河西为人口迁入区，文化渐次发达；北魏平定凉州后，又把河西士族三万户强行迁入平城，五凉时期的河西文化主要对北魏、北齐有重大影响。但五凉文化影响的不只是北朝，对东晋南朝亦有重要影响。从河西禅法外播的过程可知南渡到长江流域的河西禅僧要远多于东迁平城的人数，即河西禅法对东晋南朝的影响要大于北魏。其中的原因是，一方面河西禅僧与北魏政权交恶，加之魏太武帝灭法，使人心向背；另一方面，五凉政权视东晋南朝为华夏正统，双方的经济和文化交流颇为频繁，加之东晋南朝从帝王到士人和地方官员大多尊信佛教，对造诣颇高的河西禅僧礼遇有加，因此长江流域就成了河西禅僧向外迁移的最佳去处，他们南渡后对东晋南朝的佛教发展起了重要的推动作用。

河西佛教衰落，带来的是东晋南朝佛教的昌盛。

三、空间整合

论及中国对印度地理的了解情况时，唐秘书著作佐郎敬播《〈大唐西域记〉序》云：

> 详夫天竺之为国也，其来尚矣。圣贤以之叠轸，仁义于焉成俗。然事绝于曩代，壤隔于中土，《山经》莫之纪，《王会》所不

书。博望凿空,徒寘怀于邛竹,昆明道闭,谬肆力于神池。遂使瑞表恒星,郁玄妙于千载;梦彰佩日,秘神光于万里。暨于蔡愔访道,摩腾入洛,经藏石室,未尽龙宫之奥,像画凉台,宁极鹫峰之美?①

敬播所言是初唐时的状况。了解是相互的,中国不了解印度,无著史传统的印度,更不了解中国。首先,公元前5世纪,释迦牟利创立佛教时,不知道这个世界上有中国。其次,阿育王派遣的前往世界各地的宗教使团中,并没有中国使团。其三,早期佛典结集时,印度并没有中国的相关知识,因此,佛经记载的世界体系中,并没有中国的地理位置。其四,对于领土中、边意识和种族贵贱等级很强的印度来说,中国既不属于中央之国,也不属于边役之地,中国人也不在印度种姓制度体系之中。

既然如此,中国会得到佛光普照吗?中国民众信仰佛教有意义吗?

儒家士人正是抓住了这一问题进行攻击,认为信仰佛教是"事胡妖鬼",直击要害。因此,早在东汉佛教传入之初,中土僧人就着手将中国整合进佛教的宇宙秩序和空间体系之中。在宇宙秩序层面,康孟详借佛经序言这块"风水宝地",将中国西部的神山昆仑山,视作佛教赡部洲中心的神山大雪山。法显将西域于阗国纳入佛钵流转体系。从时间上来看,汉晋时期,被纳入佛教宇宙秩序体系的主要是中国西域地区,到隋唐时期,整个中国都被整合进这一体系。其中,以南山律宗道宣的工作最具代表性,他不仅解决了中国在佛教宇宙秩序中的位置问题,还回答了天竺与中土何为天地之中央的问题。对此,本书进行了系统的分析和深入的讨论,研究证明:

---

① 《大唐西域记校注》卷首,第1—2页。

不同宗教的空间观念不同。当佛教传入以儒教信仰为主的中土时，天竺与天府，何为天地中心，就成了中土高僧必须解决的问题，因为这是事关是礼佛还是忠君的道路选择问题。道宣是系统解决这个问题的唐代高僧，他用佛教的空间结构系统整合中土空间，从而使印度成为天地之中心，而中土大唐则成为佛所王土的边地。道宣所采用的空间整合的核心方法，早在魏晋时期已经出现，即将苏迷山等同于昆仑山，使阿耨达池成为黄河的发源地，从而让天竺与天府山水相连。这一观念之所以流传开来，并一度坐实为中国的地理知识，在于僧侣巧妙地运用了传统中国河出昆仑的传说。道宣等的空间整合方式，使中土成为佛所王土的一部分，从而奠定了佛教在中土传播，并独立自主发展的地理基础。此乃佛教传入中土后，被本土僧侣中国化的一个典型例证。

其实，在中原僧侣将中国整合进佛教空间系统的同时，远在西域的于阗僧侣，采用了更为复杂的方式，将于阗整合进佛所王土。除上述佛钵流转体系外，《华严经》率先将于阗牛头山纳入文殊菩萨住处，《月藏经》将于阗纳入诸神护持、天竺二十八宿分野、佛塔分布国等体系，《日藏经》将于阗国纳入释迦牟尼居住地。

四、空间生产

空间整合，本质上是僧侣将中国整合进印度的宇宙秩序和佛教宇宙秩序系统，是佛教欠发达地区依傍佛教发源地和发达地区的行为，是仰视心理使然。当佛教逐渐被中国接受，尤其是被帝王接受，甚至一些皇帝以"菩萨皇帝""当今如来""转轮圣王"自居时，以印度为中央之国或神圣中心的想法，显然不是盛世天子所能认可的。在中亚和印度佛教相继衰落后，中国僧团同样面临着圣地缺失的问题。

在中国，佛教空间的生产主要从三个方面展开：一是将国家进行佛教化空间的生产，二是建构本土的佛教圣地，三是在国家权力中心，用佛教建筑占据儒家礼仪建筑，并用佛塔的高度，表征供养人政治权力的大小。

将整个国家进行佛教化空间生产的代表，无疑是位于昆仑山与塔里木盆地之间，和田河上游的于阗国，这一过程从阿育王时代一直持续到唐宋时期。于阗国僧侣的空间生产，既借助于阗佛教传入时的"佛现"故事，也借助于于阗国的"法灭"事件。研究证明，处于东西文化交错带上的于阗国，宗教演替极为频繁。佛教传入后，僧侣按照佛教的方式使用和组织空间，从而生产出蕴含佛教意义的地理空间。于阗空间的生产，主要从三个方面展开：一是利用佛经文本进行空间生产。早期是将佛经中归属不明之地，划归于阗，中期是在佛经中增加有关于阗的片段，晚期则创作于阗国本土的授记和教法史。二是利用地理环境进行空间生产。对本土信众熟悉的地理环境，都非常准确的用在空间生产中，而对不熟悉的则有意忽略。三是依傍历史记忆进行空间生产，即将于阗国发展的历史纪年表，尽可能佛教化。僧侣利用佛现于阗的空间生产，将佛门与于阗国整合在一起，依傍帝王，发展佛教。一旦出现帝王灭佛事件，则通过于阗法灭的空间生产，来警告帝王，并以灭国相要挟。僧侣对佛现与法灭的空间生产，其实是实现佛门利益最大化和应对危机的手段。

中西僧侣在中原地区最早建构的佛教圣地无疑是山西五台山，到唐代，五台山不仅是中国，也是包括日本、朝鲜在内的东亚人尽皆知的文殊菩萨清凉道场。那么，中西僧侣是如何建构清凉圣地的？研究证明：

在如来灭后，众圣潜灵，至唐代时印度佛教逐渐衰落，如何在中土建构一个新的佛教圣地，是摆在中西僧侣面前的一道难题。解决之道是僧侣仿照印度雪山圣地模式，在佛教传播地建构新的雪山圣地。初唐，中西僧侣联手，从不同空间尺度着手，成功在边地五台山建构了一个具有世界影响力的雪山圣地，即清凉山文殊道场。宏观尺度，中西僧侣主要在结集、翻译和注疏佛典时，将五台山的地理信息，加入汉传佛典和序言之中，让文殊师利成功地介入五台山；中观尺度，中土僧侣主要利用佛典中已有的圣地结构——雪山五峰，将五台山建构为中土的清凉五台；微观尺度，僧侣主要利用北魏孝文帝崇建和文殊显应，建构了五台山空间地点的神圣性。总体而言，清凉五台只是中西僧侣仿照雪山五峰建构的一个理想模型而已，现实中的清凉圣地，无论从古今胜迹还是从游礼感通的空间分布来看，都是中台独大，而非五峰竞秀。中西僧侣建构的清凉圣地，既满足了中土僧团独立的需要，也满足了帝王以"当今如来"身份，依傍宗教治理天下的需要，因此，在参与建构清凉圣地的僧侣身后，总能看见皇家的身影。

皇家不仅需要圣地证明自己是奉天承运的真命天子，还需要用佛教景观来彰显自己的威仪。无论是北魏的胡充华，还是唐代的武则天，都以"转轮圣王"自居，不仅开窟造像，还用佛教全面控制首善之区景观的时空。本书以北魏洛阳都城景观为例，从景观高度演替和时间节律变化两个方面，对此进行了详细的探讨。

佛教进入中国城市后，对城市景观产生了重大影响，尤其在景观的高度和时间节律方面，金刹与灵台比高，金铎与钟鼓竞鸣，改变了中国城市原有的景观特征。这一现象在北魏首都洛阳表现得尤为突出。灵太后胡充华将佛教建筑景观，尤其是将佛塔高度的象征意义完全政治化——佛塔的高度即是权力的高度。因此便有了以下现象：首先，洛阳城内最高的永宁寺塔，作为转轮圣王的象征，其供养者非灵太后莫属；其次，无论城里城外，佛塔的高低，都按供养人的政治权力等级，从高到低排列；其三，拥有最高权力的灵太后，其供养所立的佛塔，占据洛阳最具象征性的城内、城南和城东空间。儒家特别看重的洛阳中轴线，更是灵太后精心规划设计的空间，塔刹林立，圣像庄严,完全是一派佛国气象。北魏将首都从盛乐,迁至平城,再迁至洛阳,原本的目的是想由塞外入驻中原,完成汉化,成为中原正统。然而,始料未及的是,虽然在政治制度上他们选择了中央集权制,在信仰层面却选择了佛教。究其原因,北魏放弃祭天传统后,统治阶层佞佛,尤其是掌握皇权的后妃佞佛,是汉化道路发生突变的政治推手。北魏从塞外南下中原汉化过程的二元性,并没有随着北魏的亡国而消失,相反却成为隋唐帝国的共同特色。可见,北魏在政教关系方面,也担当了开启北朝,孕育隋唐的角色。

佛教空间的生产不仅有实体空间的生产,还有虚拟空间的生产。以地狱为例,其曾在印度经历了一个漫长的演化阶段。吠陀时代早期,位于天界的阎摩领地是死者亡灵的理想归宿,而地下深渊是恶魔的去处;吠陀时代后期,《阿闼婆吠陀》的地下深渊逐渐等同于地狱概念,《奥义书》中发展出较为成熟的业报轮回观,且阎摩领地变成充满迷幻的恐怖之地。在两大史诗中地狱已不再是模糊的地下深渊,而是以业报轮回为运转规则且具备清晰恐怖景观的惩罚空间。亡灵根据生前犯下的罪过进入地狱,公正的阎摩依照正法为亡灵做出判决,愤怒的差役执行严酷的刑罚,出地狱也按照一定的规则投生于不同的生物躯体,堕入轮回。而在往世书文献和《大事》中的地狱空间呈现系统化、丰富化的特点,数目繁多且具备系统分区,是一座名副其实的惩罚之城。地狱是生死轮回逻辑中不可或缺的一环。传到中国后,与中国的忠孝观结合,以目连救母故事为核心,通过说唱文学——变文,以及后世的目连戏,广泛传播,对民众的生死观产生了重大影响。也巧妙地化解了佛教与儒教在忠孝观方面的冲突。

除了空间外,在时间观念方面,中土民众同样经历了接受和再生产过程。以生死轮回闭环上的时间质变点"刹那"为例,其梵语词为"kṣaṇa",巴利语为"khaṇa"。kṣaṇa为古印度常用时间词之一,最早出现于吠陀语源学文献《尼录多》(Nirukta),原意为"瞬时"。与

第十章 从认知东传到整合生产

kṣaṇa 同时代的众多微细时间概念,皆提炼自人类对短暂性事件的日常体验,蕴含着质朴、原始的时间意象。吠陀时代后期,kṣaṇa 等微细时间概念逐渐被运用于天文学文献,形成一系列具有数学意义的微细时间单位。受到较早形成的物质原子论影响,在佛教、耆那教、数论—瑜伽学派等宗教哲学学说中,kṣaṇa 词义由朴素的"瞬时"演变为形而上的"时间原子"。耆那教白衣派与佛教说一切有部,较早将原子论从物质范畴延伸至时间范畴,明确提出了"物质—时间"原子说。佛教内部流传的时间与物质原子论应由"瑜伽师"群体引入、传持,并由说一切有部载录成文。通过比较耆那教与佛教文献所记原子论可知,二者应在原子理论方面有过密切的交流活动。kṣaṇa 是佛教重要术语,在佛教理论与文献语境的影响下,它逐渐引申出"是时""唯佛能知之时""取果之顷""法得自体顷"等新词义分支,同时,kṣaṇa 也为其所处理论的自洽提供了有力支撑。

"刹那"由汉译佛经进入中土世俗文本,至今仍是汉语日常用语。中土世俗文本中"刹那"保留的词义,其一为"极短时",如"白衣苍狗刹那间"。其二,"刹那"可引申为"灵魂质变之时",如"刹那之间,即分天堂地狱"。"刹那"为证悟得果或堕入地狱的灵魂质变之时,该引申词义在印度佛教解脱论文献中就已经出现,如《现观庄严论》(Abhisamayalankara)的"刹那证菩提"(eka-kṣaṇa-abhisambodha)。佛教传入中土后,在禅宗、净土宗顿悟理念的推动下,"刹那"为"灵魂质变之时"的词义开始在中土广泛流传,进入广大佛教信众乃至更多民众的思想世界,进而对中土民众的时间观、宗教观产生了深远影响。禅宗、净土宗是极具民众性的教派,刹那顿悟论更是描绘了解脱时刻的神秘特质,对民众极富吸引力,这些因素共同推动了"刹那"为"灵魂质变之时"词义的广泛流传。可以说,"灵魂质变之时"词义的引申与流传,是"刹那"在中国本土文化背景下被生产出来的时间观念。

佛教从传入中国，到空间整合，再到时空生产，是商旅、中西僧侣、佞佛帝王和普通信众等，通力合作完成的。缺少其中任何一个成员，这一文化输入和创新工程都是不可能实现的。在该工程实施的诸多角色中，佛门僧侣会下意识地将功劳记在来华僧侣身上，虽情有可原，却不是历史事实。其实，真正的主力是本土的信众，尤其是佞佛帝王。对于中央集权制国家的帝王来说，国即是家，家即是国。有谁能容忍他人在自己家中反客为主呢？因此汉明帝是"汉梦通神"的主人，北魏灵太后是在洛阳建造东土"雀离浮图"的主人，而鸠摩罗什、玄奘主持的长安译场，其主人分别是后秦国主姚兴和唐太宗，将五台山建为国家佛教圣地的是魏孝文帝和武则天，至于西域于阗佛国，更是历代于阗王接力建成的。

要言之，从汉晋至隋唐，从西域到中原，追根溯源，对神圣空间的向往，是信众对佛教空间认知、传播、整合和生产的第一推动力。

附录　溪流犹带读书声
——儒家圣地武夷山景观意象研究

一、引　言

　　武夷山在今福建省武夷山市南三十里,"发脉自西南白塔山,由笔架山一带迤逦百里,逾超峰棠岭,融结是山。周围凡百二十里,东抵崇溪,北为黄龙溪,西至将村里,南至蓝原,四面皆溪壑,不与外山连属。外山则环绕拱向若仪卫"。山水之胜,既是大自然的造化,也是历史人文化育的结果,武夷山也不例外。

　　从自然造化的角度而言,碧水丹山,构成武夷山景观的基础,但并不止于此。"武夷之山,磅礴一百余里,万壑千崖,森峙林列。毋论显名胜地,即一丘一壑之间,前后左右,各自为景,各据其胜,春则琪花绚日,夏则万木含阴,秋则瑶空一碧,冬则木落水枯,嵯岈棱削。若月之夜,万山阒寂,俨在玻璃世界。雪则累琼凸玉,冰壑参差。至于雨幕烟蒙,又若未分时意象。迨其霁也,旭彩映射,则丹炫碧耀,俄顷间变幻万状,乞描绘所能貌其万一哉,而表顾图之何。"多元、多变的景观,给不同的游客留下不同的山水意象,"盖山川胜概,亘古不磨者,其常也。风雨晦暝之倏异者,则变也。即其常以察其变,在揽者自会之,游者自得之而已"。①

　　从人文化育的角度来看,清史贻直云:"考武夷之迹,最古其所

---

① 万历《武夷志略·图绘》,徐表然辑,万历四十七年(1619)崇安徐氏刊本,第10页a—第11页a。

称武夷君、圣姥诸事，多荒诞不可信。六朝时自顾野王讲授其中，文学以显，至宋赵清献筑吏隐亭于三曲，其后杨文肃、胡文定倡道于此，及朱子开紫阳书院，诸大儒云从星拱，流风相继。迄元明以至于今，闽学集濂、洛、关之大成，则皆讲学此山者，而山之名遂以甲于天下。"① 揆诸史实，"武夷君、圣姥诸事，多荒诞不可信"无疑是正确的，但人文景观之形成，并不皆以历史事实为基础。许多荒诞不经的传说与历史事实一起，构成历史人文景观的基础。从大量的古人诗词、游记的意象来看，有两个重要元素构成武夷山文化景观的基础：其一便是荒诞不可信的武夷君、圣姥的传说。其二是传统中国后期影响最大的思想家朱熹的事迹。朱熹（1130—1200），南宋徽州婺源人，生于南剑州尤溪（今福建省三明市尤溪县），后徙居建阳考亭（今福建省南平市建阳区考亭村）。字元晦，一字仲晦，号晦庵，又号晦翁，别称紫阳。清人史曾期云：

> 余尝论山水之胜，不独恃其层峦邃壑悬崖倒景之奇，又不必盘礴丰窿曼延数十里百里之势，一丘一壑，苟得高贤志士托迹其间，地以人重，即与江河五岳并垺。何况秀甲寰区，膺历代封祀，为三朝理学驻足之薮。……间考南史，淳熙十年文公辞使节，遂以阁撰奉祠筑室于武夷五曲大隐屏下，一时若胡、刘、游、蔡诸君子从游讲学，彬彬极盛，意其地朴古深淳，迄今居斯土者，皆憬然有山川文物之慕，家吟户诵，犹渐被文公之遗教而永矢勿谖也。②

---

① 乾隆《武夷山志》卷首《史贻直序》，道光二十六年（1846）五夫尺木轩重刻本，第1页a—b。
② 乾隆《武夷山志》卷首《史曾期序》，乾隆十六年（1751）观光楼刊本，第29页a—第30页a。胡即胡安国，字康侯，号武夷翁，绍圣四年第进士，授荆南教授。刘即刘子翚，字彦冲，号病翁，谥文靖，崇安人，宋荫举。居屏山下，学者称为屏山先生，著《屏山集》二十卷。游即游九言，字诚之，号默斋，建阳人，宋荫举。蔡即蔡元定，字季通，谥文节，建阳人，宋庆元间以布衣谪道州，筑室建阳西山，故称西山先生，著有《大衍详说》《律吕新书》《皇极经世指要》。

意象是游人对景观感受价值的描述。"意象是融入了主观情意的客观物象，或者是借助客观物象表现出来的主观情意。"①清方士庶《天慵庵笔记》云：

> 山川草木，造化自然，此实境也。因心造境，以手运心，此虚景也。虚而为实，是在笔墨有无间，……故古人笔墨，具见山苍树秀，水活石润，于天地之外，别构一种灵奇。即或率意挥洒，亦皆炼金成液，弃滓存精，曲尽蹈虚揖影之妙。②

要把握这样的景观意象并非易事，因为它是游人感知景观时的一种审美通感，即从审美角度对景观进行评价，"是一种置身于事外的视角"③。因此，想要知道古人所感知的武夷山景观意象是什么，必须细心体会古人的一言一行，才能有所获。那么，古人行走在武夷"三三六六"的山水之中，会认知到什么样的景观意象？这些意象发生了哪些时空变化？从局部到整体，武夷山历史景观意象有何特征？这正是本文所要回答的问题。借此可一窥士人对儒家圣地景观的感知与内心反应。

二、研究方法和材料

景观是人类社会与自然关系的历史之镜。景观也是一种敞开的文化形式，人们在此完成当下体验，而不用担心留下什么痕迹。换言之，景观即是我们称之为自然的物质实体，一个可以感知的物质世界，也是一种流动不居、恒久变化的文化形态，这种形态被身处其中的人类

---

① 袁行霈：《中国诗歌艺术研究》，北京：北京大学出版社，1996年，第53页。
② 方士庶：《天慵庵笔记》，上海：商务印书馆，1936年，第1—2页。
③ 段义孚：《恋地情节》，志丞、刘苏译，北京：商务印书馆，2018年，第94页。

赋予意义而被不断重塑。因此景观既是自然的，也是文化的。①

　　景观意象，即人们对景观的感受价值的表达。这种感受价值不仅对作者有意义，而且其意象一旦形成，就被固化在意象历史传承的长河里，成为塑造地域文化的基石。域外人对该地区的文化认知，在亲历之前，很大程度上是以前人的通感意象为基础的。在地理学"量化革命"时期，以文学、艺术作品作为研究资料和数据的行为被视为"主观行为"而不受重视，因为它与定量研究相比是模糊的。但在文化地理学领域，文学、艺术描写这一"人性化"的地域感受以及对一个地域的理解，却塑造了一个充满情感的文化地理世界。也就是说，正是作品的"主观性"赋予了地点和空间特殊的社会意义。② 对于景观意象的把握，不外乎内省和外察两个方面。内省，就是研究者通过亲身体验获得景观的基本意象。这种体验对于体认他人的意象有一定的帮助，但不能仅仅以内省为基础从事科学的研究。外察，就是对他人景观意象的分析研究，侧重于对群体意象的把握。与此相关的研究成果，更多出现在城市意象的研究中，如凯文·林奇对美国波士顿、泽西城、洛杉矶三个城市进行意象比较研究时，就用了在地图上绘制城市景观的意象草图、照片的识别、被调查者实地行走、行人的问卷调查等方法。③研究历史景观意象，显然不能把古人从地下唤起，只能借助于其留下的相关资料。本文尝试以古人创作的与武夷山有关的诗词、游记和景观图为史料，对其历史景观意象展开分析研究。

　　武夷山历史景观研究的资料集中于明清武夷山志之中（参见表1），还有一些散见于明何乔远《闽书》、弘治《八闽通志》、康熙《福建

---

① 米歇尔·柯南：《穿越岩石景观：贝尔纳·拉絮斯的景观言说方式》，长沙：湖南科学技术出版社，2006年，第1页。
② 迈克·克朗（Mike Crang）：《文化地理学》，杨淑华等译，南京：南京大学出版社，2003年，第56页。
③ 凯文·林奇（Kevin Lynch）：《城市意象》，方益萍、何晓军译，北京：华夏出版社，2001年，第10页。

通志》、康熙《崇安县志》、嘉庆《崇安县志》、民国《崇安县志》等方志中。其中万历《武夷志略》所载景观图最精美,乾隆《武夷山志》资料最丰富。

表 1　武夷山明清方志目录

文　献	撰　者	版　本
武夷志四卷	(明)劳　堪	万历十年(1582)徐秋鄂刊
武夷志略	(明)徐表然	万历四十七年(1619)崇安徐氏刊本
武夷山志十九卷	(明)衷仲儒	崇祯十六年(1643)刊本
武夷九曲志十六卷	(清)王复礼	康熙五十七年(1718)刊本
武夷山志二十四卷	(清)董天工	乾隆十六年(1751)观光楼刊本

万历《武夷志略》,不分卷,徐表然辑。"表然字德望,崇安人。嘉靖中尝结漱艺山房于武夷第三曲,因撰次是书。分为四集。绘山之全图,及武夷宫左各景,宫右九曲诸胜,悉以题咏附于后。凡名胜古迹,皆分附于山川。较他地志尤便省览,此变例之可取者。至于寓贤及仙真之类,人绘一图,则不免近儿戏矣。其名《志略》者,谓兹山已有全志也。"①徐表然为人"志行端确,且擅诗画,声闻三吴,尝从游者,多携酒挟客,遍穷水陆"。因旧志"类多错谬",乃"更而张之"。陈鸣华对其所绘之景观图称赏有加:观其图"则三十六峰之丹峙巑岏,九曲之碧流缭绕。至于一水一石,向背低昂,恍然在目。且山欹欹而欲堕,水潺潺如有声。修竹茂林,垂垂而饮露,洞猿岩雀,嚓嚓而喙吟。殊不知山水之为图,图之为山水也"。其缺点是:"于名公巨儒之题咏,似略而弗备。"②徐志景观图的质量,远在董志之上,但论资料之详赡,则远不如董志。

---

① 《四库全书总目》卷七六《史部·地理类存目五》。北京:中华书局,1965年,第660页。另《总目》称该书"四卷",有误。其实不分卷,只是分为四集。
② 万历《武夷志略》卷首《陈鸣华序》,第2页 b—第3页 a。

乾隆《武夷山志》，二十四卷，董天工辑。董天工（约1703—1771年），字材六，号典斋，崇安曹墩（今武夷山市曹墩村）人。清叶观国称：

> 董君典斋，博雅人也。居近武夷，性爱山水，尝筑留云书屋于五曲，春朝秋夕，霁景芳晨，泛舸携筇，绝幽凿险。既饶谢公木屐之兴，复有许掾济胜之具，烟峦云壑，全具胸中，因就其见闻所亲历者，合前四志而订正之，补遗辨误，纲举目张，一水一石，荒基废址以及磨崖题壁，瑶草琪花，无幽不探，无琐弗登。翻阅之下，恍如置我于三三六六间也。其有功名山，接迹前贤，信可以不朽者乎。①

关于历代遗留的大量诗文的辑录，徐表然以为，"古今贤哲缙绅，骚人墨客，抽弱毫，剔幽抉奇，阐发山川之秀，摹写万物之情，以一字一句之工，使景象倍妍，烟云增色。不必陟六六之峰，泛三三之水，即其篇什而味之，所谓丹崿碧流者，了然在目，令人仙仙焉神与境会，则题咏又兹山之所不可缺者"，但前人的"佳章雅咏，悉已收镌于本山之全志，兹特录其一二，以志其略云尔"②，故徐志所收诗文颇少。有关诗文对武夷山景观彰显方面的认识，董与徐庶几相近："天地自然之文，每著于山川。然山辉泽媚，往往待人发挥之，非是则暗而不著矣。"但在处理大量的历代诗文时，董则以为："武夷名胜，代有诗文，惜乎唐以前不少概见，今就昔贤所作，录其存者，近代所作，择其精者，为珠为玉，不益增山川之光乎？"③因此，乾隆《武夷山志》

---

① 乾隆《武夷山志·序》，道光二十六年（1846）五夫尺木轩重刻本，第12页a。
② 万历《武夷志略·题咏》，第9页b。
③ 乾隆《武夷山志》卷三《总志下》，乾隆十六年（1751）观光楼刊本，第1页a。

所辑的诗词、歌赋就有1447首,诗家532人之多,纤微毕具。①董天工自己也称:"敢云集山志之大成,庶几俾夷山胜迹、名贤诗文就今可见者,不致缺漏云尔。"②

万历、乾隆两志,分别载有景观图十一幅,即全山图一幅,九曲溪每曲一图,北山图一幅。关于万历志景观图的质量,如上文所述,明彭维藩亦称徐表然"超然尘伍,……时纵目游神,铸精琢句,尤工绘事,因旧志草莽,考实而删其芜,手亲染翰,一木一石,描写最神。盖居山之日久,而得山之趣真也。人一经目,何必登高溯流,可卧游以尽九曲之奇矣"③。乾隆志中的景观图,董天工亦颇为重视,称:"志必有图,例也。武夷层折蜿蜒,其图最为难绘。湘江古歌云:帆随湘转,望衡九面。此中变幻亦然。故画手稍失向背,便非真面目矣。兹延芝城许君廷锦,溯洄曲水,登山遍览,描写较之前志似觉分明,至于贤像仙迹,宜有山林气象,方似山中人物,许君尤善写真,即先贤遗像,仿其墨迹,而诸仙犹有冲和道气,附于卷首,俾观者展卷起敬,非徒作好事观也。"④许廷锦的确擅长人物画,但其所绘景观图除能够突出重点景观外,其他较徐表然还有不少差距。

武夷山历代游记资料,参见表2。大多数游记作者都曾在武夷山盘桓数日,有的是多次游历或长年驻足,对武夷山的自然景观和历史人文背景,颇为熟稔,相比于诗词曲赋,游记有更高的史料价值。

---

① 倪木荣:《武夷山古诗词选·编后记》,福州:海峡文艺出版社,2003年,第154页。
② 乾隆《武夷山志》卷首《凡例》,第47页a。
③ 万历《武夷志略·后跋》。
④ 乾隆《武夷山志》卷首《凡例》,第50页a。

图1 万历《武夷志略》武夷山全图

图2 乾隆《武夷山志》五夷山名胜全图

表 2 武夷山游记目录

文　献	撰　者	版　本
武夷山记	（宋）祝　穆	《方舆胜览》卷十一，四库全书本
武夷山记	（宋）刘　斧	乾隆《武夷山志》卷二十
置社仓记	（宋）朱　熹	乾隆《武夷山志》卷二十
武夷诗集序	（元）萨都剌	乾隆《武夷山志》卷二十一
游武彝（夷）山日记	（明）徐霞客	《徐霞客游记》，褚绍唐、吴应寿整理，上海古籍出版社，1980年，第18—24页
游武夷山记	（明）谢肇淛	乾隆《武夷山志》卷二十
游武夷山记	（明）钟　惺	乾隆《武夷山志》卷二十
武夷游记	（明）张于垒	乾隆《武夷山志》卷二十
武夷杂记	（明）张于垒	乾隆《武夷山志》卷二十一
游武夷记	（明）曹学佺	乾隆《武夷山志》卷二十
武夷记	（明）吴　栻	乾隆《武夷山志》卷二十
武夷山杂记	（明）吴　栻	乾隆《武夷山志》卷二十一
游武夷山记	（明）徐　熥	乾隆《武夷山志》卷二十
游武夷山记	（明）汪　桂	崇祯《武夷山志》卷十七
武夷游记	（明）江　瓘	崇祯《武夷山志》卷十七
游武夷山记	（明）张维机	崇祯《武夷山志》卷十七
武夷山志序	（明）舒　芬	乾隆《武夷山志》卷二十一
游武夷诗序	（明）宋仪望	乾隆《武夷山志》卷二十一
茶考	（明）徐　𤊹	乾隆《武夷山志》卷二十一
绘幔亭图题上	（明）王时敏	乾隆《武夷山志》卷二十一
题王尔卿画幔亭图	（明）董其昌	乾隆《武夷山志》卷二十一
游武夷山记	佚　名	乾隆《武夷山志》卷二十
武夷游记	（清）林　霍	乾隆《武夷山志》卷二十
武夷山游记	（清）郑　恭	乾隆《武夷山志》卷二十
武夷游记	（清）陈朝俨	乾隆《武夷山志》卷二十

续表

文　献	撰　者	版　本
武夷导游记	（清）释如疾	乾隆《武夷山志》卷二十
武夷纪胜一卷	（清）佚　名	《小方壶斋舆地丛钞》第四帙
武夷纪游	（清）杨　豫	光绪二十三年（1897）崇安铅印本
武夷纪要自序	（清）蓝陈略	乾隆《武夷山志》卷二十一
虎啸八景诗序	（清）沈宗敬	乾隆《武夷山志》卷二十一
武夷宦游稿序	（清）方中德	乾隆《武夷山志》卷二十一
武夷偶述	（清）丁耀亢	乾隆《武夷山志》卷二十一
论游武夷	（清）金兰友	乾隆《武夷山志》卷二十一
游武夷山记	（清）袁　枚	《小方壶斋舆地丛钞》第四帙
游武夷山记	（清）洪亮吉	《小方壶斋舆地丛钞》第四帙
九曲游记	（清）陆　莱	《小方壶斋舆地丛钞》第四帙
登大王峰记一卷	（清）李　卷	《小方壶斋舆地丛钞》第四帙
武夷纪游图咏一卷	（清）吴嵩梁	香苏山馆全集本
游武夷山记	（清）蓝鼎元	《鹿洲全集》，蒋炳钊、王钿点校，厦门大学出版社，1995年，第200—202页

三、武夷山景观意象的时空分析

早在汉武帝时期就有祀武夷君的记载，但直至东汉，整个福建在中原人的印象里还是"闽在海中"。① 汉武帝时祀武夷君，恐怕主要是祭祀闽越族的神灵，以期达到"怀柔"的目的。永嘉丧乱、安史之乱，中原汉人渐次进入福建。特别是唐末五代时期，大量的移民使闽北山区得到了更为有效的开发。弘治《八闽通志》卷三《地理》载：

---

① 《山海经》卷五《海内南经》，袁珂校注，成都：巴蜀书社，1993年，第316页。

"自五代乱离,江北士大夫、豪商、巨贾,多逃难于此。"①故建州备五方之俗。但武夷山文化的繁荣时期尚未到来,故唐五代遗留下来的诗文数量极为有限。

南宋是武夷山景观意象的定型期。之所以如此,核心原因是朱熹托足武夷,但也与南宋的社会背景密切相关。靖康之乱后,中国政治、经济和文化中心南移使福建的地位迅速提升,加之中原移民大量涌入福建,海外贸易发展,"古者江南不能与中土等"的状况大为改观,"宋受天命,然后七闽二浙与江之西东,冠带诗书翕然大肆,人才之盛,甲于天下"②。元代是一个过渡时期。明代,尤其是晚明,是一个"天崩地解"的时代,社会风气的巨大变化,使旅游成为一种可助文人墨客"名高"的事情,③大批文人热衷于游览山水,观察社会风情,蔚为时尚,因此诞生了大量的旅游家,个别超群者则成为杰出的地理学家,如徐霞客、谢肇淛、王士性等人,④其中徐、谢就有武夷山游记存世。武夷山的声望经过宋、元、明的传播,在清代已经具有了很强的旅游吸引力,繁荣自然不在话下(参见图3)。

从空间演变来看,无论是历史记载还是神话传说,九曲溪中一曲无疑是最早被注意到的,逆流而上,传说中的故事数量有明显递减的趋势。明王时敏《绘幔亭图题其上》云:"从来游武夷者,至六曲辄止。"不仅因为六曲以上自然景观吸引力小,也与"舟亦以流急不得进"有关。⑤虽然不能将其简单地看作开发的先后次序所致,但至少反映

---

① 弘治《八闽通志》卷三《风俗》,明弘治刻本,第5页b。
② 洪迈:《容斋四笔》卷五《饶州风俗》,上海:上海古籍出版社,1996年,第665页。
③ 谢肇淛:《小草斋集》卷五《近游草自序》云:"夫世之游者,为名高也。故尝远耽而近遗,其所谭矢注慕,在五岳八极、汗漫象罔之外,而跬步之丘壑,往往不能举其笑。"江中柱点校,福州:福建人民出版社,2009年,第98页。
④ 周振鹤:《从明人文集看晚明旅游风气及其与地理学的关系》,《复旦学报》2005年第1期,第72—78页。
⑤ 徐霞客:《徐霞客游记·游武彝(夷)山日记》,褚绍唐、吴应寿整理,上海:上海古籍出版社,1980年,第19页。

佛所王土：中古中国佛教地理研究

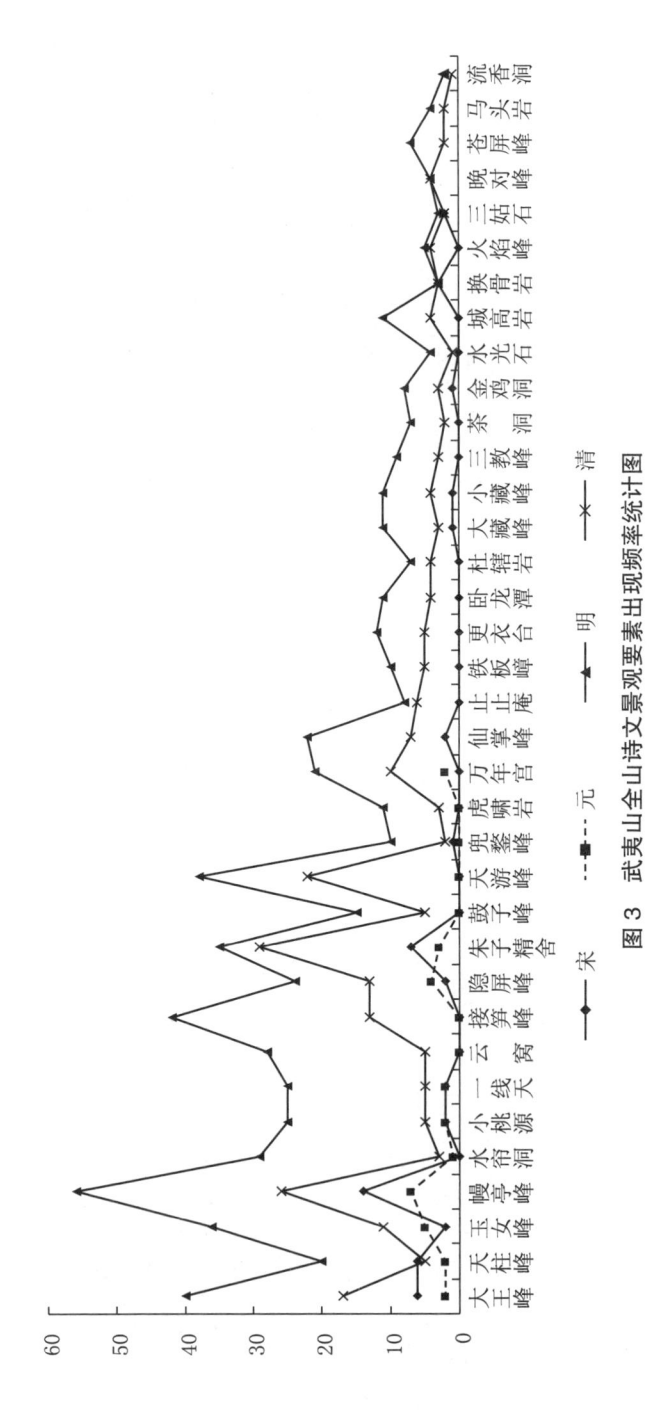

图 3　武夷山全山诗文景观要素出现频率统计图

资料来源：本图以乾隆《武夷山志》卷二十至卷二十四所载诗文为蓝本，详细统计出各景观要素在不同时期诗文中出现的次数而制作，数据由胡培协助统计。

了武夷山九曲溪沿岸游人行踪的空间差异。从历代吟诵的诗词数量中也可看出这一点（参见表3、图4）。九曲溪与山北景区相比，则呈现出开发的时空差异，详见下文。

表3 九曲溪景观要素出现频率统计表

一曲	幔亭	大王峰	冲佑观	止止庵	升真岩	武夷宫	换骨岩	登仙石
	79	53	52	23	22	15	13	12
二曲	玉女峰	虎啸岩	一线天	妆镜台	仙馆岩	三杯石	翰墨石	漱艺山房
	53	44	17	8	8	7	3	2
三曲	仙船岩	架壑船	小藏峰	金井坑	会仙岩	车钱岩	升日岩	上升峰
	15	8	8	7	4	4	4	4
四曲	御茶园	小九曲	大藏峰	金鸡洞	卧龙潭	仙机岩	题诗岩	钓鱼岩
	17	13	11	10	10	8	4	4
五曲	精舍	云窝	大隐屏	接笋峰	茶洞	晚对峰	晚对亭	钓矶
	71	40	26	22	14	12	10	10
六曲	一览台	天游峰	小桃源	仙掌峰	三友堂	石门岩	陷石堂	纯阳祠
	18	14	13	12	5	4	3	2
七曲	三仰峰	桃花涧	百花庄	天壶峰	碧霄洞	三层峰	三隐台	琅玕岩
	8	8	8	7	6	6	5	5
八曲	鼓子峰	鼓楼岩	活水洞	笋洲	吴公洞	龙吟庵	廪石	八曲山房
	9	7	7	3	3	2	2	2
九曲	灵峰	云岩	寒岩	杜清碧读书处	白云庵	白云洞	武夷山房	灵峰观
	14	8	8	7	4	3	3	2

资料来源：本表以乾隆《武夷山志》卷五至卷十四所载诗文为蓝本，详细统计出各景观要素出现的次数，每曲只取排名前八位列入本表。本表数据由柳亚平、徐鑫协助统计。

图 4　九曲溪景观意象比较图

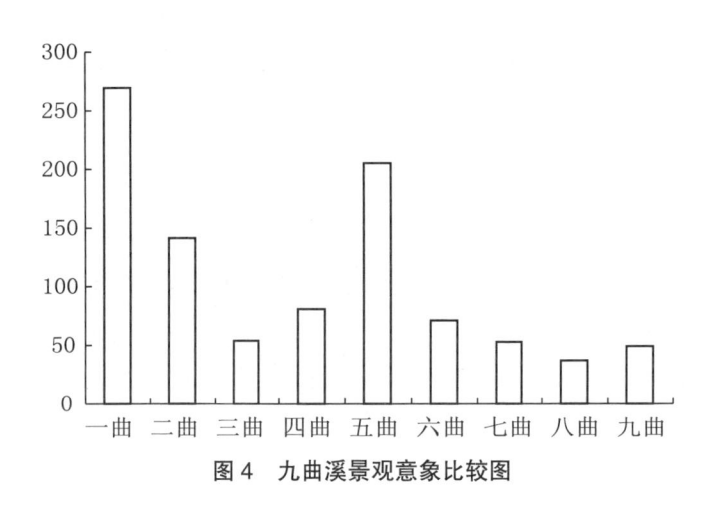

这样的发展背景，明显地体现在武夷山历史景观的意象方面。就意象而言，作为一个整体，武夷山有其独特性："武夷之异于他山者有三，凡山多杂石土垒成峰，兹山一石一峰，千仞无纤土，松竹蒙茸，沿石而生，一异也。他山山水各为一区，此则石根壁笋，各浸水中，看山不用杖而用舟，二异也。凡山或排列或分聚，此则峰溪相环，九折万状。山前以后山为郭，山后以前山为障，远不半舍，往复不穷，三异也。"① 独特的景观意象，寓于武夷的"三三六六"之中。下面就从九曲溪、山北景区两个方面，探讨武夷山景观的微观意象及其形成。

一曲景观的意象构成：山上风吹笙鹤声

来到问津厅，便至一曲。一曲是指从山前渡至大溪晴川一带。对照万历《武夷志略》与乾隆《武夷山志》所载一曲图，可见大王峰是图中最显眼的景观，两幅图取景的视点也基本相同。所不同的是，明图并没有把万年宫左侧的幔亭峰和幔亭绘制在一曲图中，而是置于《万年宫左诸景观》图中。明图中，大王峰顶丰富的景观，如升真观、天监池、投龙祠、礼斗坛等，在清图中全然无踪。明图把止止庵绘制在二

---

① 丁耀亢：《武夷偶述》，乾隆《武夷山志》卷二一《艺文》，第 38 页 b。

曲图中，清图止止庵则居一曲图中较为显著的位置（见图5、图6）。

图5 万历《武夷志略》一曲图

图6 乾隆《武夷山志》一曲图

大王峰，进入武夷的第一峰，"巍然雄踞，拔地数百丈，矗立云表。亦名天柱峰。其麓稍陂陀，至峰腰则峭壁陡起，四面如削，下敛而上侈。……相传魏王子骞与张湛辈十三人辟谷于此"。天柱与大王，不仅名称改易，其实吟咏大王峰的诗词意象也发生了明显的变化。宋元时期，吟诵大王峰的诗词，多着眼于"天柱"的意象，如宋朱熹《天柱峰》诗"屹然天一柱，雄镇干维东。只说乾坤大，谁知立极功"；至明清时期则更多侧重于"大王"的意象，如清王复礼《大王峰》诗"大王久已独称尊，一柱擎天万古存。三十六峰皆拱向，周遭罗列似儿孙"；不变的是羽化登仙的神圣意象，宋人李纲有诗云"危峰孤峭与天通，犹有当时羽化踪。仙驭自随鸾鹤远，玉楼金锁白云封"。① 明人刘同升《登张仙洞》诗："已见长空来白鹤，仍闻绝顶有清池。"②

虽然有人认为"大王久已独称尊"，但对宋代至清代的武夷山诗文意象统计证明，居首位的并非大王峰，而是位于大王峰左边，矮其一头的幔亭峰。由此看来，诗人笔下意象的形成，并不只以自然景观的雄奇为着眼点，宗教也是一个重要的因素，幔亭峰在这一方面似乎要比大王峰更具优势。

幔亭峰意象的形成，与传说中在幔亭峰上举行的那场武夷君犒赏子孙的音乐盛宴有关。宋祝穆《方舆胜览》卷十一《幔亭峰》载：

> 幔亭峰，一名铁佛嶂。古记云："秦始皇二年八月十五日，武夷君致酒觳会乡人于幔亭峰上。初召男女二千余人，如期而往，乃见山径平坦，虹梁架空，体轻心喜，不觉其倦。至山顶，有缦亭彩屋，玲珑映隐，前后左右可数百间。就幔亭北壁中间设一宝床，谓之太极玉皇座；北壁西厦设一宝床，谓之太姥魏真人座；北壁东

---

① 乾隆《武夷山志》卷六《一曲中》，第14页b。
② 乾隆《武夷山志》卷六《一曲上》，第7页a。

厦设一宝床,谓之武夷君座;悉施红云裀、紫霞褥。初,乡人至幔亭外,闻击鼓声。少顷,空中有呼乡人为曾孙,男由东序、女由西序进。既而闻赞者云:'汝等曾孙可拜。'又闻赞者云:'命鼓师张安陵打引鼓,赵元奇拍副鼓,刘小禽坎铃鼓,曾少重摆鼖鼓,乔智满振嘈鼓,高子春持短鼓,管师鲍公希吹横笛,板师何凤儿拊节板。'于是东幄奏《宾云左仙》之曲。'次命弦师董娇娘弹坎篌,谢英妃抚长琴,吕荷香戛圆鼓(琵琶),管师黄次姑噪悲栗(筚篥),秀淡鸣洞箫,朱小娥运居巢(笙),金师罗妙容挥锤铫(铜钹)。'于是西幄奏《宾云右仙》之曲。行酒进食,百味珍奇,皆非世俗之所有。乃令歌师彭令昭唱《人间可哀曲》,词曰:'天上人间兮合会疏稀,日落西山兮夕鸟归飞。百年一饷兮志与愿违,天宫咫尺兮恨不相随。'歌罢,彩云四合,环珮人马之音亘空而至。俄而闻赞者云:'曾孙可再拜而别。'乃下山,则风雨暴至,回顾山顶无复一物,但葱翠峭拔如初耳。乡人感幸,因相与立祠其山,号同亭云。"①

武夷君的原型,可能跟战国之前闽越先民的祖先或鬼神的崇拜有关。《史记》卷二八《封禅书》记汉武帝时有人上书言:

> 古者天子常以春解祠。祠黄帝用一枭破镜;冥羊用羊祠;马行用一青牡马;太一、泽山君地长用牛;武夷君用干鱼;阴阳使者以一牛。

武夷君,唐司马贞索隐:"顾氏案:《地理志》云建安有武夷山,溪有仙人葬处,即《汉书》所谓武夷君。是时既用越巫勇之,疑即

---

① 祝穆著,祝洙增订,施和金点校:《方舆胜览》卷一一《幔亭峰》,北京:中华书局,2003年,第186页。

此神。"① 朱熹《武夷山图序》云:"武夷君之名,著自汉世,祀以干鱼,不知果何神也。今崇安有山名武夷,相传即神所宅,峰峦岩壑,秀拔奇伟,清溪九曲,流出其间,两岸绝壁,人迹所不到处,往往有枯楂插石罅间,以庋舟船、棺柩之属。柩中遗骸,外列陶器,尚皆未坏。颇疑前世道阻未通、川壅未决时,夷落所居,而汉祀者,即其君长。盖亦避世之士,为众所臣服,而传以为仙也。"②时至今日,武夷君仍然是武夷山周边地区民众广泛信仰的地域性神灵。

"自曾孙宴乎秦年,祠官传于汉世,而山之胜遂冠瑶峦矣。"③ 且不论武夷君是否真的存在,这次传说中的美妙音乐盛宴却缩短了人、神之间的距离。武夷君所在之地——幔亭峰,自然也就成为了武夷山神圣的象征,可谓"山不在高,有仙则名"。正因如此,关于幔亭峰的诗词,也就以幔亭会为意象,即"以仙迹特闻"。宋辛弃疾《幔亭峰》诗云:

> 山上风吹笙鹤声,山前人望翠云屏。蓬莱枉觅瑶池路,不道人间有幔亭。

又清朱彝尊《幔亭峰》诗云:

> 白石留遗板,红云失旧袍。要知幔亭会,亦是避秦人。④

不仅幔亭以武夷君彰显,大王峰下的武夷宫,据传因汉武帝设坛祀武夷君而成为武夷的一方净土。

---

① 《史记》卷二八《封禅书》,北京:中华书局,1959年,第1386页。
② 万历《武夷志略·武夷山图序》,第8页a。
③ 张于垒:《武夷游记》,乾隆《武夷山志》卷二〇《艺文》,第19页a。
④ 乾隆《武夷山志》卷七《一曲下》,第4页a。

二曲景观的意象构成：插花临水为谁容

舟过铁板嶂，右折入浴香潭，北上是为二曲。二曲有玉女峰、虎啸岩、一线天、妆镜台、仙馆岩等自然景观。其中虎啸岩在凌霄峰南，"相传曾有仙人骑虎啸其上，四壁陡峻，悬梯数层以登。石壁上下数千尺，总为一厂。拔地而起，以渐斜出至巅。遇雨则崖溜飞下，其落处距岩趾约四五丈，厂下屋宇风雨皆不及也"。仙人骑虎固然是虎啸岩的意象之一，如"昔年雕虎啸幽岩，千里清风皱碧潭"①，但被诗人们关注更多的还是虎啸岩景观之多元与丰富，如明徐熥《憩虎啸岩》："丹室初开虎啸峰，飞泉百道翠千重。雨前石坞收新茗，云际柴扉掩乱松。险绝悬崖通小径，响传空谷应疏钟。无人解到幽栖处，阶下惟留猿鹤踪。"这首诗中就有十多种意象，看来所谓"虎啸八景"只能称其少，不能言其多。然而，"佳景不可胜数"②的虎啸岩，还不足以成为二曲景观的代表。

以玉女峰为标志所形成的一个柔美的女性空间，才是二曲景观的意象所在之地。单就地名来看，玉女峰、妆镜台、浴香坛、玉女洞、香梳石、三髻峰，这一连串带有女性特色的名称，就足以说明问题。其中玉女峰无疑是最早得名的，其他地名也就相伴而生了。

玉女峰，"鹄立溪畔，峭拔为诸峰第一，高数十仞，无径可跻。上稍侈，其顶花卉参簇，若鬟髻。……袅袅婷婷有姝丽之态，艮然两石附于后，如侍女随行之状"③。面对这样一个具有女性特色的形象，诗人们如何吟诵，是一个颇有意思的问题。

综观全国，被赋予浓重女性色彩的自然景观，少之又少，最著名

---

① 李纲：《虎啸岩》，乾隆《武夷山志》卷八《二曲》，第 12 页 b。
② 沈宗敬：《虎啸八景叙》，乾隆《武夷山志》卷二一《艺文》，乾隆十六年（1751）观光楼刊本，第 16 页 b。
③ 乾隆《武夷山志》卷八《二曲》，第 3 页 a。

者当数"其象无双,其美无极"①的长江三峡巫山神女峰。诗人把耳熟能详的巫山神女的文学意象,延展到二曲玉女峰,就是再自然不过的事了。宋李纲《玉女峰》诗云:

粲粲三英照玉溪,雾鬟风鬓晓参差。
想当巫峡行云日,记得湘江解珮时。②

元刘边《玉女峰》:

不作阳台云雨羞,风鬟雾鬓乱萧飕。
行人莫问当年事,独立寒潭空几秋。③

巫山神女的意象,必定有历史传说为其依托,玉女为何立于溪边,自然少不了游人的不断追问。先看朱子,诗云:

二曲亭亭玉女峰,插花临水为谁容。
道人不作阳台梦,兴入前山翠几重。④

又元陈普《玉女峰》:

暮暮朝朝此水头,却无雨怨与云愁。
我仪何事堂堂去,极目天涯双鬓秋。

---

① 宋玉:《神女赋》,《文选》,萧统编,海荣、秦克标校,上海:上海古籍出版社,1998年,第135页。
② 万历《武夷志略·二曲》,第43页b。
③ 乾隆《武夷山志》卷八《二曲》,第3页b。
④ 朱熹:《九曲棹歌》,乾隆《武夷山志》卷四《棹歌》,第9页a。

有人不断地追问,自然就有人出来解围。宋周载有诗云:

> 谁将玉女对妆台,曲水分明一鉴开。
> 铁石肺肠尘梦断,任他云雨逐人来。

清陆廷灿《玉女峰》:

> 亭亭独立水云隈,石作身心不受猜。
> 纵有大王峰在望,肯教行雨学阳台?

董天工《玉女峰》:

> 不道姑仙立水中,亭亭秀色态融融。
> 湘江解佩翻成梦,巫峡行云化作虹。
> 新月难描新宇翠,晚霞敢拟晚花红。
> 贞心铁石尘缘断,独对寒潭凌太空。①

一路细细读来,无论是比作"巫山神女"的,还是关切询问的,或是圆场解围的,在潜意识中都把玉女看作自己的"梦中情人",那份邂逅的浪漫和美丽,始终是言说的中心。

对照明清两代的景观图,玉女峰在明图偏居左侧,而在清图则居于中部,玉女峰与周边景观相比,在视觉上占有压倒性优势(见图7、图8)。这样的景观构图,偶然中也有必然。总体来看,清代关于玉女峰的意象,较之以前更为鲜明,如浴香潭,原名檀香潭,至清代时,才被侍读施润章改为今名。又如香梳石、玉女洞等,明代方志中没有的地名,清代方志中却赫然在列。

---

① 乾隆《武夷山志》卷八《二曲》,第6页 a—b。

佛所王土：中古中国佛教地理研究

图7 万历《武夷志略》二曲图

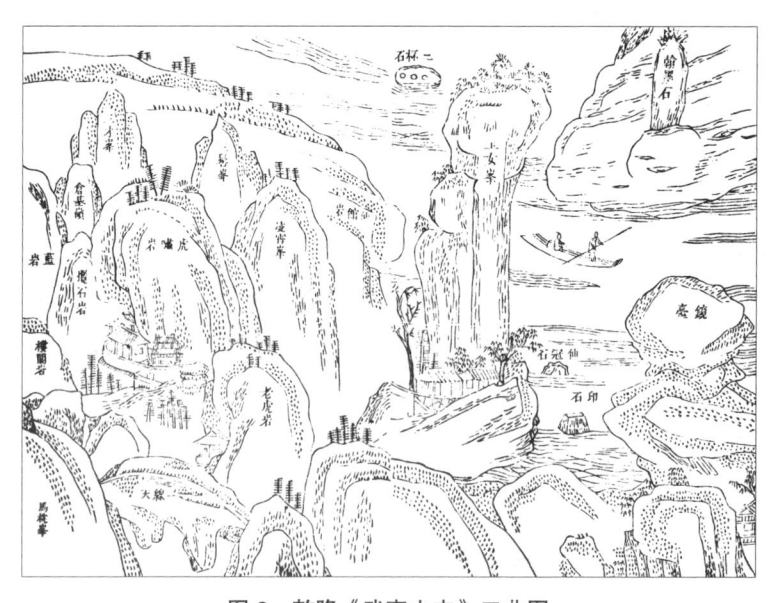

图8 乾隆《武夷山志》二曲图

三曲景观的意象构成：鼓棹仙人泛玉波

雷磕滩上下为三曲。占据三曲景观意象之首的是架壑船。朱子《九曲棹歌》诗云：

> 三曲君看架壑船，不知停棹几何年。
> 桑田海水今如许，泡沫风灯敢自怜。①

至清代时，这一意象并没有多大的变化，乾隆《武夷山志》云："峰回溪转，近雷磕滩，左折如钩，小藏峰临其西岸。仰视仙船瑰异殊甚，三曲之胜观在是。"②明、清景观图也体现了这一点，小藏峰和架壑船是表现的重点，但明图中小藏峰的表现更为抢眼，占据着图幅正中偏上的位置，在图幅的下方展示了揽石峰、舞雪台、一线天、仙浴池、风洞、三才峰等景观。而在清图中小藏峰则靠右偏下，在靠左偏上的位置醒目地绘出仙游岩、上升峰、升日峰、车钱峰等景观。

架壑船在小藏峰。万历《武夷志略·三曲》载：

> 小藏峰，在本曲溪南，高耸峻拔，峭壁间谽开一穴，其中插木庋板，望之如栉，及黄心木函藏十三仙蜕骨于中，又有小船二只，架于横木之上，岁久不坏，乃曰仙船岩。

万历丁巳夏，小藏峰"忽坠一艇，声震远迩，所贮遗殖之甓甕悉皆糜碎，好事者争取船木镌以为珮，嗅之微有香气，咸莫辨其为何木也"③。构成武夷山丹霞地貌的近水平紫色岩层，形成于不同的地质时期，软硬不同，外力风化、侵蚀的速率也不同。在上下两层相对较硬

---

① 朱熹：《九曲棹歌》，乾隆《武夷山志》卷四《棹歌》，第9页a—b。
② 乾隆《武夷山志》卷九《三曲》，第2页b。
③ 万历《武夷志略·三曲》，第51页a。

的岩层之间,较软的岩层或岩层裂隙发育处易被外力侵蚀,形成天然的岩洞或罅隙,先民就将船棺安葬于此。游人向上仰望,小舟插于嵯峨,故称架壑船。其实架壑船在武夷山并不少见,在九曲溪也不止一处,仅董天工的统计,就有八处,共十六艇。① 只是由于小藏峰的架壑船凌空悬架,气势惊险,给游人留下丰富的想象空间,因此关于小藏峰、架壑船和虹桥板的诗词,其意象无不与仙界发生联系,架壑船甚至成为俗世凡间之人想象中羽化登仙的渡舟。宋人李纲《船场岩》:

> 仙艇何年插翠微,云篷烟棹尚依依。
> 凌虚欲鼓天边柁,唤取双龙负背飞。

又宋翁彦约《仙船岩》诗云:

> 西溪飘渺接银河,鼓棹仙人泛玉波。
> 却御长风天上去,虚舟千古插嵯峨。

这一仙船意象,至清代时,依然鲜明如故。清陈朝俨《仙船岩》诗云:

> 不信沧桑劫火灰,请看石罅棹歌回。
> 分明指点蓬壶路,谁向迷津问渡来。②

当然,有人作如是之想,自然就有人不以为然。清人张坦《和棹歌原韵》诗曰:

---

① 乾隆《武夷山志》卷一九《古迹》,第3页b。
② 乾隆《武夷山志》卷九《三曲》,第5页b。

>三曲谁乘架壑船，天机罢织问何年。
>偶来飞鸟台边立，翠巘丹崖净可怜。

而王复礼则更进一步：

>三曲何来岩畔船，船中朽骨不知年。
>王骞彭祖终归尽，枉自求仙亦可怜。①

当考古工作者研究证明架壑船仅仅是先民普通的船棺葬，其年代大致在西周晚期至汉代，这里被赋予的仙船意象顷刻就荡然无存，代之而起的则是另一种猎奇审美心理。

四曲景观的意象构成：秘境茶园共溪生

卧龙潭至古锥滩为四曲。由朱子的《九曲棹歌》云：

>四曲东西两石岩，岩花垂露碧㲯毵。
>金鸡叫罢无人见，月满空山水满潭。

元朝蔡哲《棹歌十首》云：

>四曲风烟日凄凄，萦纡岩谷互高低。
>丹光照树明于月，惊起金鸡半夜啼。

明张时彻《棹歌和韵》云：

>钓鱼台对鹤鸣岩，烟雨朝朝紫翠㲯。
>洞里金鸡清夜月，一声啼动百花潭。

---

① 乾隆《武夷山志》卷四《棹歌》，第21页a—b。

清僧明钦《和文公武夷棹歌》云：

> 四曲遥观四面岩，松筠萝薜日毵毵。
> 金鸡一唱千峰晓，唤醒潜龙起碧潭。①

从中不难看出，东、西隔岸相对的大藏峰和钓鱼台，以及大藏峰半山腰的金鸡洞和峰下的卧龙潭，构成了四曲景观的意象。从景观图来看，也证明了这一点。明、清图都以大藏峰与钓台对峙为四曲的景观核心，但角度不同，前者在上游观察，后者在下游取景。

大藏峰，"峭壁千仞，下临深渊，壁间洞穴数处，中有石器，圆者如筥，方者如筐，亦有如杵如盘者，又藏仙蜕一十六函。岁旱，乡民每求仙蜕以祈雨，编竹为绳，悬梯历险而上，取而祷之，其应如响，遂返仙函于故处"。②又乾隆《武夷山志》载："大藏峰，宴仙岩左趾蘸澄潭陡削千仞，横亘数百丈。上稍覆如檐，岩溜皆滴落水中。舟过其下，人语棹声，空壁响答。半岩为金鸡两洞，洞中架槊、虹桥，了然可睹。旁又直裂一罅，内亦纵横，数板皆可望而不可即。"卧龙潭，"大藏峰下，湛深不测，浸注峰趾，下有数穴通于无际，传有神物居焉"。钓鱼台，又名仙钓台，"峭绝孤立，逼临溪畔，右壁石穴俗称真武洞，内有船盛仙蜕数函，及甃瓮炉鼎之属"。由此可见，四曲的景观充满了口口相传的神秘色彩，故诗人的咏颂也多此类意象，如宋翁彦约《钓鱼台》诗云：

> 百粤尧时路未通，曲溪春水没长松。
> 老仙台上垂明月，不钓凡鱼只钓龙。

---

① 乾隆《武夷山志》卷四《棹歌》，第20页b。
② 万历《武夷志略·四曲》，第57页b。

又如宋陈君从《金鸡洞》诗云:

闻说谈玄不记年,啄余丹颗亦成仙。
一声唱罢东方白,三十六峰生翠烟。

意象神秘的四曲,随着元代茶园的开辟,增加了一抹世俗的气象,关于武夷山御茶园,万历《武夷志略·四曲》载:

制茶为贡,自宋蔡襄始,先是建州贡茶,首称北苑龙团,而武夷之茶,名尤未著。

乾隆《武夷山志》卷九《四曲》载:

御茶园,溪南,依山傍水,平衍半里许,即希贺堂遗址。元至元十六年,浙江行省平章高兴过武夷,制石乳数斤入献,十九年,乃令县官莅之。岁贡茶二十斤,采摘户凡八十。大德五年,兴之子久住为邵武路总管,就近至武夷督造贡茶。明年创焙局,称为御茶园。有仁风门、拜发殿、清神堂、思敬亭、焙芳亭、燕嘉亭、宜寂亭、浮光亭、碧云桥,又有通仙井覆以龙亭,皆极丹膛之盛。设场官二员,领其事。后岁额浸广增,户至二百五十,茶三百六十斤,制龙团五千饼。泰定五年,崇安令张端本于园之左右各建一场,扁曰:茶场。至顺三年,建宁总管暗都剌于通仙井畔筑台,高五尺,方一丈六尺,名曰喊山台。其上为喊泉亭。因称井为呼来泉。旧志云,祭毕,隶卒鸣金击鼓,同声喊曰:茶发芽!而井水渐满,故名。迨至正末,额凡九百九十斤。明初仍之,著为令。每岁惊蛰日,崇安令具牲醴,诣茶场致祭。洪武二十四年,诏天下产茶之地,岁有定额。

以建宁为上厅,茶户采进勿预有司,茶名有四:探春、先春、次春、紫笋,不得碾揉为大小龙团。然而祀典贡额犹如故也。嘉靖三十六年,建宁太守钱㷿因本山茶枯,令以岁编茶夫银二百两,斋府造办解京,御茶改贡延平。自此遂罢茶场,而崇民得以少息,园寻废。惟井尚存,井水清甘,较他泉迥异。道人张邋遢过此饮之,曰:不徒茶美,亦此水之力也!今僧又水创法幢庵于园址,土人犹呼御茶园也。

可见,随着武夷茶声名日渐远播,御茶园规模逐渐扩大,上贡茶的数量也日渐增多。宋代诗人范仲淹诗曰:

年年春自东南来,建溪先暖冰微开。
溪边奇茗冠天下,武夷仙人从古栽。①

但在大多数人的笔下,这一景观并不温馨,相反却折射出"君臣第取一时快,讵知山农摘此田不毛。先春一闻省帖下,樵丁尧竖纷逋逃"②,"茶兮尔何知,乃以尔故灾黎元"的人间不幸,真是"兴也实祸首"。③明代诗人陈君从有《喊山台》诗一首,道出御茶园中官府煞风景的行为,不无讽喻。诗云:

武夷溪曲喊山茶,尽是黄金粟粒芽。
堪笑开元天子俗,却将羯鼓去催花。④

---

① 范仲淹:《范文正公集》卷二《和章岷从事斗茶歌》,《四部丛刊初编》,上海:商务印书馆,1926年,上海书店出版社1989年重印,第4页a。
② 朱彝尊:《御茶园歌》,乾隆《武夷山志》卷九《四曲》,第19页b。
③ 查慎行:《御茶园歌》,乾隆《武夷山志》卷九《四曲》,第21页a。
④ 乾隆《武夷山志》卷九《四曲》,第21页b。

五曲景观的意象构成：溪流犹带读书声

平林渡为五曲。如果说一曲以幔亭仙人故事称胜，六曲以天游险绝为奇，五曲无疑人文气息最浓。加之最佳的山水组合，人称五曲"溪山之胜极矣"，当不为过。

关于五曲山水组合的状况，朱熹于《武夷精舍杂咏诗序》云：

> 武夷之溪东流，凡九曲，而第五曲为最深。盖其山自北而南者，至此而尽，耸全石为一峰，拔地千尺，上小平处微戴土，生林木，极苍翠可玩，而四隤稍下，则反削而入，如方屋帽者，旧经所谓大隐屏也。屏下两麓，坡陁旁引，还复相抱，抱中地平广数亩，抱外溪水随山势从西北来，四曲折始过其南，乃复绕山东北，亦四曲折而出。溪流两旁，丹崖翠壁，林立环拥，神剜鬼刻，不可名状。舟行上下者，方左右顾瞻，错愕之不暇。而忽得平冈长阜，苍藤茂木，按衍迤靡，胶葛蒙翳，使人心目旷然，以舒窈然，以深若不可极者，即精舍之所在也。

由此可见，围绕平林滩，左依"巉巉如削，无径可登"的玉华峰，右拥"倒影在寒流，半空飞苍鹘。垂岸如树枝，累石似苔发"①的接笋峰，后有"黛色张半空，和云落溪水。苍然傲今古，晚对足幽意"②的隐屏峰，隔溪而望，又有"晚对无人但翠屏，春猿秋鹤自飞吟"③的晚对峰、"巉巉千丈插烟空"④的天柱峰和更衣台，形成一幅完美的山水画卷，宋郭熙所云："山水有可行者，有可望者，有可游者，有可居者。画凡至此，皆入善品。"⑤画品如是，自然景观亦如是，因此，五

---

① 吴拭：《望接笋峰》，乾隆《武夷山志》卷一一《五曲下》，第10页a。
② 刘说道：《大隐屏》，乾隆《武夷山志》卷一一《五曲下》，第2页b。
③ 林汉宗：《晚对峰》，乾隆《武夷山志》卷一一《五曲下》，第33页a。
④ 李纲：《天柱峰》，乾隆《武夷山志》卷一一《五曲下》，第32页a。
⑤ 郭熙：《林泉高致集·山水训》，清乾隆文渊阁四库全书本，第7页a。

曲的景观营造出一个"江山高隐"式的山水美学意境。从隐士生活的亭台屋宇，到水边的庭院，再到崇山峻岭的外围环境，由内至外的三重景物构成，既将远离尘嚣的隐逸生活展现在观察者的面前，也把高人隐士的道德精神寓于其内。正如明邱云霄《棹歌十首》之六诗云：

> 五曲花开锦绣屏，青山无语静仪型。
> 楼前尽日东流水，独立苍茫晚对亭。①

故乾隆《武夷山志》概括五曲的景观时云：

> 诸曲惟五曲地势宽旷，隐屏峰下紫阳书院在焉，面向晚对，远近拱立者为玉华、接笋、城高、天柱诸峰，溪过其前，萦绕如带，冲融淡泞，流若织文。

武夷精舍，名文公祠，又号紫阳书院。"淳熙十年，元晦既辞使节于江东，遂赋祠官之禄……盖其游益数，而于其溪之五折，负大石屏规之以为精舍，取道士之庐犹半也。诛锄茅草，仅得数亩，面势幽清，奇石佳木，拱揖映带，若阴相而遗我者，使弟子辈具畚锸集瓦木，相率成之。元晦躬画其处，中以为堂，旁以为斋，高以为亭，密以为室。讲书肄业，琴歌酒赋莫不在是。"②关于朱晦翁的道德学问及其对武夷山的影响，明徐问《重修武夷书院》云：

> 先生当周、程学末，诸儒异同，汇集群言，归极理致，要不诡于圣门，迄圣朝表章，益大流布，后学或悉诸疑，而先生之道，如车指南，无可疑也。然其迹始于同安，中于延平，终于建阳。雨露

---

① 乾隆《武夷山志》卷四《棹歌》，第27页 b。
② 韩元吉：《武夷精舍记》，乾隆《武夷山志》卷一〇《五曲下》，第7页 a—b。

炉锤,润镕前后。则虽一水一丘,人固当仰而望之为小洙泗矣。①

武夷精舍建成后至清康熙五十六年,前后扩建重修,达十五次之多。由于朱子理学的彰显,武夷山从一个充满神仙故事、山奇水秀之地,变为一个文化昌盛之所。正如清人来谦明所云:

> 迨宋儒叠兴,考亭父子倡道东南,讲学于武夷之五曲,而胡、杨、游、蔡诸大儒先后往来,以及文人词客,游览觞咏,流风余韵,大为山水生色,而武夷之名始甲于天下,谓非人杰而后地益灵耶!②

因此,在明、清五曲景观图的构图中,均以武夷书院和大隐屏峰为核心,表现出难得的一致性(见图9、图10)。而且从历代吟诵五曲诗文的意象统计来看,武夷精舍也占有绝对的优势。

诗人们对五夷精舍的歌颂,主要是对朱子道德文章的纪念和景仰,如宋代诗人陆游《寄题朱元晦武夷精舍四首》之一诗云:

> 先生结屋绿岩边,读易悬知屡绝编。
> 不用采芝惊世俗,恐人谤道是神仙。

又宋林天瑞《谒朱夫子祠》:

> 天上有明月,人世苦昏昏。山色无今古,谷云常吐吞。
> 微言谁与析,妙理独难论。万树秋风老,先生道自尊。③

---

① 乾隆《武夷山志》卷一〇《五曲上》,第 11 页 a—b。
② 乾隆《武夷山志》卷首《来谦明序》,第 19 页 b—20 页 a。
③ 乾隆《武夷山志》卷一〇《五曲上》,第 25 页 b。

图 9　万历《武夷志略》五曲图

图 10　乾隆《武夷山志》五曲图

朱子之道学，使后来者景行的同时，也使得五曲自然景观染上了厚重的人文气息，仅就地名来看就可见一斑。如晚对峰，"与文公书院相对，旧名紫石屏，又名小隐屏。宋刘建康尝从文公游，卜筑于此峰之下，以对书院，名仰高堂。文公因作晚对亭以向之，遂更是名，益以见道合心照"。① 元陈元英《谒文公书院》诗云：

疏檐透月山猿啸，竹案飞尘瓦雀行。
笑指碧池春藻密，溪流犹带读书声。②

好一个"溪流犹带读书声"。可见，在诸多的景观意象中，朱子道德文章的流风余韵，才是五曲"画境"的"文心"。

六曲景观的意象构成：倚槛不知尘世界

老鸦滩为六曲。"溪自苍屏、响声之间折而东，甫下老鸦滩即南入五曲，故六曲所隶视他曲为短"，然而天游峰、仙掌岩和小桃园等景观的存在，使六曲至少在自然景观方面，拥有了"为武夷第一胜地，诸处皆不能及"的优势。"天游为全山弁冕，水绕山环，极武夷形势之胜"，游人对于天游峰的观察，虽然不无侧视的角度，如元·刘边《天游峰》：

紫翠飞来石蕊间，何年幻出小瀛寰。
崖悬瘦瀑一千丈，峡束寒流八九湾。
苍壁向人如有待，白云何事未知还。
酣歌更挹浮丘伯，坐对中台话半闲。

但更多游人的意象集中于俯视后的感慨，董天工云："登此一

---

① 万历《武夷志略·五曲》，第5页b。
② 乾隆《武夷山志》卷一〇《五曲上》，第26页a。

望,则九曲若游龙夭矫,蟠绕山中。卧龙潭、平林渡及老鸦诸滩皆指顾得之。其顶俯瞰千峰如林,最近者隐屏、玉华、接笋骈立于前,类笔架。稍远为晚对数峰,又远为虎啸诸岩。层峦迭嶂,拱向旋归,而大王鼓子为辅弼。最远外山,齐云峰当其正南,翠色青葱,高连云汉。星村一带,烟树满川,悉平收于栏槛间,临眺之顷,心旷神怡,莫不叹睹止矣!"文人墨客对此的感受可谓深刻,明周世臣《登天游观》诗云:

> 天游之峰危接天,振衣直上万仞巅。
> 平眺六六众峰尽,白云呼吸时往还。
> 下临平溪绕山麓,水光如带空尘目。
> 高出飞楼坐翠屏,纬以苍苍数竿竹。①

正因为有"万仞巅""危接天""众峰尽""空尘目"的美学意境,也就不难理解为何明人钱秉镫有"闻到天游客罢游"的感慨了。

如果说天游峰以高危著称,仙掌峰则以奇成名。乾隆《武夷山志》载:

> 仙掌峰,在天游峰右,穹崖墙立,高矗天际,横可半里许。峰半有类掌痕者数处,淋雨则奔流自峰顶乱下,积久蠡成辙轨,若素练垂垂,俗呼为晒布岩。名虽未雅,其景最奇。

因此,仙掌峰的意象主要集中在两个方面,其一是巨大的紫色砂岩断层面经流水的侵蚀所形成的竖状沟回,即"十指痕"。白玉蟾《仙掌峰》诗云:

---

① 乾隆《武夷山志》卷一二《六曲》,第11页a—b。

> 仙子扪萝上翠崖，崖头旧有炼丹台。
> 至今石上留仙掌，十指春葱积绿苔。

其二是巨大的断层面所形成的绝壁意象，诗人们常以此与西岳华山相比。宋代诗人蔡哲有诗云：

> 六曲云屏不可攀，绿云千顷鸟声闲。
> 悬崖亦有仙人掌，何必骑驴入华山。

又清人陆庭灿《仙掌峰》：

> 高擎双手岂寻常，欲拨浮云自激昂。
> 阅尽古今无反复，好同华岳捧天章。

桃源的景观意象，在陶渊明《桃花源记》的影响下，形成一个曲径通幽、豁然开朗、与世隔绝的审美意境。所以大凡与此相类的山水佳处，无不与桃源相类比。武夷六曲小桃源就是其中一例。小桃源，"自苍屏北廊之间，遵小涧入深谷里许，石崖相倚成门，门数曲折，涧自门出，名松鼠涧。横石为矼，复履石磴，宛转而入，穷极幽深。其内忽平旷，田畴可一二十亩，四面环山，南为苍屏，北为三层，东为玉版，西为天壶、北廊，桑麻庐舍，俨然村落。而既入其中，回视若无门径，人拟之武陵桃源，故名。宋儒陈石堂，普明高士吴正理，皆隐居于此"。徐霞客《游武夷山日记》云："三仰之下为小桃源，崩崖堆错，外成石门。由门伛偻而进入，有地一区，四山环绕，中有平畦曲涧，围以苍松翠竹，鸡声人语，具在翠微中。"[①] 游人的诗词也多以

---

① 《徐霞客游记·游武彝（夷）山日记》，褚绍唐、吴应寿整理，上海：上海古籍出版社，1980年，第20页。

世外桃源为意象,如明陈介夫《小桃源》诗:

> 溪行四五里,渐入小桃源。曲涧穿松坞,危桥度石门。
> 桑麻三月雨,鸡犬几家村。倚棹探幽胜,翛然隔世喧。

又如清张彬《小桃源》:

> 仄径高低乱石斜,幽寻直欲到山家。
> 草荒门掩无鸡犬,一树夭桃自放花。
> 阳回气转正当春,小队间行一问津。
> 九曲幽深风景异,时平不见避秦人。①

正因为暗合了世外桃源的美学意象,此处自然也成为文人墨客寻幽探奇之所在,因此也成为六曲中难得的"心灵"栖息之地。

七曲景观的意象构成:趾不临溪客访难

獭控滩以下为七曲。在宋人眼里,七曲景观的意象是由碧滩、云气藏山、瀑布悬崖构成的,朱熹有诗云:"七曲移舟上碧滩,隐屏仙掌更回看。却怜昨夜峰头雨,添得飞泉几道寒。"白玉蟾亦吟到:"仙掌峰前仙子家,客来活火煮新茶。主人遥指青烟里,瀑布悬崖剪雪花。"明代这一意象没有多大变化,如马豹蔚《棹歌和韵》:"七曲巉岩瞰碧滩,藤萝零乱许谁看。月明夜半清如涤,肌骨仙仙入广寒。"至清代,翻滚的激流,似乎更受诗人关注,王复礼《又和文公武夷棹歌》:"七曲潺湲水下滩,急流勇退几回看。不如此日归山好,远却炎威耐岁寒。"②

明人吴拭《武夷记》云:"山与水相映发者,武夷匡庐耳。匡庐水

---

① 乾隆《武夷山志》卷一二《六曲》,第26页a。
② 乾隆《武夷山志》卷四《棹歌》,第21页b。

在山外，武夷水在山中。匡庐虽峙江湖，浩荡间终是主客相偶，不能尽发其奥，武夷则清溪九曲，流出其中，凡一石一木皆相映左右，是以武夷可以舟游，匡庐必须杖履。"①武夷可以"舟游"，但也有缺点，即那些由于水流湍急难以到达或远离溪水的峰和岩，常常是游客稀少，开发较晚。例如从七曲到九曲，自然景观观赏价值较之一曲至六曲，有所下降，是不争的事实，但"溪自此以上滩多陡迅，溯流牵挽颇艰"的交通条件，不仅使普通游客，即便那些雅兴十足的文人墨客，游览于此者，也大为减少。从诗词景观要素出现的频率统计可以清楚地看到这一点（参见表3、图4）。又如三仰峰，至元代，诗文中还没有人提到它。虽然在明代已经有诗人言及三仰峰，如刘伯跃《三仰峰》：

千寻凌碧汉，层叠似丹梯。地僻松巢鹤，林深鹿引麑。
闲云迷石𥧌，细溜湿苔蹊。无那幽人兴，探奇恣品题。

但"陟其顶，四虚无际，远眺可数百里。武夷诸峰离奇万状，皆如指掌，如盘匜，即天游亦在俯视"的三仰峰，在明代并没有出现在七曲景观图中，而被置于六曲图中，且在图中的位置很不显眼，可见在徐表然眼里，就三仰峰的声名影响，还不足以在七曲中占据一个显著的位置。随着旅游开发的深入，清代景观图中，不仅三仰峰位置显赫，在图左还多出了象峰、琅玕石、百花庄等景观，溪南也有景观出现，即上城高、烟际岩、放生潭等。显然清代七曲的景观图涉及的范围比明代扩大了不少，但清代来到此处的游客仍然不多，所以倪天翰《三仰峰》有"到此幽深无俗物，春风常笑碧桃花"的诗句。其中的原因是"七曲三仰为武夷第一高峰，从舟中望若天际。而趾不临溪，且

---

① 乾隆《武夷山志》卷二〇《艺文》，第20页a。

游人多至天游而止,故登之者甚少"①。可见对于山水景观来说,交通便捷程度是影响其知名度的重要因素。

八曲景观的意象构成:莫言此地无佳景

芙蓉滩东西为八曲。在九曲溪中,八曲无疑是名气最不响的,故朱熹有诗云:"八曲风烟势欲开,鼓楼岩下水萦洄。莫言此地无佳景,自是游人不上来。"②且不管游人如何,八曲着实"无佳景"。相对于二曲之"插花临水",八曲之峰之岩,无疑要持重了许多,山麓远离溪水,造就豁然开朗的境界。故清人云:

> 鼓子两峰如双柱擎天,远即见之。上芙蓉滩山势渐开,溪流虽急,境则转而豁朗,峰麓或陂陀以赴溪,视诸曲之截然立于水际者,又另一面目也。

由此可见,豁朗的意境从宋至清,相沿不辍。

钟模石、三层峰,在明图中属于八曲的景观,而在清图中则属于七曲。同时清图内容较明图也更为丰富,二者名胜的相同与不同之处,见表4。

表4 八曲明、清景观要素变化比较

八曲	共有的景观要素	独有的景观要素
明	鼓子峰、吴公祠(洞)、鼓楼岩、笋洲、三教峰、烟际岩(石)、鱼磕石	猴藏岩、百花庄、香炉石、棋盘石、三层峰、下水龟、海蚱石、禅笠石
清		独善堂、两岩书堂、八曲山房、涵翠岩、活水洞、潮音洞、紫芝峰、龙吟庵

在八曲景观中,尽管鼓子峰、鼓楼岩、活水洞等,是文人墨客题咏最多的诗词意象,但宋人李纲《大小廪石》一诗,是堪称八曲诗文

---

① 乾隆《武夷山志》卷一三《七曲》,第3页b。
② 乾隆《武夷山志》卷四《棹歌》,第9页b—第10页a。

中最具意趣的,诗云:"仙家何事也储粮,石廪团圆曲水傍。应架玉龙耕紫石,琼芝千亩个中藏。"除此之外,八曲在朱文公时代"自是游人不上来"的状况,元时情况似乎没有多大改观,"八曲平洲即要津,太和宫里碧桃春。匆匆多少游山者,到得源头有几人。"① 至清代情况似乎有所好转,董天工诗云:"八曲莲峰摩汉开,水光反照影潆洄。桃园有路登仙境,引得游人次第来。"② 总体来看,落寞是八曲始终走不出去的阴影。

九曲景观的意象构成:还比人间别一天

虽然山水之胜,似乎至此戛然而止,但九曲鸡犬桑麻,沃野晴川,别有韵味。明黄仲昭《棹歌和韵》:"九曲桑麻翠渺然,数家鸡犬隔晴川。奇踪到此都看尽,还比人间别一天。"③ 乾隆《武夷山志》亦云:

> 溪过星村分两道,一稍北流复折而东纳后溪,一东注狮子林右复绕向西北至灵峰脚下,仍合流乃东北入山,其两溪之间,则道院洲也。然九曲既趋西北,而溪南仙岩数峰亦随溪旋转。反在溪之北岸。自南岸道院洲以往无山峰矣。灵峰耸峙,溪北为山水初接之地。游人至此,放眼平川,又是一番佳境矣。

可见在游人眼里,更受关注的是名山胜水之幽深曲折与农田桑竹之开阔平衍之间景观的转换,以及由此带来的美感,可谓"九曲斜阳意悯然,灵峰独眺见平川"④,甚至在宋人白玉蟾的《九曲杂咏》中,代表九曲的,不再是"溪"和"峰",而是"星村"。诗云:

---

① 蔡哲《棹歌十首》,载乾隆《武夷山志》卷四《棹歌》,第25页b。
② 董天工《和文公武夷山棹歌》,载乾隆《武夷山志》卷四《棹歌》,第23页a。
③ 乾隆《武夷山志》卷四《棹歌》,第14页a。
④ 万历《武夷志略·九曲》,第4页a。

"山市晴岚天打围,一村鸡犬正斜晖。稻田高下如棋局,几点鸦飞与鹭飞。"①

表5　九曲明、清景观要素变化比较

九曲	共有的景观要素	独有的景观要素
明	灵峰、寒岩、清微太和宫(和阳道院)、题谶石、霞洲(霞斐洲)、齐云峰、儒林祠	丘公岩、毛竹洞、扶人石、万卷书楼、静可书堂、聘君宅、思绍堂、大廪石、小廪石、香亭、星村渡、马月岩
清		白云庵、白云洞、灵峰观、石鳞窟、后溪、武夷山房、星渚渡、嶂岩、江墩溪

明、清九曲景观的变化,由表3、5可以看出。可见在文人的意象中,构成九曲的景观要素以灵峰、云岩和寒岩居前三位。宗教方面,以清微太和宫即和阳道院为主。而在溪南,最值得注意的是书院。早在宋代,山南就建有静可书堂。在九曲溪尽处,元代有万卷书楼、儒林祠、聘君宅、思绍堂,后溪山坡明代建有武夷山房,亦名星村精舍。

山北景观的意象构成:水帘遮住众山秀

武夷山山北的景观,无论是知名度还是受关注的程度,都无法与九曲溪沿线的景观相比。

宋代,山北的景观见于记载的,只有水帘洞、梅花庄、倒水坑等处,他处无论是游记还是诗赋均未曾涉及。元代是一个资料断层时期,目前还没有看到相关的记载。至明代时,山北的景观也远不如九曲溪繁华,原因是"世之水路从游者,类自(武夷)宫右溯流而上,穷至九曲而兴尽矣。若夫宫左诸景多置弗问"②。所以徐表然在划分山北景观时,仅仅以"武夷宫左诸景"概括,没有详细的内部景观区划。清代时,从游记、诗文的数量来看,较之前有进步,但依然不甚理想,

---

① 乾隆《武夷山志》卷四《棹歌》,第24页b—25页a。
② 万历《武夷志略·万年宫左》,第1页a。

乾隆《武夷山志》载：

> 九曲诸峰与水沿缘映带，已随各曲分列井然，其溪北幽岩邃谷与曲水隔远者尚多，旧志分载各曲，不惟形势乖离，不相联属，抑且径路不清，令人茫昧。

可见在清代时，依然有很多景观相互之间道路不通，统称"山北"景观区，并依据道路联属的关系，划分为三个部分，"兹统汇为山北，所谓方以类聚也。其径又复注明凡有三支，亦如曲中之山分溪南、北，脉络分明，俾游人按籍而稽，庶可得其真也"。三支分别是东径、北径和西径。

由于开发较晚，山北景观缺乏雄厚的历史人文基础。既没有传承久远的传说故事，也缺乏历代封赏祭祀，更没有一流的历史人物在此长期驻足，因此相比于九曲溪一带，山北寂静了许多。明吴中立《养心庵记》云：

> 予夙耽山水，栖迟九曲之滨，思支片茅以终隐。顾武夷名胜甲天下，宦辙经游，络绎不绝，非息机遐遁之区。尝试度之，其必有大隐无名为洞天之别业者。岁己卯，邂逅道人程始阳常静，相携入杜辖岩，夷犹周睇，不觉油然解颐，曰：有是哉！太朴犹完，鸿濛未凿，含辉匿景，以待象罔之求其兹山之谓乎？余与子有归老之地矣。遂度材而鸠工，覆岩为宇，瓴水为渠，本自化工，参以人力，建会仙楼于下洞楼之下，为屋三间。

由此不仅可以看出山北的清寂，亦可以明了为何明清时期山北多道家隐居于此。故山北以自然景观为主，峰和岩大多以自然形态为名，如马头岩、盘珠岩、象鼻岩、马鞍岩、北斗峰、排峰岩、火焰峰、丹霞嶂、白花岩、鹰嘴岩、白岩、水帘洞等，即便有少许带有人文色彩的地名，也大多是明清人改易或命名的。

在诸多自然景观中，水帘洞乃"山中最胜之境也"。①水帘洞"在武夷山北，丹霞嶂之左。石壁高耸，绵亘数十丈，倚岩为屋，不施片瓦，而雨露不沾，岩上有水，自顶泻下，随风飘洒，疏密不定，溟濛联络，长入帘垂，瑟瑟然声清洞府，倏忽变态不一"。故诗人的诗词大多都是感叹水帘洞的奇绝，明夏朝甫《水帘洞》诗曰：

　　天公幻化真奇绝，派下银河作晴雪。
　　一道光分出洞天，粲粲珠帘挂琼阙。②

水帘洞诗词基本上以高挂的"水帘"为意象的中心，不同游人由此展开不同的联想，仅此而已，缺乏一以贯之的人文意象基础。

四、结　论

武夷山历史景观意象的形成，是游人墨客景观审美意象传承和积累的结果。因此，具有鲜明的历时特征和区域特色，主要表现在以下几个方面：

其一，武夷山人文景观意象的形成，主要经历两个时期。一是神话传说占据主流的汉唐五代时期，主要以闽越武夷君为基础塑造了武夷文化。汉唐都有对武夷君崇祀的记载。故此一阶段武夷君兼有官方神和民间神的双重地位。二是理学文化主导的宋元明清时期。

---

① 乾隆《武夷山志》卷二五《山北》，第12页a。
② 万历《武夷志略·万年宫左》，第9页a。

南宋末年，朱子理学初步繁荣，元时武夷山乃至整个福建因处于所谓"南人"社会中，故作为官方显学的朱子理学因民族抵触而相对于北方要低落一些。明代朱子理学独尊，作为朱子理学的发源地之一，武夷山自然成为儒学士人朝觐的圣地。当然，晚明士人旅游风气的大长也是造成明代武夷文化繁荣的重要原因。清代在李光地等人的推动下，朱子理学的热度依然不减。武夷君信仰在这一阶段的影响虽然不及汉唐，但并没有式微。相较于理学的官方地位，武夷君信仰在士人中虽不无影响，但此时主要流传于民间，至清代依然是武夷山周边地区民间广泛信仰的神灵。可见，文人雅士麇集，使武夷社会如同一个环境指示物，对于宋、元、明、清中国社会的变化，反应极为敏感。

其二，武夷山景观意象的空间差异，不仅体现在九曲溪与山北的差异上，也体现在九曲溪中。整体而言，九曲溪较山北景观丰富，不仅开发早，而且自然和人文两个方面都更为全面。景观集中的九曲溪，意象极为丰富多样，山水与田园、神圣与世俗、士人与庶民，都云集于此。九曲之中，从意象鲜明的程度来看，六曲以上的景观与一至六曲相比，也有不少的差距。一至六曲中，又以一曲、五曲和三曲居前三位。其中一曲、五曲的凸显，足以显示武夷君和朱子对武夷的影响。玉女峰为武夷山自然景观的代表，古今如一。就当下来看，象征着武夷文化的一曲和五曲大概不会排在一、二位了，取而代之的应是二曲和六曲，武夷文化的衰落由此可见一斑。

其三，由于武夷山九曲溪"盈盈一水，九折分明"，空间秩序清楚，朱子据此顺序创作了独具风格的《九曲棹歌》诗。明人则以九曲空间格局为序，系连相关的山水图文与诗文碑刻，创立了独特的修志体例。清人在继承明代山志优点的同时，对吟咏全山的诗文，则另辟专卷，载于艺文志中。这样的编撰体例，对于景观意象研究，极为便利。图 11 和图 12，就是对九曲和全山诗文意象统计后制作的。这样做的意义是，以武夷山整体为吟咏对象的游客，只要一两日便可根据自己的审美感觉写出诗来，即全山诗。而那些寻幽探奇的游客，不仅要细致游览，且对武夷文化要有一定的了解，才能言人所未言，故在武夷山盘桓的时间较久。因此，两类游客，对武夷山景观意象的把握存在着一定的差别，图 11 和图 12 排名靠后的景观要素相差很大就说明了这一点。而排名靠前的景观，却相当一致。可见武夷山虽有"九曲三十六峰七十二岩"之称，但真正给游客留下深刻印象的，只有幔亭峰、大王峰、精舍、玉女峰、天游峰、冲佑观、虎啸岩、云窝等少数几个景观。但就当下来看，曾经高居第一的幔亭峰和位置靠前的冲佑观，因宗教信仰的衰落，大概已经挤不到前十名了。曾经因交通不便，游人稀少的水帘洞以及山北景观，现在位次肯定前进不少。

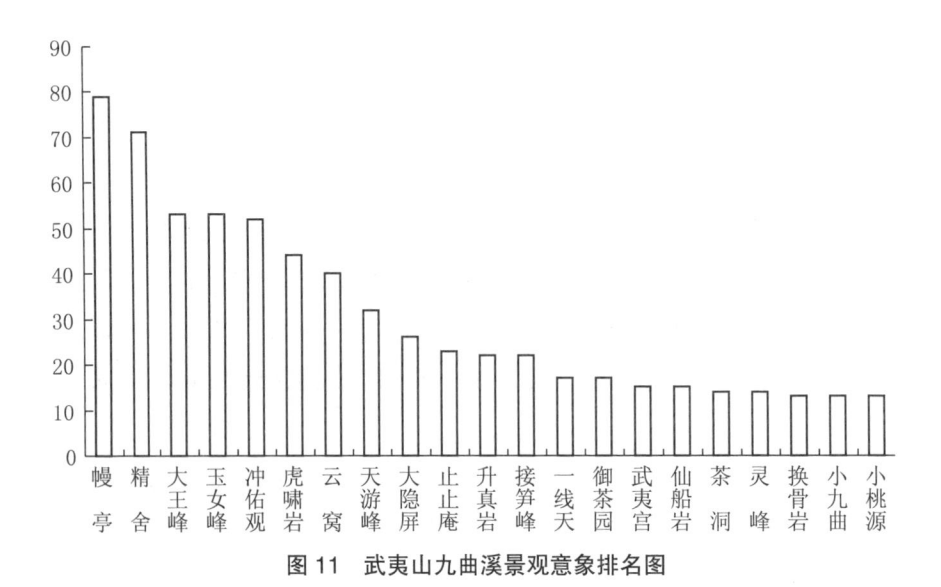

图 11 武夷山九曲溪景观意象排名图

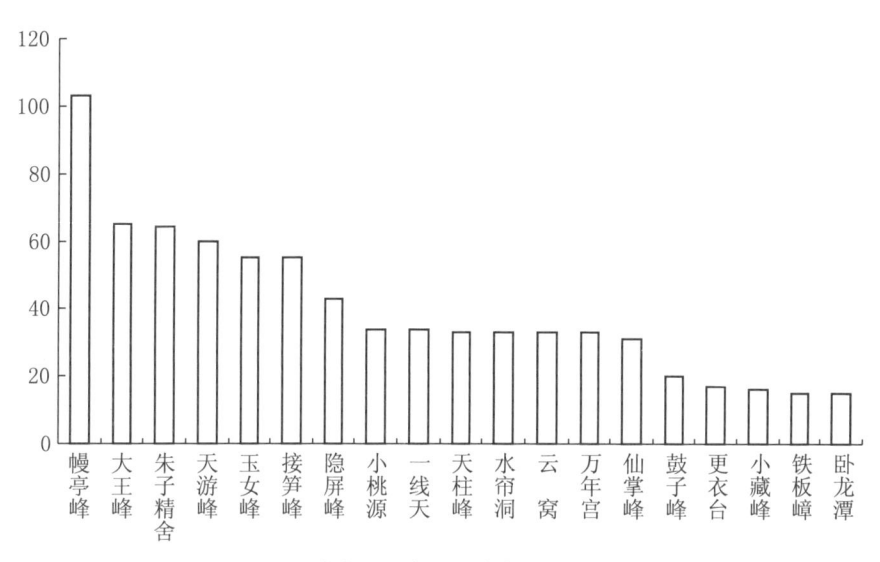

图12 武夷山历史景观意象排名（全山）

注：本图依据乾隆《武夷山志》卷二十至卷二十四《艺文志》所载诗词与游记为基础数据，统计所有武夷山景观要素的意象频率，把位居前二十位的景观制成上图。

其四，通观宋以后有关武夷山的诗词意象，不仅定型于南宋，且定于一宗，即朱熹的《九曲棹歌》。朱子《九曲棹歌》对武夷山景观意象的影响，通过本文的意象分析，清楚地呈现出来。《九曲棹歌》如同一张无形的网，笼罩着无数的后来者，无论他们怎么用心开拓，依然摆脱不了《九曲棹歌》的桎梏，以至于笔者在作每一曲的意象分析时，转来转去，最后不得不回到《棹歌》中来。究其原因，除了朱子《九曲棹歌》自身的艺术魅力外，朱子的巨大影响，也使得许多诗人在未入武夷之前，早已将《九曲棹歌》烂熟于心，等他们身临其境时，自然多有会意，少有突破。颇为有趣的是，朱子有"问渠哪得清如许，为有源头活水来"的诗句，而《九曲棹歌》给武夷景观意象发展造成的影响，却适得其反。这恐怕与后来者对朱子及其理学的顶礼膜拜脱不了干系。

其五，武夷历史景观的总体意象，呈三足鼎立之势：山水园林为武夷的画境，朱子理学为武夷的文心，武夷君乃武夷的一方神圣。天、地、人浑然一体，构成武夷的"文脉"。值得注意的是，在游人的诗词意象中武夷的"人"有两位，一位是五曲理学大家朱子，一位是二曲秀丽无比的玉女。虽然一个真实，一个臆造，却使武夷山水充满智慧和温馨。就明清时期来看，可以毫不夸张地说，几乎每一个文人雅士走出武夷时，都对二者感慨万千！

征引文献

一、常用典籍

(一) 佛教文献

[1] 大正一切经刊行会. 大正新修大藏经[M]. 东京: 大藏出版株式会社, 1924—1934.

[2] 长阿含经[M]. 大正新修大藏经, 第1册.

[3] 悲华经[M]. 大正新修大藏经, 第3册.

[4] 修行本起经[M]. 大正新修大藏经, 第3册.

[5] 普曜经[M]. 大正新修大藏经, 第3册.

[6] 大乘本生心地观经[M]. 大正新修大藏经, 第3册.

[7] 佛本行集经[M]. 大正新修大藏经, 第3册.

[8] 佛说兴起行经[M]. 大正新修大藏经, 第4册.

[9] 佛说十二游经[M]. 大正新修大藏经, 第4册.

[10] 佛所行赞[M]. 大正新修大藏经, 第4册.

[11] 大方广佛华严经[M]. 大正新修大藏经, 第9册.

[12] 妙法莲华经[M]. 大正新修大藏经, 第9册.

[13] 大方广佛华严经[M]. 大正新修大藏经, 第10册.

[14] 大宝积经[M]. 大正新修大藏经, 第11册.

[15] 佛垂般涅槃略说教诫经[M]. 大正新修大藏经, 第12册.

[16] 大般涅槃经[M]. 大正新修大藏经, 第12册.

[17] 大方等大集经[M]. 大正新修大藏经, 第13册.

[18] 佛说文殊师利法宝藏陀罗尼经[M]. 大正新修大藏经, 第14册.

[19] 佛说文殊师利般涅槃经[M]. 大正新修大藏经, 第14册.

[20] 坐禅三昧经[M]. 大正新修大藏经, 第15册.

[21] 治禅病秘要法[M]. 大正新修大藏经, 第15册.

[22] 佛顶尊胜陀罗尼经[M]. 大正新修大藏经, 第19册.

[23] 佛说文殊师利法宝藏陀罗尼经[M]. 大正新修大藏经, 第20册.

[24] 佛说灌顶咒宫宅神王守镇左右经[M]. 大正新修大藏经, 第21册.

[25] 起世因本经[M]. 大正新修大藏经, 第25册.

[26] 金刚仙论[M]. 大正新修大藏经, 第25册.

[27] 入阿毗达磨论[M]. 大正新修大藏经, 第28册.

[28] 阿毗达磨俱舍论[M]. 大正新修大藏经, 第29册.

[29] 阿毗达磨顺正理论[M]. 大正新修大藏经, 第29册.

[30] 华严经探玄记[M]. 大正新修大藏经, 第35册.

[31] 大方广佛华严经疏[M]. 大正新修大藏经, 第35册.

[32] 大方广佛华严经随疏演义钞[M]. 大正新修大藏经, 第36册.

[33] 阿弥陀经疏[M]. 大正新修大藏经, 第37册.

[34] 注维摩诘经[M]. 大正新修大藏经, 第38册.

[35] 四分律删繁补阙行事钞序[M]. 大正新修大藏经, 第40册.

[36] 百论疏[M]. 大正新修大藏经, 第42册.

[37] 鸠摩罗什法师大义[M]. 大正新修大藏经, 第45册.

[38] 律相感通传·初问佛事[M]. 大正新修大藏经, 第45册.

[39] 三论游意义[M]. 大正新修大藏经, 第45册.

[40] 佛祖统纪[M].大正新修大藏经,第49册.

[41] 历代三宝纪[M].大正新修大藏经,第49册.

[42] 佛使比丘迦旃延说法没尽偈百二十章[M].大正新修大藏经,第49册.

[43] 续高僧传[M].大正新修大藏经,第50册.

[44] 广清凉传[M].大正新修大藏经,第51册.

[45] 古清凉传[M].大正新修大藏经,第51册.

[46] 法显传[M].大正新修大藏经,第51册.

[47] 华严经传记[M].大正新修大藏经,第51册.

[48] 释迦牟尼如来像法灭尽之记[M].大正新修大藏经,第51册.

[49] 广弘明集[M].大正新修大藏经,第52册.

[50] 集神州三宝感通录[M].大正新修大藏经,第52册.

[51] 代宗朝赠司空大辨正广智三藏和上表制集[M].大正新修大藏经,第52册.

[52] 翻译名义集[M].大正新修大藏经,第54册.

[53] 大唐内典录[M].大正新修大藏经,第55册.

[54] 开元释教录[M].大正新修大藏经,第55册.

[55] 增一阿含经[M].大正新修大藏经,第125册.

[56] 佛说兴起行经序[M].大正新修大藏经,第197册.

[57] 代宗朝赠司空大辨正广智三藏和上表制集[M].大正新修大藏经,第2120册.

[58] 名僧传抄[M].卍新纂大日本续藏经,第77册,东京:国书刊行会,1975—1989.

[59] 道世著,周叔迦、苏晋仁校注.法苑珠林校注[M].北京:中华书局,2003.

[60] 道宣著,范祥雍点校.释迦方志[M].北京:中华书局,2004.

[61] 道宣著,郭绍林点校.续高僧传[M].北京:中华书局,2014.

[62] 法显撰,章巽校注.法显传校注[M].北京:中华书局,2008.

[63] 慧皎著,汤用彤校注.高僧传[M].北京:中华书局,1992.

[64] 慧超著,张毅笺释.往五天竺国传笺释[M].北京:中华书局,2000.

[65] 慧立、释彦悰、道宣著,高永旺译注.大慈恩寺三藏法师传[M].北京:中华书局,2022.

[66] 僧祐撰,刘立夫、魏建中、胡勇译注.弘明集[M].北京:中华书局,2013.

[67] 僧祐撰,李小荣校笺.弘明集校笺[M].上海:上海古籍出版社,2013.

[68] 玄奘、辩机著,季羡林等校注.大唐西域记校注[M].北京:中华书局,2000.

[69] 义净著,王邦维校注.南海寄归内法传校注[M].北京:中华书局,1995.

[70] 杨衒之撰,周祖谟校释.洛阳伽蓝记校释[M].北京:中华书局,2013.

[71] 圆仁著,白化文,李鼎霞等校注.入唐求法巡礼行记校注[M].北京:中华书局,2019.

[72] 义净著,王邦维校注.大唐西域求法高僧传校注[M].北京:中华书局,2020.

[73] 赞宁撰,范祥雍点校.宋高僧传[M].北京:中华书局,1987.

[74] 释僧祐撰,苏晋仁、萧錬子点校.出三藏集记[M].北京:中华书局,1995.

[75] 释道原撰,尚之煜点校.景德传灯录[M].北京:中华书局,2022.

[76] 镇澄著,赵恩林点校.清凉山志[M].北京:宗教文化出版社,2015.

(二) 常用古籍

[1] 四库全书总目[M].北京:中华书局,(1965)1981.

[2] 元河南志[M].道光二十年扬州阮氏刻本.

[3] 弘治《八闽通志》[M].明弘治刻本.

[4] 乾隆《武夷山志》[M].乾隆十六年观光楼刊本.

[5] 乾隆《武夷山志》[M].道光二十六年五夫尺木轩重刻本.

[6] 班固撰.汉书[M].北京:中华书局,1962.

[7] 蔡邕.独断[M].北京:中华书局,1985.

[8] 陈立撰,吴则虞点校.白虎通疏证[M].北京:中华书局,1994.

[9] 陈奇猷校释.吕氏春秋新校释[M].上海:上海古籍出版社,2002.

[10] 崔寔撰,孙启治校注.政论校注[M].北京:中华书局,2012.

[11] 方士庶.天慵庵笔记[M].丛书集成初编,上海:商务印书馆,1936.

[12] 范晔撰.后汉书[M].北京:中华书局,1964.

[13] 房玄龄等撰.晋书[M].北京:中华书局,1974.

[14] 范仲淹.范文正公集[A]//四部丛刊初编.上海:上海书店出版社,(1926)1989.

[15] 郭熙.林泉高致集[M].清乾隆文渊阁四库全书钞浙江范懋柱家天一阁藏本.

[16] 顾炎武.历代宅京记[M].北京：中华书局,1984.

[17] 葛洪.抱朴子[M].清嘉庆间兰陵孙氏刻平津馆丛书本.

[18] 洪迈.容斋四笔[M].上海：上海古籍出版社,1996.

[19] 孔晁注.逸周书[M].北京：中华书局,1985.

[20] 李昉辑.太平御览[M].上海商务印书馆四部丛刊三编景宋刻配补日本聚珍本,1935—1936.

[21] 令狐德棻.周书[M].北京：中华书局,1971.

[22] 李延寿.北史[M].北京：中华书局,1974.

[23] 刘昫撰.旧唐书[M].北京：中华书局,1975.

[24] 逯钦立.先秦汉魏晋南北朝诗[M].北京：中华书局,1983.

[25] 刘义庆撰,徐震堮校笺.世说新语校笺[M].北京：中华书局,1984.

[26] 刘向集录.战国策[M].上海：上海古籍出版社,1985.

[27] 张双棣撰：淮南子校释[M].北京：北京大学出版社,1997.

[28] 郦道元著,陈桥驿校证.水经注校证[M].北京：中华书局,2007.

[29] 欧阳修、宋祁等撰.新唐书[M].北京：中华书局,1975.

[30] 毗耶娑天人著,徐达斯译.薄伽梵往世书[M].西安：陕西师范大学出版社,2017.

[31] 三辅黄图[M].四部丛刊三编景元本,上海：商务印书馆,1936.

[32] 司马光编著,胡三省音注.资治通鉴[M].北京：中华书局,1956.

[33] 司马迁撰.史记[M].北京：中华书局,1959.

[34] 沈约撰.宋书[M].北京：中华书局,1974.

［35］孙诒让撰，王文锦、陈玉霞点校.周礼正义［M］.北京：中华书局，1987.

［36］陶渊明著，逯钦立校注.陶渊明集［M］.北京：中华书局，1879.

［37］脱脱等撰.宋史［M］.北京：中华书局，1977.

［38］魏徵、令狐德棻撰.隋书［M］.北京：中华书局，1973.

［39］魏收.魏书［M］.北京：中华书局，1974.

［40］王先谦撰，沈啸寰、王星贤点校.荀子集解［M］.北京：中华书局，1988.

［41］王充撰，黄晖校释.论衡校释［M］.北京：中华书局，1990.

［42］徐坚等.初学记［M］.北京：中华书局，1962.

［43］萧统编，李善注.文选［M］.北京：中华书局，1977.

［44］徐霞客著，褚绍唐、吴应寿整理.徐霞客游记［M］.上海：上海古籍出版社，1980.

［45］谢肇淛.小草斋集［M］.《续修四库全书》，第1366册，上海：上海古籍出版社影印本，2002.

［46］徐表然辑.万历《武夷志略》［M］.万历四十七年崇安徐氏刊本.

［47］徐梵澄译.薄伽梵歌［M］.武汉：崇文书局，2017.

［48］乐史.太平寰宇记［M］.清同治光绪间金溪赵氏红杏山房补刻重印赵氏藏书本.

［49］姚思廉撰.梁书［M］.北京：中华书局，1973.

［50］袁珂.山海经校注［M］.上海：上海古籍出版社，1980.

［51］赵一清.水经注释［M］.清光绪六年绍兴章氏重刻本，1880.

［52］张维.陇右金石录［M］.甘肃省文献征集委员会校印，1943.

［53］郑玄.周礼注疏［A］//（清）阮元.十三经注疏.北京：中华书局，1980.

［54］祝穆著，祝洙增订，施和金点校.方舆胜览［M］.北京：中华书局，2003.

二、今人著述

（一）专著

［1］埃文斯·普理查德著，孙尚扬译.原始宗教理论［M］.北京：商务印书馆，2001.

［2］爱德华·泰勒著，连树声译.原始文化［M］.桂林：广西师范大学出版社，2005.

［3］阿·福歇著，王平先、魏文捷译.佛教艺术的早期阶段［M］.兰州：甘肃人民出版社，2008.

［4］奥雷尔·斯坦因著，巫新华、肖小勇等译.古代于阗：中国新疆考古发掘的详细报告［M］.济南：山东人民出版社，2009.

［5］埃米尔·涂尔干著，渠东、汲喆译.宗教生活的基本形式［M］.北京：商务印书馆，2011.

［6］彼得·贝格著，高师宁译，何光沪校.神圣的帷幕：宗教学理论之要素［M］.上海：上海人民出版社，1991.

［7］彼得·伯克著，丰华琴、刘艳译.文化史的风景［M］.北京：北京大学出版社，2013.

［8］慈怡主编.佛光大辞典［M］.台湾：佛光山出版社，1989.

［9］陈寅恪.金明馆丛稿初编［M］.北京：生活·读书·新知三联书店，2001.

[10] 陈寅恪.金明馆丛稿二编[M].北京：生活·读书·新知三联书店,2001.

[11] 陈寅恪.读书札记三集[M].北京：生活·读书·新知三联书店,2001.

[12] 陈寅恪.隋唐制度渊源略论稿[M].北京：生活·读书·新知三联书店,2001.

[13] 杜斗城.敦煌五台山文献校录研究[M].太原：山西人民出版社,1991.

[14] 邓广铭.邓广铭治史丛稿[M].北京：北京大学出版社,1997.

[15] 董玉祥.梵宫艺苑：甘肃石窟寺[M].兰州：甘肃教育出版社,1999.

[16] 杜继文.中国佛教与中国文化[M].北京：宗教文化出版社,2003.

[17] 段鹏琦.汉魏洛阳故城[M].北京：文物出版社,2009.

[18] 段晴.于阗·佛教·古卷[M].上海：中西书局,2013.

[19] 段义孚著,志丞、刘苏译.恋地情结[M].北京：商务印书馆,2018.

[20] D.P.辛加尔著,庄万友等译.印度与世界文明[M].北京：商务印书馆,2019.

[21] 范行准.中国预防医学思想史[M].上海：华东医务生活社,1953.

[22] 菲奥娜·鲍伊著,金泽、何其敏译.宗教人类学导论[M].北京：中国人民大学出版社,2004.

[23] 郭箴一.中国小说史[M].上海：上海书店,1984.

[24] 郭良鋆.佛陀与原始佛教思想[M].北京：中国社会科学出版社,1997.

[25] 广中智之. 汉唐于阗佛教研究[M]. 乌鲁木齐：新疆人民出版社, 2013.

[26] 亨利·菲尔丁著, 张谷若译. 弃儿汤姆·琼斯史[M]. 上海：上海译文出版社, 1993.

[27] 胡适. 近现代著名学者佛学文集·胡适集[M]. 北京：中国社会科学出版社, 1995.

[28] S.529背. 失名行记[A]// 郝春文编. 英藏社会历史文献释录：3. 北京：社会科学文献出版社, 2003.

[29] 黄宝生译. 奥义书[M]. 北京：商务印书馆, 2012.

[30] 黄文弼. 西域史地考古论集[M]. 北京：商务印书馆, 2015.

[31] 季羡林. 季羡林学术自选集[M]. 合肥：安徽教育出版社, 1999.

[32] 凯文·林奇著, 方益萍、何晓军译. 城市意象[M]. 北京：华夏出版社, 2001.

[33] 克拉伦斯·格拉肯著, 梅小侃译. 罗德岛海岸的痕迹：从古代到十八世纪末西方思想中的自然与文化[M]. 北京：商务印书馆, 2017.

[34] 烈维. 大藏方等部之西域佛教史料[A]// 冯承钧译. 西域南海史地考证译丛：2. 北京：商务印书馆, 1962.

[35] 列维-布留尔著, 丁由译：原始思维[M]. 北京：商务印书馆, 1981.

[36] 鲁道夫·奥托著, 成穷、周邦宪译. 论"神圣"[M]. 成都：四川人民出版社, 1995.

[37] 林梅村. 西域文明[M]. 北京：东方出版社, 1995.

[38] 梁启超. 中国现代学术经典·梁启超卷[M]. 石家庄：河北教育出版社, 1996.

［39］梁启超.佛学研究十八篇［M］.上海：上海古籍出版社，2001.

［40］吕澂.中国佛学源流略论［M］.台北：大千出版社，2003.

［41］刘文英、曹田玉.梦与中国文化［M］.北京：人民出版社，2003.

［42］逯耀东.从平城到洛阳：拓跋魏文化转变的历程［M］.北京：中华书局，2006.

［43］刘淑芬.灭罪与度亡：佛顶尊胜陀罗尼经幢之研究［M］.上海：上海古籍出版社，2008.

［44］刘淑芬.中古的佛教与社会［M］.上海：上海古籍出版社，2008.

［45］罗伯特·墨菲著，王卓君译.文化与社会人类学引论［M］.北京：商务印书馆，2009.

［46］罗纳德·约翰斯通著，袁亚愚、钟玉英译.社会中的宗教：一种宗教社会学（第八版）［M］.成都：四川人民出版社，2012.

［47］米尔恰·伊利亚德著，王建光译.神圣与世俗［M］.北京：华夏出版社，2002.

［48］米尔恰·伊利亚德著，晏可佳，姚蓓琴译.神圣的存在：比较宗教的范型［M］.桂林：广西师范大学出版社，2008.

［49］米尔恰·伊利亚德著，晏可佳译.探寻宗教的历史和意义［M］.上海：上海书店出版社，2022.

［50］米尔恰·伊利亚德著，晏可佳译.永恒回归的神话［M］.上海：上海书店出版社，2022.

［51］米尔恰·伊利亚德著，沈珂译.形象与象征［M］.南京：译林出版社，2022.

［52］迈克·克朗著，杨淑华等译.文化地理学［M］.南京：南京

大学出版社, 2003.

[53] 米歇尔·柯南. 穿越岩石景观: 贝尔纳·拉絮斯的景观言说方式 [M]. 长沙: 湖南科学技术出版社, 2006.

[54] 米尔恰·伊利亚德. 萨满教: 古老的入迷术 [M]. 北京: 社会科学文献出版社, 2018.

[55] 玛丽·道格拉斯著, 黄剑波, 柳博赟等译. 洁净与危险 [M]. 北京: 商务印书馆, 2020.

[56] 倪木荣. 武夷山古诗词选 [M]. 福州: 海峡文艺出版社, 2003.

[57] 钮卫星. 西望梵天: 汉译佛经中的天文学源流 [M]. 上海: 上海交通大学出版社, 2004.

[58] 皮锡瑞. 经学历史 [M]. 北京: 中华书局, 2004.

[59] 平川彰著, 庄昆木译. 印度佛教史 [M]. 北京: 北京联合出版公司, 2018.

[60] 钱穆. 国史大纲 [M]. 北京: 商务印书馆, 2001.

[61] 荣新江、朱丽双. 于阗与敦煌 [M]. 兰州: 甘肃教育出版社, 2013.

[62] 寺本婉雅. 于阗国史 [M]. 京都: 丁字屋书店, 1921.

[63] 山田慶兒. 梁武帝的盖天说与世界庭园 [A] // 古代东亚哲学与科技. 沈阳: 辽宁教育出版社, 1996.

[64] 宿白. 中国石窟寺研究 [M]. 北京: 文物出版社, 1996.

[65] 石硕. 吐蕃政教关系史 [M]. 成都: 四川人民出版社, 2000.

[66] 释印顺. 印度佛教思想史 [M]. 北京: 中华书局, 2010.

[67] 释印顺. 印度之佛教 [M]. 北京: 中华书局, 2011.

[68] 汤用彤. 印度哲学史略 [A] // 汤用彤全集: 3. 石家庄: 河北人民出版社, 2000.

［69］田余庆.拓跋史探［M］.北京：生活·读书·新知三联书店，2003.

［70］汤用彤.隋唐佛教史稿［M］.北京：北京大学出版社，2010.

［71］汤用彤.往日杂稿·康复札记［M］.北京：生活·读书·新知三联书店，2011.

［72］汤用彤.汉魏两晋南北朝佛教史［M］.北京：中华书局，2016.

［73］威廉·詹姆斯著，蔡怡佳，刘宏信译.宗教经验之种种［M］.海口：海南出版社，2016.

［74］熊十力.唐世佛学旧派反对玄奘之暗潮［A］//哲学研究编辑部.中国哲学史论文初集.北京：科学出版社，1959：97—103.

［75］西格蒙德·弗洛伊德著，苏晓离，刘福堂译.精神分析引论新讲［M］.合肥：安徽文艺出版社，1987.

［76］羽溪了谛著，贺昌群译.西域之佛教［M］.上海：商务印书馆，1933.

［77］雅诺什·哈尔马塔主编，徐文堪、芮传明译.中亚文明史（第二卷）［M］.北京：中国对外翻译出版公司，2002.

［78］杨廷福.玄奘年谱［M］.北京：中华书局，1988.

［79］杨曾文.唐五代禅宗史［M］.北京：中国社会科学出版社，1995.

［80］袁行霈.中国诗歌艺术研究［A］.北京：北京大学出版社，1998.

［81］亚瑟·伯立戴尔·凯思著，宋立道，舒晓伟译.印度和锡兰佛教哲学：从小乘佛教到大乘佛教［M］.上海：上海古籍出版社，2004.

［82］严耀中.中国东南佛教史［M］.上海：上海人民出版社，2005.

［83］中国天文学史整理研究小组编.中国天文学史［M］.北京：科学出版社，1981.

［84］章巽、芮传明.《大唐西域记》导读［M］.成都：巴蜀书社，1990.

［85］周一良.魏晋南北朝史论［M］.沈阳：辽宁教育出版社，1998.

［86］周振鹤.来华基督教传教士传记丛书序言［A］.狄考文传.桂林：广西师大出版社，2009.

［87］朱丽双.《于阗阿罗汉授记》对勘与研究［A］//张广达先生八十华诞祝寿论文集.台北：新文丰出版公司，2010：605—606.

［88］朱丽双.敦煌藏文文书《牛角山授记》残片的初步研究［A］//西域文史：14.北京：科学出版社，2013：23—38.

［89］朱丽双.《阿罗汉僧伽伐弹那授记》译注［A］//敦煌吐鲁番研究（第十八卷）.上海：上海古籍出版社，2018：453—482.

［90］朱丽双.《牛角山授记》译注［A］//西域文史：8.北京：科学出版社，2020：195—242.

［91］张广达、荣新江.于阗史丛考［M］.上海：上海书店出版社，2021.

［92］Clifford Geertz, *Religion as a cultural system*［M］. London：Fontana Press, 1993.

［93］Firth, Raymond T. *Religion: A Humanist Approach*［M］. New York：Basic Books, 1995.

［94］G. Van Der Leeuw, J.E.Turner tran. *Religion in Essence and*

　　　　Manifestation[M].New Jersey: Princeton University Press, 1986.

[95] Herbert Spencer. *The Principles of Sociology*(3 volumes) [M]. London: Williams & Norgate, 1876.

[96] Jan Nattier. *Once upon a Future Time: Studies in a Buddhist Prophecy of Decline*[M].Berkeley, Cal.: Asian Humanities Press, 1991.

[97] Kramer, Samuel Noah. *History Begins at Sumer*[M]. New York: Doubleday & Co., 1959.

[98] R. E. Emmerick. *The Book of Zambasta: A Khotanese poem on Buddhism*[M]. London: Oxford University Press, 1968.

[99] Rappaport, Roy A. *Ecology, Meaning, and Religion*[M]. Berkeley, CA: North Atlantic Books, 1979.

[100] Robin Horton. *Patterns of Thought in Africa and the West* [M]. Cambridge: Cambridge University Press, 1994.

[101] Stephanie W. Jamison, Joel P. Brereton trans. *The Rigveda: the earliest religious poetry of India*[M]. The University of Texas South Asia Institute and Oxford University Press, 1984.

[102] Stephanie W. Jamison, Joel P. Brereton trans. *The Rigveda: the earliest religious poetry*[M].Oxford University Press, 2014.

(二) 论文

[1] 陈世良.鸠摩罗什年表考略[J].新疆社会科学研究,1982(11): 1—31.

[2] 曹燕丽、崔海亭等.五台山高山带景观的遥感分析[J].地

理学报，2001（03）：297—306．

［3］陈金华．东亚佛教中的"边地情结"：论圣地及祖谱的建构［J］．佛教研究，2012（00）：22—41．

［4］耿朝晖．《高僧传》梦的梳理与文学解析［J］．青海社会科学，2010（04）：111—115．

［5］侯灿．麻札塔格古戍堡及其在丝绸之路上的重要位置［J］．文物，1987（03）：63—75．

［6］黄慰文、欧阳志山等．新疆塔里木盆地南缘新发现的石器［J］．人类学学报，1988（04）：294—301．

［7］江晓原．六朝隋唐传入中土之印度天学［J］．（台湾）汉学研究，1992（02）：253—277．

［8］江晓原．《周髀算经》——中国古代唯一的公理化尝试［J］．自然辩证法通讯，1996（03）：43—48+80．

［9］江晓原．《周髀算经》盖天宇宙结构［J］．自然科学史研究，1996（03）：249—253．

［10］江晓原．《周髀算经》与古代域外天学［J］．自然科学史研究，1997（03）：207—212．

［11］刘慧达．北魏石窟与禅［J］．考古学报，1978（03）：337—352+406—411．

［12］李凭．北魏子贵母死故事考述［J］．山西大学学报，1990（01）：69—74．

［13］李智君．分野的虚实之辨［J］．中国历史地理论丛，2005（01）：62—70．

［14］吕建福．佛教世界观对中国古代地理中心观念的影响［J］．陕西师范大学学报（哲学社会科学版），2005（04）：75—82．

［15］陆扬．解读《鸠摩罗什传》：兼谈中国中古早期的佛教文化与史学［J］．中国学术，北京：商务印书馆，2006，23：

30—90.

[16] 李智君.天竺与中土：何为天地之中央——唐代僧人运用佛教空间结构系统整合中土空间的方法研究[J].学术月刊,2016,48(06):121—131.

[17] 牟钟鉴.鸠摩罗什与姚兴[J].世界宗教研究,1994(02):39—43.

[18] 钮卫星、江晓原.汉译佛经中的日影资料辨析[J].中国科学院上海天文台年刊,1998(19):170—176.

[19] 宿白.凉州石窟遗迹和"凉州模式"[J].考古学报,1986(04):435—446.

[20] 孙英刚.布发掩泥的北齐皇帝：中古燃灯佛授记的政治意涵[J].历史研究,2019(06):30—44+187.

[21] 宋昊泽、杨小平、穆桂金等.罗布泊地区雅丹形态特征及演化过程[J].地理学报,2021,76(09):2187—2202.

[22] 王邦维.佛教的"中心观"与中国文化的优越感的挑战[J].《国学研究》,2010(25):45—59.

[23] 夏广兴.佛教与魏晋南北朝梦文学[J].贵州文史丛刊,2001(01):32—36.

[24] 毓之(巨赞).安世高所译经的研究[J].现代佛教学术丛刊.1978,38:31—44.

[25] 杨曾文.唐宋文殊菩萨信仰和五台山[J].五台山研究,1990(01):13—19.

[26] 朱景湖、崔之久.五台山冰缘地貌的基本特征[J].冰川冻土,1984(01):71—77+103—104.

[27] 殷光明.北凉石塔述论[J].敦煌学辑刊,1998(01):87—107.

[28] 周振鹤.西汉河西四郡设置年代考[J].西北史地,1985

（01）：19—25.

［29］钟晓青.北魏洛阳永宁寺塔复原探讨［J］.文物，1998（05）：51—64+1.

［30］周振鹤.从明人文集看晚明旅游风气及其与地理学的关系［J］.复旦学报（社会科学版），2005（01）：72—78.

［31］朱丽双.《于阗国授记》译注（上）［J］.中国藏学，2012（S1）：223—268.

［32］朱丽双.《于阗国授记》译注（下）［J］.中国藏学，2014（S1）：121—131.

［33］周胤.北魏灵太后"转轮王"与"佛"形象的建构［J］.南都学坛，2017，37（06）：21—30.

［34］张延清.北京大学图书馆藏敦煌藏文《牛角山授记》译解［J］.中国藏学，2020（03）：199—204.

［35］Cosgrove. D. Problems of Interpreting the Symbolism of Past Landscapes［J］. in A. R. H. Baker, M. D. Billinge eds. Period and Place: Research Methods in Historical Geography（Cambridge），1982：220—230.

［36］Greg Miller. What Is the Biological Basis of Consciousness［J］. Science, 2005：79.

［37］Malinowski, Bronislaw. The Unity of Anthropology: Review of P. Hinneberg ed.Die Kultur der Geganwart［J］. Nature, 1923, 112：314—317.

［38］Robert Segal. Clifford Geertz's Interpretive Approach to Religion［J］. Religion Compass, 2012：511—524.

后 记

从精读慧皎《高僧传》遁入"空门"起,掐指算来,已是数阅寒暑。期间主要的生活轨迹,基本上是在家、办公室、教室和书店之间"轮回",冬去春来,都围着书山打转,亦可谓"影不出山,迹不入俗"。

《诗》云:"溥天之下,莫非王土。"佛经中,溥天之下,归佛统领,号曰索诃世界,因此,索诃世界亦称佛所王土。汉唐佛教传入中国的过程,也是信众建立神圣空间的过程,正是本文研究的核心议题,故小书名之曰《佛所王土》。

本书的重要章节,都经过学术期刊审稿人、编辑和主编严格审阅和精心编辑。其中有五篇论文发表在周奇博士责编的《学术月刊》上。周奇读博期间,专攻佛学,功底深厚,因此,入他"法眼"并编辑刊发的论文,均被人大复印资料《先秦、秦汉史》《魏晋南北朝隋唐史》《宗教》等转载。周奇博士是将刊物当做培养学者的平台来用心经营的。我们之间最初的交往,仅仅是一杯菊花茶,可谓君子之交。有关梦的一篇,发表在田卫平先生主编的澳门大学《南国学术》上。田先生是编辑界的传奇,经他编辑过的两篇文章,都焕然一新,让人佩服。有关于阗佛教的一篇,经贾益副主编精心编辑,刊于《民族研究》。如今回首再看,我遇到的每一位优秀的编辑和审稿人,如同一级级火箭,给我的学术之旅,接续提供了研究的动力和坚持的意义。

学术领域的导师,其实没必要对弟子说太多训导的话,除个别难题外,有慧心者只要精读老师的著述,便可领略学术门径。跟随恩师周振鹤先生问学，大体是这样走过来的。因此，每次收到先生签名新著，如同悟空接受菩提祖师戒尺三敲，紧迫感油然而生。周振鹤先生是改革开放后，中国历史宗教地理学研究的开拓者，对汉代宗教地理学和基督教史均有重要研究成果发表。受章巽先生用佛经解决中国历史问题的启发，周振鹤先生曾对《大藏经》下过很深的功夫，在澳大利亚讲学期间，搜集整理了大量佛教史料。遗憾的是，受其他事情干扰，先生自称："利用佛经做历史研究的事，我一件也没做成。"因为这个缘故，我在佛教地理学领域的探索，只能独自挑灯夜行，寻找光明。希望本书的出版，能弥补先生些许遗憾。

课题申报和研究过程中，曾得到张晓虹教授、张伟然教授、钞晓鸿教授、张萍教授、汤国安教授、宋乃平教授、何彤慧教授、邓宇教授、焦建华教授、李晓杰教授、王大学教授、付琳教授、王东东教授等师友的鼎力支持。厦门大学外文学院周郁蓓教授，帮我解决了不少英文文献和翻译问题。兰州大学朱丽双教授帮我解答了藏文大藏经一些词汇的汉译问题。

博士齐仁达、蔡丹妮、储常松、黄莞、韩菲阳，硕士罗亦姝、邬文斌、欧阳鹭婷、黄雅贞、李佳琰、郭婧仪，本科生王旻浩、偶言等好友和同学，阅读过本书的一些章节，提出过很有价值的建议。天下没有完美的图书馆，每次找不到书的时候，都是分散在天南海北上学的同学帮我查找，其中吴丹华博士出力尤多。柳亚平硕士和徐鑫博士协助统计了附录一文的相关数据。

本书得以顺利出版，倪文君博士功不可没。书稿校对过程中出现的文献处理规范和技术问题，事无巨细，也都得到文君一一解答。本书能以目前面目示人，得益于责任编辑张靖伟先生精心的编校。每次跟靖伟兄交流，都很愉快。

每个章节，从有火花，到最终成文，每有所得，都会当作故事，讲给家人听。甚至一些篇章的思路，在跟黄芳和晓轩讨论中变得清晰和完善。这样的境界，可遇不可求。

佛家说，一切有为法，皆属因缘，于学术亦如此。借本书出版之际，谨向诸位师友和亲人，深致谢忱，惟愿诸位平安吉祥。

李智君

2023年4月16日于厦门大学联兴楼304A室